崇祯的王朝

The Fall of Ming Dynasty

夏维中 著

江苏人民出版社

图书在版编目(CIP)数据

崇祯的王朝 / 夏维中著. —南京:江苏人民出版社,2021.6(2021.12重印)
ISBN 978-7-214-25568-6

Ⅰ.①崇… Ⅱ.①夏… Ⅲ.①中国历史-明代-通俗读物 Ⅳ.①K248.09

中国版本图书馆 CIP 数据核字(2020)第 190845 号

书　　名	崇祯的王朝
著　　者	夏维中
责任编辑	周晓阳
装帧设计	陈威伸　黄怡祯
责任监制	陈晓明
出版发行	江苏人民出版社
地　　址	南京市湖南路 1 号 A 楼,邮编:210009
网　　址	http://www.jspph.com
照　　排	南京紫藤制版印务中心
印　　刷	苏州市越洋印刷有限公司
开　　本	880 毫米×1230 毫米　1/32
印　　张	16.75　插页 4
字　　数	360 千字
版　　次	2021 年 6 月第 1 版
印　　次	2021 年 12 月第 2 次印刷
标准书号	ISBN 978-7-214-25568-6
定　　价	78.00 元

(江苏人民出版社图书凡印装错误可向承印厂调换)

目录

引言　景山的晚风 …………………………………… 001

第一章　崩溃的前奏 ………………………………… 007
　　正德皇帝：有权就是任性 …………………………… 009
　　嘉靖皇帝：根不正苗不红 …………………………… 012
　　隆庆皇帝：精神病患者 ……………………………… 015
　　张居正的多张面孔 …………………………………… 017
　　明朝失去最后的机会 ………………………………… 021
　　万历帝拒斥"贤君"之路 …………………………… 024
　　爱美人不爱江山，三十年不出宫 …………………… 028
　　遗孤努尔哈赤的崛起 ………………………………… 036
　　国难当头一毛不拔，是家风？ ……………………… 045

第二章　荒唐岁月荒唐事 …………………………… 047
　　偏心引发国本之争 …………………………………… 049

只当了一个月的皇帝 ………………………………… 055
移宫案和红丸案 …………………………………… 057
沈阳失守 …………………………………………… 065
魏忠贤的时代 ……………………………………… 071
二十四大罪 ………………………………………… 083
血洗东林党人 ……………………………………… 094
造神的时代 ………………………………………… 111

第三章 中兴之梦的破灭 …………………………… 123
朱由检：想要在皇宫中生存就要低调 …………… 126
从信王到崇祯帝的转变 …………………………… 136
清算阉党 …………………………………………… 147
好一个倪元璐 ……………………………………… 161
内阁大换血 ………………………………………… 172
党争：崇祯最忌惮的事 …………………………… 181

第四章 后金的挑战 ………………………………… 191
宁锦大捷：立功的人反被弹劾 …………………… 195
袁崇焕复出 ………………………………………… 204
杀毛文龙埋下杀身之祸 …………………………… 210
崇祯帝中了反间计？ ……………………………… 218
活剐袁崇焕，一个民族的痛 ……………………… 231
长山、大凌河之败 ………………………………… 236

叛降 243
皇太极大举入侵 251

第五章 步入深渊的内乱 259
杨鹤抚陕政策的失败 264
山西征剿失败 280
陈奇瑜抚局失败 293
壮大的农民军 306
凤阳之变,帝乡一夜成火海 318
擒杀高迎祥 332

第六章 明朝崩盘的根源 337
空空荡荡的国库 340
能赖就赖、能欠就欠的财政 347
颓靡的士风 356
凋敝的陕北 369

第七章 历史没有奇迹 379
神秘消失的李自成 381
张献忠兴盛 390
熊文灿的抚局 395
卢象升战死疆场 407
杨嗣昌督师 419

李自成:打不倒的必使我强大 ………………………… 433
  松锦大败:等不到的救援 …………………………… 453
  不是亡国之君,偏遇亡国之事 ……………………… 466

第八章　大崩溃 …………………………………… 481
  李自成占据襄阳 ……………………………………… 483
  张献忠攻克武昌 ……………………………………… 490
  最后一张王牌:孙传庭出关 ………………………… 495
  关中失陷 ……………………………………………… 501
  京师告急 ……………………………………………… 507
  日落紫禁城 …………………………………………… 512
  尘埃落定,大明已成过去 …………………………… 517

初版后记 ………………………………………………… 525

引言

景山的晚风

崇祯十七年甲申三月十九日(1644年4月25日)是个天崩地坼的日子。就在这一天,从黄土高坡上杀下来的闯王李自成,率领着被朝廷称作"流寇""逆贼"的农民军,彻底占领了大明朝的京师北京。也就是在这天夜里,崇祯皇帝在煤山寿皇亭(今北京景山东部)自缢身亡。从此,甲申三月十九日就成为历史长河中一个极不平常的日子,因为这一天不仅标志着大明帝国的崩溃,也预示着异族即将入主中原的开始。

后人已不太清楚崇祯帝自杀前后的详细情况,现有的记载也不尽相同,甚至是矛盾百出。据说崇祯帝在三月十八日就知大势已去,无力回天,便匆匆安排后事。在这天晚上,崇祯帝在乾清宫最后召见周皇后和宠爱的袁妃,痛饮数杯之后,崇祯决定把太子及永王、定王分送外戚周、田二氏,由他们设法保护外逃活命。安排妥当之后,崇祯帝对周皇后长叹一声道:

"大事去矣!"

话音刚落,便已是泪流满面。皇后、袁妃也是掩面而泣,环立周围的宫女更是哭声一片。崇祯帝只得挥挥手,命宫女们赶快出宫逃命,自寻活路。这时,周皇后抬起泪眼,无限哀怨地对崇祯说道：

"妾侍候陛下十八年，陛下从来听不进我一句劝，以至弄到今天这样的局面！"

说完，周皇后便搂抱着太子和永、定二王，放声痛哭。之后，又是千叮万嘱，依依不舍地把他们送走。

生离死别之后，各寻归宿。周皇后回到她的坤宁宫，上吊自杀，干脆利落。崇祯皇帝见状连声称好。袁妃也回西宫，在崇祯帝的逼迫之下，上吊自杀，不料绳子一断，竟未能一次成功。皇帝只得上去连砍三剑，助她上路。十五岁的长平公主，也被崇祯召来。公主大概已预感到了厄运难逃，大声哀号。崇祯帝只说了句"你为什么要生在我家呢"，便以左袖掩面，右手挥剑砍向公主，没想到公主在情急之下，本能地以左臂挡剑，结果被砍落左臂，昏死倒地。崇祯见此惨状，再也不忍痛下杀手，便又召集平时宠爱的妃嫔，亲手一一砍杀。

此时的崇祯帝似乎已处于半疯狂的状态之中。他清理后宫之后，竟亲自换上快靴，手提三眼铳，率领几十位持斧拎刀的太监们，骑马在内城中东奔西突，不知是要出城去击杀敌寇，还是想突围逃命，结果是到处碰壁，到天亮时只得灰溜溜地退回宫中。

后人已无法知道崇祯帝是如何度过这最后几个时辰的。据说到了此日的深夜，他还曾亲自跑到前殿，去击钟召集百官，大概是希望能有几位忠臣，来为他殉节，没想到竟无一人赶来，令他大失所望。无奈之中，崇祯帝只得遣散了身边最后几位随从，与太监王承恩携手走入后花园，登上了万寿山。这万寿山俗称煤山

（今称之为景山），上有一个新建的寿皇亭，俗称红阁。这红阁原是崇祯为操练内军（由太监组成）而新建的，不料此时竟派上了用场。他在阁中逡巡良久后，便向他宠爱的太监王承恩提出了一个疑问：

"我待大臣向来不薄，今天至此，为什么竟无一人能像前朝靖难时的程济那样追随我而去呢?!"

大概是看王承恩无言以对，过了一会儿，皇帝又为这些文武大臣开脱道："料想是这些人不知道，所以不能迅速赶来！"

随后，崇祯帝便在红阁边的海棠树上，上吊自杀。王承恩也随即步其后尘，追随而去。君臣两人，就这样面对面吊在树上，在景山的夜风中，随风摇曳。

三天后，李自成的人马终于发现了崇祯帝的遗体。他的死状十分惨烈：长发覆面，光着左脚，衣衫凌乱。据说他在衣服上留下了血书遗诏：

因失江山，无面目见祖宗，不敢终于正寝。

也有人说，遗诏中还有"任贼分裂朕尸，勿伤百姓一人"，"杀尽百官、无杀百姓"之类的激愤之辞。

后人大概永远无法弄清上述记载是否属实，但绝大多数人却宁愿相信这些记载是真实的，因为根据崇祯帝生前的所作所为，上述的内容是完全有可能的。在中国历史上，还没有哪一位亡国之君能像崇祯皇帝那样，博得如此广泛而持久的同情。这倒不是因为他死状惨烈,也不是因为他死后被降格安葬,与周皇后一起被草草塞入昌平县的田贵妃墓中(后称思陵),而是因为他生前的所作所为,确实不像是一位亡国之君。正像他生前多次哀叹的那样:"我不是亡国之君,为什么会遇上这么多亡国之事?!"

崇祯帝至死也没有弄明白这个问题。他也无法弄明白这个问题。大明朝的江山虽然在他手中丢失,但应该承担责任的又何止他一个人呢?!他自称无颜去见他的列祖列宗,而他的列祖列宗又何尝有脸见他呢?!

第一章 崩溃的前奏

后人在检讨明帝国崩溃的原因时,大多数人都认为,明朝"虽亡于崇祯,而实亡于万历",意思是说明朝亡国的祸根早在万历年间就已埋下,万历帝留给子孙的江山已是千疮百孔,像一座即将倾圮的大厦,没有不崩的道理。这种说法是很有见地的。

正德皇帝：有权就是任性

万历帝（神宗朱翊钧）是明朝在位时间最长的皇帝，前后长达四十八年，比他的祖父嘉靖帝（世宗朱厚熜）还要长些。在隆庆五年（1571）的冬天，隆庆帝（穆宗朱载垕）就为年仅九虚岁的儿子朱翊钧举行了成人仪式。没想到此举似乎有先见之明，几个月后，隆庆帝便撒手归天，龙驭上宾，把大明朝的重担压到了年仅十虚岁的儿子肩上。

登基时的万历帝，实际上还是一个孩子，才刚刚懂事，根本无法行使皇帝的权力，也谈不上承担什么责任。幼主当政，已属不祥，更不妙的是，前面的几位皇帝，留下来的已是一副烂摊子了。

万历帝的堂伯祖父正德帝（武宗朱厚照），接位时年仅十五虚岁。正德帝生性爱玩，除了朝政之外，几乎样样喜欢。更糟的是，他认为朝廷文官还不如太监，所以他宁愿把朝政托付给太监，也不愿重用文臣。正德帝先是重用刘瑾，后又宠用江彬、许泰。在这些太监的唆使下，正德帝几乎做尽了皇帝本不应该做的所有事，视皇帝之位几同儿戏。

正德帝的胡闹可以说是历代少见的。他的胡闹，不仅求新、立异，场面大、刺激性强，更要命的是，他专做那些皇帝不能做，至少不能公开做的事，公然蔑视被常人视作立国之本的那套道德规范。他在内宫操练军队、拆房圈地、搭建帐篷、养狮驯豹，无事不做。有一次他在内宫玩耍烟火，不料引发大火，焚毁大量宫殿，正德帝望着冲天火光，只是开玩笑地说了声："好一棚大烟火也！"

正德帝到后来已不再满足于这些。他经常外出巡幸，一度长驻宣府镇，但又不允许官员们离开北京城。他不愿再用玉玺，也不愿用皇帝的名义发号施令，而是自称"总督军务威武大将军总兵官"，并启用将军印信。至正德十三年（1518），正德帝竟要求给一位名叫朱寿的将军加封镇国公。他命吏部道："总督军务威武大将军总兵官朱寿，统领六师，扫除边患，累建奇功，特加封镇国公，岁支禄五千石。"

这位朱寿，不是别人，正是正德帝自己。堂堂一国之君，竟然自己任命自己为镇国公，真可以说是亘古未见。正德帝还跑到山西太原，与晋王府一位乐工的女儿打得火热，如胶似漆。正德十四年（1519）江西宁王叛乱，天下大震，唯有正德帝十分兴奋，因为他不仅可以显示他的军事实力，而且可以借此机会去"巡幸"一下他多年想去的长江中下游地区。因此，他决定"亲征"。

实际上，就在他离开北京后的第二天，朝廷就接到了负责江西平叛的王守仁的密报，说宁王已经被俘，无须皇帝亲征。正德

第一章 崩溃的前奏

帝哪里肯就此善罢甘休！他仍率军浩浩荡荡开赴南京。到达南京前，他突然颁布一道古怪的诏书，禁止天下饲养和宰杀猪。其原因不得而知，大概是因为"杀猪"和"杀朱"是谐音。正德帝给江南的这份见面礼几乎要引起骚乱，因为南方地区几乎家家养猪，不仅生猪是农家主要副业收入之一，猪肉也是当时底层百姓最主要的肉食来源。但正德帝对此全然不顾，依然我行我素，强制推行。

正德帝在南京一住就是八个月，迟迟不肯回北京。富庶繁荣的江南，自然要比肃杀荒凉的北方更令人流连忘返，而美丽清秀的江南女子，大概也比晋王府的乐工之女更吸引人。正德帝哪里肯匆匆而过，自然要把他的"浩荡皇恩"多留些下来。只不过这样一来，苦煞了江南的百姓。好在住了八个月后，正德帝终于返京了。返京途中，他因在清江浦捕鱼，差点淹死，受了惊吓，回京后不久便驾崩了。据说正德帝临终前，也有悔过之意，说以前的那些荒唐事，都是自己之错，怪不得别人。

正德帝做了十五年的荒唐皇帝，不仅于事无补，反而激化了原本存在的许多危机。碰到这样的皇帝，文官们除了冒着挨板子、丢官甚至送命的危险，拼命上疏要求皇帝改变主意外，再无他法，因为皇帝是无法选择的，只有等到他死才能更换。或许正是如此，许多文官对正德帝的死，倒不见得有多大悲伤，反而有点暗中庆幸。他们认为，无论如何，新皇帝应不至于像正德帝那样荒唐，而正德帝无后，也给他们在选立新帝时留下较大的余地。最后，他们选择了正德帝的堂弟朱厚熜接位，即后来的嘉靖皇帝。

在他们看来,这位新皇帝在各方面都比较令人满意,一定会给朝廷带来希望。然而事实证明,他们大错特错了。

嘉靖皇帝:根不正苗不红

新皇帝朱厚熜出生在湖广安陆(今湖北钟祥县)。他的父亲朱祐杬是成化帝(宪宗朱见深)的第四子,与弘治皇帝(孝宗朱祐樘)是同父异母的兄弟,被封兴献王,就藩安陆。

首辅杨廷和当时力主朱厚熜接位,是有一定目的性的。

依惯例,武宗死后无子嗣,本应从比武宗小一辈即载字辈的宗室中选一位新皇帝。而杨廷和却力主选同辈的朱厚熜接位,严格而言,杨廷和的这种做法,并不尽合大明礼制。他之所以要这样违例行事,原因当然很多,但有一条是肯定的,即看重朱厚熜个人的品行和才学。据说朱厚熜自小就天资聪颖,勤奋好学,而且熟悉朝廷礼仪,确实是一个合适人选。何况他当时才十五虚岁,杨廷和大概也认为容易驾驭。没想到正是这位少年,在即位之初,就单枪匹马,与几乎是整个朝廷的文官对抗,并最终达到了目的。

嘉靖帝即位后,首先就提出如何在礼仪上确定他生父母的地位问题。依当时绝大部分文官的意见,嘉靖帝是以弘治皇帝的嗣子身份继位的,理应尊弘治帝为皇考。但这样一来,嘉靖帝就得称自己的生父母为叔父母,这大概勾起了嘉靖帝的心病。

原来，嘉靖帝的祖母邵贵妃出身低微，被其父卖给了杭州镇守太监。在接受了一些书法和文学训练后，她被作为礼物献给了成化皇帝。到嘉靖帝即位时，这位贵妃已被打发到类似冷宫的浣衣局，且双目失明，风烛残年。嘉靖帝的生母蒋氏妃也只是一位武官之女，地位低微。正是在某种自卑而又逆反的心理驱使下，嘉靖皇帝与杨廷和为首的文官集团进行了长达几年的大礼仪之争，为他的生父母争得了满意的地位和荣誉。

从大礼仪之争中，不难看出嘉靖帝为政为人的某些性格特点。

首先，嘉靖帝对自己的利益比对朝廷的利益更加看重，为了前者甚至可以不顾后者。嘉靖帝即位之初，天下百废待兴，亟待明君，而他竟然能弃之不顾，为一己之私利而与文官对抗数年，实在是自私之极。

其次，嘉靖帝性格残忍、狠毒。杨廷和是嘉靖帝得以登基的第一功臣，最终却被嘉靖帝逐出朝廷，不存丝毫感念之情。张太后（弘治帝之后，嘉靖帝之伯母）因为冷淡了嘉靖帝的生母，嘉靖帝便抓住一切机会随意羞辱和威逼太后及其家人。在嘉靖三年（1524），嘉靖帝为了其母亲的尊号，竟一次廷杖了一百八十余位京官，其中十七人因伤重致死。这种做法，在明代可谓空前绝后。

这位嘉靖皇帝在位长达四十五年。在此期间，大明朝遇到了前所未有的危机。蒙古人在北部屡屡入侵，构成严重威胁，而朝廷又拿不出有效的办法。东南沿海一带的倭寇，给当地造成了巨大的灾难，朝廷为平倭付出了沉重的代价。庞大的军费开支、皇室的挥霍无度、官吏的普遍腐败、税制的混乱和瓦解以及接连不断的天灾等等，造成了朝廷严重的财政危机。对这些，嘉靖帝似乎有些无动于衷，开始时尚能勉强应付，到后来干脆是消极对抗，甚至还一度把朝廷大权交给了严嵩，时局之败坏就不难想象了。

在漫长的四十余年中，嘉靖帝似乎只对一件事有着长期的浓厚兴趣，甚至可以说是狂热，那就是向神仙祈祷和觅取道家的秘方，以期长生不老。早在即位初期，就有一位叫邵元节的江西道士被他邀入宫中，祈雨禳灾，并"顺便"通过春药之类的办法，为皇帝解决了不育问题。皇帝在即位十多年之后，终于有了孩子，解除了后顾之忧。自此以后，嘉靖帝对道教的魔力更是深信不疑。

邵元节死后，陶仲文进宫接班。陶仲文擅长配制春药和扶乩。在他的指导下，嘉靖帝开始在这方面进行长期的修炼。从嘉靖十九年(1540)开始，嘉靖帝几乎全力以赴地修炼他的仙丹，并由于长期服用这些含有铅、砷有毒物质的仙丹，而导致了慢性中毒。到后来，嘉靖帝甚至还修炼内丹，大批的幼女被逼入宫内，不知所终。结果引发了一场少见的宫廷叛乱，几位宫女差点用绳子勒死了嘉靖皇帝。

晚年的嘉靖帝几乎成了一个怪物。由于慢性中毒，他严重失眠，以致常常彻夜不眠，批阅奏章。他的情绪极不稳定，记忆力严重衰退。他时时冒出一些古怪的念头，令人难以捉摸。为了哄他，大臣甚至要用种种可笑的办法，如在他睡觉时把桃子放在他身边，说是仙桃等等。嘉靖帝甚至还用扶乩来决定国家大事。也难怪海瑞要上奏章，大骂他是一位虚荣、残忍、自私、多疑和愚蠢的君主,并要他对帝国的危局负全部责任。据说当时嘉靖帝一读罢海瑞奏章,就大喊不要让海瑞跑了,要千刀万剐方才解恨。当得知海瑞已扛着棺材在外面等死时,他却又不想杀海瑞了。

就是这样的一位君主,整整统治了大明朝四十五年。令人不解的是,他居然挺了过来。是靠帝国的惯性、文官集团的忠诚,还是靠嘉靖帝自己的统治手段,一时难以说清。但有一点是肯定的,那就是嘉靖帝留给那智力迟钝的儿子隆庆帝(穆宗)和年幼的孙子万历帝(神宗)的江山,已是千疮百孔。正如当时民谣所讲的那样,是"嘉靖嘉靖,天下已尽"。

隆庆皇帝:精神病患者

嘉靖帝以后是隆庆帝(穆宗朱载垕)。隆庆皇帝在嘉靖和万历之间,似乎只是一个过渡人物而已。

隆庆皇帝即位时,年已三十岁。他长期生活在父亲的阴影之中,而他的父亲似乎也没给过他太多的恩宠。他作为长子,很迟才被立为太子。即使在被立为太子后,也没有享受到作为太子应该享有的地位和待遇。嘉靖帝对他和他的异母弟景王,似乎总是不偏不倚,以至于不少人由此猜测,这位太子未必能在老皇帝百年之后顺利接位。这种经历,对隆庆帝的心理甚至生理,自然会产生很严重的消极影响。

按照传统的说法,隆庆帝是一位节俭和仁厚的君主。这种说法的真实性,现在已受到质疑。隆庆帝的生活根本谈不上什么节俭,传统史家笔法中所讲的仁厚之类的评语,与其说是称赞,还不如说是无能的婉转说法。事实上,隆庆帝智力迟钝,笨嘴拙舌,有人甚至怀疑他有轻度的精神失常。或许正是这些原因,才使得隆庆帝在位期间,总是避免卷入家庭和朝廷的争执之中,也从来不做出任何重要的政治决断。以至于他手下的那些大学士们,经常要隆庆帝参加一些精心安排的盛大典礼,并以此来树立他的威望。

不过,这样的皇帝,在某种程度上却要比正德、嘉靖之类的荒唐皇帝好得多。隆庆帝的无能或不愿干预朝廷具体事务的态度,使得他手下那些有能力的官员们能放手去行使朝廷权力,管理帝国。隆庆朝近六年的相对稳定和繁荣的局面,也证明朝廷事务在没有皇帝的干预下似乎也能维持,甚至在某些时候或许能做得更好。万历初期张居正的统治差不多也是这种情形。

隆庆帝的统治风格,实际上也为他幼小的儿子万历帝的执政初期种下了善根。由于有一个相对稳定的内阁班子,足以应付朝廷事务,因此,冲龄即位的万历帝,虽不能真正行使权力,但仍能依靠这一文官班子治理帝国,不致发生统治危机。但这种做法,也存在缺陷。因为权力中心的下移,最有可能出现以下的两种局面:一是由数位权臣共同掌权,其后果是极易引起文官之间的倾轧或党争,并必然影响到朝政。二是出现一位大权独揽的权威型人物,并由他以皇帝的名义行使皇帝的大部分行政权力,就像万历初期的张居正那样。但在后一种情形下,又有两个棘手的问题难以解决：一是如何保证这位文官独裁者不用手中的特权为自己的圈子或个人谋取私利，甚至威胁皇帝的地位，动摇王朝的根基；二是如何避免这位文官独裁者的权威一旦失去时所带来的各种灾难性的后果。后来张居正的统治经历，不幸印证了这些推测。

张居正的多张面孔

大明朝历经正德、嘉靖和隆庆三朝而至万历，近七十年的风风雨雨，已使它千疮百孔，根基不稳了。当时的明帝国，已到了非彻底整治不可的紧要关头。开国之君朱元璋留下来的那一套"祖宗之法"已越来越不能适应现实需要。两百多年前朱元璋的统治政策，是依据帝国当时的实际情形制定的。这位从凤阳农村杀出来的半文盲皇帝，做梦也想不到两百多年后帝国的具体状况，这事实上也不能归咎于他。但不幸的是，他的治国之策仍必须被奉为金科玉律，在帝国推行。尽管在迫不得已的情况下，朝廷也做过些修修补补，但"祖宗之法"的大义宏旨，无法也无人敢去从根本上触动。这种制度与现实的严重脱节，导致了一系列问题，政治、经济、社会、文化、军事等各个方面都面临着危机，到了难以为继的地步。

这种局面，对于万历帝这个不满十岁的小皇帝来说，自然无力解决。幸好有首辅张居正能承担辅佐幼主的重任。他在两位实权人物万历生母慈圣太后和司礼监秉笔太监冯保的有力支持下，控制了局面，使帝国在万历初期一度呈现出中兴的势头。

张居正，字叔大，号太岳，湖广江陵人，是明代后期最有作为也是最有争议的权臣。他属于那种有出众才能并且能通过政治手腕去施展才能的杰出文官。他的从政经历，就清楚地表明了这一点。

嘉靖二十六年（1547）考中进士的张居正，熬到隆庆元年（1567）二月，终于以吏部左侍郎兼东阁大学士的身份入阁，并在同年的四月晋升为礼部尚书、武英殿大学士。入阁之初，张居正本是一般的大学士，但他很快就利用上层矛盾，踢开了绊脚石，爬到了最高的位置。

他首先支持另一位大学士高拱，赶走了资深的首辅徐阶，让高拱取而代之，自己则伺机而待。隆庆帝死后，张居正终于抓住机会，利用高拱一个言辞不当的失误，把高拱赶回了老家，自己登上了首辅的宝座。在这一过程中，太监冯保主持的司礼监起了关键作用。作为大学士的张居正，去结纳一个太监，即使在当时也算不上什么光彩的事，但张居正毫不犹豫地去做了。因为他深知冯保与万历帝、慈圣太后朝夕相处，在宫内拥有极大的影响力。在这一点上，张居正要比其对手高拱精明得多。这也是张居正做事的一贯风格。

张居正的官职是内阁首辅。内阁是明代才开始设立的一种机构。明初丞相一职被废除后，皇帝直接控制中央各行政权力机构，承担了大量繁杂的行政事务。事实上，任何一个皇帝，无论他有多么英明能干、精力过人，大概都无法做到事必躬亲，而必须依靠一个秘书机构来做先期处理,分担压力。内阁的出现,正是迎合了这种需求。

既然是皇帝的秘书机构,那么,内阁的权力就很值得玩味。在某些时候,如皇帝年富力强精明能干时,内阁就可能仅仅是一个处理公文至多也只是提出初步意见的秘书班子。但假如皇帝不具备上述的条件时,内阁就很有可能变成实际上的权力机构,而领导内阁的首辅也就很有可能成为帝国的真正统治者了。

张居正就是这样一位利用各种条件使自己拥有实权的首辅。在万历朝最初的十年中,张居正在慈圣太后、冯保的有力支持下,进行了大刀阔斧的整治和改革,取得了明显的效果。到万历十年(1582)张居正去世时,帝国的局面已有了明显的改观。如张居正经过数年的努力,给万历帝留下了一笔数目不小的财政积余,南北两京及一些省份,都有相当数量的存银。这相对于隆庆朝时的财政而言,简直可以说是奇迹。张居正的理财能力,确实令人叹服!也正是有了这笔积累,万历皇帝亲政后尚能支撑住局面,大明朝也尚能经得起一番折腾。

不过,张居正的做法,在当时就有不少人看不过去。现在看来,张居正之所以要这样做,除个人利益之外,也实在是有迫不得已的客观原因。

张居正交结冯保,并通过冯保影响慈圣太后和小皇帝的做法,就引起不少非议。其实,张居正此举也是传统做法。张居正的所作所为,必须借皇帝的名义进行,才具有合法性。但此时的皇帝,还仅是个孩子,事实上并不具备亲政的能力。因此,张居正自然要交结内廷，取得支持，而同时也希望通过严格的教育，来引导小皇帝走正路。尽管小皇帝在臣民心目中拥有至高无上的至尊地位，但张居正深知小皇帝也是个孩子，只有严加督导才能成为明君。前任首辅高拱曾说当时的万历帝，是"十岁幼童何能尽理天下事？"，真可谓一语中的。虽然张居正就是用这句话扳倒了高拱，但他心底里也完全明白高拱道出的是实情。他后来对小皇帝的管教是如此之严，其"不敬"的程度远远要超过高拱的那句话，以致万历帝只要听说"张先生来了"，就打心眼里感到害怕。当然，张居正在死后也为他的做法付出了惨重代价。

张居正在任用亲信、打击异己、独揽大权方面的做法，也招致许多攻击。他在统治期间，大量安插自己的亲信，不仅在北京有一批得力干将，如吏部尚书张瀚、王国光，都御史陈玠等等，绝对听命于他，而且在地方行政以及军队等部门也安插亲信，执行旨意，控制地方。张居正要这样做，原因自然复杂，也不能排除私情方面的因素，但最根本的是帝国体制方面的原因。因为张居正虽位尊首辅，但实际上却不能对现行制度做出重大修改，用今天的话来说，他没有立法权。不仅如此，即使在具体行政事务上，他往往也只能先用私人渠道，把自己的意见通知下面的亲信，再由这些亲信用公文的形式上达，然后张居正才可以堂而皇之地正式表态，提出处理意见，并用皇帝的名义向下面推行。以张居正为中心的这套非正式的网络，其效率之高，是本朝的行政机构所难以相比的。

因此，从体制的角度来看，张居正所用的手法，在本质上与后来的魏忠贤并无二致。他在内依凭皇帝的信任和权威,在外则广植亲信,自成体系,以避开行政系统的低效率及其干扰。这也是明代权臣首选的政治手法。至于对朝廷的影响,则要看具体的操作者本人如何了。

这并不是要替张居正说什么辩护词。事实上,张居正也确实做了不少传统权臣难免要做的事。他的两个儿子竟先后考中了进士,入了翰林院,别人自然要起疑心,怀疑张居正是否做了手脚。张居正在其父亲去世后,尽管再三要求"丁忧"回乡,但最后还是不得不遵照皇帝之旨,"夺情"留京,戴孝理政。但在许多人看来,张居正是贪恋权位,不遵孝道。张居正回家省亲时,竟用了三十二人的大轿。尽管这是皇帝特许的,但不少人仍坚持认为,这种行为是有逾大臣身份的。更严重的是,张居正在家乡的财产急剧增长,而仅靠他每年数百两白银的俸禄,这是绝无可能做到的,也就难免别人有进一步的联想了。到张居正一死,这些都成为他罪行的一部分。

明朝失去最后的机会

张居正死时,万历皇帝已是近二十岁的青年了。在痛哭流涕之余,万历皇帝隐隐约约也感到了些许的轻松。那位令人敬畏的张先生终于走了。

平心而论,万历皇帝早年的表现是令人满意的。他比他的父亲隆庆皇帝要聪颖得多。在母亲慈圣太后和张居正的督察之下，万历帝接受了长期而又严格的正统教育，努力把自己培养成一个圣明的君主。尽管他偶尔也因醉酒、骑马等行为而受到太后和张居正的批评，但总的来讲，仍是个合乎传统道德标准的年轻皇帝。而且在即位初期，他也一直为自己有张居正这样的辅佐大臣而感到庆幸，并自然而然地在许多方面以张居正为榜样。

但在张居正死后不久，万历帝逐渐听到了不少他原先根本无法听到的言论。张居正的对立派开始试探性地放出风声，旁敲侧击地把张居正的种种"罪行"揭露了出来，丑化其形象。万历帝也在不知不觉中受到影响，原先那位令人敬佩的"张先生"的形象，已逐步在脑海中消失，代之而来的是欺君毒民、接受贿赂、卖官鬻爵、任人唯亲、放纵奴仆、凌辱缙绅的奸臣形象。

冯保家产的籍没，似乎已使万历帝确信了外面对张居正的闲言。冯保官至司礼监秉笔太监，长期与万历帝生活在一起，深得宠信。他与张居正的关系也相当密切。冯保家中被抄出财物之多之精，大大出乎万历帝的意料。既然太监冯保尚且能积下如此财物，那么万历帝自然有理由相信，张居正的家产肯定是一笔天文数字。联想到张居正生前对他的那种道貌岸然式的严厉教育，以及由此而受的委屈和羞辱，万历帝当时的心境是不难想象的。他决定对张居正进行清算。

清算是逐步进行的。张居正首先被剥夺了生前所获的太师头衔，几个儿子的官职自然也被罢免。万历十二年（1584），万历帝决定查抄张居正的家产。圣旨一到湖广，地方便立即派员封锁

第一章 崩溃的前奏

张府,任何人员不得出入,以等待钦差大臣前来查封。此举本是防止张家暗中转移财产,没想到钦差却姗姗来迟,以致张府中粮薪不济,饿死了不少人。

按本朝惯例,追没的财产应是张居正死时的全部家产。因此,其家族在张居正死后两年中的花销,自然要被追补,甚至还要加上可能被转移的那部分。这不仅给查抄带来了技术上的困难,而且也有很大的随意性。依万历皇帝等人最初的设想,张居正留下的家产应该是个大数目,没想到查抄的结果却大大出乎意料。钦差大臣想当然地认为查抄数目远远不符合实际,便对张居正长子张敬修进行严刑逼供。张敬修最后被迫自杀身亡,而张家确实也交不出更多的财物,最后不了了之。张家的财产,后来被运到了北京,共一百一十抬,并没有什么值得注目的珍品。不知万历帝过目之后有何感想,大概多少有点失望吧。

假如按张居正一年数百两白银的俸禄来计算,张居正的财产也不能算少。明初朱元璋确定的官员俸禄,本来就低,在后来的二百余年中也基本上没有动过。官员如果只取俸禄,则连其基本的生计大概也难以维持。因此,绝大部分的官员,往往会在俸禄之外,另辟一些财源。只要不太过分,朝野也视之为合理。当然,也有例外,如海瑞就是典型。不过,能像海瑞那样吝啬地生活的上层官员,毕竟是少数,事实上明朝也只有他一个!甚至有不少人认为,海瑞之所以这样做,主要也是为了博取政治名声。这种说法有一定合理性,因为在绝大多数的官员看来,即使是圣贤先哲们,也主张"齐家"和"治国"并重,假如官做到连自己都养不活的份儿上,还不如不做。这也就是人人都讲海瑞好但没有人愿意自己成为海瑞的原因。因此,在明朝后期的这种风气下,做了十年首辅的张居正,仅留下了这点财产,即使是想要整他的万历帝之流,大概也觉得不能算是过分。

不过,既然抄了张居正的家,万历帝自然要给他安一个罪名。至于是什么罪名,似乎无关紧要,只要能证明万岁爷的明察就可以了。

在张府被抄四个月后,朝廷终于总结性地公布了张居正的罪状,大意是诬蔑亲藩、侵夺王坟府第、钳制言官、专权乱政等等。本当剖棺戮尸,仅仅是念其多年效劳,万历帝才加恩宽宥。张居正的弟弟和两个儿子,被送到烟瘴之地充军,而对其老母则额外加恩,允许以空宅一所和田地一千亩予以赡养,以体现浩荡皇恩。

张居正及其时代就这样凄惨地结束了。许多人在事过境迁之后,尤其是在明末时局日益恶化之时,才纷纷想起了这位权臣的种种好处,甚至盼望大明朝还能再出一位像他那样的人物来扭转乾坤。可惜的是,大明朝没有也不可能再获得这样的机会了。

万历帝拒斥"贤君"之路

万历帝终于大权独揽了。

亲政以后的万历帝,也未尝不想有一番作为。他精神焕发,励精图治,俨然想成为一位臣民们理想的贤君。皇太后和张居正十余年的严格教育,此时对他仍有一定的影响。他对臣僚的腐化感到忧虑,自己亲自草拟手诏,禁止官员互赠。他对于各种礼仪也颇为重视。早朝、经筵也十分讲究。他热心参与各种典礼,充分显示了自己的诚意;同时,还策励臣工勤俭笃实。万历十三年(1585),万历帝为解决长期的旱灾,曾十分努力地去履行祈雨的礼仪。在干旱炎热中,他亲自步行去天坛祭天祈雨,同时也破例让京师的臣民亲眼看看这位年轻万岁爷的天颜。亲政之后的短短几年中,万历帝曾四次外出祭祀祖陵,不辞辛苦。因此,当时许多人都对这位年轻的皇帝寄予厚望。

张居正死后,上层文官班子作了重大调整,很快就形成了以首辅申时行为首的新内阁。申时行与张居正共过事,深知张居正为何在死后会落得如此惨局的真正原因。因此,他吸取了教训,不求有功,但求无过。他一方面与皇帝保持良好的君臣关系,另一方面他也一改张居正严厉刚正的为政风格,扮演和事佬的角色,竭力维护文官集团的团结,协调朝廷方方面面的关系。在他看来,既然朝廷的制度无法作根本性的调整,那么,只有理顺君臣关系,加强文官之间的合作和团结,同舟共济,才能维持局面。

也正因为如此,在万历亲政后的最初几年中,朝廷也没出什么大乱子,反而颇有些中兴的新气象。包括万历帝在内的许多人,在那时也都觉得,张居正死后,天也没有塌下来。没有张居正和他的那一套,大明朝的日子照样一天天地过了下去,而且也似乎过得很不错。想到这些,大家不由得松了一口气,不少人甚至还暗暗庆幸:倒张算是倒对了!

然而，出乎他们意料的是，这种局面很快就被打破了。

首先感到别扭的是万历皇帝。他抄没张居正家产不久，就逐渐发现，张居正的倒台并不像他原先认为的那样简单。在倒张的文官中，有不少人是出于私人恩怨，挟私报复，也有人是出于个人名利，其动机并不见得就冠冕堂皇。不过，在他看来，这些人虽然可恶，但并不可怕，也不难对付。令他感到可怕而且难以对付的，倒是倒张运动中的另一类文官。

这类文官，属于那种强硬而坚决、顽固又拘泥的道德型人物。他们有一套正统的道德和礼仪规范，并认为这是唯一的救世治国的灵丹妙药。帝国之所以有这样或那样的不足或危机，在他们看来，正是因为他们的那一套没有得到彻底的实行。因此，他们绝对不能容忍那些不合乎道德的言行。他们用警惕的眼光，仔细地挑剔着任何人和事，一旦发现问题，便会毫不犹豫地群起而攻之，其道德狂热和牺牲精神令人生畏。

这些人在倒掉张居正后，并不满足，他们又瞄准了年轻的万历皇帝和文官领袖申时行。万历皇帝越来越感到，这批文官有着十分传统和固定的模式，并竭力要引导自己踏上其理想中的"贤君"之路。自己虽有帝王之尊，但实际上往往只是个摆设，根本无法按照自己的意志去行事，更谈不上什么保持个性。自己的行为，只要稍有偏离之处，便会招致群臣们各种各样的反对。就像有一张无形的网，罩住了自己，令他感到压抑甚至是窒息。

万历帝曾想亲自训练军队，大臣们便以此举不合祖制为由，力劝他放弃这样的念头。他曾几次去视察自己的陵墓，大臣们又

第一章 崩溃的前奏

觉得过于招摇,便以安全为由予以取消。诸如此类的事情,已越来越令万历帝不快。而最令他伤心的是,他虽贵为天子,却不能给自己心爱的女人提供她想要的东西。

位尊天子的万历帝,身边自然不缺女人。拥有众多妃嫔,本是皇帝分内的权利,万历帝也不会例外。更何况武宗无后而引起皇位继承危机这一前车之鉴,也令张居正等人觉得有必要让万历帝早日成婚,免得节外生枝。因此,万历六年(1578),在母亲慈圣太后的安排下,年仅十四岁的万历帝娶了一位比自己小一岁的平民之女,即王皇后。在此以后,万历帝又册封了许多妃嫔,其后宫也已颇具规模了。

但是,对于周围佳丽如云的万历帝来说,他所需要的并不仅仅是女色本身。当然,万历帝也会偶然兴起,做出一些与他身份不符的事情来。如在万历九年(1581)冬天,万历帝看中了慈宁宫一位年长的宫女,并使她怀上了身孕。可能是万历帝在事后也觉得自己此举不太雅观,所以就一直没敢向太后启齿提及。不过,当时的太后,求孙心切,对此不仅没有责怪之意,反而还很高兴。次年秋八月,这位宫女生下了一个男孩,即后来的光宗。母以子贵,这位宫女也一步登天,被封为恭妃。不过,这种册封,也只是依例而行,倒不见得是万历帝的特别眷宠。

真正让万历帝动心的,是一位后来被称作郑贵妃的女性。这位郑氏,在万历十年(1582)与其他八位女性一起被册封为淑嫔。当时,她才是一位十三四岁的少女。从一开始,她就赢得了万历帝的一往情深,甚至可以说是终生不渝的爱慕。能得到如此恩宠,大概不仅仅是因为她有闭月羞花的容貌,更多的倒是因为她聪明伶俐,意志坚决,喜欢读书,并能与万历帝进行心灵上的沟通。也难怪万历帝在众多的后宫佳丽中,唯独对她宠爱有加。

对于这位郑氏,万历帝自然愿意特殊照顾,尤其是在她也生下一位贵子以后。到万历十四年(1586),万历帝不顾群臣反对,毅然册封郑氏为贵妃,其地位明显高于恭妃王氏。至于万历帝是否真的像群臣猜测的那样,还想进一步提高贵妃及其儿子常洵的地位,不得而知,但他坚决维护贵妃母子应得的权利的念头,却一直没有动摇。而文官们的做法也与他一样,只不过他们要保障的却是王恭妃及其儿子常洛的权益。双方针锋相对,毫不妥协,也弄得一心想协调双方关系的首辅申时行,出力不讨好,碰了一鼻子灰。在万历帝看来,申时行是压不住群臣,难以服众。而大臣们却又偏偏认定申时行是为了贪图高位,不坚持原则。如此一来,申时行苦心经营的平衡局面,就难以为继了。

爱美人不爱江山,三十年不出宫

万历帝选择的办法就是消极对抗,不与文官进行合作。

他从万历十三年(1585)起,就再也没有踏出皇宫一步,直到他驾崩后被抬着去定陵,前后达三十余年之久。

他虽是这个帝国的皇帝,却不大想承担他应承担的责任和义务。他宁愿待在宫中,与宫女、太监们厮混,喝酒作乐,醉生梦死,

第一章 崩溃的前奏

用自己的方式享受人生,也懒得理会宫外的文官,几乎到了天塌下来他也可以不管的地步。

他几乎不见朝臣,即使像首辅之类的文官首领也很难见到他。大臣的奏章大多"留中",不做任何处理。甚至连帝国最神圣庄严的庙祀,万历帝也不亲祭,而是派员代祭。帝国的政治中枢机构实际上处于半停顿状态。

他的这种做法,自然引起了大臣的不满,他们纷纷提出批评。万历十八年(1590)春正月,有一位名叫雒于仁的大理寺评判,上了一个措辞激烈的奏章,痛斥万历帝"圣体违和"的病因,就是酒色财气:我在朝做官已一年有余,仅朝见过皇上三次。此外只听说圣体违和,一切皆免。郊祀庙享,遣官代行,政事不亲自处理,讲筵也停止了很久。我知道陛下之病,是有病因的。我听说嗜酒则腐肠,恋色则伐性,贪财则丧志,尚气则戕生……

接着,这位大理寺评判一一列出万历帝嗜酒、恋色、贪财、尚气的事实,毫无遮拦,淋漓尽致,把万历帝骂得是体无完肤,也骂出了当时不少大臣的心里话。万历帝自然十分震怒,要严办这位胆大妄为的评判。幸亏有申时行从中全力调和,这位评判才保住了性命。

首辅申时行的日子已越来越难过。尽管他竭力调停皇帝与文官之间的紧张关系,竭力维护文官间的信赖和团结,但这种做法已越来越不起作用。至万历十九年(1591),申时行最终因立储问题而不得不离开相位。

本来，在万历十八年（1590）春，申时行已与万历帝就立储问题达成了默契。万历帝当时曾表示，假如朝臣能不再就此事继续打扰他的话，他准备在两年后册立常洛为太子，否则，就要继续推迟。申时行认为皇帝能做这样的让步，也算是有了交代，因此他要求朝臣不要再在这件事上刺激皇帝，以免弄巧成拙。没想到第二年就有一位叫张有德的工部主事，又旧话重提，惹得万历帝十分生气。而大学士许国、王家屏竟也顺势举疏，要求皇帝兑现前诺。可能是为了增加分量，他们竟然把申时行的大名列在首位，而申时行本人对此并不太知情。在得知皇帝的态度后，申时行给皇帝上了密疏，说明情况。不想此举引起了轩然大波。激进的文官指责申时行表面上佯附群臣请立之议，暗中却又和皇帝勾勾搭搭，极不诚实。申时行有口难辩，终于在万历十九年（1591）秋九月致仕。

申时行的下台，给朝廷造成的后果是相当严重的。申时行在任之时，朝野几乎一致认为他过于听从皇帝，而不能大有作为。很少有人能真正体会到申时行的良苦用心。申时行所起的微妙作用，直到他罢职之后，才逐渐为人所知。申时行的继任者，已根本无法像申时行那样，左右逢源，维持朝廷的基本局面了。

申时行下台前，文官之间的矛盾已开始尖锐。申时行下台后，更是愈演愈烈。到万历二十一年（1593）春天，王锡爵被重新任命为首辅。当时万历帝计划同时册封常洛、常洵两子为王，表面上不偏不倚，实际上还是不想立长子常洛为太子。这一做法引起大哗，许多文官纷纷反对，新任首辅的王锡爵夹在中间，备受攻

第一章 崩溃的前奏

击。最后,尽管万历帝暂时放弃了这样的念头,但文官的分裂已不可避免。

在这一年的京察中,当时已掌握相当权力的吏部员外郎顾宪成,与吏部尚书孙鑨、考功郎中赵南星一起,操纵吏部,把那些与内阁成员关系密切的官员尽量罢免。顾宪成等人的做法,实际是对阁臣不满的体现,弄得刚刚回朝的首辅王锡爵很是下不了台。这种水火不相容的做法,挑起了党争,结果是王锡爵罢职,而顾宪成之流也被撤职,朝廷从此不得安宁,再也没有申时行时代的那种局面了。

朝鲜战争的爆发,也加速了明帝国的衰落。万历二十年(1592),日本的丰臣秀吉悍然发动对朝鲜的侵略战争。明朝作为宗主国,自然出兵援助。至万历二十二年(1594)九月,中日双方签订了第一次停战和议。但至万历二十五年(1597),丰臣秀吉又重启战火,明朝则再次出兵增援,但起初打得并不顺手。幸亏丰臣秀吉于次年七月病死,战局才开始有利于明朝。到年底,日军基本上被击退。朝鲜战争前后长达七年,明朝丧师数十万,糜饷数百万,大大消耗了本已不强的国力。

其他如播州杨应龙之乱、宁夏哱拜之乱,也给明朝带来了不少麻烦。而当时尚不太受朝廷重视的努尔哈赤,也已在东北迅速崛起。

边疆的安定与否,历来是中原王朝政局的晴雨表。大明朝的乱象,由此而渐见端倪。

财政匮乏的压力,也越来越沉重。张居正死时,曾给朝廷留下一笔不小的国库积累，国家财政尚能应付。但至万历亲政后，朝廷开支日增，而收入却不见增。像宁夏用兵，耗费一百八十万两白银；朝鲜之役，军费开支七百八十余万；播州用兵，也用掉近二百万两。这还仅仅是军费开支。除此之外，皇室及宗藩的开支也是相当惊人的。万历帝为自己修建陵墓，花掉了朝廷一大笔银两。皇长子常洛及诸王子册封、冠婚用掉了九百多万两，另加袍服之费二百七十余万两。此外，宗室人口的激增（至万历四十年已达六十余万），使朝廷每年要耗费大量禄米和开支。像这样的巨额开支，朝廷是无论如何难以承担的，国家财政也必然难以为继了。

不知出于何种原因，万历帝似乎不太把这种事情放在心上。他依旧出手不凡，照用不误。如万历二十七年（1599），他以诸皇子婚娶为由，要求从太仓银库（国库）取用白银两千四百万两。这对于当时的朝廷财政而言，几乎就是一个天文数字。户部自然难以满足。万历帝见此，竟尽遣宦官到各省核查积银，颇有点不刮尽天下财物决不罢休的架势。此前，万历帝向全国派遣税监、矿使，搜括财物的做法，就已经闹得沸沸扬扬。至此，他竟又变本加厉，最终导致了全国范围内的大动荡。更令人不解的是，万历帝把这些钱财敛于内廷，不肯与朝廷分享丝毫。对朝廷的财政危机，他简直就是视而不见，似乎与他毫无关系！

皇帝既然如此，大臣们也自然要为自己的生计考虑。万历后期的吏治，败坏到了不可收拾的地步。这一时期的各级官员，似乎很少有不谋私利的。有些官员所积下的巨额财富，令人瞠目结舌，很难与他们每年几十两或至多几百两的俸禄联系起来。像出身贫寒且在当时甚至在今天，都可以被认为是清廉之至的东林党魁顾宪成，在其兄弟分家时，尚获得数千亩的田产。世风日下的程度由此可见。既然皇帝、大臣们的日子是如此好过，那么，天下百姓日子的难过，也就可想而知了。

皇帝与大臣之间、大臣与大臣之间的冲突仍在继续进行，而且愈演愈烈。

万历皇帝仍然是我行我素。除了拼命用钱同时拼命捞钱之外，他似乎对朝政越来越没有兴趣，借口当然还是"圣体违和"。可仍有一些大臣，不思体恤，不知深浅，竟然还喋喋不休，说些皇帝绝不想再听的事情。万历二十八年（1600）十月，给事中赵德完就给万历帝上了一疏，煞有其事地说什么郑贵妃预谋在多病的皇后驾崩后，自立为后，并立其子常洵为太子等等。万历帝最不愿意听的就是这件事，自然不免龙颜大怒，命下诏狱，廷杖一百，开除官职，永不录用。

大概是因为群臣十余年的不懈斗争，再加上赵德完挨的一百大棍，万历帝终于在万历二十九年（1601）的十月进行了正式册封。皇长子常洛最终被立为了皇太子，同日被封的还有福王常洵（封地洛阳）、瑞王常浩（封地汉中）、慧王常润（封地汉中）、桂王常瀛（封地衡州）。既然是册封这样的盛典，而且还要成婚，万历帝自然不会过分精打细算，他早就提前向户部提出了两千四百万两白银的预算作为开支。可惜户部拿不出这笔款项，所以最后还算节俭，只用了一千多万。为这事皇帝还对户部有点意见，并派宦官到各地查账，看看是否真的是没钱。大概是万历帝对户部官员的敛财能力不太满意，所以他不得不加派税监、矿使分赴各地，开辟财源，弄得十分不成体统。

或许万历帝是看透了朝廷这帮人物，而一心想在自己活着的时候多为子孙，尤其是他最宠爱的福王谋点产业，免得在他死后受苦。没想到他的这种做法，恰恰是动摇了大明朝的根基，最后祸及子孙。那位受他百般宠爱的福王常洵，后来在洛阳成为李自成的刀下鬼时，不知能否想通其中的因果关系。

伤透了心的万历帝，在此以后更是心灰意懒，不理朝政。就连朝廷最重要的人事安排，他也懒得过问。而部院主管大臣之类的任命，又非要皇帝钦命不可，否则，也只能空缺。到万历三十四年（1606），大学士沈鲤等就向皇帝诉苦说，吏部尚书已缺三年，左都御史亦缺一年，刑部、工部只有一位侍郎兼理，兵部则尚书、侍郎全缺，礼部仅存一侍郎，户部也只有一位尚书。总计部院堂上官三十一位，竟缺了二十四个。如果去掉那些在职不谋事的，几乎就是无人理政。对此，万历帝仍是不闻不问。到最后几年，像内阁这样最重要的机构，竟也只有首辅方从哲一人，成了光杆司令。这样的朝廷，怎么还能指望它有什么作为。

朝廷的统治能力下降，还不仅如此。更严重的是，朝廷官员之间的派系斗争至此也越演越烈，到了水火不容的地步。

东林党是万历后期党争的主角。在张居正统治期间，后来成为东林党魁的青年官员邹元标，就上疏攻击张居正，说他不丁父忧，名为夺情，实则贪位。张居正以后，又有一批年轻官员，像顾宪成、顾允成、高攀龙等等,在朝中互相呼应,干预朝政,并小成气候。在万历二十一年(1593)的京察中,顾宪成等人操纵吏部,罢免了一大批与内阁关系密切的官员,激化了矛盾,并最终导致了自己的下台。

此后,朝中大权被浙江人沈一贯、方从哲等掌握,人称"浙党"。但顾宪成等人也不甘寂寞。他们以无锡东林书院为中心,以讲学求道为名,裁量人物,讽议朝政,以天下清流自居,名动天下。顾宪成之流及其后继者,后来被魏忠贤扣上了"东林党"这一大名。

起初,东林党人大多尚能称得上正人君子。他们希望重建道德权威并通过道德手段解决当时的一系列危机。这种激进的道德主义旗帜,加上东林党人本身的人格魅力,在开始时犹如一阵新风,给人带来了希望。但道德的力量,并非无限,它需要有一套合理而有效的制度与之相配套。而且,任何个人或集团都有双重性格,在道德和利益之间摇摆不定。只有实现了相对的利益,才能谈得上道德。除了极少数圣人,绝对的道德主义是注定要失败的。道德还常常会成为政治斗争的工具、党同伐异的武器。许多人借道德之名,谋自身利益,并以道德去约束别人,放纵自己。至于他们自己到底相信多少,又去做了多少,只有他们自己知道了。

开始的东林党人,就是一些绝对的道德理想主义者。但当他们的组织一旦成为有影响力的政治团体时,其性质就开始发生了变化。东林党的许多行为,实际上就是党争行为,其动机也未必像他们自己当初所标榜的那样堂皇,更多时候党派利益要显得重要得多。他们在野时,对当权者样样看不顺眼,动辄口诛笔伐;而当他们得势时,也同样拿不出切实有效的治国手段来。更严重的是,东林党到后来虽声势浩大,实则鱼目混珠,不仅招忌,而且也为其对手提供了不少口实。后来的血光之灾,其实已于此时埋下了因果。

东林党的主要对手是浙党,以及依附于浙党的齐党、楚党、宣党。两派在一切问题上似乎都要针锋相对,并互相倾轧。浙党沈一贯任首辅时,东林党虽居下风,但顾宪成等人仍团结一大批志同道合者,影响朝廷,甚至出位论政。至万历三十九年(1611),东林党人借京察之名,联合吏部尚书孙丕扬,逐斥浙党诸人,掌握了主动。但不久浙党方从哲入阁,浙党又进入反攻状态。到万历四十五年(1617)京察时,方从哲已居首辅,浙党势力进一步加强,东林党人被纷纷罢免。虽然不久后东林党人又在天启初期占了绝对优势,可是,魏忠贤及其党羽的屠刀,很快就要架到他们的脖子上了。

大明朝就是在这样的吵闹声中被动摇了根基。

遗孤努尔哈赤的崛起

尽管逼死崇祯帝的是李自成,但最终建立起新王朝的是满族人,即女真人。

在明王朝相当长的时期内,外族的威胁主要来自蒙古。辽东的满族还基本上构不成威胁。出乎意料的是,恰恰是辽东的这一不起眼的民族,最终入主了中原,在明帝国的废墟上建立起了强大的清帝国。

满族的兴起和强大,正是在万历朝。万历朝在辽东问题上的严重失策,以及万历朝中央政权的式微,是导致后来满族入主中原的直接原因。

洪武初期,明朝不断用兵东北,打击北元残余势力,设置辽东都指挥使司(简称辽东都司),以辽阳(今辽阳市)、广宁(今辽宁北镇县城)、开元(今开元县城北之老城镇)为中心,下辖卫所,建立起以军统政、军政合一的体制。永乐年间,明朝又在黑龙江西来支流亨滚河(今在俄罗斯境内,名阿姆贡河)口对面的奴尔干,设立奴尔干都司,以镇抚女真等少数民族各部,护送朝贡。但至宣德(1426—1435)以后,奴尔干都司已名存实亡。明朝在女真各部也广设羁縻卫所,授其头人、首领为都督、都指挥、指挥、千百户、镇抚等官职,由其各统其部,分而治之,互相牵制。

明廷在东北的做法,一方面是想借适度的军威保持对女真的弹压之势,另一方面又通过授以官衔、给予贸易优惠(互市)等恩惠手段,来笼络住女真各部的首领,并由此间接控制住其所属各部。这一统治模式的关键,在于能否控制住女真首领。每年的冬天,明朝官军往往借"烧荒"的名义,深入女真各部,接见各部首领,赏赐各种物品,让他们在感受浩荡皇恩的同时,诚心诚意地替天朝出力,护边安疆。不难看出,明朝对女真各部的统治,能否有效维持,一方面取决于朝廷派驻东北的长官能否熟练而有效地行使这套驾驭之术,另一方面,也要取决于女真部落能否长期安于现状,有没有建功立业的远大抱负。因此,其基础是十分脆弱的。

至万历年间,这两个方面恰恰都出现了问题。长期经营东北的辽东总兵李成梁,举措屡屡失当。而此时的女真族,也正好出了个野心勃勃、才华出众的努尔哈赤。

李成梁,长期任辽东总兵一职,替朝廷经营东北。他是个名副其实的"东北王"。辽东的财政,他几乎完全垄断。军费、马价、盐课、市赏之类,也由他一人说了算。其中到底有多少入了私囊,更是无人说得清。全辽东的商民之利,他也尽笼入己。由于经济实力雄厚,他就有条件用重金结交朝廷要人权臣,礼送得重,交情自然就深。那些要人权臣,便个个夸他好。就连万历皇帝,也对他另眼相待。他的儿子个个得以封官,李如松、李如柏、李如桢、李如樟、李如梅,都是总兵官,其他如李如梓、李如桂、李如梧、李如楠也官封参将,可谓是一门虎将。他的部将,也多是私人亲信。

在辽东,李成梁几乎建起了一个独立王国。辽东总兵这个职位,好像就是专为他设置的。一旦换了别人,就难以胜任。如在万历十九年(1591)至万历二十九年(1601),李成梁一度被调离此职,但其影响力仍是如此地根深蒂固,以至于他的继任者根本无法真正行使职权。十年之中,辽东换了八帅。无奈之中,朝廷大概也看出了辽东问题的症结,认识到了李成梁在东北的法力,加上其子李如松当时又是朝鲜战场上的主帅之一,便不得不又在万历二十九年(1601),干脆重新任命他为辽东总兵。当时的李成梁,已是76岁的高龄了。现在看来,明廷在辽东的这种体制,不可避免地使辽东的局面过分依赖于一人。万历时的辽东,可以说是成也李成梁,败也李成梁。

努尔哈赤,姓爱新觉罗,嘉靖三十八年(1559)出生在建州女真苏克素护部的宁古塔穆昆。其祖父名叫场(或译觉昌安)、父亲名他失(或译作塔失、塔克世),虽不是显赫的氏族贵族,但也大概是指挥使一级的头目。努尔哈赤十岁丧母,因受继母虐待,十九岁那年(万历五年,1577)就分居另过,自立门户。

万历十一年(1583),李成梁带兵进剿建州右卫阿台部时,竟误杀了当时与朝廷关系不错的叫场和他失父子两人。一下子失去了祖父、父亲两位亲人的努尔哈赤,自然是悲痛欲绝。或许是出于内疚,李成梁父子此后一直比较偏袒努尔哈赤。在善后处理中,努尔哈赤得到了明朝的敕书二十道、马二十匹,同时世袭其祖父的头衔,被承认是建州左卫的头目之一。

万历十一年(1583)五月,努尔哈赤起兵,开始了统一建州女真的战争。到万历十七年(1589),努尔哈赤最终完成了对建州女真各部的统一,并一跃成为东北最为强大的女真领袖之一。

对努尔哈赤的崛起及其威胁,明朝并没有清楚的认识。之所以会造成这样的局面,原因固然很多,但其中有两点尤为重要。一是朝廷明显受到辽东前线官员的误导。对努尔哈赤,李成梁先是扶持、纵容。当其崛起后,李成梁又产生畏惧之感,不敢采取断然措施,甚至还梦想借其力量安定女真,以致坐失良机。二是努尔哈赤也对朝廷极表"忠顺",决不得罪朝廷,骗得了信任。到万历十七年(1589),朝廷竟授予努尔哈赤建州左卫都督佥事一职。

万历十八年（1590），努尔哈赤第一次进京朝贡。万历二十三年（1595），朝廷加爵努尔哈赤，授龙虎将军。万历二十五年（1597），努尔哈赤第三次到北京朝贡。

努尔哈赤在统一建州女真后，开始了对其他女真各部的吞并战争。当时的形势也对其十分有利。在李成梁离开辽东的十年中，辽东主帅竟先后换了八次，根本无法对东北进行有效控制。朝鲜战争的爆发、中央朝政的混乱和懈怠等等，也使得朝廷根本无暇顾及东北。到万历三十年（1602）后，朝廷已开始逐步意识到了努尔哈赤的威胁，但此时的努尔哈赤，已是尾大不掉了。

当熊廷弼于万历三十六年（1608）任辽东经略时，已明显感到了努尔哈赤的威胁，而且认为这种威胁不可能在短时间解除。因此，他主张朝廷与努尔哈赤进行谈判，必要时可做出一些让步，以争取时间加强辽东防务。这在当时不失为可行之策，但对于许多住在北京的官员们来说，却绝对不能接受。在他们看来，熊廷弼作为堂堂辽东经略，竟然要与努尔哈赤妥协，天朝颜面何在！因此，他们群起而攻之，不仅熊廷弼的计划被否决，连熊廷弼本人也被召回。他的继任者便对努尔哈赤采取了一系列所谓的强硬对策，试图予以压服。

但这时的努尔哈赤已不再像从前那样恭顺了。他于万历四十四年（1616）在赫图阿拉（今辽宁新宾县老城）即汗位，国号大金，建元天命。万历四十六年（1618）四月，他以"七大恨"誓师讨明，出兵攻占明军在东北的重镇抚顺，并击败其援军，明军损失惨重。

至此，朝廷才如大梦方醒，仓促应战。

第一章 崩溃的前奏

万历帝这下子有点着急了。

他急命老将杨镐任兵部左侍郎兼右佥都御史，经略辽东。杨镐匆匆调兵遣马，组建起一支远征军。可出兵需军饷，但国库空虚，又实在拿不出钱来，因此就有人请求万历帝发"内帑"应急。当时万历帝在内廷积下的钱远远超过军饷所需；但他坚决不肯拿出分毫。大臣们只得向南京户部借支，并刮尽天下库藏积余。拖到八月份，军饷仍然不足，又有人提出挪用天下田赋税银应急，万历帝仍然不肯，因为这里面有他自己的一份。不得已，朝臣又提出加征田赋，这次万历帝却很爽快地答应了。当时朝中官僚机构已严重缺员，内阁仅存首辅方从哲一人，许多部院主管大臣位置空缺，根本无法应付大规模战争，以致方从哲急得要辞职。在这种情形下，大军出征的结果如何，是很难预料的。

万历四十七年（1619）春正月，杨镐在朝廷的严令下，决定分四路出兵，号称四十余万大军。具体布置如下：

北路军。在开原、铁岭一线，由开原总兵马林为主将，从三岔儿堡出边，攻敌之北面。叶赫部出兵万人，也归马林指挥。

西路军。在沈阳一线，由山海关总兵杜松为主将，从抚顺出边，攻敌之西面。

南路军。由辽东总兵李如柏为主将，从鸦鹘关出边，趋清河（清河在今本溪附近，当时已失），攻敌之南面。

东路军。在宽甸一线，由辽阳总兵刘綎为主将，从凉马佃出边，会合由姜弘立率领的朝鲜兵，攻敌之东面。

杨镐自己坐镇辽阳指挥。他要求四路大军在三月初二会师于二道关,合营后再向努尔哈赤的都城赫图阿拉(兴京)进军。

这种战略部署,看起来无懈可击,但细究起来,实际上是书呆子式的纸上谈兵,没有不败的道理。

首先,主帅杨镐本人就无能力指挥这场大战。杨镐虽在官场三十余年,但实际上大部分时间是忙于周旋,在军事指挥上并没有多少真才实学。他早年在朝鲜战场上就以无能著称。身为辽东经略,他当时是外不知努尔哈赤方面的敌情,内不清自己手下将领的详情。任命他做辽东前敌总指挥,一开始就是大失策。

其次,四路出击,乍看起来可令努尔哈赤腹背受敌,四面楚歌,但到真正实施起来,就会破绽百出。朝廷的军队原是临时拼凑起来的乌合之众,战斗力不强,只能以数量上的优势取胜,但分兵之后,数量优势就不复存在。而且,当时正值东北早春严寒,军队进退不便,加上各路指挥之间关系不和,信息不通,根本谈不上什么协同作战。

相反,努尔哈赤对明朝各路大军的兵力分布、进军路线、会师日期、指挥人员等等,了解得清清楚楚。他以逸待劳,依靠其天时地利,集中兵力,实施各个击破。

战役开始后,努尔哈赤首先集中六旗兵力,在萨尔浒山(抚顺东南)击破了山海关总兵杜松的西路军;随后迅速回师向北,再击开原总兵马林的北路军。杨镐得知西、北两路军惨败,急令东、南两路军队停止前进。但此时东路军已深入敌境一百五十公里。努尔哈赤利用明军之间消息不通的弱点,佯扮成杜松的军队,骗开东路军的营门,大败东路军,辽阳总兵刘綎战死。最后,四路明军只有李如柏的南路军安全撤退。这就是著名的萨尔浒战役。从此,明廷在东北已毫无军事优势可言,不得不进入战略防御阶段。

萨尔浒战役的大败,除了明朝军事部署上的失误外,还与朝廷内部党争激烈、任人唯亲、政治混乱密不可分。杨镐自朝鲜战争以来,一再损兵折将,却仍能被任命为辽东经略,究其原因,就是因为他与沈一贯、方从哲等浙党有良好的个人关系。不少人曾反对任命杨镐,认为他实非将才,难当如此重任,但方从哲仍坚决支持杨镐。而这位杨镐到达辽东后,不仅显示出其军事上的无能,而且也不能做到以德服人,共赴患难。无才已是不能容忍了,但如果能有德行加以弥补,那还有点希望。如果既无才又无德,那就难以收拾了。杨镐就是属于这样的人物。

杨镐到达前线后,对四路大军将领一开始就搞厚此薄彼。当时的辽阳总兵刘綎,最是骁勇善战,但由于与杨镐关系不和,受到打击报复,被派往东路,孤军深入,简直就是让他去送死。这一点,据说就连当时协同他作战的朝鲜军元帅姜弘立也看了出来。他曾问刘:

"然则东路兵甚孤,老爷何不请兵?"

刘綎回答道:

"杨爷与俺自前不相好,必要致死,咱亦受国厚恩,以死自许。"

到后来,刘綎也真的战死,以身报国,不知他的死有没有解了杨镐的心头之恨。

不过,杨镐对于该照顾的将领,也十分照顾。如南路军将领、辽东总兵李如柏是李成梁的公子,在战事危急时,他不去全力救应,反而全军撤退。事后杨镐对他不仅不予追究,而且还全力保护。李成梁的另一位公子李如桢,在当时被派至辽东,驻防其老家铁岭。而作为铁岭主将的李如桢,却先是把自己的家人迁出铁岭,后又竟然返回沈阳。当努尔哈赤的军队围攻铁岭时,他在沈阳拥兵不救,导致了铁岭的失守。对于这样一位将领,杨镐也能宽厚待之。可见杨镐待人处事,也真是泾渭分明。

萨尔浒之役后,努尔哈赤乘势反击,攻城略地,辽东局势不断恶化。杨镐这样的人物看来是难以应付了,朝廷于是改命熊廷弼以兵部侍郎兼右佥都御史经略辽东。熊廷弼到辽东后,整顿军队,弹劾败将,造战车,治火器,浚濠缮城,积极布防,法严令行,很快取得效果,扼制住了努尔哈赤的攻势。杨镐最后也因败绩被下诏狱论死,一时辽东为之一振。

当时的朝廷内外,人人都知道熊廷弼是个能臣,他去辽东肯定能扭转局面。同时,朝廷上下也深知,像熊廷弼这样的人,也只能在万不得已时才能使用。熊廷弼性格刚烈,恃才傲物,且不大参与当时的党争,不交结权臣,对各路神仙都不买账。对这样的能臣,东林党人不喜欢,浙党、阉党也不喜欢。因为他掌权以后,谁的日子都不好过。当局势危急时,尚可以利用他去应对危局,也只得容忍他的脾气,但一旦局势得以稳定,那就谁也容不得他了。到了万历四十八年(1620)十月,熊廷弼就被罢免,改由袁应泰出任辽东经略。熊廷弼在辽东的心血也尽付诸东流。

熊廷弼不是不知道自己经略辽东所面临的困难。在赴辽东之前,他曾向朝廷提出了自己的忧虑,请求朝廷给足粮食,予以时曰,"毋中格以沮臣气,毋旁挠以掣臣肘,毋独遗臣以艰危,以致误臣、误辽,兼误国也。"一句话,就是要求朝廷给予全力支持。明知不可能,却还在痴人说梦,由此可见熊廷弼此人的天真。他总以为辽东局势到了这样的地步,朝廷总不至于还像以前那样待他。没想到他的结局仍像前一次经营辽东一样,稍有起色即被罢免召回,他更没想到在数年之后,他又被起用,并且最终成了党争的牺牲品,弄得身首异处,死无葬身之地。

国难当头一毛不拔,是家风?

辽东的局势稍稍缓和后,万历帝又故态重现。

他依然不上朝。万历四十七年(1619)九月,首辅方从哲恳请万历帝出御文华殿,召见群臣,面商辽东战守方略,皇帝不予理会。吏部尚书赵焕甚至率朝廷百官跪在文华门,请求皇帝视朝议政。方从哲则在仁德门跪着,等候消息。他们跪了整整一天,直到天黑前,万历帝才命一太监叫他们回去,上朝的事则免谈。赵焕等失望至极,曾上疏责问万历帝:

"如果有朝一日蓟门遭蹂躏,铁骑踏京郊,陛下您是否还能在深宫内高枕无忧,称病却之呢?"

万历帝不仅不视朝,不批不发群臣奏章,而且他依然不肯出钱充辽东军费。辽东饷绝,户部又无银,朝臣多次恳请万历帝先从内库借支应急,万历帝却毫不松口。户部尚书李汝华无奈之中，下令扣留当时广东进解的一笔金花银（例应入皇室内库），充辽饷之用。万历帝得知后，大为震怒，罚李汝华俸禄一月，并要求他立即补足交入内库，李汝华只得照办。

为了筹集辽饷，朝廷只有加征。万历四十六年（1618）已加征过天下田赋。到万历四十七年（1619）十二月，朝廷又在前一次加征的基础上，再次加征。至次年三月，又因辽饷不支，第三次加征。三年之内，加征三次，大大增加了天下的赋税负担。这对本已不景气的农村经济来说，无疑是雪上加霜。

万历四十八年（1620）七月，万历皇帝终于驾崩了，躺进了三十余年前就造好的定陵。据说他在临死前，很是后悔自己一生的所作所为，并要新帝为他盖愆补过。现在看来，这很可能是朝廷大臣的杰作。他们借死人之口，用遗诏的名义，来对万历弊政做一些补救。他们在万历帝驾崩后的短短三天内，两次动用内库银二百万两急充边饷，并说这是万历帝临终前的交代。事实上，一毛不拔的万历帝是不太可能这样大方的，不过到这种时候，也由不得他了。

万历帝就这样走了，留给自己儿子和朝廷的却是这副烂摊子。后人至今也弄不懂他为什么要如此。不少人试图给他的行为提供一个合理解释，但至今尚没有一种解释能完全令人满意。

三百余年以后，万历帝和他皇后的合葬墓定陵被掘开，几近剖棺曝尸。他是明代皇帝中获此厄运的第一人，也是目前为止唯一的一人。在他生前，他事事为自己计较得失，孜孜求利，没想到三百余年后竟是这番情形。这是巧合，还是老天的报应呢?！

第二章

荒唐岁月荒唐事

万历四十八年(1620)七月二十一日,万历皇帝终于驾崩了。

死讯传出,天下缟素,举国尽哀。臣民们个个都显出悲痛欲绝的样子。

然而,不少人心里想的并不像他们脸上装的那样。尽管没有一人敢说出来,但许多人当时确实有一种如释重负的解脱感,因为万历帝的时代毕竟结束了。他们寄厚望于新的君主,希望新皇帝能给王朝带来一些新气象,甚至扭转乾坤,摆脱危机。

可是，王朝的现实却再一次令他们绝望。苦熬了多少年的泰昌帝，即位仅一个月，竟撒手归天，追随其父而去。随后接位的天启帝，却又是个令人哭笑不得的无知少年，根本无法理政。魏忠贤也因此逐步擅权，操持朝政，把大明朝搅得乌烟瘴气。真可以说是荒唐岁月有着道不尽、说不完的荒唐事。

本已步履艰难、千疮百孔的大明朝，再经魏忠贤的这番折腾，已是元气大伤，难以救治了。

偏心引发国本之争

万历帝死后约十天，太子朱常洛在文官的安排下，经过一番虚情假意的推辞后，终于在八月初一日正式登基即位，年号泰昌。

泰昌帝的正式即位，令天下臣民大大松了一口气。因为在万历帝咽气前的最后一刻，他们仍担心这位太子能否顺利即位。

既然是太子，又何以要担心他能否顺利即位呢？

原来，这位生于万历十年（1582）的朱常洛，其母亲王氏本是一位宫女，地位低贱。当时年轻的万历帝，一时兴起，致使她怀孕生下了朱常洛。对于这位儿子及其母亲，万历帝自然是没有什么亲情的。万历帝宠爱的是郑贵妃和她的儿子常洵。平心而论，郑贵妃和常洵，无论在哪方面，大概都要比王氏和常洛强得多。万历帝的偏心，也是人之常情。

但朝廷的绝大多数文官们不能同意万历帝的这种做法。他们认为，既然皇帝的正宫皇后没有嫡出，那么就应该在庶出诸子中立长。朱常洛虽是宫女所生，但他是皇长子，就理应被立为太子。而种种迹象表明，皇帝似乎没有这样的意思。这可是了不得的事情！在大臣们看来，常洛不立为太子，就是违背了朝廷得以立国的根本基础——祖宗之制。因此，保证常洛的法定权利，也就是捍卫朝廷的立国之本，绝对不能让步。

万历帝见到这些大臣慷慨激昂的样子，心中就有气，也懒得理会。这种态度，反而更刺激了那些大臣们，加重了他们的担心。双方便越争越烈，只要稍有风吹草动，就往此事上扯，越扯越乱。这就是闹了几十年的国本之争。

开始时，大臣们要求万历帝速立皇长子常洛为太子，以免夜长梦多，给郑贵妃的儿子常洵占了上风。万历帝就是拖着不办，任凭他们去争，争到不太像话的时候，就拿几个大臣来惩处，但引起的却是大臣更激烈的抗争。一直到了万历二十九年（1601）十月，万历帝才立常洛为太子，同时册封福王常洵诸子。但大臣们很快发现，福王常洵仍留在宫中，不去洛阳就藩，而太子常洛虽为太子，仍受到冷落，地位反而不及福王。他们更据此进一步推测，万历帝册立太子不过是权宜之计,福王取而代之的可能性仍然很大。因此必须坚决斗争,逼福王常洵去洛阳就藩,以致冲突再起。

文官们的这种做法,或许是过于咄咄逼人了。万历帝是否有立常洵而废常洛之意,至今不得而知。但万历帝也是人,也有七情六欲。他宠爱郑贵妃,自然也就不愿意郑贵妃因儿子远离而终日伤心难过。因为按照王朝的惯例,诸王就藩之后,几乎就等于放逐,很少再有机会回北京。这种生离死别的滋味,对于大多数做母亲的来说,都难以接受。万历帝自然不想让贵妃因此伤心,更何况他自己也很宠爱福王,从中也能享受到一些父子亲情、天伦之乐。否则,福王诸子一离宫,眼前只剩下一个呆头呆脑的太子,日子实在也是难熬。因此,万历帝开始时不立太子,或许就是不想让儿子们因册立而有贵贱之分。后来不让福王很快去洛阳就藩,也可能是出于亲情,倒并不一定就是有李代桃僵之意。废立太子,毕竟是一件非同小可的大事,像万历帝这样的君主,应该不会不懂这方面的利害关系。

但大臣们决不会这样认为。他们坚决要求福王就藩,并深信万历帝之所以这样做,是因为郑贵妃的调唆。他们的这种想法,并不是没依据。按照历史经验,皇帝无疑是英明的。英明的天子,论理本不会做出不英明的事。因此,皇帝的所作所为,假如出了问题,那么肯定是他身边出了坏人,不是奸臣,就是权阉。实在找不出这两类人,那么就要从他身边的女人找原因。孔夫子就说过,女人与小人一样难养!其实,在以男子为中心的传统社会中,女人哪有什么资格去做坏事?即使有,也应从男人身上去找原因！但当时的男性是不会也不愿意承认这点的。

最后,福王只得去了洛阳就藩。但大臣们仍担心太子常洛的地位,因为郑贵妃还在,并仍深得帝宠,谁能保证郑贵妃不会惹是生非?到万历四十三年(1615)五月,果真发生了一件对太子不利的大事,更证实了大臣们的忧虑。此月初四日深夜,一位名叫张差的男子,竟手持枣木棍,打进皇太子居住的慈庆宫的宫门内,击伤守门内侍李鉴,冲至前殿檐下,最后被内侍韩本用等人擒获。

从审讯的结果来看,这位男子很可能是一位神经错乱者。他本来是要找郑贵妃宫中的两位太监了结私怨的,只是不熟悉宫中情况而错跑到了东宫。但许多官员,尤其是东林党人,却宁愿相信这是个阴谋。他们认为,张差是受了郑贵妃宫中太监的指使前来谋杀太子的,其幕后主谋自然是郑贵妃。以首辅方从哲为首的浙党之所以能审出这样的结果,显然是为了包庇郑贵妃,其动机值得警惕,因此坚决要求重审,追查元凶。

现在看来,这实在有点冤枉。郑贵妃纵然有天大之胆,大概也不敢去谋杀太子。退一步而言,即使郑贵妃要谋杀太子,也决不会出此下策。方从哲之流,也同样没有如此之胆。如果郑贵妃真有谋杀之心,而又证据确凿的话,那么,即使是万历帝自己,大概也没有办法保住她的性命,更不用说是方从哲之流了。现在看来,是党争的因素起了大作用。方从哲之流,当时是当权派,自然希望尽早了断此事,不要弄出事端来。相反,东林党那时正处下风,很想借此机会来反击浙党,大做文章。

最后的结果是万历皇帝破例在慈宁宫中召见有关大臣。万历帝让太子常洛与他的三个儿子出见大臣,并严责大臣们的所作所为是离间他们父子亲情。他拉着太子的手,对大臣们说,此儿极孝,朕极爱惜。如果朕有别意,何不早做打算,废立更置,又何必要等到现在,况且朕的诸孙(指太子常洛的三子)现已长成!接着,万历帝要太子说话表态。太子也因事涉贵妃,不愿多惹是非。他要求群臣速速处理张差,并严厉指责群臣道:我父子是何等亲爱,而你们在外廷却议论纷纭。你们这些无君之臣,是想让我成为不孝之子吗?

话说到这份儿上,群臣们谁也不敢再说三道四。结果是张差被凌迟处死,郑贵妃宫中的两位太监也被乱棍打死。事情总算平息下来。

万历帝在此以前,已有二十五年不见群臣。许多大臣,虽为官多年,也不知皇帝是什么样子。这次万历帝竟然为"挺击案"破例,也说明当时朝廷为太子的事闹得有多凶。

为了这位太子,几十年来,朝廷不知闹出了多少风波,也不知有多少大臣,挨了棍子,丢了官职。现在终于等到了他登基的这一天,天下臣民此时的心境,就不难想象了。

泰昌帝即位后,迅速做了些顺应民心的事。如发内廷积银百万两充辽东边饷,解燃眉之急;罢一切矿税及监税的中官,起用建言得罪的诸臣等等。

这一切都是用遗诏的名义进行的,是先帝临终前的既定方针。其实,遗诏往往只不过是一纸借口,是借死人之口,说出活人想做的事情。万历帝临终前,曾召见英国公张惟贤,大学士方从哲，各部尚书周嘉谟、李汝华、黄嘉善、张问达、黄克缵等人。万历帝当时还能不能说话，到底说了些什么，只有这些人知道。在这些人起草公布的遗诏中，到底有多少是万历帝本人生前的意思，也只有这些人心中明白。

但无论如何，遗诏确实给当时的朝廷提供了一个清除旧朝弊政的机会。

遗诏首先承认了万历朝的弊政甚至万历帝本人的错误。举凡皇帝托病多年、不见朝臣、不亲郊庙、不御朝讲、不批奏章，以及寮寀半空、矿税烦尽、征调四出、民生日蹙、边政多事等等，都在检讨之列。这种错误也只有用遗诏形式让躺进棺材中的老皇帝自己去说，否则，其他任何人大概都不便也不敢说。因为老皇帝尸骨未寒，如果由新皇帝来批评他自己的父皇，也不免有不孝之虞；如有大臣出面说出来，则更有不忠之嫌。另外，去批评一个死人，在"以死为大"的社会中，总让人觉得有点不近情理。但要除弊政，则首先要承认哪些是弊政，因此也只能由弊政的制造者自己去承认。不仅要让他承认哪些是弊政，而且还要让他自己说出清除积弊的具体措施，这样新朝方能依此名义动手。反正老皇帝已死，这样做既不怕他龙颜大怒，也不会伤他脸面，说不定还能让他在死后博得知错即改的好名声呢。

至于新即位的泰昌帝，对此自然也不会有什么意见。他十分清楚，他所以能有今天，是仰仗朝廷大臣们的全力以赴。感念之下，他又何必去说三道四呢。更何况他也十分明白，其父在世时的许多做法，也确实太不成体统，不除不足以平民愤，开新政。

因此，泰昌帝即位后，朝廷上下似乎又感到了希望，指望泰昌帝能一改其父之风，与朝廷同舟共济，渡过难关。

只当了一个月的皇帝

泰昌帝似乎是天生的命薄福浅。他才过上几天大富大贵的日子，就竟然得了重病，眼看着就要不行了。

泰昌帝即位时已是三十九虚岁。这在平均寿命要远远低于今天的明朝，虽已是不算小的年龄，但也绝对算不上太老。大臣们总指望他能当上几年的皇帝，顺顺当当地过上一段日子。没想到他即位不久龙体就出了问题。

或许是压抑得太久，骤遇放松，反而乐极生悲。

泰昌帝自万历十年（1582）出生以来，就没过上顺心的日子。他虽是万历帝的长子，但其母亲原本是慈圣太后慈宁宫里的一位宫女，地位低卑不说，其年龄也要大于万历帝，更无相貌、才华或者是家庭方面的优势。当时年轻的万历帝只不过是一时兴起，才临幸过她一次，没想到她竟生下了后来的泰昌帝常洛，拔了头筹。对于这对母子，万历帝从一开始就没有什么兴趣，也实在谈不上什么亲情，态度自然也就十分冷淡。

泰昌帝从小就生活在这种环境中。幼儿时代，他虽不十分懂事，但也能多少感觉到父皇的冷淡甚至歧视，而同住宫中的郑贵妃及其儿子常洵却从父皇那里获得了宠爱，耳闻目睹，对他也多少有些刺激。懂事以后,泰昌帝逐步明白了其中的缘由,也知道宫外有许多同情他的大臣们正在冒死维护他的权利,与父皇抗争。他当然不能也不敢说三道四,唯有小心谨慎,战战兢兢,不敢越雷池一步,以免招来麻烦,给不喜欢自己的人留下什么把柄。三十余年来,他没出宫城一步,犹如紫禁城中的一位囚徒。长期的压抑,使他的身心遭到了严重的摧残。

他在宫中,就是一个木偶似的人物。没有万历帝的旨意,他绝对不敢去做任何事,甚至常常要说些违心话。万历四十三年(1615)五月发生"梃击案"时,当时尚是太子的泰昌帝,虽明白外廷一些大臣对他的苦心,但在朝臣面前,他也只能顺着万历帝的意思说话,甚至还严责他们是想让他做不孝之子。其苦衷又有谁知?直到万历帝病重临终前,太子尚慑于父威,不敢进去侍候,只得在乾清宫门外急得只打转。后来还是在杨涟、左光斗等人的鼓励下,才敢进宫尝药视膳,侍候过一次。位尊太子,年近四十,到这种时候尚且如此,可见他在宫中的日子是何等地难熬。

当万历帝一死,局面顿时改观。泰昌帝从一个囚徒式的太子,一下子成了君临天下的皇帝。这种地位的骤变,对于一个压抑了近四十年的人来说,在心理上恐怕是难以承受的。犹如一根长期受挤承压的曲木,突然间负重全释而很容易折断一样,泰昌帝当时的情形,也是如此。

在声色方面,泰昌帝也似乎过于放纵了一点。在做太子时,慑于父威和当时的环境,泰昌帝是丝毫不敢越轨的。而即位之后,约束全无,泰昌帝似乎要把以前的损失补回来。郑贵妃为了尽释前嫌,一次就给泰昌帝进美姬八人,泰昌帝照单全收。郑贵妃还请泰昌帝册立他最得宠的李选侍(西李)为皇后,而这位李选侍也不忘郑贵妃提携之恩,竟向皇上请求册封郑贵妃为皇太后,最后只因大臣强烈反对而作罢。泰昌帝与郑贵妃之间,至此已是母子亲情融融,全无往日的怨恨,由此也足见郑贵妃对这位新皇帝的需求是摸得何等透彻,手段是何等精妙。只可惜那位可怜的泰昌帝,全不懂久饿之人不可饱食、久渴之人不可牛饮的道理,遂至不可收拾之境地。

泰昌帝病倒后,自知病势凶猛,回天无术,便先后两次召见内阁首辅方从哲等人。至九月初一日,泰昌帝驾崩,距登基之日仅一个月而已。

泰昌帝的暴卒,令朝廷众臣措手不及。明朝政治重新陷入混乱的局面,最终导致了魏忠贤的擅权。

移宫案和红丸案

泰昌帝突然驾崩后,朝廷于仓促之间急忙着手新天子的即位工作。各派人物纷纷登场,争执重起。

九月初一日天刚亮,泰昌帝驾崩于乾清宫。当时,其宠妃李选侍与心腹太监魏进忠(即后来的魏忠贤)试图把皇长子朱由校挟持在乾清宫,与朝廷官员讨价还价。当群臣要进宫入临时,宫中的宦官们竟然推推搡搡,不让入内,气得给事中杨涟大声斥骂。

大臣们最终还是进入了乾清宫,依礼哭拜了泰昌帝,却发现皇长子朱由校不见踪影。大学士刘一燝追问皇长子下落,乾清宫上下无人应答。刘一燝情急之下,声色俱厉,高声呼喊:

"谁敢匿新天子者!"

这话当然是说给里面的李选侍听的。这时,有一位叫王安的太监想了一计,打破了僵局。他是泰昌帝做太子时的伴读,历来与外廷关系不错。他见此情形,便走到里面去见李选侍,并骗过李选侍,一把抱起皇长子朱由校,拔腿就向乾清宫门外跑去,群臣一看人已到手,也跟着王安跑。宫中的宦官们一看情况不妙,急忙追赶,在宫门处扯住王安的衣服,要求把皇长子送回宫中。杨涟大声呵斥,与宦官周旋,刘一燝和其他人则乘机把皇长子塞入辇中,急匆匆赶到文华殿。

文华殿内,群臣都在急等消息,见皇长子驾到,一片跪倒,口呼万岁,行君臣大礼。礼毕,群臣们就为新天子即位问题展开了激烈争论。有人认为此日午时就可即位,有人提出等到初三日即位。而护驾出宫出力最多的杨涟,则不同意仓促即位。他说:

"今海宇清晏,宫内也无嫡庶争夺之嫌。老皇帝才死,尚未入葬,丧服临朝也不合礼制。"

针对有人提出新天子登基则天下人心安定的说法,杨涟反驳说:

"天下安与不安,不在于新天子即位的早晚。只要处之得宜,问题也不大。"

最后,杨涟的意见占了上风,群臣们决定,另择吉日登基。但为防止皇长子落入李选侍手中,皇长子不回乾清宫,而是去慈庆宫居住。

杨涟自以为此事处置得当,没想到被太仆少卿徐养量、御史左光斗劈头盖脸臭骂了一顿。他们连声严责杨涟不速立新君,是误了大事。他们指着他的鼻子骂道:

"如果事情出了什么差错,你死后的一百多斤够天下人吃吗?"

杨涟这才意识到事态严重。

其实,杨涟与左光斗,同是东林党人,后来也同列为"东林前六君子",惨遭魏忠贤的毒手。左光斗之所以要如此严责杨涟,正是害怕夜长梦多,新君即位遇到麻烦。

左光斗的担心,有想象的成分,但也有事实的根据。当时李选侍仍居乾清宫,控制着宫中的局面。廷臣凡有奏章,必先进乾清宫,由李选侍过目,然后才能再到慈庆宫皇长子朱由校手中。对这种局面,许多大臣感到不安。性格刚烈的御史左光斗更是忍无可忍。他上了一个措辞激烈、言语刻薄的奏疏,要求李选侍立即移出乾清宫,到她该去的哕鸾宫去。左光斗说:

"内廷有乾清宫,犹外廷有皇极殿。只有天子可以居住,也只有皇后和天子可以共住。其他妃嫔,虽可以依次进御,但不可以常住。这样做不仅是为了避嫌,也是为了区别尊卑。"

然后,左光斗话锋一转,直逼李选侍:

"选侍既非皇长子嫡母,又非生母,没有名分,却至今不早做决断,搬出乾清宫。这是借抚养皇长子之名,行干政专制之实。

武后之祸,将再见于今日。将来之后果,不忍道出!"

左光斗这份奏疏,淋漓尽致,毫不掩饰,气得李选侍派员宣召左光斗进宫严责。偏偏左光斗不买账,说什么我是天子法官(御史),非天子召不赴,你们算什么?丝毫不给李选侍面子。大学士中,刘一燝支持左光斗,而首辅方从哲则认为这种事能缓即缓,不必如此急迫。

到天启帝正式登基前的一天,杨涟再次上疏,指责李选侍明托保护幼主之名,阴图专权擅政之实,并要求李选侍立即移宫。内阁学士刘一燝、韩爌,拉着首辅方从哲,要求皇长子立即降旨移宫,并站在宫门外等旨,大有逼宫之势。李选侍被逼得没法,只好乖乖地去哕鸾宫。皇长子随即移回乾清宫。

哕鸾宫是打发妃嫔宫女了却残生的地方,与冷宫无异。李选侍年纪轻轻,自然不肯去这样的地方,所以她开始时要临终前的泰昌帝封她皇后,后又要挟持幼主,目的就是想留在待遇较好的宫中,倒未必就是像杨、左之流所说的那样,要驾驭朝政。只不过李选侍做事,总有点胡搅蛮缠,结果给外廷抓住了把柄。话又说回来,像李选侍这样的女性,年纪轻轻,毫无经验,满朝大臣都明着欺负她,她除胡搅蛮缠之外,又能有什么别的办法?

天启帝终于正式登基了。

为了年号问题,也曾有过一番争执。泰昌帝即位时,曾议定第二年启用泰昌新年号,没想到泰昌帝即位仅一个月,就撒手归天。新天子天启帝即位,按理明年就应启用天启年号,但这样一来,泰昌年号实际上就没有位置。无奈之下,朝臣们想了一个变

第二章 荒唐岁月荒唐事

通之法，即把万历四十八年(1620)的最后四个月算是泰昌元年，到第二年启用天启年号。这种做法，在历史上也是罕见的。

天启即位之时，朝廷局面还算过得去。虽然内阁首辅仍是方从哲，但当时被称作是正人君子的东林党人，以及不少与他们有密切关系的官员，在朝廷中也占据着重要位置，甚至具备一定的优势。但东林党人并没有利用这一有利机会，树立绝对优势，反而抓住一些鸡毛蒜皮之类的小事，大做文章，闹得沸沸扬扬，到后来连后悔的机会都没有。

左光斗等人仍抓住李选侍的问题不放。李选侍移宫时，手下人大概顺手牵羊，从乾清宫中盗走一些宝物，被发觉后交法司严办。一时宫中人人自危，谣言四起，说李选侍被逼得要上吊，皇八妹（选侍之女）要跳井云云。御史贾继春很是看不过去，便上书内阁，对朝廷的这种做法提出批评。他说：

"新天子刚刚即位，不应诱导他违忤先帝之意，逼迫庶母（指李选侍）。先帝尸骨未寒，而其妻女却已不保。"

因事及移宫，左光斗、杨涟坐不住了，立即纷纷上书，论争由此再起。天启帝回想起李选侍凌辱其生母、要挟先帝册封皇后，以及妄想垂帘听政诸状，不禁火冒三丈，当众历数其恶，并严责贾继春，闹得朝廷一时沸沸扬扬，不得安宁。

作为首辅，方从哲的做法就跟左光斗、杨涟不太一样。在他看来，处理这类事情，大可不必如此。因此，他从一开始就反对杨涟、左光斗那种逼李选侍移宫的做法，后来更是反对天启帝公布李选侍的罪状。从其位置来看，方从哲的做法也是可以理解的。

但东林党人决不会同意!他们认为,方从哲的做法,是非不分,善恶不辨,是贪恋权位!因此,在移宫之事平息后不久,他们又抓住泰昌帝的死因,大做文章,重提"红丸案",把矛头直指方从哲。

所谓红丸案,就是要追究泰昌帝猝死的治疗责任。泰昌帝从起病到驾崩,时间很短,而且在去世前曾服用了两粒红丸,导致病情迅速恶化,所以东林党人纷纷指责这是误诊误服,要追究所谓的医疗责任。

其实,泰昌帝服用红丸的经过是许多人都知道的,而且也是泰昌帝自己点名要服的。

八月初十那天,泰昌帝已感不适,召御医诊治。到十四日,内侍崔文升进泻药去火,泰昌帝服用后,一昼夜泻了三四十次,病情恶化。京师一时纷纷传言,说这是郑贵妃指使的,是想谋害泰昌帝。于是给事中杨涟、左光斗与吏部尚书周嘉谟逼郑贵妃移宫,使其不能插手治疗,并要求首辅方从哲查办崔文升,督察御医慎重下药等等。首辅方从哲也都一一照办了。

但问题还是发生了。

鸿胪寺丞李可灼本无医术,但不知从何处找到一个偏方,说可以医治皇帝龙体。第一次进药时,被首辅方从哲拒绝。但李可灼仍通过宦官把这件事告诉了泰昌帝。泰昌帝在临终前一天的晚上召见大臣时,就问首辅方从哲:

"鸿胪寺进药者安在?"

方从哲当然不敢说泰昌帝是病急乱投医,只能说鸿胪丞李可灼自称有仙方,但臣等不信,没让他进药。泰昌帝坚持要李氏进药,大臣们不放心,商议再三,决定让两人先试服,结果是一人益一人损,没有把握。正在犹豫之际,泰昌帝坚持服下了第一粒红丸。服下以后,泰昌帝感觉良好,并连赞李可灼是忠臣。但第二粒服下后,病情逆转,到第二天清晨就归天了。

从治疗过程来看,以方从哲为首的大臣们还是十分谨慎的。至少方从哲本人是没有什么把柄可以给人抓到的。

给皇帝治病,历来是件棘手的事。按理说,皇帝是半人半仙式的人物,本应万寿无疆,而不会像凡夫俗子那样食五谷、生百病。但事实上,即使是皇帝本人,也知道这是骗人的把戏,皇帝也一样会生老病死。但皇帝生病,毕竟与凡人不一样。首先是生了病不能讲,至少是不能随便讲,甚至是明知有病却还要故意讲些万寿无疆之类的谎话,遮人耳目,以免动摇人心。其次是没人敢主动去治,但被点到后也没人敢不去治。治好了自然有功有赏,但治坏了甚至治死了更是担当不起的罪名。所以给皇帝治病时都要组成一个班子,由官员和太医组成,共同承担责任。在具体诊治时,更是议了再议,先求平安无事,决不冒险。

方从哲自然深晓此事关系重大,决不会乱来。或许是泰昌帝也深知其中原委,求治心切,所以自作主张,先服崔文升进奉的泻药,后又坚持要服李可灼的红丸,导致病情恶化而猝死。

所谓仙丹红丸,极有可能是用道家方法炼出来的一种红汞化合物,一般呈红色,有微毒。这种药物在当时是一种据称可治百病但实际上什么病也治不好的东西,服多了会引起慢性中毒。李可灼身为鸿胪寺丞,并不是御医,本不应该去进什么药。他或许是邀功心切,或许是忠心可嘉,硬是进奉此药,没想到不仅没有神效,反而惹下此祸。但细论起来,李可灼也没有多大罪责,药是泰昌帝自己要吃的,服完以后还称赞李可灼是忠臣。况且泰昌帝要服药时,不仅方从哲在场,其他大学士如刘一燝、韩爌,尚书周嘉谟、李汝华,侍郎孙如游,都御史张问达,给事中杨涟,英国公张惟贤等人也在场。服药之事,众目共睹,没有什么可说的。

或许正是出于大局安定方面的考虑,首辅方从哲决定承认既成事实,不去无限上纲,追究什么责任。开始时,他拟旨给那位进丹药的李可灼白银五十两,算是奖励,同时息事宁人。但很多人对这种处理很不满意。御史王安舜首先弹劾方从哲,说他先是轻荐狂医,后又赏其银两,自掩罪行。方从哲无奈,只得重新处理,改罚李可灼俸禄一年。不久,御史郑宗周弹劾那位进泻药的崔文升,要求把他移送法司治罪。方从哲认为此举太过,便改由司礼监处理。没想到此举引起了朝臣的群起攻击。

御史马三元、焦源溥、郭如楚,给事中魏应嘉、太常寺卿曹珖、光禄寺卿高攀龙、主事吕维祺等等,纷纷上书,说崔文升、李可灼罪该万死,而方从哲竟然徇情包庇,国法何在?给事中惠世扬则撕破颜面,直言方从哲有"十大罪状,可杀三次"。在这种情形下,方从哲再也无法在首辅的位置上待下去了。

到这一年的十二月,首辅方从哲经六次请求,最终获准致仕。

方从哲的时代结束了。他从万历之末开始独秉朝政,至今仍有不少人认为,方从哲要对这一时期的所有过失,甚至明朝的灭亡,负主要责任。其实,这多少有点委屈。

方从哲作为内阁首辅,自然要对当时的许多事情负责,但不应负全部责任。大明帝国那时已是穷途末日,任何人也难以扭转乾坤。方从哲之后,东林党人一度纷纷掌权,在朝廷中占有相当的优势,但时局也并没有好转,反而更加恶化。

在天启三年(1623)六月东林党人杨涟首劾魏忠贤"二十四大罪"状,与魏忠贤及其阉党公开冲突以前,东林党人及其支持者在朝廷中占有相当的优势。遗憾的是,东林党人并没有抓住机会,控制住局势。他们在许多问题的处理上,并不是很恰当,不仅被人抓住了把柄,而且引起了朝廷的混乱。同时,他们对当时日益强大的魏忠贤,也没有采取断然的有效措施,予以扼制,到后来终受其害。在叙述这些以前,须讲讲天启初年辽东的局势以及几次内乱。

沈阳失守

天启这个新年号的启用,似乎一开始就预示着凶兆。

天启元年(1621)春三月,辽东战局大坏。努尔哈赤乘初春之机,大举反攻,夺取沈阳、辽阳两大重镇,辽河以东大小七十余城,尽降满洲。经略袁应泰、巡抚御史张铨等人战死。

消息传来,朝廷大震。

本来,在杨镐兵败之后,熊廷弼在辽东已逐步立住了阵脚,辽东局势也有好转。但熊廷弼与朝廷诸臣搞不好关系，满朝文武喜欢他的不多。适逢与他有私怨的御史姚宗文赴辽东阅边，回来后大肆攻击熊廷弼，姚宗文的同伙也纷纷应和，说熊廷弼破坏辽疆。熊廷弼愤然抗疏求罢，朝廷便派袁应泰这位并不精通用兵之道的文官接任经略之位。没想到才几个月，辽东局势便一溃千里，不可收拾。

朝廷急命王化贞巡抚广宁。在此以前，王化贞以参议守广宁，在辽河西部颇得人心。辽沈失守后，前线无将，便就地任命王化贞为巡抚。至六月，朝廷重新起用熊廷弼为辽东经略，驻山海关，赐尚方宝剑，节制诸路人马。熊廷弼竟然在这种危急关头再次上任，真不知他是保国卫疆，求功心切，还是一时意气用事，全不知其中关节！

朝廷此次起用熊廷弼，完全是出于无奈。辽河以东全线崩溃后，朝廷才想起如果熊廷弼在前线，局势当不至如此。于是在大学士刘一燝的提议下，朝廷决定重新起用他，而他也竟然又轻率上任。但此次复出，形势已今非昔比，不仅辽河以东城寨尽失，更严重的是，巡抚王化贞并不听熊廷弼节制，反而处处与他对抗。熊廷弼一到前线，就感到事不可为，凶多吉少了。但他此时已无退路。

熊廷弼一到前线，就发现广宁巡抚王化贞的战略大不对头。王化贞原非帅才，也不知如何用兵，他根本不顾前线的具体情况，一味迎合朝廷的意思，主张不切实际地进攻。这与熊廷弼的战略大相径庭，熊廷弼自然不能同意，双方失和也由此开始。

然而，王化贞是很有背景的人。当时新任兵部尚书张鹤鸣，坚决支持王化贞。此年十月上任的内阁首辅叶向高是王化贞的座主，两人有师生之谊，自然也偏向王化贞。或许是朝廷太需要辽东的胜利了，因此当时朝廷上下几乎是一致支持王化贞的进攻。王化贞则在朝廷的支持下，率广宁的官军四万，合毛文龙的两万余人，先后五次出击，却都是无功而还。熊廷弼也被迫由山海关移镇广宁前线，但已被架空。他多次要求朝廷节制王化贞，但朝廷绝大多数官员根本听不进去，反而要求王化贞不要受熊廷弼节制，而王化贞也上书朝廷，愿请兵六万，一举荡平辽东。真是有点痴人说梦！

天启二年（1622）正月，努尔哈赤的部队突然反攻，西渡辽河，一举攻破西平堡，并击败明朝援军。王化贞手下最得力的战将游击孙得功叛降。孙得功原想生擒王化贞邀功，幸亏王化贞在部将的保护下，仓皇逃出了广宁。至大凌河畔，王化贞遇到了熊廷弼，便失声而哭，熊廷弼则微笑着说：

"六万大军，一举荡平，何至如此？"

但熊廷弼至此也无回天之力。他把自己的五千兵马交王化贞带领，殿后掩护，焚烧积储后全线撤入山海关。此役之败，使辽河以西包括重镇广宁在内的四十余城尽入满人之手，明军的防线几乎退到了山海关一线，并已无路可退。辽东就这样被糊里糊涂地丢得一干二净。

失败的消息传到北京，京师大震。最后是熊廷弼、王化贞一起被逮入狱，论死。兵部尚书张鹤鸣不久也被罢免。熊廷弼这样的结局,多少有点代人受过。不过,连他自己也没想到的是,他还有被利用的价值,到后来魏忠贤大杀东林党人时,他还要被当作替罪羊,断送了性命。

从张居正到熊廷弼,似乎不难看出,明末的能干之臣,凡是干出点成绩来的,几乎没有一个有好下场的!

辽东的惨败,已给朝廷敲响了警钟。不久,朝廷任命孙承宗为兵部尚书,兼东阁大学士,参预机务。至此年八月,孙承宗亲自赴前线经略蓟辽。这在明朝历史上似乎还没有先例。这说明朝廷已认识到体制上存在的问题。

明朝历来重文轻武,主张文治。武将和兵丁几乎都是世袭,没有什么地位。兵员的招募训练、粮饷的供给等等,差不多都由文官负责。即使遇有战事,前线统兵指挥的主帅,也由文官担任。而最后的决策权往往也由朝廷兵部、内阁的文官掌握。前线战将身边,往往还有文官掣肘。这种体制,本是明朝已十分成熟的文官制度的重要特征,目的是限制军人在帝国中的权力,以免后患。就此点而言,效果当然是很不错的。

但至战时,尤其像辽东之战这种大规模战争时期,这种体制就很成问题。前线的主帅并无战场上的绝对指挥权,几乎所有大事都要由朝廷最后决定。任何人物都可以指手画脚,说上一通,效率之低,可想而知。更何况还有人际关系、粮饷供应、兵员调动补充之类的因素。就是说,前线主帅受到的牵制太多,不能有效、合理、迅速地制定战略决策,动用战争资源,调动兵力等等。这当然是兵家大忌。相反,努尔哈赤能集政治、军事、经济于一体,最大限度地动员人力物力,把他的满洲搞得像一部高速运转的战争机器。两者相较,优劣自明。明朝在辽东的失败,也就不难理解了。

从杨镐到袁应泰,再到熊廷弼、王化贞,朝廷在辽东节节败退,原因固然很多,前线主帅当然也难逃责任,但责任最大的,仍应是朝廷本身。战争是检验一个政权能力的最佳手段之一!辽东的仗打成这种样子,而朝廷却仍没有改变原有文官制度下的军事体制。直到辽东丢光了,才想起要改革,授孙承宗以全权,但为时已晚。试想,如果熊廷弼几次经略辽东中的任何一次能获如此全权,局势或许就不至于坏到这种地步。这当然只是假设,而历史恰恰是不允许假设的。

更为遗憾的是,明朝文官制度的这些毛病,到后来仍顽固地影响着时局的发展。孙承宗不久就被罢免。而在明朝的最后一朝崇祯朝,当朝廷的军队与李自成、张献忠的农民军,以及与满洲军进行生死决战时,这样的事仍是屡见不鲜,可以说是与明朝相始终的。

在距此三百余年以后的1964年农历正月初一日,一位熟谙历史的伟大人物曾即兴评点了明史,发表了一些高论。他说明朝搞得好的只有明太祖、明成祖两个皇帝,一个是不识字,一个是识字不多。以后到了嘉靖,知识分子当政,反而就不行,国家就管不好了。这番话虽有特定的时代背景,也不乏激愤之情,但确实击中了明朝文官制度下的某些体制性的痼疾。

在天启元年(1621)还发生了另一场大规模的民族冲突,地点是在四川、贵州。此年九月，四川永宁土司奢崇明利用朝廷在四川征兵赴辽东之际，突然发动叛乱，杀死重庆巡抚徐可求及道府总兵官二十余人，占领重庆，并迅速分兵破泸州，陷遵义、兴文，一时川贵响应者无数，最后兵围成都，并建立大梁国号，封丞相以下官员，大震西南。这次叛乱，一直到第二年才得以平息。

奢崇明的叛乱，还引发了天启二年(1622)二月贵州水西土司头目安邦彦的叛乱。安邦彦自称罗甸大王，攻下毕节。贵州诸部群起而助之，攻城略地。安邦彦率军直逼贵阳，围贵阳十月之久。城中缺粮，以致发展到饥人相食的地步，先是吃死人，后吃活人，到最后甚至亲友相食。知县周思稷，竟自杀以身充军粮。等到外面援军赶来解围之时，城中原有的十余万住户已所剩无几。

到天启二年(1622)五月，白莲教徒徐鸿儒在山东发动叛乱。明末时，蓟州人王森倡导白莲教，自称闻香教主，下设传头、会主诸号，传授白莲教，一时京畿、山东、山西、河南、陕西、四川信徒无数。后王森虽被捕入狱致死，但其子王好贤，以及骨干徐鸿儒、于宏志承其衣钵，继续发展白莲教的势力。至天启二年，王好贤等见朝廷尽失辽东，人心思乱，便约定是年中秋节起事。后因计划泄密，徐鸿儒在山东首先起事。他自号中兴福烈帝，建元大成兴胜，率众在山东攻城略地，坚持了九个月。徐鸿儒最后兵败被俘，送京师，磔于市。临刑前，据说他曾长叹道：

"我与王好贤父子，经营二十余年，徒党不下二百万，事竟不成，天意也！"

天启初年的这些外祸内乱，已预兆着天下大乱的日子为期不远。大明朝的法统地位已受到严重挑战。不仅关外的努尔哈赤已立国有年,对大明朝虎视眈眈,就连四川的永宁土司奢崇明、贵州的水西土司安邦彦,竟也敢称王立国,来与明廷一争。而山东的徐鸿儒,更是自号中兴福烈帝,建元大成兴胜,公然认为改朝换代的时代已经到来。大明朝的权威,已经开始到了崩溃的边缘了。

从川贵、山东的三起内乱来看,大明朝的虚弱与无能至此也已到了无以复加的地步。叛军在开始时几乎遇不到真正有效的抵抗,如近在京畿的山东,在徐鸿儒起兵时,境内几乎无官兵可调可用。而在平叛过程中,中央政府也几乎无力顾及,不能提供强有力的支持。中央政权的权威,在关键时刻要有实力作为基础,否则肯定难以长久维持!

那么,这时候的朝廷官员有没有认识到这一点呢?他们又在干什么呢?

魏忠贤的时代

在当时朝廷的官员中,最有实权的是东林党人及其同情者。同时,魏忠贤的势力也开始急剧膨胀。

在万历朝后期,方从哲为首的浙、齐、楚三党占据优势,东林党人处于下风。但自方从哲下台后,东林党人便开始在朝廷中占据上风。

在万历驾崩到方从哲下台前,先后新增补了史继、沈潅、何宗彦、刘一燝、韩爌、朱国祚、孙如游七人入阁,另起用叶向高重新入阁。但当时许多人都在原籍,在京师任职的只有刘一燝、韩爌、孙如游三人,另加上首辅方从哲。到方从哲一走,孙如游紧接着在天启元年(1621)闰二月罢职,内阁中真正任职的只有刘一燝、韩爌两人。这两位都可以算是东林派的。另外,朝中最有人事权力的吏部尚书周嘉谟也是东林党的同盟者。周嘉谟大量起用万历末期被废籍的官员,逼走浙、楚、齐三党的骨干分子。朝廷的形势立即发生了变化。

在此年六月,沈潅、何宗彦、朱国祚到京任职。十月,叶向高、史继也回京上任。东林党人叶向高任首辅。东林党人仍能控制内阁,在部院要职中也占优势。这种优势一直保持到天启三年(1623)。

不过,在这种优势之中,也潜伏着隐患。那就是太监魏忠贤势力的迅速壮大。

魏忠贤,原是河北肃宁县的一位无赖浪子。他从小就在社会底层闯荡,很有些江湖阅历,能骑善射,喜爱赌博,拥有赌徒的那种冒险心理。

千万不要小看了这一类人物!他们往往是动乱时代的弄潮好手。他们具备许多常人不具备的禀赋。他们书虽读得不多,但很精通社会上的各种厚黑之道,正统伦理道德对他们几乎没有多大约束。他们做事心狠手辣,决不拖泥带水,只要能达到目的,可以不择手段。更重要的是,他们视人生如赌博,敢于冒险,敢下大注。这一点却正是许多读书人所缺乏的！中国历朝历代，只要一遇乱世，就能看到这些人登台亮相，逐鹿中原。成功者开朝立国，封侯做相，名垂千世。失败者虽身首异处，死无葬身之地，但也能把天下搅得天翻地覆，风光一番。至于身后是流芳百世，还是遗臭万年，对这些人而言，也就无所谓了。

魏忠贤就是此类中的杰出人物。

当在肃宁老家混不下去时，魏忠贤愤然自施宫刑，到天子脚下去搏杀一番。且不说自残在当时医疗条件下所带来的撕心裂肺的疼痛，单就当时"不孝有三，无后为大"之类道德准则所带来的巨大社会压力，就足以让一般人对这种富贵捷径望而生畏了。更何况即使做了太监，也未必就能出人头地。但魏忠贤就敢下这样的赌注。

魏忠贤入宫后，投到太监魏朝的门下。那时他的名字仍叫魏进忠。他曾做过天启皇帝生母王才人的典食，大概是管理王才人饮食之类的宦官。后又排挤魏朝，改投太监王安门下，开始在甲子库供职。当时王安是说一不二的人物，他最早是泰昌帝做太子时的伴读，后又升任司礼监秉笔太监，权力很大。这位王安与外廷关系很不错，东林派的官员在许多问题上都要依仗于他，也很看重他。

魏忠贤开始时不仅走魏朝、王安的路子，而且还结交了一位十分重要的女性，即客氏。客氏原是河北定兴县侯二的妻子，后来被选为天启帝的乳媪，即奶娘。这位客氏，开始时也私侍过魏朝，当时宫中称之为"对食"。这本是宫中宫女、宦官解决生理心理失衡的一种常用办法。结成"对食"的两人一般也地位相当,差距不会太大。魏忠贤挤走魏朝后,便与客氏打得火热。这位客氏,与天启皇帝感情很深,形同母子,在皇帝面前很能说得上话。魏忠贤因此也能通过客氏,亲近皇帝。

在考察历史时,冠冕堂皇的材料固然重要,但也不要因此被它们蒙蔽了眼睛,因为像人情世故之类的因素往往也很起作用。人类社会的演进,或许从长远来看是有必然规律可觅,但从短期而言,往往并不是如此有逻辑,有理性,反而显得混乱、不可捉摸。之所以如此,原因自然很多,但其中有一条不容忽视,那就是人情。有许多事情,在人情面前往往走样。当然,这种人情,要比今天所讲的人情,无论是在内涵或形式上,都要复杂得多。

皇帝其实也是人,不过是被神化了的人。他也有七情六欲,与常人无异。不过由于他高高在上,一般人难以与其接触、交流。但有两种人却不一样,他们有条件与皇帝建立感情。这两种人,一种是生理残缺的宦官,一种是皇帝身边的女性。

宦官并不是明朝的特产,但明代宦官在朝廷政治中的影响之大,却是有名的,在历史上大概也只有东汉、唐代后期可以相比。本来,宦官只是残缺之人,供皇室在宫中驱使,形同奴仆,难以有多高的地位。而历史上却屡有宦官干政之祸。究其原因,仍与君主专制集权这一体制有关。天子深居宫中,整日与宦官厮混在一起,关系非同一般。而皇帝的许多事情,也离不开宦官,生活上姑且不说,就连许多朝廷大事也由宦官操持。只要运作环节出现问题,如皇帝或年幼,或龙体不安,或智力愚笨等等,那么宦官在某种程度上就可行使皇权的一部分甚至大部分权力,宦官干政也就难免了。

明代的宦官干政现象历来已久。太祖朱元璋曾有意识地抑制宦官的权势,如不许宦官识字,给宦官的待遇也不高。当时宦官的人数也不多,而宦官的职责也仅是洒扫侍奉。朱元璋曾在宫门立一铁牌,上书"内臣不得干预政事,预者斩"之类的文字,目的是严禁宦官干政。但时间一长,朱元璋也就不得不依靠宦官做事了。到永乐皇帝时,因宦官在靖难夺权中有功,成祖感念之下,重用宦官,像郑和之类的宦官,竟能代表朝廷,率军宣谕海外。同时,随着内廷制度的确立,太监也获得一些名正言顺的权力,如居"二十四衙门"之首的司礼监,其秉笔太监与内阁首辅对柄机要,实际上是皇帝在宫中的秘书班子,地位十分重要。因此,在明代正统、成化、正德、万历诸朝,都曾发生过宦官干政的事。

如果更仔细地去探究一下,还会发现,凡是有宦官干政的朝代,则必然有这样一些条件,如皇帝或年幼无知、或消极懈怠等等。更重要的是,这些皇帝从小生活在宫中,与宦官有很好的私人关系,如英宗(年号正统、天顺)、宪宗(年号成化)、武宗(年号正德),以及后来的万历帝。而像嘉靖帝,做了四十余年皇帝,而且做得也很糟糕,但他在位期间,却无宦官干政之类的事发生,这大概与他少年时代没有生活在宫中的经历有很大的关系。

相对于宦官而言,皇帝身边的女性擅权的例子在明代则要少得多。能影响皇帝的女性有两类,一类是皇帝的母亲即太后或类似于母亲身份的人,一类是皇帝的后宫,如皇后、宠妃等等。一般而言，这类女性深居宫内，不太容易出头露面与外廷交接。她们干政的办法只有两个，或直接出头露面，垂帘听政；或利用娘家人，如父亲、兄弟，即一般被统称为外戚的，在朝廷作代理人。这在明代都不太可能。

客氏在明代是个特例。她原本是一个乳娘，地位实在不高。一般而言，像这种女性，到皇室的孩子过了哺乳期后，就会被稍做赏赐，逐出宫门，绝不允许再留宫中，以免孩子日久生情，也避免惹是生非。客氏却例外地被留了下来，这或许是因天启帝生母王才人早逝，缺人照顾。留在宫中的客氏，如同天启帝的母亲，与儿时的天启帝结下了很深的感情。

不过，即使如此，客氏也没什么翻天的本领。问题就出在客氏身边有魏忠贤。魏忠贤一方面可以通过客氏取信于天启帝，另一方面，又可以依此控制司礼监和东厂，并以天启帝的名义来干涉朝政。这样一来，天子名义上仍是天启帝，但其权力实际上已落入了魏忠贤手中。

宦官之类的皇室奴才犹如主人豢养的家犬。主人要是驯养得好，它们犹能忠心耿耿，看家护院，不会出什么乱子。如果主人看管得不好，它们就很有可能跑出豪宅，惹是生非。由于主人地位显赫，一般人不仅不敢打，反而要百般依顺、献媚，免得它们发起性来咬自己一口。当然，也有少数不知深浅的人，嚷着要主人管管，主人却不听，而这些人便又做出要打狗的样子，却又慑于它们主子的威严，不敢真的去打。对这样的人，狗能不咬吗？

其实，又何止太监是这种样子呢？

第二章 荒唐岁月荒唐事

泰昌帝假如能活长一点，魏忠贤大概还不会这么快地崛起。泰昌帝即位时，他做太子时的伴读王安控制着宫中，并与外廷有着良好的关系。可惜泰昌帝即位仅一个月就撒手归天，并由他的儿子天启帝即位登基。这样一来，魏忠贤的机会就来了。

天启帝即位后不久，魏忠贤（当时仍叫魏进忠）、客氏立即获得殊荣。客氏被封为"奉圣夫人"，其子侯国兴、弟客光先，以及魏忠贤的弟弟等俱获锦衣卫千户的职位。不久，魏忠贤由皇帝赐新名忠贤，从此，魏进忠被称作魏忠贤。这在当时是莫大的荣誉！

魏忠贤要控制内廷，就须先搬掉王安这块绊脚石。王安当时任司礼监秉笔太监，权力很大，而且与外廷关系也很密切。魏忠贤自己不便出面，便指使给事中霍维华弹劾王安，罗织罪名。他自己在宫内配合，矫诏发配王安充南海子净军，并指使手下将其迫害致死。王安之死，对天启初的朝廷政治影响很大。外廷文官，尤其是东林党人，失去了宫中的一位有力支持者。奇怪的是，当时朝廷的许多官员并没有竭尽全力去营救他。

除掉王安，是魏忠贤借用天启帝名义而进行的第一个杰作。当时的天启帝，只不过是一位十四五岁的少年，处于凡事似懂非懂的年龄。在他看来，魏忠贤、客氏是他最可信任的人。不仅如此，这位少年天子似乎也没弄清皇帝到底是干什么的，自然对朝政也不感兴趣。他最感兴趣的是做木工，整天斧锯锥凿，引绳削木，做了拆，拆了做，忙得不亦乐乎。

魏忠贤正是利用这位皇帝，内外勾结，来达到获取权力的目的。魏忠贤很会笼络人。他不仅把天启帝哄得团团转，而且还纠结了一批死党。像司礼监的王体乾、李永贞、石元雅、涂文辅等等,都是其骨干。外廷送上来的奏章,先由这些人审阅,然后再请示魏忠贤,只有魏认可后,方能施行。据说魏忠贤往往乘天启帝在忙木匠活的时候去汇报请示,天启帝受到干扰,很不高兴,于是就会说:

"朕已经知道了,你们去好好办吧!"

具体是怎么办的,只有魏忠贤自己知道。

魏忠贤还善于拉拢结交外廷的官员,投其所好,予以实惠,争取支持。在这一点上,东林党人远远不及魏忠贤。他们整天摆着一副君子的面孔,动辄仁义道德、臧否人物,拒人以千里之外。除非真正是与他们意气相投的人,或者是想利用他们的人,才会不计较他们的待人接物的方式,与他们互相呼应。一般人对他们大多是持敬而远之的态度。反过来,东林党人也不屑与那些他们认为品行有问题的人来往。

魏忠贤在外廷结交的人,开始并不多。如前述弹劾王安的霍维华,就属于魏忠贤最早的外援之一。但这些人的地位并不是很高。魏忠贤较早结纳的重臣当是内阁大学士沈㴶。沈㴶,是方从哲的人,浙党骨干,早年在翰林院时,曾给宫中的宦官授过课,魏忠贤之流,都算是他的弟子。泰昌帝即位后,方从哲重新起用沈㴶,并让其入阁,做大学士,参预机务。

沈㴶入阁后,因有早年的一段缘分,便与魏忠贤结为同盟,里外援手。魏忠贤的羽翼便开始丰满起来了。

对魏忠贤在宫中的这些活动,外廷的东林党官员也多少有点

第二章 荒唐岁月荒唐事

觉察。侍郎陈邦瞻、御史周宗建、王心一等,在天启即位之初,就力主要客氏出宫。客氏也曾一度被遣出宫,但因天启帝思念不已,竟连饭都不肯吃,朝廷只得又宣其入宫。后来虽仍有官员要求客氏出宫,但天启帝一概不理。

第一个被魏忠贤赶下台的东林党官员是吏部尚书周嘉谟。周嘉谟是位实权人物,做事很有能耐。他不仅起用了大批在野的东林党官员,而且还逼走与东林党不和的许多浙、楚、齐三党骨干。他得罪魏忠贤是由于他不满霍维华的为人,并找了个机会赶他外放出京。魏忠贤因此大怒,唆使给事中孙杰,弹劾周嘉谟是受刘一燝之托,要为王安报仇。天启元年(1621)十二月,周嘉谟被罢免。

第二位是顾命大臣、内阁大学士刘一燝。此公在方从哲致仕后的一段时间内,与韩爌一起主持内阁,做了不少实事。魏忠贤怀疑他在幕后组织言官攻击沈㴶,便与沈㴶处处为难他。到天启二年(1622)三月,刘一燝被罢免。不久又因熊廷弼兵败辽东事受牵连,被削籍。

魏忠贤的这种咄咄逼人之势,引起了东林党的反击。他们先是猛烈攻击沈㴶。不成之后,又转而攻击已致仕的前任首辅方从哲,即沈㴶的后台,来达到攻击沈㴶、限制魏忠贤的目的。

天启二年四月,吏部尚书孙慎行上疏追论方从哲进红丸之罪。天启帝下其奏疏令廷臣集议,都御史邹元标、给事中魏大中等一百余名朝官,纷纷要求治方从哲之罪,一时议论汹汹。不过内廷却在庇护方从哲,不治其罪。倒霉的又是崔文升、李可灼,两人被加重处罚,李可灼被充军戍边,崔文升被放逐南京。弄成这样的结果,孙慎行觉得脸面无存,不久便以身体有病辞官而去。这正中了魏忠贤下怀。

东林党人在此种情形下,继续攻击沈㴶。刑部尚书王纪再劾沈㴶,把他比作蔡京。不久,王纪被削籍而去,而沈㴶也被迫在这年的七月下台。沈㴶的下台是东林党人的一个胜利。是年八月,东林党人孙承宗又经略辽东,形势似乎又有利于东林党。

魏忠贤当然不会罢休。他很快利用首善书院之事,进行反击。此年十月,左都御史邹元标、左副都御史冯从吾这两位东林中坚人物,在魏忠贤等人的压力下,被迫辞职。到天启三年(1623)正月,魏忠贤又成功地让他的党羽顾秉谦、魏广微两人入阁(同时入阁的还有朱国桢、朱延禧),弥补了沈㴶走后内阁无人的损失,牵制叶向高等东林党人,并为控制内阁埋下了伏笔。

在天启三年,东林党人仍在朝中占据着很大优势。在内阁中,有首辅叶向高、韩爌主政;赵南星居左都御史之位(十月改任吏部尚书),手下有李腾芳、陈于廷两员大将;科道则有高攀龙、杨涟、左光斗、秉宪、魏大中、袁化中等人控制;李邦华、孙居相、王之寀、郑三俊、邹维涟、夏嘉遇、张光前、程国祥、刘廷谏等人则也在各部院占据重要位置。一时声势浩大。

然而,这种兴盛背后,也潜伏着危机。

东林党人做事过于书生气。他们的处世标准就是道德至上。他们不仅自己标榜道德人品(事实上,在东林得势时,已有不少官员是带着功利目的追随东林党的,难免鱼目混珠),身体力行,而且也用此标准待人接物,全然不懂水至清则无鱼的道理,更不知施用政治手腕,团结可以团结的力量。

在东林党人眼里,是掺不得半点沙子的。凡是他们认为品行不端、行事不正的人,他们决不放过。这种做法,且不论其门户党派之见,单就现实而言,也是行不通的。当时的绝大多数官员,都游移在善恶好坏之间,其从善从恶,往往是一念之差,难以绝对化。而东林党人对他们却横眉冷对,拒人千里之外,这势必导致人人自危,把许多本来可以争取的官员推到了魏忠贤的怀抱,反受其害。

如天启三年正月入阁的魏广微,当时虽已上了魏忠贤的船,但开始时并不死心塌地,仍希望与东林党人结些人缘。魏广微入阁后,曾三次到当时任左都御史的赵南星家中登门拜访,以表诚意,因为赵南星与其父魏允贞(字见泉)是多年好友,交情不浅,长期以来也视魏广微为通家世子,关系很不错。但赵南星竟然三次拒见,不给任何颜面,还在背后说:"见泉无子也!"意思是说魏允贞怎么会生出这种儿子的!魏广微听到后,对赵南星恨之入骨。从此以后,他死心塌地跟着魏忠贤,跟东林党人坚决作对。

当然,赵南星的这种做法,也可被誉为疾恶如仇(事实上,至今仍有不少人是持这一评价的),但在朝廷当时的这种环境中,作为东林党魁,这种丝毫不讲一点政治手腕的做法,恐怕是弊多利少,至少是不如魏忠贤高明,也不知得罪了多少人。假如站在魏广微等人的角度想想,大概也就可以理解魏忠贤到后来为什么能网罗到这么多的干将,天底下为什么一下子会涌出这么多的坏人。

东林党人的政治操作手法，也大有问题。他们寄希望于天启帝的觉悟，一有什么问题，就拼命上疏，希望皇帝能给他们一个公断。他们全然忘了天启帝只不过是一个热心于木工活的懵懂少年，更似乎忘了此时的内廷甚至天子，也由他们的对手魏忠贤牢牢控制，传出来的圣旨也说不清是魏忠贤的还是天启帝的。更可笑的是，东林党人往往稍有不合，便愤然辞官挂职，以显示自己的清白和气节。自周嘉谟开始，许多东林党人先后因此挂职而去。这不是正中魏忠贤的下怀吗？

魏忠贤的做法，却绝无这种书生气。

他自天启元年（1621）开始杀王安，逐周嘉谟、刘一燝后，便步步先手，得寸进尺，有效地扩充了自己的实力。天启二年（1622）三月，魏忠贤开始在宫中举内操，选武阉，练火器。至天启三年（1623），他的宫中军队已达万人之多。此年初，魏忠贤派出刘朝等四十五人，先后至山海关"较事"，犒赏将军，控制军队，刺探军情。不久，他又彻底清洗内宫，杀天启帝选侍赵氏、裕妃、冯贵人，迫害张皇后，牢牢控制住了内宫。

天启三年十二月，魏忠贤开始统辖东厂，不久他又任命田尔耕出掌锦衣卫，许显纯主管镇抚司。对厂卫系统的控制，标志着魏忠贤掌握了只对皇帝负责的司法和惩罚特权。对除皇帝以外的天下所有臣民，魏忠贤都可以罗织罪名，通过厂卫组织，采取包括死刑在内的各种手段，而不必通过朝廷三法司的正常司法程序。从此以后，魏忠贤手中便有了生杀予夺的大权。

到这个时候,执政的东林党人已无退路了。他们必须与魏忠贤摊底牌了。但此时的魏忠贤大概也不怕哪个与他摊牌了。

二十四大罪

天启四年(1624)六月,都察院左副都御史杨涟上疏,弹劾魏忠贤"二十四大罪",东林党人正式与魏忠贤摊牌。杨涟在天启元年因移宫案被罢官回乡,到次年又以礼科给事中重新起用,此时已官至左副都御史。

在此以前,东林党人已纷纷向魏忠贤开火,猛攻魏忠贤。御史李应升以内操之事,给事中霍守典以魏忠贤乞祠额之事,御史刘廷佐以魏忠贤滥荫之事,给事中沈惟炳以魏忠贤立枷之事,纷纷上疏弹劾魏忠贤,但没有效果。于是,东林干将杨涟亲自出马,上疏痛斥魏忠贤。

杨涟这篇奏疏,写得气势磅礴,淋漓尽致,很有震撼力。

奏疏一开始,杨涟就点出魏忠贤的痛处:

"太监魏忠贤者,本市井无赖,中年净身,窜入内地。"

然后笔锋一转,给魏忠贤的罪恶定性:

"初犹谬为小忠小佞以幸恩,继乃敢为大奸大恶以乱政。"

接着,奏疏洋洋洒洒,层层深入,列出魏忠贤"大奸大恶"的具体罪状。"二十四大罪"基本上可分成这样几类:

自行拟旨,擅权乱政。魏忠贤擅权以后,从阁臣中夺得拟旨大权,甚至代皇帝内批,坏了祖宗规定的政体。

斥逐直臣,蘀己之忌。魏忠贤上台之后,先后利用各种手段斥逐了刘一燝、周嘉谟、孙慎行、邹元标、王纪、钟羽正、文震孟、江秉谦、侯震旸等,阻止孙慎行入阁等等。

清洗宫廷,谋害异己。魏忠贤杀王安、冯贵人、裕妃、赵选侍,迫害张皇后等。

其余如重用私党,亲属滥用恩荫,利用东厂陷害忠良,生活糜烂腐化、穷奢极侈等等,无一不列。

杨涟奏疏所列诸多罪状,几乎事事有据,击中了魏忠贤要害。任凭其中的一条,就够他受的了。

据说魏忠贤一开始很有点紧张,曾求助于内阁大学士韩爌,希望他出面缓和一下,韩爌没有理他。魏忠贤见事情已无回旋余地,便立即进行全力反击。

魏忠贤出手不凡,第一招就占了先机。

他走的第一步自然是先去稳住天启帝。他跪在皇帝面前,像受了满肚子委屈的孩子,泪流满面,哭诉着自己的无辜和清白。他还口口声声要辞掉东厂这一摊子事。言下之意,是表明自己只是为皇帝您卖命才接下此事,并不是贪图什么权位,而杨涟这些人竟然如此,真是没法干下去了。

而那位客氏,则为皇帝剖析朝廷格局、人际关系以及魏忠贤为什么如此招忌的缘由。她要让皇帝明白,朝廷党派林立,各为其利,真是牵一发而动全身,魏忠贤为皇上尽心竭力做事,哪能不得罪人呢?像杨涟这样的官员,怎么能不恨魏忠贤呢?

魏忠贤在宫中的那班兄弟死党,像王体乾等等,也纷纷登场。他们以自己耳闻目睹的种种"事实",竭力在皇上面前称赞魏忠贤,叙说他的劳苦、他的高功、他的耿耿忠心,并让皇上相信,像魏忠贤这样的忠臣,真是人才难得,也是朝廷的福气!

这些"肺腑"之言,真是丝丝入扣,合情合理,深深地打动了天启帝。天启帝放心了,心想原来如此,魏忠贤完全不像杨涟说的那样坏。所以他温旨慰留魏忠贤,让他继续安心做事。对杨涟等人,天启帝真是越想越气。第二天,天启帝就把杨涟的奏疏下给朝廷,并严厉斥责杨涟等人无事生非。

天启帝至此已完全倒向了魏忠贤的一边,对他更加深信不疑,放手不管。

魏忠贤的做法,实在是高明。相比之下,杨涟等人几乎就不是其对手。

杨涟一开始就犯了大错。像这种事关重大的大举动,事前本应绝对保密。而杨涟却没做到这点。他在起草这份奏疏时,已有不少人知道此事。而且,像这种奏疏,也应在早朝之类的场合直接面呈天启帝,不让魏忠贤有自我辩解的机会。据说,杨涟原先也是准备这样做的。他写好奏疏后,本准备在次日早朝时面呈皇上,不料正遇次日免朝。杨涟担心奏疏之事泄密,竟把奏疏直接送到会极门,进呈入宫。他似乎忘了宫中已被魏忠贤绝对控制,在天启帝读到这份奏疏之前,肯定会先落入魏忠贤手中。真是一着不慎,全盘皆输。

杨涟被严旨斥责后,自然是激愤不服,也知魏忠贤肯定做了手脚,因此准备再次去皇上面前弹劾魏忠贤。但魏忠贤会再给他这样的机会吗?

魏忠贤得知杨涟的意图后,立即设法阻止天启帝上朝,连续三天免朝。等到第四天早朝,天启帝出来了,不过他身边却站着几百名武装宦官,个个身裹铠甲,手执兵器,气势汹汹,并且敕令文官不许奏事。杨涟等人一见这阵势,也不敢再说什么了。

杨涟的奏疏公开后,朝中盟友纷纷上疏声援。给事中魏大中、许誉卿等,御史刘业、杨玉珂、帅众等,京卿如太常寺卿胡世赏、祭酒蔡毅中等,勋戚如抚宁侯朱国弼,南京列卿如兵部尚书陈道亨、侍郎岳元声等等,共计七十余人,猛攻魏忠贤。内阁首辅叶向高、礼部尚书翁正春等人,也奏请天启帝遣送魏忠贤卸职出宫,以平息众议,但这时的天启帝是无论如何也听不进这些话了。

文官们的这些言行惹火了魏忠贤!他要寻找机会,痛下杀手,给那些文官一点颜色看看,立马扬威。

第一个撞到魏忠贤手上的是一位名叫万燝的工部郎中。

这位耿直的南昌人,大概是觉得杨涟这些人没有把问题说清析透,否则,以皇上之英明怎么会弄不清这么简单的事情呢。因此他便上了一份奏疏,其中有这样几句名言:

"忠贤尽窃大权,生杀予夺,在其掌握。致内廷外朝,止知有忠贤,不知有陛下。岂可一日尚留左右。"

书呆子的毛病大都出在嘴上。这位万燝明知魏忠贤有生杀大权,偏偏还要讲出来,以卵击石,而不从根本上想办法解决问题。

魏忠贤正窝着一肚子火没地方出。他见小小的工部郎中竟也敢如此猖獗，骤起杀机，心想万燝你说我魏某人手握生杀大权，那么魏某人今天就拿你万燝开刀，杀给天下臣民看看！

魏忠贤随即矫旨廷杖万燝一百。他手下的厂卫爪牙立即赶到万燝的住所，不由分说，先痛打万燝一顿，然后再把万燝拖到室外，结结实实地打了一百大板，还不时踹上几脚，打得万燝气如游丝。四天后，万燝便一命呜呼，永远闭上了他爱说三道四的嘴巴。

魏忠贤此举，敲山震虎，直打得朝廷官员心惊胆战。即使在东林党人中，也只有像黄尊素这样的几位倔强刚烈之士仍敢跳出来仗义执言，痛斥魏忠贤。不过最后是不了了之。

魏忠贤至此已完全明白他手中的权力到底有多大了。他也摸到了外廷那些文官的底细。原先令他多少有点敬畏的文官们，现在看来也不过尔尔，并不可怕。他们除了气势汹汹、口诛笔伐之外，似乎也没有什么别的手段，于是，魏忠贤便肆无忌惮起来了。

恶人为恶，关键在于走出第一步。一步既出，便不会再在乎多走几步，不到头破血流，就不会回头。魏忠贤既然杖杀了万燝，便不再在乎多杀几个。杀一个与杀十个、百个，对他而言，已没有多大差别；而且事已至此，犹如箭在弓上，不得不发，不杀也不行。

不过，魏忠贤在开始时，也只敢杀一般官员，尚且不敢杀那些名大位高的大员，就像他刚刚掌权后只敢在宫中偷偷摸摸杀人而不敢公开杀朝廷命官一样。与万燝同遭厄运的另外几位官员，地位影响也差不多与万燝一样，属于魏忠贤认为的那种杀了也不会有太大麻烦的可杀之人。如中书舍人吴怀贤,在家中私读杨涟奏章,读到激愤处,情不自禁,击节称叹,忍不住在旁注上什么要学古人做法,把魏忠贤立即充军戍边之类的批示。没想到用人告密,他立即被魏忠贤逮捕入狱,活活打死。还有几位官员,或因考试出题,或因写诗,或因酒后失言,得罪了魏忠贤,也遭其毒手。

在魏忠贤确信自己的实力已到了一手遮天的地步时,他便开始了更大的举措,即把那批执政的东林党人通通赶下台,控制朝廷,再一个一个地收拾。

擒贼先擒王!魏忠贤自然要把内阁首辅叶向高作为打击的首选目标。魏忠贤明白,只要能把叶向高赶下台,那么其他的东林党官员也就好办了。

这位叶向高,为人光明正大,忠厚有德。天启初东林党人能有这样兴盛的局面,是与叶向高主持内阁分不开的。更难得的是,叶向高做事一向老成持重,外圆内方,不像杨涟这些性情暴烈的东林激进分子那样,授人话柄。因此,魏忠贤虽恨之入骨,但一时也没有什么办法。在杖杀万燝后不久,魏忠贤终于找到了一个勉勉强强的借口。

事情出在叶向高的外甥林汝翥身上。林汝翥是御史,大概是有点仗着舅舅的牌子,做起事来便自然有些盛气凌人的味道。在万燝被杖杀后不久,这位林御史有一次率员巡视城中,正巧碰上宫中的两位宦官劫人财物,争斗于道,便令手下上去狠狠地给一顿鞭子。

这还了得!一位小小的御史竟敢太岁头上动土,鞭笞魏忠贤的人。魏忠贤自然不会放过这位御史,便令手下去抓来,廷杖一百,而且要狠狠地打,就像前些日子杖杀万燝一样。

林御史一看情形不对,立即潜逃城外。魏忠贤的手下却认定是叶向高把这位外甥藏在了家中,便把叶向高的住宅团团围住,逼他交出人来。叶向高无人可交,群阉便大声辱骂,不断胡闹,骚扰叶向高。

叶向高是个明白人。他知道,这些群阉如不是受魏忠贤指使、纵容,就是给他们天大的胆,也不敢这样公然上门侮辱内阁首辅。于是他便给皇上上了一疏,其中写道:

"朝廷立国二百余年以来,还从来没有宦官中使围困内阁大臣住宅这样的荒唐之事。我还有什么颜面去见天下士大夫!"

叶向高话说得十分明白:像我这样的天下文官的领袖,你们也敢如此侮辱,斯文何在?

天启帝至此自然不能再不作表示。他优旨慰留叶向高,并撤回中使。不过那位林御史最终还是被抓到,一百棍也照打不误。大概是碍于叶向高的面子,下手时也略留余地,那位林御史竟然挺过了这一百棍,真是奇迹。

廷杖是明代的创造。自古以来,历朝虽视文人为走狗,但刑不上大夫的古训,也很有影响。文臣犯罪,该杀便杀,该刑便刑,但一般不侮辱人格,多少给读书人留点面子,也有些激励文人廉耻之心的意思。但到了朱元璋执政时,竟破天荒地用上了廷杖。这位大字不识几个的皇帝,大概也认为,天子管束文臣,犹如家长管教子女,不打怎行?至于文人气节、廉耻自尊之类的概念,他也无法理解。他本来就是文盲，没读过几本书，却要他能理解体会文人的心理，岂不是苛求于人？这与后来的独裁者明知读书人最爱面子，却偏偏不给面子甚至故意打人上脸、骂人揭短的做法，毕竟还是有很大差别的。

不过，明代虽有廷杖，但多数皇帝却是抱着不到非用不可时不轻易用的态度。像万历帝在位期间，除张居正时用过几次外，也不太用这种手段。因为这种做法毕竟太伤人颜面了。试想：刚刚还道貌岸然、慷慨激昂的文武大臣，转眼被当众扒下裤子，劈劈啪啪一顿板子下去，而被打者如还能爬起来，则仍要撅着屁股、跌跌爬爬地回署上班，这样的情景毕竟太不雅观！所以，上至皇帝下至大臣，一般也认为廷杖能不用则不用。

魏忠贤当然很喜欢这种方法，但也有所顾忌。不过他试探性地杖杀万燝后，却发现此法法力无边，效果奇好，而文官的反对也并不是那么可怕，所以他毫不犹豫要杖打林汝翥。他也知道，这一百大板虽打在林汝翥的屁股上，却伤在叶向高的脸上。你叶向高脸皮再厚，大概也不会无动于衷，再安坐在首辅的位子上！

魏忠贤的估计没有错！叶向高确实再无脸面安于其位，他先后给皇帝上了二十余次疏，要求辞官回乡。天启帝最终同意他致仕。

叶向高的致仕，后来被证明是灾难性的。在东林党人中，叶向高属于那种政治上较为成熟的少数官员之一。他一方面要压制住魏忠贤等人的势力，但又要不露声色；另一方面，他又冒着被严厉指责的危险，顶住或缓和了东林党阵线中那些激进人物的言行,因为这些言行往往于事无补,甚至成事不足,败事有余。叶向高在复出之后,基本上是做到了局面的平衡,尽管不少事情尚不尽如人意。

但叶向高毕竟还有文人的不少禀性。在魏忠贤向他公开表示不敬后,他还是沉不住气,士可杀而不可辱的文人心理占了上风,最后坚决要求挂职而去。或许是叶向高已预计到了后来的局面,才毅然辞职,使自己与魏忠贤之间留下一点余地,免得以后遭其毒手。假如是这样的话,叶向高确实是高明之至,并也达到了目的,因为他活到了崇祯初年,在魏忠贤专权的黑暗时代能侥幸过关,未遭血光之灾。

天启四年(1624)九月叶向高的去职,使原先本已脆弱的政治平衡迅速打破。失去叶向高的东林党阵营,很快土崩瓦解,魏忠贤终于达到了目的。

或许是苍天已经预知人间即将到来的灾难,而以它特有的方式警告芸芸众生。就在这时,已过汛期高峰的黄河突然在徐州铜山县东南的奎山(魁山)决口,徐州城内水深丈余,徐州府治只能迁到云龙山办公。

不过,人间似乎并不理会这些警戒,仍一步步地滑向深渊。

同年十月,吏部尚书赵南星、左都御史高攀龙被罢免。争端是因御史崔呈秀而起。御史崔呈秀巡按淮扬,一路贪赃枉法,等到还朝时,高攀龙按惯例对他进行考察,发现了他的贪秽之状。赵南星立即议处崔呈秀充军戍边。崔呈秀大急之下急忙跑到魏忠贤那边,哭诉委屈,并说:

"不去赵南星、高攀龙之流,吾辈将死无葬身之地!"

于是,魏忠贤便开始策划阴谋,最终逼赵、高下台,同时受牵连的还有魏大中、夏嘉遇。赵、高的下台,使东林党失去了对都察院、吏部这两个核心部门的控制。

天启四年十一月,吏部侍郎陈于廷、御史杨涟、佥都御史左光斗被削籍。

不久,才当了一个多月首辅的韩爌也被迫辞职回家。韩爌廉直自持,没有手段。他当上首辅后,大学士魏广微竟要求分享他的首辅权力,魏忠贤则公开支持魏广微。老实巴交的韩爌只有辞职。

十二月,与叶向高、韩爌、赵南星、杨涟、左光斗、魏大中等人关系密切的内阁中书汪文言,被下镇抚司狱。魏忠贤希望从这位小人物的身上打开缺口,再行株连,兴大狱,全面打击东林党人。这一招既狠又毒,后来东林党人为此吃尽了苦头。

不久,首辅朱国桢罢职。朱国桢才刚刚接替首辅之位,就被魏忠贤的人弹劾。大学士魏广微也根本不把他放在眼里。他只得辞职。不过魏忠贤觉得这位老家伙还算顺眼,放了他一马。魏忠贤对手下的人说:

"这老家伙也是邪人,但不作恶,可以让他体体面面地回去。"

有了魏忠贤这句话,朱国桢才保住了颜面,在离京前被加少傅少保,朝廷派行人护送回乡。朱国桢是这一时期被解职官员中最风光的一个。

魏忠贤也并不是无所禁忌。当时最令魏忠贤头痛的是孙承宗。当魏忠贤在京师力排东林党官员时,东林党的辽东督师孙承宗突然要求入朝祝贺皇上万寿节(十一月十四日,天启帝的生日),据说孙承宗是想借此向皇上当面揭发魏忠贤的罪行。魏广微立即向魏忠贤提出警告:

"孙承宗拥兵数万,将清君侧,兵部侍郎李邦华是其内应。"

魏忠贤非常紧张,在天启帝边上直打转,急得直哭。天启帝也担心孙承宗此举,命阁臣拟旨,商量对策。顾秉谦奋笔拟下一道十分严厉的圣旨,内称:"无旨离信地,非祖宗法,违者不宥!"并连夜打开宫门,召兵部尚书入宫,由兵部尚书连下三道命令,由飞骑连夜送出,严令孙承宗停止前进,立即返回驻地。孙承宗接到圣旨和兵部令时,虽已到通州,但他最终还是未敢再往前跨出一步。魏忠贤此时也得知,孙承宗并没有带什么人马随行,真是虚惊一场。

假如孙承宗继续向北京进发,而且也带着足够的人马的话,朝廷后来的局面是否仍会这样惨烈,就不得而知了。当然,对于像孙承宗这样的文臣,也难以想象他能做出抗旨不遵的事情来。不过,当时朝廷上下都已知道魏忠贤控制着天启帝及朝廷上下,自然也应该明白圣旨中难免掺了魏忠贤的水分,甚至有些圣旨就是魏忠贤本人的意思,但奇怪的是,东林党人中竟没有一个人对此提出过质疑,始终不敢越雷池半步。他们抱着只要是圣旨就须无条件执行的绝对信念。或许也正是如此,魏忠贤以及后来魏忠贤式的人物能如此狐假虎威,猖獗之至。

血洗东林党人

魏忠贤把那些东林党骨干清除出朝廷后,已基本上控制了朝政。至此,他便开始向东林党全面开刀了。

他首选汪文言作为突破口。

汪文言是南直隶徽州府歙县人(今属安徽),本是一位布衣。这徽州地区,虽地瘠人贫,但出了不少巨商大贾,实力雄厚。而且这些徽州商人,十分崇尚人文,喜交接文人官宦,一旦发家致富,则必然要子弟读书做官,求取功名。这位汪文言大概就是有这样背景的一位人物。他在万历末年游京师,捐纳了一个监生的身份。由于他为人侠义,人也聪明有术,所以结交了不少朝廷要员,如开始时与宫中的实力人物王安、内阁首辅叶向高等人,后来又与韩爌、赵南星、杨涟、左光斗、魏大中等人,关系都十分密切,也难免参与了不少党争之事。叶向高对他十分欣赏,破格提拔他做了内阁中书。这个位置,对一个捐纳监生来说,当时是不太容易的。

魏忠贤原先也不会考虑到用汪文言作为突破口,内阁中书这样的人物毕竟还是太小了一点。问题是出在阮大铖身上。

这位阮大铖也是安徽人士,极具才华,后来孔尚任在《桃花扇》中给了他不少笔墨,把他渲染得家喻户晓,这是后话。阮大铖与东林党人原先并无矛盾,而且与汪文言、左光斗是同乡,关系相

第二章 荒唐岁月荒唐事

当密切,也互知底细。但问题也就出在同乡、朋友这层关系上。

当时吏科都给事中一职空缺,左光斗有意让阮大铖顶这个职位,而阮大铖论资历也应该升迁此职。于是,左光斗便把家居的阮大铖召回。没想到赵南星、高攀龙、杨涟几位东林党魁,认为阮大铖性格轻躁,不适合任此职,便改由魏大中担任,阮大铖改补工科给事中。兴冲冲的阮大铖犹如冷水泼脸,很不高兴,不仅不感激同乡好友左光斗的提拔,反而记恨起左光斗、魏大中来。东林党人对阮大铖的做法,违背了古训,即宁得罪君子,不得罪小人,最终吃了大亏。

阮大铖心怀不满,竟唆使同事傅櫆,出面弹劾汪文言结纳左光斗、魏大中,徇私舞弊。汪文言随即被下了诏狱。然而东林党人当时在朝廷还占有优势,而且汪文言也是叶向高提拔的,所以当时负责此案的镇抚使刘侨还是就事论事,没搞什么株连,只是把汪文言除了名,廷杖了事。据说御史黄尊素专门给刘侨打了招呼,说是汪文言不足怜惜,但不要由此祸及缙绅,刘侨也同意并照办了。

魏忠贤自然不满意这种处理,便以刘侨办事不力而撤了他的职,起用许显纯主持镇抚使。不久,御史梁梦环投魏忠贤之意,上疏再劾汪文言,旧案再提。魏忠贤随即指令许显纯将汪文言逮捕下镇抚司狱,严加鞠治。同时,大理寺丞徐大化,也在魏忠贤的指使下,上疏纠弹杨涟、左光斗等人,党同伐异,招权纳贿。这样一来,汪文言的案子一下子就复杂起来了。

魏忠贤与东林党人当时已是水火不容,仇怨很深,大规模打击迫害东林党人，也是不可避免之事。汪文言只不过是魏抓到的借口而已。东林党人在劫难逃。最不值得的是阮大铖。他最初唆使同事弹劾汪文言，本意也只是公报私仇，出口恶气，他大概也没有想到事情发展到如此地步。后来他活得不尴不尬，遭人唾弃，跟他的这一举措是分不开的。

汪文言被逮捕后，许显纯按照原先制定的策略，一步步逼供、诱供，用尽手段，想撬开汪文言之口，株连东林党人。

株连的名单早已初步拟定。顾秉谦、魏广微两位内阁大学士在此以前就编定了一份《缙绅便览》，把叶向高、韩爌、赵南星、高攀龙、杨涟、左光斗等百余名东林党人或与东林党关系密切之人，定为邪党，同时把黄克缵、王永光、徐大化、贾继春、霍维华等同党定为正人，交给魏忠贤，由魏忠贤根据这份名册来定黜陟。

不久，王绍徽又根据《水浒传》中"一百零八将"的名目，重新编排了《东林点将录》交魏忠贤。崔呈秀也编了一份《同志录》，内录东林党人名单，另编《天鉴录》，收录不附东林党人的官员名单。这样，魏忠贤已基本上把当时朝廷的官员分成东林党和非东林党两大类，以示甄别。

为了把东林党诬蔑成人人痛恨的邪党，魏忠贤又指使手下为"梃击""移宫""红丸"三案翻案。首先由御史杨维垣、给事中霍维华提出重新评判三案，痛斥刘一燝、韩爌等东林党人当时的处理方法，并由此涉及辛酉（1621）、癸亥（1623）的京察以及其他之事。凡是东林党人否定的人或事，此时全都被翻了过来。到后来甚至发展到了凡是对魏忠贤手下的人有冤恨，或者他们不喜欢的人，一概被安上东林党的罪名,予以打击。到天启五年(1625)四月,朝廷重修《光宗实录》,把上述的这些"成果"以法定形式确立下来。

对历史人物或历史事件的评价,往往反映了现实政治的倾向,甚至直接就是现实政治的表现。东林党人当时为整倒方从哲及其同党,一上来就追论"红丸"等案,从历史事件入手,达到现实党争的目的。魏忠贤上台后,也同样采取了这种手法。最可怜的是李可灼,他为了那粒该死的红丸,开始是获赏,后来又被罚俸、甚至充军,魏忠贤重论"三案"之后,他又被免除充军,真是朝悲暮喜,大起大落。同样的事,同样的人,因不同的人当政,结果是迥然不同! 因此,小人物在这样的政治环境中,最好不要去掺和,因为小人物往往是政治斗争中的棋子,具体放在哪里由不得自己做主。

魏忠贤深知,要置东林骨干于死地,像"移宫"之类的罪行还不足至此。汪文言在天启四年底被捕后,许显纯原准备用"移宫"等罪名来迫害东林党人士,并于次年三月正式逮捕前左副都御史杨涟、佥都御史左光斗、给事中魏大中、御史袁化中、太仆寺少卿周朝瑞、陕西副使顾大章。这六人是东林激进分子,被称为"东林前六君子"。大理寺丞徐大化认为原定罪名过轻,杀之不足以服众,应该给他们上纲上线。于是,徐大化给魏忠贤出了条毒计:

"如果只定他们'移宫'罪,则无法与贪赃枉法搭上边。如果以杨镐、熊廷弼行贿、他们纳贿来定罪,则事关重大,杀之也更有名目。"

徐大化所以定出这条毒计，也是事出有因。熊廷弼兵败辽东后，被朝廷论处死罪，他为了活命，据说曾托汪文言向内廷许诺行贿白银四万两，得以暂缓执行死刑。但这位熊廷弼也算是清官，平时也没有什么积蓄，所以话虽说出，到时却又拿不出这笔钱，这下可惹恼了魏忠贤之流，熊廷弼自然也难以活命了。这位恃才傲物的熊廷弼，在位时不肯贪污纳贿，聚敛私财，更不肯给朝中官员馈送分毫，临死前却又要放下架子，梦想靠行贿活命！这位书呆子，至死也不明白，行贿送礼之类的事不是信口开河，而是要用大把大把的银子的。平时要做清官，不贪不贿，囊空如洗，到这个时候竟还想去行贿求人，靠他一年几百两银的俸禄够吗？

熊廷弼此举，不仅害了他自己，而且还害了那批东林党人。

魏忠贤自然会联想，熊廷弼既然想给内廷行贿，难道就不会给东林党人行贿？在魏忠贤看来，天下哪有什么一尘不染的清官。只要花足工夫，总能找点证据出来，何况还有一个现成的活证据汪文言在手中，不怕他不开口。

许显纯便按照魏忠贤的旨意，重审汪文言。没想到汪文言是条汉子，屡受毒刑，仍拒不承认。被打到实在受不了时，汪文言便仰天大呼："世上岂有贪赃之杨大洪哉？！"意思就是说，这个世上，像杨涟（字大洪，一字文孺）这样的清官要是贪赃枉法，真是天大的笑话。他还义正词严地表示：

"你们用这种勾当来污蔑清廉之士，我就是死也不会承认！"

这些话招来的当然是更惨烈的刑罚。许显纯看到汪文言似乎没有承认的意思，便按自己的需要拟写了汪文言供状。没想到

已昏死过去的汪文言突然睁眼醒来,厉声斥责道:

"任凭你胡编乱造,到时我一定与你当面对质!"

事已至此,他竟还梦想对质,真是痴人说梦。许显纯会给他这样的机会吗?供状编好上奏之时,汪文言自然也就被乱棍打死了。

在许显纯编造的供状上,杨涟、左光斗是各受熊廷弼贿白银二万两,魏大中是三千两,袁化中是六千两,周朝瑞是一万两,顾大章最多,达四万两。这样的数目,是许显纯精心设计的。魏大中之所以只有三千两,是因为魏大中曾力主要定熊廷弼战败之罪,定多了不行。而顾大章之所以要定四万两,也是因为他曾力保过熊廷弼,不然何必如此?除上述六人之外,供状还涉及赵南星等十五位东林党人。

这纸供状最后自然要传到天启帝手中。天启帝见到此状时的心态也是可以想象的。你们这些东林党人,在朝在野时都口口声声仁义道德,骂遍朝廷,没想到却是这种东西,不重治怎么得了?

于是,天启五年(1625)六月,杨涟等六人被下了诏狱。赵南星等十五人被削了籍,削籍是刑事处罚以外最重的处罚,对文官而言,削籍意味着永不起用。另外,这些人仍要被追赃。在天启帝看来,既然受了贿,就要吐出来。这一招更毒!因为他们本来就没有受贿,家境也多不富裕,哪来这么多钱退赔?这最终苦了他们的家里人。

既然进了诏狱,杨涟等六人的生死只能听天由命了。按制,诏狱由北镇抚司主管。在这里,审讯不受正常司法程序的制约,而只对皇帝负责。既然只有皇帝认为有罪的人才会入诏狱,那么这些人肯定就有弥天大罪,不审就可杀之。但为了印证皇帝的英明,一般还是要审一审,让这些人自己说出自己的罪行来,或许皇帝还会宽恕待人,给予悔过自新的机会。假如不识抬举,那么,诏狱也有办法对付。譬如说它除了枷和立枷之外,还有许多著名的刑具,常用的就有械、镣、棍、拶子、夹棍五种。另外,其刑罚也别出心裁,十分厉害,如"昼夜用刑""琵琶"、梃棍、烙铁、"一封书"、灌鼻、钉指之类。这些虽不是明代的专利,但也足以证明明代并不像后人所认为的那样已缺乏想象力。

正因为如此,明代被投进诏狱的人,几乎都是两种结果:低头认罪或自取灭亡。杨涟、左光斗等这六位东林党人,虽有铮铮铁骨,却也无第三条道路可供选择!

杨涟等进了诏狱,许显纯自然要重点"照顾",不会心慈手软,但没想到这六位东林党人就是不招。据说左光斗被打得皮开肉绽之后,突然灵机一动,想出一条脱身之计。他对另外几位说:

"许显纯辈,要杀我们,办法不外两个:如我们不承认纳贿,则继续用酷刑,直到被折磨至死,此为一;或者乘夜深人静之际,悄悄派人进来把我们杀掉,此为二。但如果我们暂时承认受了贿,则按例应当移送到法司审讯,这样一来,我们或许还有见天之日,可以侥幸不死。"

其他的人听了,也觉得有理,竟先后承认了自己的罪行。他们到这时候仍抱幻想,认为只要承认了罪行,或许皇帝(或魏忠贤)就会放他们一马,改由法司来审讯,说不定还能求得一条生路。他们就不想想,假如魏忠贤事事照章去办,他们怎么会进诏狱呢?

魏忠贤要的就是他们这样的认罪。不过,魏忠贤却不会放他们一马。因为他们既然承认受了熊廷弼的贿,那么,他们难道就不会受其他人的贿吗?!说不定还有更多的贿赂被隐瞒了。既然如此,就应该继续严加追比,尤其对这些不见棺材不掉泪的人。

严加追比就是继续拷打。魏忠贤令许显纯继续对他们用刑,及时汇报案情。此时,左光斗等人才知上当,大错特错了。至此年七月,左光斗、杨涟、魏大中就惨死狱中。杨涟死状最为惨烈,死时身上压着装满沙土的重囊,一根长长的铁钉穿耳而过。左光斗、魏大中死时也是体无完肤,面目全非。过了三天,狱中才报出死讯,三人的尸体已经腐烂,很难辨认出谁是谁了。至八月,袁化中、周朝瑞也在狱中毙命。最后只剩顾大章一人未死,但也并不是他有什么法术,而是因为诏狱的人怕六人全都打死,影响不好,才把他留下移给法司审讯定罪。没想到天启帝最后仍要把他移回诏狱再审。顾大章实在是怕再回那个地方,与其死在那里,还不如自行了断,于是便上吊自杀,求得解脱。

这六位在京师诏狱中受苦,他们的家人也在外面受尽折磨。

杨涟被逮捕时,士民数万,拥道呼号。囚车所过村庄市镇,都焚香设醮,为他祈祷。杨涟死后,家产被没收充公,总数不足白银千两。老母、妻子无处可栖,由两个儿子乞讨求食供养,官府还要不断催逼杨涟的"赃款",引起了广泛同情。左光斗死后,地方官对其家族严加追比，其兄左光霁被逼死，其母悲泣而死，整个家族尽破。魏大中的儿子魏学洢，暗中随父至京师，救父不成，扶柩而归，昼夜哭号，绝食而死。做忠臣的代价实在是太大！这大概也是人人都说忠臣好，但又没有几个人真正去做忠臣的原因吧。

魏忠贤的做法，实在是令人发指。甚至在他的党羽中，也有人觉得太过分了。像魏广微，本是名臣之后，却投了魏忠贤，做上了内阁大学士。杨、左之狱，他开始也积极参与。但当吏部尚书崔景荣看到诏狱连连杀人时，心中不安，便要魏广微出面上疏制止。魏广微便上了一疏，表达了自己的看法：

"杨涟等人今天尽管是有罪之人，但从前也是朝廷命官。即使赃私之事确实，也应转付法司，依据律令定罪，而不应该令镇抚司如此严刑追比。"

他这种良心发现式的建议，魏忠贤自然很不爱听，而且很生气。结果是吏部尚书崔景荣立即被罢免，魏广微也很快下了台。从后来的情况来看，这两人反而是因祸得福，没有继续助纣为虐。可见魏忠贤的爪牙虽全是恶人，但恶人之中，也有稍善之人。有些人今日仍是爪牙同伙，明日却可能变成被排挤的对象。恶人作恶，各人因情况不同，其作恶的程度、分寸也会有所差异。魏广微等人已觉得差不多了，魏忠贤等人却认为才刚刚开始。结果是前者必然被淘汰。正如魏忠贤用天启帝的口气所说的那样：

"朕方率循旧章，而曰朝政日乱；朕方祖述尧舜，而曰不大相侔。"

意思十分明确，即祖宗之制刚刚恢复，尧舜之治也将开始，你们却说什么朝政一日乱于一日,违反祖宗之制,不合帝王之道,真是岂有之理!

魏忠贤当然要一步一步继续走下去!

不久,前辽东经略熊廷弼,被斩首并传首九边。而直接导致辽东惨败的巡抚王化贞却没有同时被斩。不仅如此,御史梁梦环检举说熊廷弼贪污了军饷十七万两,至于他是怎么核算出这个数字的,那就不得而知了,因为熊廷弼的账本早就毁在广宁。不过这已无关紧要了。另一位御史刘徽紧接着就检举熊廷弼有家资百万,应该没收以充军饷。因为在他看来,熊廷弼既然仅贪污一项就多达十七万两,再加上纳贿之类,说他有家资百万也不为过。置人于死地重在推理和联想,并依此形成证据,况且熊廷弼这时也不会再开口说话了。

真正受苦的是熊廷弼的家人!

既然熊廷弼贪污了十七万两军饷,铁证如山,那么他的家人就应该退赔出十七万两来。熊廷弼的家产虽然不足十七万两白银,但谁又能保证不是被他的家人转移藏匿了呢?因此,他的妻子自然要被凌辱,他的儿子只有用刀抹脖子自杀。而他儿子的畏罪自杀,更证明上述推论是合理的,追赃必须继续。这下该轮到熊廷弼的姻亲族人倾家荡产了。

当然,也有人要为熊廷弼鸣不平。武弁蒋应阳,竟然要为熊廷弼喊冤,结果,被立即处死。太仓人孙文豸、顾同寅,作诗讽刺,也被以诽谤罪处斩。其同乡长洲人陈仁锡(编修)、文震孟(修撰)也受株连被削籍。

天启五年（1625）十月，辽东督师孙承宗被罢免，高第代之为经略。

孙承宗这位带有东林党色彩的主帅，在辽东经营得不错。他在山海关外，先筑宁远城，进而守锦州、右屯、大凌河（即关外三城），开屯田五千顷，起用名将袁崇焕，基本上稳住了阵脚。但他与魏忠贤不是同路中人，魏忠贤虽要用之守边，但始终不太放心。至此，魏忠贤才下决心让其下台，代之以自己的心腹兵部尚书高第。

高第胆子比较小。据说他得知自己被委以重任后，吓得放声大哭。到前线后，他首先下令关外军民放弃堡垒，撤到山海关内来。在他看来，孤零零的几个堡垒，怎么能守得住？还不如自己撤退。一时间，锦州、右屯、大小凌河、松山、杏山、屯山全部放弃，十余万石粮粟弃于空城。关外军民被强行驱赶入关，一路上死伤无数，哭声震天。亏得当时的宁前道袁崇焕坚决不肯撤退，保住了宁远孤城。也正是这座孤城，后来抵住了努尔哈赤的猛烈进攻。努尔哈赤也因此急愤交加，病发而亡。

天启五年（1625）十二月，朝廷张榜东林党人姓名以示天下。

既然东林党人如此罪大恶极，就应该把这些人公布于天下，不仅要让他们现在臭名昭著，而且也让他们遗臭万年。御史卢承钦说得好：

"东林自顾宪成、李三才、赵南星而外，像王图、高攀龙等，谓之副帅。曹于汴、汤兆京、史记事、魏大中、袁化中，谓之先锋。丁元荐、沈正宗、李朴、贺烺，谓之敢死军人。孙丕扬、邹元标，谓之土木魔神。应该把这些人全部榜示天下,让这些奸佞之徒无处藏身。"

卢御史的意思就是要把这些东林党人批倒批臭,让他们如丧家之犬,惶惶不可终日。魏忠贤当然大喜,立即把这些东林党人名示天下。按照"君子不党"的古训,当时的人只要一上党人榜,便是一种莫大的耻辱。

天启六年(1626)正月,魏忠贤又炮制了《三朝要典》,进一步打击东林党人。

既然东林党人是这样的糟糕,那么他们的所作所为也可想而知。尤其是他们对"三案"(梃击、移宫、红丸)之处理,更是不能容忍。现在是到了拨乱反正的时候了。给事中杨所修、霍维华等人提出,应该把有关梃击、红丸、移宫"三案"的奏章,仿《明伦大典》编辑成书,颁示天下。于是由顾秉谦、黄立极、冯铨任总裁,施凤来、杨景辰、孟绍虞、曾楚卿任副总裁,至六月,终于编成《三朝要典》。天启帝还为此书撰写了《御制序文》(实由顾秉谦执笔),以示重视和支持。《要典》之中,编书者处处拼命诋毁东林党人,暴露宣扬东林党人的罪行。如对"梃击"案,编书者是这样评述的:

"王之寀竟然以此来开骨肉之争,诬陷皇祖(万历帝),有负先帝(泰昌帝),虽碎其骨也不足赎其罪!"

对"红丸"案,论述得则更精辟:

"孙慎行创'不尝药'之说,妄说先帝(泰昌帝)驾崩是不得善终,另有隐情;又附'不讨贼'之论,诬蔑皇上(天启帝)不得正其始,是罔上不道。"

对"移宫"案,则直论杨涟等人邀功:

"杨涟等人勾结王安,故意加重李选侍之罪,以邀拥戴之功。"

结果是王之寀、孙慎行、杨涟被论为"三案"罪魁祸首。此时,杨涟已死,王之寀则于次年被下诏狱处死,孙慎行被追论遣戍宁夏。当时正在重修《光宗实录》,凡事涉三案的,都必须根据《三朝要典》重新改动。实录实录,顾名思义就应据实而录,但事实上从来就做不到。《光宗实录》修成不久,魏忠贤上台就要重修。后来东林党人重新上台,便又再改,前后共修了三次。好在这也不是明末的独创,唐初李世民上台后就改过其父亲的实录,本朝成祖朱棣也改过《太祖实录》。改来改去,不外乎是把自己越改越好,把敌人越描越黑。历史总想做高高在上的公证人、审判员,但写历史的人又有几个能不食人间烟火呢?

天启六年(1626)二月,魏忠贤下令逮捕东林党人前左都御史高攀龙,吏部员外郎周顺昌,苏松巡抚周起元,谕德缪昌期,御史李应升、周宗建、黄尊素。这几位就是"东林后七君子"。

他们都是魏忠贤及其党羽恨之入骨之人。

高攀龙,是东林党魁,官至高位,在位时处处为难魏忠贤。魏氏手下干将崔呈秀曾吃过高氏大亏,对他最是痛恨,不杀不足以解心头之恨。周顺昌,也是令魏忠贤头痛的人物。有人认为杨涟弹劾魏忠贤"二十四大罪"的奏疏,就是由他起草的。他赴湖广乡试时,又竟然在题目中提到赵高、仇士良,含沙射影,指桑骂槐。魏忠贤自然不悦。更令人不能容忍的是,高攀龙、赵南星被解职返乡时,这位周顺昌竟公然相送至郊外,还与他们执手叹息。魏忠贤已实在不能再容忍了。正巧周顺昌也提出休假回乡，魏便让一小宦官赶到内阁，带去一个口信，说：

"此人尚可留在这里送客吗？"

有了这句话，内阁自然也就让他削职回乡。没想到这位周顺昌，在老家吴县乡居时，仍不收敛。魏大中被捕后，囚车路过苏州，周顺昌不仅请客摆酒，与魏大中同起同卧三天，还要把自己的女儿许嫁给魏大中的孙子。当押囚的旗尉几次催魏大中起程赶路时，周顺昌千不该、万不该，竟当众指名道姓痛骂魏忠贤。魏忠贤听到后，能放过他吗？这几句话后来要了周顺昌的命。

周宗建，是满朝文武中第一个弹劾魏忠贤的，甚至还指责魏忠贤目不识丁，大揭其短。李应升、黄尊素等人，也都是积极追随杨涟攻击魏忠贤的。魏忠贤大概至死也不会忘记李应升奏疏中的那几句令他胆战心惊的严厉之辞：

"忠贤之罪千真万确，无可复辩。千罪万罪，又不胜辩。臣为陛下计，莫若听忠贤亟自引退，以全旦夕之命。为忠贤计，又莫若早自引决，以乞帷盖之恩。不然，恶稔贯盈，他日欲保首领而不可得！"

这种杀气腾腾之语，魏忠贤岂能忘记！尽管魏忠贤人在京师，但对这几位乡居江南的宿敌并没有放松警惕。沈㴶之弟沈演，时时监督，定期向魏忠贤汇报。苏杭织造李实，也密切注意江南动向。后来，魏忠贤干脆找来一份空白奏疏，令心腹李永贞，用李实的名义填写上奏，弹劾这一批东林党人。具体罪名是，周起元为苏松巡抚时，私吞钱粮几十万，并常与高攀龙等人往来讲学，图谋不轨,并顺手把周顺昌等人的名字写了进去。然后矫旨逮此七人,下诏狱。

在缇骑逮捕这七人时,江南发生了激烈的民变。

高攀龙在家乡无锡得知消息后,知道在劫难逃,便先去道南祠(宋代无锡先贤杨龟山祠)拜谒先贤,为文以告。然后回家,与两位学生及一位弟弟饮酒于后花园中的水榭之上,算是诀别。到晚上,便给皇上写下《遗表》,然后整好衣冠,自沉水池,以死相抗。他的《遗表》称:

> 臣虽削夺,旧为大臣。大臣受辱,则辱国。

高攀龙真正实现了"士可杀而不可辱"的古诫。他以一死抗争邪恶,恐怕也保住了自己的甚至也是读书人的尊严。不过,他这种举措及其内涵,不会被那些把自杀一向视作是畏罪、自绝的爪牙、帮凶所看重,也不会被那些抱着好死不如赖活观念的凡夫俗子所理解。

京师的缇骑到达苏州后,遇到了大麻烦。周顺昌为官清廉,为人好义,而且为家乡做过不少好事,所以在家乡的威望很高。周顺昌被捕之日,全城几万人不约而同,都举着香要为周吏部请命。执行逮捕的缇骑,见此情形,十分生气,大声斥骂道:

"东厂逮人,你们这些鼠辈竟敢如此!"

说完,便大呼囚犯(周顺昌)何在,还把铁镣手铐之类的刑具往地上狠狠一掷,铿锵有声。这批为天子卖命的打手,原以为只要拿出点气势来,便能吓得住文弱的苏州人。没想到一向文弱的苏州人一下子被激怒了,竟像山崩地坼一样,一拥而上,当场打死一人,其余负伤之人,惊得跳墙逃走。

当时另一支准备赴浙江逮捕黄尊素的人马,也正好泊船在苏州胥门之外,被苏州人围住痛打,船也被击沉。缇骑跳水而逃,才活下命来,但却把捕人的凭据驾帖弄丢了,竟不敢去浙江抓人。在常州抓缪昌期、周应升的人马也遇到了类似的抗争。

周顺昌、黄尊素等人,都是自己去当地官署,自投诏狱的。

据说魏忠贤接到苏州民变的消息后,也非常紧张。不久又接到报告说,已有五名倡乱首犯自首,城中局势也已弹压,他这才放下心来。

后来被处决的那五名首犯是颜佩韦、杨念如、周文元、马杰、沈扬。他们是市井平民,大概也不具备倡乱的号召力,但在政府缉拿凶犯时,自动站了出来,承担责任,以自己的死,保住了苏州全城的平安无事。魏忠贤垮台后,苏州人追念其恩德,在虎丘旁为他们造了很有气魄的合葬墓,并由复社领袖张溥写下了那篇著名的《五人墓碑记》。苏州人还为他们立祠享祭,不过用的是原先为魏忠贤造的生祠,大概是为了废物利用吧。对苏州人的这种安排,这五位亡灵有无意见就不得而知了。试想:几年前尚是为魏忠贤祈祷祝福的生祠,几年后却又被改造而用来纪念这五位壮士,而后者却是因前者而遭残杀,这种情形,总是有点别扭,也让人感叹世事的不可捉摸!

下诏狱的六位东林党人,在许显纯的手中被整得惨不忍睹,毙命于狱中。

缪昌期,第一个被送进诏狱。在狱中,他慷慨对簿,言辞、气势不屈不挠。他被诬受纳三千两白银,备受毒刑后,终被活活打死。至于死期具体是何日,不得而知。大概是因他曾为杨涟起草了那个名疏,所以在五月十二日尸体被领出时,他的十根手指竟已全被打落,塞入两袖之中。

周顺昌,性格最为刚烈。他在狱中仍对魏忠贤骂不绝口。许显纯恨他此时竟仍敢大骂其主子,便用铁锥硬是把他的牙齿一颗颗给挖了出来。周顺昌仍不屈服,把满口鲜血吐到许显纯脸上,大骂不止。许显纯便在夜中派人将其杀害,时为六月十七日。三天后,尸体被领出,皮肉已全部腐烂,仅存发须依稀可辨。

周宗建,因首劾魏忠贤目不识丁,被坐赃一万二千两,许显纯对他下手也最毒。经多次毒刑,周宗建已奄奄一息,倒卧在地,不能出声。许显纯见状,恶狠狠地问道:

"你还能骂魏公一丁不识吗?"

然后就用沙袋压在他身上,使其气绝而亡。这一天是六月十八日。

黄尊素入狱后,也备受煎熬。他自知狱卒将加害自己,便叩首谢君父之恩,赋诗一章。当时狱中仅存李应升一人还活着,关在隔壁牢房,黄尊素便隔墙与他诀别,说了声:

"仲达(李应升字),我先走了。"

当日黄尊素遇害,时为闰六月初一日。黄尊素就是"清初三大家"之一黄宗羲之父,家中赤贫,坐赃虽不足三千两,但仍然赔不出来。家人为此吃尽苦头,最后还是靠故旧、同年及乡人捐助,才交清此款。

闰六月初二日,李应升也被杀于狱中。

周起元,因道路最远,被解到京师下狱时,前面几位已经归天。当时李永贞代李实上疏弹劾周起元贪赃枉法时,随手写下数十万白银之数。许显纯便以此数追赃,周起元受尽折磨,于九月毙命诏狱。其家产全被没收充公,因远不足额,则株连无辜,以致亲友无不倾家荡产。周起元在苏松巡抚任上,掌管的赋税成百上千万两,只要稍起贪心,便是大富,而他却一尘不染,严于律己。家人亲友在他生前未得到什么好处,在他死后却为他背黑名,破财遭灾!

造神的时代

魏忠贤至此可谓功德圆满。

依当时的逻辑,假如没有魏忠贤力挽狂澜,而让东林党这批"大奸大恶"之人得逞,大明朝还能这样歌舞升平吗?既然如此,那些真心爱戴他的臣民们就必须表达心中的崇敬之情。

东林党已除,朝廷上下差不多都是魏忠贤的热爱者。当然,也正是因为有这种热爱,那些人才被重用提拔,位居要职。不过这已是无关紧要的了。当时,顾秉谦、冯铨等人主宰着内阁。其下文臣则有崔呈秀、田吉、吴淳夫、李夔龙、倪文焕主谋议,号"五虎"；武臣则有田尔耕、许显纯、孙云鹤、杨寰、崔应元主谋杀，号"五彪"；其他如尚书周应秋、太仆寺卿曹钦程等，号"十狗"；此外尚有"十孩儿""四十孙"之类的人物。在地方大员中，更是有不少追随者。对这些人而言，没有魏忠贤，哪有今天的这般光景！

他们自然要对魏忠贤感恩戴德，何况他们的主子也很看重这种感激，并要求他们体现到行动上去。忠诚与否，要看行动，也只有通过行动，才能考察忠诚。当然，也只有被证明是忠诚之人，才有资格和机会，步步升迁，进一步尽忠。可惜的是这种关系只能意会，不可言传，彼此只好心照不宣了。

人到了这种地步，还会嫌荣誉过多吗？魏忠贤也是人，又怎么会免俗？问题在于，像魏忠贤这样功高盖世的救星，该有的荣誉全都有了，不能总是重弹老调。况且这样做也不太能让魏忠贤记得住，对献媚者而言效果不大。陈词滥调已不足以颂德歌功，更不能反映出丰功伟绩。因此必须有所突破，有所创新！

功夫不负有心人！终于有人出奇招了！

天启六年（1626）六月，浙江巡抚潘汝桢上书朝廷，要求在西子湖畔敬立魏忠贤的生祠，以表其功。

这当然是创举！

建祠供奉，早已有之。不过，从前此举都是表彰死者，而绝无生者入祠之先例。一般人大概也不太愿意在活着的时候就接受香火供奉。但这些想法，对魏忠贤时代的人来说，已明显过时了。非常时代，自然应有非常之创举。

潘汝桢疏请建祠的创举，立即得到了热烈的响应。苏杭织造太监李实不甘落后,也立即请令杭州卫百户守祠。天启帝则御书"普德"两字,赐作祠额。内阁大臣们则妙笔生花,为功德碑撰文书丹。杭州臣民有钱出钱,有力出力,共襄盛举。不久,在美丽的西子湖畔,一座富丽堂皇的生祠拔地而起,整日香火不断,热闹非凡。里面供奉着魏忠贤偶像——这也是唯一美中不足的了。假如他本人能安坐其中,岂不更好?然而魏公日理万机,朝廷哪能离得开他呢?他只能心临身不临了。

杭州生祠之立,令天下大震!许多人追悔莫及,继而奋起直追。一时落后还情有可原,永远落后则绝不允许!他们要比潘汝桢做得更好!

在短短一年之中,供奉魏忠贤的生祠,如雨后春笋,遍及神州大地。一时之间,天底下最气派、最漂亮的新建筑大概都是生祠。

蓟辽总督阎鸣泰,在其管辖区内建了七所生祠,花费白银数十万两。这钱当然不是出自阎鸣泰的腰包,而是从军费中开支的。当时前线的军费已是捉襟见肘,至少没有富裕到可以挪作他用的程度。但又有谁敢反对如此盛举呢?又有谁能说这是非军事用途式的浪费呢?因为前方将士很有可能受此感召,从而激发士气,再创奇迹。在阎鸣泰眼里,这几十万两白银是花在刀口上了。正如生祠中的匾额所言:

"民心依归,即天心向顺。"

既然是"天心向顺",则战无不胜,万事可成。

开封城为了建生祠,拆毁民房两千多间。所造生祠,有宫殿九楹,一如帝王格式。巡抚朱童蒙在绥延建生祠时,还用了琉璃瓦。刘诏在蓟州建造的生祠中,魏忠贤已是金像冕旒。

海内闻风而动,除上述这些督抚外,争建生祠者不计其数。宗室如楚王朱华煃,勋戚如武清侯李诚铭(慈圣太后侄子)、保定侯梁世勋等,廷臣如尚书邵辅忠,词臣如庶吉士李若琳等,部郎如郎中鲁国桢,诸司如通政司经历孙如洌、上林监丞张永祚等,也都纷纷建祠。甚至武夫贾竖,无赖地痞,也个个攘臂争先,汹汹然唯恐不及。最可怜的是巡抚杨邦宪。他在南昌造生祠,为了扩充范围,竟悍然下令拆毁供奉周(周敦颐)、二程(程颐、程颢)的三贤祠,先贤偶像,尽被捣毁,让出地方来建生祠。没想到祠还没建,天启帝就龙驭上宾了,不久魏忠贤也就倒了台。这位杨邦宪最后也因此被入了逆案。可见做什么事都要趁早。

为造魏忠贤的生祠,各路官员是费尽了心机。富丽堂皇、金碧辉煌自然不必说,最要花功夫的则是魏忠贤的偶像。魏忠贤的偶像,都用沉香木雕刻,眼、耳、口、鼻栩栩如生。腹中的内脏,也都用金玉珠宝来做。髻发之上,还留有一穴,用以簪插四时香花。据说某地生祠中魏忠贤雕像的头做得稍稍大了些,小太监给它戴冠时戴不进去。匠人在边上看得既怕又急,便顺手用刀把头像削小一点,终于把帽子给戴了上去。小太监见此竟然抱住头像放声大哭,悲痛万分,就好像匠人削的不是木像,而是魏忠贤本人一样。

当时的魏忠贤,真是人人顶礼膜拜。人世中所有赞美的词藻,都被大用特用,毫不吝啬。像"尧天舜德""至圣至神"之类的颂词,一时充斥宇内。无数的赞美诗,也铺天盖地而来。督饷尚书黄运泰,在迎接魏忠贤的偶像时,竟行五拜五稽首的大礼,连呼"九千岁"。

千万不要以为那个黄运泰是个愚笨可笑之人,竟对着一个木头人顶礼膜拜。这些木头人有无穷的法力,每个人在它面前的表现,都会如实地反馈到在皇宫里的魏忠贤的耳朵里。魏忠贤虽不能亲赴各地,但自有无数的宵小为他充当千里眼、顺风耳。

相反,就有一些人,因为没有弄清其中的奥妙,或虽然明白了却又不愿去做,而最终遭了殃。工部侍郎叶宪祖看到京城之内生祠遍地,就连东华门外竟也兴建了生祠,心中不满,便发牢骚道:

"这是天子临辟雍道,土偶(指魏忠贤的偶像)能起立吗?"

不久,这位不识时务的工部侍郎就被削籍了。浙江巡抚潘汝桢首先倡建生祠时,巡按御史刘之待因会稿迟了一天,也被削籍。蓟州道胡士容因不肯给生祠写颂文,遵化道耿如杞因入生祠不拜,都被论了死罪。在歌功颂德、万众拥戴的背后,这样血淋淋的事情是屡见不鲜的。

就在魏忠贤大红大紫之时,其手下却开始闹起了矛盾。内阁大学士冯铨竟然在此时被罢免。这位大学士一向媚事魏忠贤,深得赏识,却与崔呈秀不和。崔呈秀想入阁做大学士,便令手下攻击冯铨,以及不肯推选崔呈秀的吏部尚书王绍徽。冯铨、王绍徽被罢之后,崔呈秀并未能如愿以偿。大概是因为魏忠贤改变了主意。结果是到天启六年(1626)的七月,施凤来、张瑞图、李国槽三人以礼部尚书的身份进了内阁。施凤来没有什么主见,唯以和柔自媚于世。张瑞图则是一味迎合魏忠贤,而且文章书法也不错。

生祠中的碑文，多由这位大学士手书，而皇帝诏旨中褒美魏忠贤的华词丽语，也是此公的杰作。李国槽的情况较特别，他是魏忠贤的同乡，属特殊照顾之列。

崔呈秀自然是愤愤不平，但也没有什么办法。他终于明白，主子在不同的时期需要不同的人才，他已落伍了。

其实，冯铨、王绍徽、崔呈秀也不必过于计较，因为失宠的并非只是他们。到天启六年(1626)十月，连首辅顾秉谦也被罢免。

这位顾秉谦，从入阁伊始到做首辅以来，一直是忠心耿耿。东林党人的案件都是由他具体策划操办，编纂《三朝要典》，他亲任总裁，一桩桩，一件件，可谓是劳苦功高。大概是他已预感到魏忠贤的做法将来会出问题，早在处理"东林后七君子"时，他竟提出要依常规把他们交由法司进行正常审讯，魏忠贤对此很是生气。此时，他看到崔呈秀之流内部倾轧日甚一日，开始不安，竟要求卸职回乡。关键时刻，这算什么行为？简直就是对魏忠贤没有信心，甚至是要挟！魏忠贤自然不悦，便同意他罢职回乡。

顾秉谦这样的文臣，虽为一己私利，助纣为虐，但毕竟熟读孔孟之书，有时心中难免会有一丝善念。对局势的分析，也不像那些大字不识几个或者是头脑发昏的人那么糊涂，所以此时他才会有这样的念头。但这种首鼠两端的性格，也恰恰是他们这类人的弱点。须知一旦作恶，也就难以回头，而且必须付出代价。除非改朝换代以后的新主子仍觉得他们有利用之必要或价值。顾秉谦与冯铨，同是魏忠贤的红人，同为内阁大学士，也差不多同时罢免，但结局迥然不同。顾秉谦晚年境况十分凄凉，客死他乡。而冯铨却熬过了崇祯朝,投靠了新王朝,摇身一变,又做了一阵子新朝显贵,仍然耀武扬威。到那个时候,又有几个人敢提他在明末所做的那些丑事。

话又说回来,尽管闹了些不愉快,但并不妨碍这些人对魏忠贤的歌功颂德。谁又能保证在这样的颂歌大合唱中,不会出现几丝不和谐的杂音呢?

天启六年十月,魏忠贤被进封上公爵位,从子魏良卿也被封宁国公。原来,朝廷兴修三殿至此告成。这自然是大功一件,且全仗魏忠贤督察有方。于是太监李永贞上奏其功,吏部尚书周应秋也连声附和,魏忠贤便被进爵上公,还要加恩三等。一位太监,竟在短短几年内爵至上公,无以复加,似乎在本朝尚无先例。不过,对魏忠贤,当然可以特例特办。

至于其从子魏良卿的进爵理由,则稍稍有点见不得人。这位魏良卿,本早已是被封了高官的权贵了,不过总还要找个机会继续予以提拔,方显得他魏家的与众不同,也符合朝廷内举不避亲的用人原则。当然,照顾总是难免的,谁让他是魏忠贤的从子呢?更何况魏良卿还是为朝廷立了不少功的。如先前被封爵伯侯,就是论功而赏的。立功经过是这样的:

这一年的春天,有位名叫武长春的辽阳男子,在逛妓院时,趁着酒兴,信口开河说些大逆不道的言辞,被东厂的人抓获,由许显纯掠审严讯。审讯的结果是:如果武长春的案子不及时破获,那么肯定会有犯上作乱之举,后果不堪设想!幸亏赖厂臣忠智,才立此奇勋。魏良卿当然是得了头功。天启帝知道后,自然十分高兴，论功行赏，给封了肃宁伯，赐了铁券（可依此免死），不久又把他晋升为肃宁侯。

或许有人认为武长春的案子显然被夸大了，有邀功之嫌。其实这种情况，也不难理解。且不说在这种时候，满朝文武是否有人敢提出这种不合大势所趋的问题，单就武长春的案子本身而言，其功也是可大可小的。武长春在妓院中胡说八道本是事实，谁能保证他后来不犯上作乱呢？更何况犯上作乱本是个含糊不清的概念，像武长春这样口出狂言可以算是逆贼，像后来李自成那样率兵几十万造反也算是逆贼。虽然那位武长春被抓获时仅仅只是口出狂言，而且看起来也不太像是李自成式人物，但问题在于又有谁能保证这位在妓院中被抓获的武长春今后不会变成另一个李自成呢？既然这样，算作大功一件也不为过。天启帝大概也是这种想法。被魏忠贤蒙在鼓里的天启帝，想不通在这种尧舜之治的太平盛世，竟还有这样十恶不赦之徒想要造反，幸亏魏良卿及时破获，否则一旦得逞，怎么得了。因此，他到这年的十月份，又诏令给魏良卿进爵，封为宁国公。当然，在几个月中晋秩三级，快是快了点，但也不违反特例特办的原则。

知道魏良卿被封的缘由后，就不难理解魏忠贤一族及其亲信中竟会有那么多人在如此短的时间内被封赏了。

尽管此时的朝廷已是千疮百孔，摇摇欲坠，但要在如此之大的帝国内找些粉饰太平的所谓功绩，也不算是件难事。像袁崇焕在宁远打败了努尔哈赤、各边关修建了堡垒、南京孝陵修葺完工、在甘肃很偶然地打了胜仗、法司缉获了盗贼，等等，都是不错的题材,并被上奏京师。

既然所有的功绩,都是由于魏忠贤领导有方,那么朝廷就应有功必奖,方能体现奖赏先进、激励来者的治国宗旨。问题在于魏忠贤已位尊上公,不能再升了,否则便有喧宾夺主之嫌了。

好在本朝的列祖列宗们,早就对此做出过一些基本的规定,使得魏忠贤的家人们可以分享其荣誉。魏忠贤的族孙魏希孟、魏希孔等,都世袭都督同知,外甥傅之琮、冯继先,俱为都督佥事。魏忠贤的亲信也有近二十位获得了类似的名目。

自从督饷尚书黄运泰喊出"九千岁"后,"九千岁"似乎已是魏忠贤的代名词了。大概是"九千岁"还不足表达心中的祝福,据说后来又有人给他加到"九千九百九十九岁",离万寿无疆仅一步之遥了。

到了天启七年(1627)五月,有位叫陆万龄的监生,突发奇想,向朝廷建议:要求把魏忠贤供祠于国子监,配享孔子,而把魏忠贤的父亲,配享启圣公。陆万龄是这样陈述理由的:

"孔子作《春秋》,厂臣(指魏忠贤)作《要典》(指《三朝要典》)。孔子诛少正卯,厂臣诛了东林党。礼宜并尊。"

这位陆监生的意思是,孔子之功,是作《春秋》、诛少正卯,魏忠贤作《三朝要典》、诛杀东林党,也可与之相提并论。既然贡献差不多,魏忠贤也就可以与孔子平起平坐。不过这位陆监生当时尚无资格直接上书魏忠贤,所以只得请国子监司业林釬代奏。林釬阅后,用毛笔一涂,当天就挂冠棂星门辞职而去。另一位司业朱之俊却代为奏请,朝廷认为陆监生讲得很有道理,下令实施。

而那位不愿代奏的林釬则被削籍。目不识丁的魏忠贤，竟然可以与万世师表的孔圣人在国子监平起平坐，同享供奉，而这样的主意竟是由熟读孔圣之书的一位监生提出来的，不知孔圣人对此有何想法。

到了七月，魏忠贤因所谓的宁锦大捷而再次大封特封。

他的从孙魏鹏翼被封为安平伯，加少师；从子魏良栋被封为东安侯，加太子太保；魏良卿被加太师。顺便说一句，前两位当时尚在襁褓之中，还不会走路。

魏良卿还代天启帝享南郊，祭太庙。这些事本来都是由皇帝亲自做，一般不能由他人代劳的。

天启七年（1627）八月二十二日，天启帝驾崩。临终之前，这位糊涂的皇帝还在乾清宫召见阁部科道诸臣时，诚心诚意地说：

"魏忠贤、王体乾恪谨忠贞，可计大事！"

当时有一位名叫黄立极的官员回答说："陛下任贤勿贰，诸臣敢不仰体。"

这样的回答，足以让天启帝放心而去了。是啊！有魏忠贤、王体乾这样的"忠臣"在支撑着朝廷大局，天启帝还有什么不放心的呢？他哪里知道，正是这些"忠臣"，已趁他在宫中做木匠之际，把他的大明朝搅得天翻地覆。他留给弟弟信王朱由检的，已不是什么太平盛世，而是一个绝无复元希望的烂摊子。他更不会知道，在他死后，大臣们给了他一个不太好听的谥号"熹宗"。而在他死后十七年，他的弟弟崇祯帝作为大明朝的末代皇帝，吊死在煤山，追随他而去。

可怜的天启皇帝,至死还觉得魏忠贤是忠臣!是因为天启帝过于糊涂呢,还是魏忠贤实在厉害呢?大概两者皆而有之!正所谓上有昏君,乱臣贼子才会当道,也才会有一批又一批的忠臣肝脑涂地!

信王朱由检在天启帝死后两天便匆匆登基,兄终弟及。据说魏忠贤曾有过自己做皇帝的打算,不过是因为当时的兵部尚书崔呈秀认为时机未到而作罢。这大概是推测罢了,其实也拿不出什么真凭实据。

年轻的信王,终于登上了皇帝的宝座。在以后的十七年中,这位被称作崇祯帝的末代皇帝又是如何呕心沥血,梦想扭转乾坤,而最终却偏偏走上绝路,吊死在煤山的呢?

第三章 中兴之梦的破灭

天启七年（1627）八月二十二日申时，天启皇帝驾崩。依其遗诏，皇五弟信王朱由检，于八月二十四日午时在皇极殿正式登基，改元崇祯。

像这样兄终弟及式的皇位继承，在本朝已有过两次先例。正统十四年（1449）"土木堡之变"后，郕王朱祁钰奉太后之命即皇帝位，接替他那位被蒙古人俘虏的哥哥，即英宗朱祁镇，并改元景泰。不过七年之后，英宗发动"南宫复辟"，夺回皇位，又改元天顺。正德十六年（1521）武宗朱厚照驾崩无后，其堂弟朱厚熜以兴献王身份入京继位，改元嘉靖。如果再加上明初成祖朱棣弑夺其侄子建文帝之位的话，那么，崇祯帝的继位已是本朝第四次由藩王入继大统了。

崇祯帝即位时才是一个虚岁十八的少年。

但千万不要小看了这位少年皇帝。他比他的哥哥天启帝、父亲泰昌帝要强得多。他在即位之初,就于不动声色之中,把那位人见人怕的九千岁魏忠贤及其党羽铲除,巩固了自己的地位,建立起自己的绝对权威。他年少气盛,做事大刀阔斧,一改父兄甚至列祖列宗的为政作风。他孜孜不倦,勤于为政,事必躬亲,令天下臣民感叹不已。最重要的是,他比他的前任,从他哥哥天启帝一直到他的太太爷爷嘉靖帝,都更有上进心、责任心,他从一开始就怀着强烈的中兴之梦。

无论从何种角度而言,崇祯帝也绝对不像一位亡国之君!本朝以前的那些亡国之君的特征似乎在崇祯帝身上找不到。不幸的是,就是这样一位绝不像亡国之君的君主,恰恰做了一位引起广泛同情(而不是令人痛恨)的亡国之君。

或许这正是报应!苍苍上天把他列祖列宗所犯下的所有过错报应在他的身上,而且让他清醒地认识到了这一点。他试图竭尽全力去扭转乾坤,但却在百般挣扎后走向注定的失败。

或许这也正是最后的机会!大明朝在连出了五六位各色各

样的荒唐皇帝后,上天终于给它降临一位能干之君,来救民众于水火之中,救王朝于危难之时。遗憾的是,大明朝已是积重难返、病入膏肓,仅靠崇祯帝一人已是回天无力。

此时的大明朝,犹如一架吱吱嘎嘎的大破车,正一步步地滑向深渊。那位刚刚换上来的驾车人崇祯帝则拼尽全力,想停住那下滑的破车,最后却眼睁睁地随着它一起跌落深渊,摔得粉碎!

"我不是亡国之君,为什么有这么多亡国之事?!"

这是崇祯帝后来多次发出的哀叹!他似乎已察觉到自己逃不过亡国之君的命运,但他实在是心有不甘。因为他曾拥有一个强烈的中兴之梦并为之努力,而天下的臣民也都在他身上寄托着中兴的希望。

然而,仿佛就在弹指一挥间,中兴之梦便灰飞烟灭了。

朱由检:想要在皇宫中生存就要低调

万历三十八年(1610)十二月二十四日,又一位男孩降生于东宫之内。按照"由字辈、木字旁"的玉牒规定,东宫的这位第五子取名由检。

由检的父亲常洛当时仍是太子身份。这位万历帝的长子,自从生下来便遭白眼,很不得宠,凄凄惨惨过到万历二十九年(1601),才被正式册封为太子,当时他已是二十岁了。到万历三十三年(1605)十一月,顺天府籍的选侍王氏为东宫生下了长子由校。尔后,这位太子的选侍、才人们又先后生下几子,到由检降生时已是第五子了。当时的太子常洛,在宫中的生活十分压抑,除了生儿育女,保证血脉兴旺外,似乎也无别的办法来向他的父亲万历帝证明他的才能。由检的降临,对他似乎也无特别的意义,并不像长子由校出生时那么显得重要。

既然已被册封为太子,那么朱常洛就有权利拥有众多选侍、才人之类的女性。在这一点上,没有人能够阻止他。朱由检的生母就是属于上述女性中的一位。

这位女性姓刘,当时的身份是选侍。她也是被选入宫的淑女,娘家的身份很一般。按照当时宫中的规矩,刘选侍既为太子生了一位男孩,本应母以子贵,过上舒心些的生活。不幸的是,太子身边有康妃(西李)之类的人争宠邀幸。她们的如簧之舌没有停止过说三道四。太子便渐渐疏远了刘选侍,到后来甚至动辄寻隙斥责。可怜的刘选侍,并没有得到应该有的待遇。

据说刘选侍为人忠厚贤惠,恪守妇道。她对自己所受的不公待遇,毫不辩解,只是将万般委屈和激愤深藏于心。久而久之,自然是积郁成疾。就在由检五岁多时,这位刘选侍终于郁郁而死,被太子常洛草草葬在西山。

由检年幼丧母,自然思念不已,但又不敢声张。他当时住在勖勤宫,曾悄悄向近侍询问:

"西山有申懿王的坟葬吗?"

当得到肯定回答后,他便再加问一句:

"申懿王坟旁有刘娘娘的坟墓吗?"

刘娘娘就是他的生母。他曾秘密付钱给近侍,令其前去西山焚纸祭奠。此举不仅可以看出他对生母的思念,也足见年幼的由检颇具心机。

由检即位后,立即献上尊谥,称其母为"孝纯恭懿淑穆庄静毗天毓圣皇太后",并把她从西山迁葬庆陵,与其父泰昌帝合葬;并且还封生母之父刘应元为瀛国公,其母徐媪为瀛国太夫人,以表达他的尊亲之情。到后来,他还命武英殿中书梁祝根据他人追忆,给其母画了像。像成之后,崇祯帝下旨备好法驾卤簿,由专人护送,从正阳门浩浩荡荡而入皇宫,他本人则亲自跪于午门,迎太后画像,并把画像悬挂在乾清宫中,朝夕供奉仰视。由此不难看出母亲在他心中的地位。

生母刘选侍的早逝,对由检早期的心理影响是很大的。生母死后不久,由检改由李选侍(西李康妃)抚养。当时,这位被称作西李的选侍最得太子常洛的宠爱。在此以前,她已抚养由检的长兄由校。由校的地位和前途,西李自然明白,因此也颇能倾注心血。由检在这一点上,难以与长兄相比。西李对他的态度,自然也不大一样。好在西李不久生下一皇女(皇八妹),无暇兼顾由检,由检便改由另一位李选侍(东李庄妃)抚养。

在东李身上,由检找回了许多早已失去的母爱。这位东李,宽厚仁慈,恪守妇道,且膝下也无子女。她给予由检母亲般的慈爱,有时甚至是宠爱、溺爱,这使由检逐步养成了个性中聪明活泼、任性自信的一面,也使由检在冰冷压抑的宫中,享受到了许多少年时代的乐趣。

第三章 中兴之梦的破灭

但这仅是由检性格中的一面。逐渐懂事的由检很早就开始明白宫中一些他本不该懂得的事。他终生不会忘却他六岁那年发生的事。万历四十三年(1615)五月初四,他父亲的宫中(慈庆宫)突然闯进来一位后来被认为是有点神经错乱的男子,手持枣木棍,凶狠地击伤几位侍卫。幸好这人被及时捕获,没有伤及由检的父亲。当时朝廷中沸沸扬扬的抗争及其背景,对于六岁的由检来说,还不能理解,但他已不难从当月二十八日祖父的那次不寻常举措中领悟到些什么。

那天,皇祖万历帝在慈宁宫拜见了慈圣太后后,便在慈宁宫召见了朝臣。在此以前,这位万历帝已是二十五年不见朝臣。当时,皇祖、皇父都说了些十分严厉的话,训斥朝臣。皇祖万历帝还要跪在地上的朝臣们抬起头了,让他们"熟视"即仔细看看当时站在台阶上的三位皇孙。由检就是站在台阶上的那三位皇孙中的一位。或许当时的由检还不能明白大人们的那些言行,但也多少能感受到一些不祥的气氛。

到了万历四十八年(1620),由检已十一虚岁。这一年,宫中连出大事。先是在七月份,皇祖万历帝驾崩。皇父匆匆接位。然而仅仅一个月,也便撒手归天。皇兄由校再接皇位,改元天启。大事接踵而至,让由检有点无所适从。

当时宫中乱糟糟的那些场面,由检是耳闻目睹的。先是皇祖万历帝病重,召顾命大臣匆匆进宫,交代后事。皇祖驾崩后,皇父接位登基,发内帑充边饷,罢天下矿税盐使等等,颇有点新政的味道。加上皇父收了郑贵妃的几名美女,也着实忙了一阵。但没有多久，却传出皇父龙体欠安的消息，太医进出不断。又有一位叫崔文升的内侍进了一剂泻药，皇父服后病情严重恶化，郑贵妃因此被逐出宫禁。大臣们又被召进宫中。到了九月初一日，皇父便驾崩了，据说驾崩前曾服过一位叫李可灼的文官所进的"红丸"。

接下来的事就更让由检吃惊了。先是皇兄由校被大臣们从乾清宫抢出，住到了慈庆宫。那位一直抚养皇兄的李选侍（西李），竟被逼得住到了类似冷宫的哕鸾宫去了。接着便是皇兄由校正式登基即位，改元天启。做了皇帝的皇兄立即做了两件事，一是封乳母客氏为奉圣夫人，那位与客氏火热的太监魏进忠也被赐享世荫。二是公开揭露那位长期抚养他的李选侍（西李）的罪行。

这一桩桩、一件件的事情，已深深印入由检的脑海之中。

好在做了皇帝的皇兄对由检这位五弟一直还不错。

天启帝长由检五岁。当时同父的亲兄弟中，也仅存他们两人。那位爱做木匠的天启帝，对自己的弟弟倒是十二分地爱护，两人关系十分亲热。据说当时还不太明白天子是什么官职的由检，竟当面问过刚接位的皇兄由校一个非同小可的问题：

"你这个官儿我能不能做？"

对弟弟这个罪可至死的问题，由校竟微笑着说：

"可以，可以。等我做几年之后，就轮着你来做了。"

这当然是一句戏言，没想到后来果然应验。由此也可见由检在皇兄心目中的地位。

天启二年（1622）八月二十三日，朱由检被封为信王，仍住勖勤宫。尽管这是正常之事,但对朱由检而言,仍是人生中的一个重要转折。从此以后,他就是宫中的信王千岁爷了。

在皇兄的庇护下,信王由检在宫中的日子过得还算可以。但宫中接连不断发生的事,还是让由检触动很深。

天启元年(1621)五月,那位原本在宫中说一不二的司礼太监王安,突然被逐出宫禁,充了南海子净军,不久就被整死了。魏忠贤的势力正在急剧上升,逐步控制宫中。

到了天启二年(1622)三月,魏忠贤又在宫中举起了内操,选武阉,练火器。一年之后,宫中武阉增至万人,个个裹甲出入,威风凛凛。轰隆隆的征炮之声,喧震内外。刘朝等内官,也被派遣出宫,赴边关"较事"。魏忠贤在宫中的势力如日中天。到天启三年(1623)十二月,魏忠贤竟最终以司礼秉笔太监的身份,提督了东厂,掌握了生杀大权。

其实,在此以前,魏忠贤已清理了后宫。天启帝的选侍赵氏,或许是不顺魏忠贤、客氏之意,竟被逼自尽。据说这位赵选侍接到赐她自尽的圣旨后,便把天启帝赐给她的那些物品列放几案之上。面向礼物,放声大哭,最后上吊自杀。

天启帝的另一位妃子——裕妃,也被魏忠贤幽禁在别宫,绝其饮食。这位可怜的裕妃,在饥渴交加之下,只得用嘴去接屋檐上滴下来的雨水,最后被活活饿死。还有一位叫冯贵妃的,最得天启宠爱,魏忠贤竟然趁天启帝出宫郊祀,令人把她活活打死,宫中也无人敢出声。不过,有一位李成妃,却竟然凭自己的聪明逃过了魔掌。这位李成妃,为受冤失宠的范慧妃鸣不平,魏忠贤、客氏知道之后，也把李成妃软禁在别宫。不过，李成妃预先在别宫的檐瓦之间放置了食物，得以充饥。魏忠贤把她关在别宫中半个月，见她竟然没被饿死，便放她一马，斥为宫人。天启帝的皇后张氏，也因多次在皇帝面前说魏忠贤的坏话，遭了魏忠贤的暗算而流产，从此不育。

这些后宫中的是是非非，或许对信王由检触动不大。但有一件事对他肯定会有切肤之痛，那就是长期抚养他的养母李选侍（东李庄妃）的死。

李选侍是忧郁而死的。

养母的为人，无论宫中宫外，都是赞不绝口的。对信王由检，也是事事周到，倾注了全部的心血和母爱。就是这样可敬可爱的一位长者，却忧郁而死，由检不能不受到深深的震动。他凭着自己的聪颖和敏感的直觉，逐渐明白了养母的死因。原来，养母为人正直，恪守规矩，不愿与客氏、魏忠贤之流同流合污，于是招来忌恨，被百般刁难，受尽委屈。而养母又不愿申辩，即使申辩也是无门，过得很不顺心，最终积郁成疾，撒手归天。

养母的死，对信王由检的打击是相当大的。他逐渐感觉到了人世间万事的复杂和不公，并开始对周围的人和事持怀疑的态度。魏忠贤和客氏一手遮天，也引起了他的警觉。他开始隐瞒自己的真实想法，学会了自我保护。

信王更多地把时间用在读书上。他自小酷爱读书，并有静坐颐养的习惯，能久坐不动，口中却念念有词。除读书之外，据说还常常溜出宫去，微服私访，接触到一些在宫中接触不到的东西。

这些,对信王的成长大概也有一些影响。

光阴似箭,转眼到了天启六年(1626)年初。按照当时的算法,信王由检已是十七岁了,到了婚嫁的年龄。而实际上,当时的信王仍只是一个十五周岁多一点的少年。不过,这已是够上生儿育女的年龄了。对于皇室来说,多生多育,是每位成员的义务和责任,因为只有宗室繁衍,人丁兴旺,朝廷才会有坚实的根基,才会坐稳江山。了解了这些,便不难理解为什么本朝宗室经过二百多年的繁衍,至明末已有六十万人之多的道理。

既然已到了婚嫁的年龄,信王由检自然就应该成婚。天启帝开始命礼部为信王选婚,寻觅适合做王妃的女子。按本朝的规矩,皇室子弟的婚配,倒不遵门当户对的古训,而是从民间选取淑女。这样做的原因,一来是因为天下虽大,但也绝对找不出能与皇室门当户对的人家,还不如从普选的淑女中挑一位。二来也是因为皇室拥有独一无二的绝对权势,很难保证本已有根有底的大户人家,在与皇室攀亲后,不利用其影响谋求私利。因此,皇室子弟婚配,一般只选那些没有什么家庭根基的平民之女。而且也只有在确定婚嫁之后,皇室才会通过朝廷,并视实际情况给予其娘家人相应的封赏,享受该享受的待遇,使得其娘家人在显赫富贵之余,也能不忘感念,饮水思源,不至于生出什么是非来。

到了五月十八日,礼部正式奏报皇上,已在顺天府共选了七十七位淑女备选。一月之后,天启帝令正式选婚。

按本朝的惯例,像这种宗亲的大婚之选,一般由皇后主持,外加两位贵妃陪同。淑女们被召进宫后,由皇后等人过目定夺。选取的标准,最重要的倒不是美丽动人,而是要身材匀称,举止端庄,再考虑生辰八字是否合宜之类的因素。选中的淑女,则由皇太后或身份类似的长者,用青纱布蒙盖其头,再在她手臂上套上金玉手镯之类的吉祥物,算是信物。而那些未被选上的,则将庚帖塞回那些人的袖中,赐些银两,劝慰一番遣还家乡。这样的经历,对落选的淑女而言,不仅无伤大雅,或许还会给日后的婚嫁挣些资本,因为她们毕竟是被召入宫过的淑女!

七十七位淑女,被一一召进宫中,由天启帝的皇后张氏及陪同的两位贵妃过目挑选。最后被选中的是大兴县生员周奎的女儿周氏。周奎原是苏州人氏,后落籍大兴。因此她的女儿或许还有些江南水乡的灵秀之气,不像一般北方女子那样粗糙。不过张皇后后来又觉得这位周氏过于弱小,大概是担心她不像能生善育之辈。当时的这位周氏,也不过是个十六虚岁的少女,自然不会像成人那般丰满。最后还是那位刘昭妃一言九鼎,说道:

"现在看起来是稍微瘦弱一点,不过过一段时间就会长得丰满健壮。"

刘昭妃是万历帝的妃子,在万历六年(1578)就与万历帝的王皇后同时册立,资格很老,而且也深受大家敬重。万历四十八年(1620)王皇后死后,这位刘昭妃便掌太后之室,住慈宁宫,说话很有分量。因此,既然她这样说了,便最后确定周氏,册封为信王妃。这位周氏后来很是争气,先后生了三个儿子,确见刘昭妃慧眼不凡。这九鼎一言,也为刘昭妃积下了人缘,后来升为皇后的周氏,待刘昭妃也很不错。

第三章 中兴之梦的破灭

接下来便开始张罗婚事。礼部奏报信王由检婚礼仪举。闰六月,钦天监选出吉日,婚事便依此而有条不紊、恪守礼制地进行起来:

天启六年(1626)十一月二十五日卯时搬移;

十二月初八日午时当冠;

十二月十六日辰时纳征发册;

十二月二十一日卯时安床;

天启七年(1627)正月二十七日卯时开面;

二月初三日卯时迎亲,信王出府成婚;

二月初五日文武百官身穿吉服赴信王府行礼;

二月初六日信王与王妃周氏行庙见礼。

至此,婚礼便初告结束。在整个婚礼过程中,信王由检像个木偶,任人摆布,没有什么发言权,直到最后才出场。这样的婚姻很难有什么幸福可言。不过信王后来与这位周氏的关系还算过得去,这真是十分难得的。

既然已经结婚,信王便不能再住在大内的勖勤宫,而应该兴建一座像样的信王府了。四月,皇兄天启皇帝下令兴建信王府第,遣工部尚书薛凤翔操办。

不过,当时的国库中实在没有多少余银可供大兴土木。辽东的边饷,像一个无底洞,总是填不满,弄得国库匮乏空虚。而就在前不久,信王的三位叔叔,即瑞王常浩、惠王常润、桂王常瀛,分别被遣至汉中、荆州、衡州的封地,破费了不少钱粮。或许是国库已空,因此三王之藩的仪物礼数,已是很将就马虎,能省即省。不过也有人说这是魏忠贤故意以为国节费的名义刻削贬低的,这多少有点冤枉。当时的国库实在拿不出什么钱来铺张浪费,而魏忠贤当然也不会拿自己的钱来为皇帝撑什么场面。

既然无钱,自然就应变通。于是内官监太监李永贞提出把惠王常润原先居住的惠王府修理装饰一番,改成信王府,一来惠王府空着也是空着,二来国库也实在没有余银来新修信王府。这一方案最终得到天启帝的首肯。经过修葺之后的惠王府,便改成了信王府,由信王搬入居住。

这种安排,对信王由检多少有点屈就。不过,此时的信王已能体谅朝廷及皇兄天启帝的难处了。为节国用而委屈自己,对信王来说也不是第一次了。就在这年的正月,信王还辞谢了皇兄赐给他的地租银两,理由是"边境多虞,军费甚匮"。不过,信王也从这些经历中逐渐懂得,即使位尊天子,也离不开那些白花花的银子。

当信王后来成为崇祯帝后,他便开始嗜财如命,拼命为自己捞钱积财,而且一毛不拔,一如他的爷爷万历帝。他的这种做法,不知与他做信王时的这些经历有无关联?

从信王到崇祯帝的转变

信王由检绝对没有要做皇帝的准备,朝廷上下也没有人想到他竟然会做了皇帝。

在不太懂事时,信王曾不知深浅地问过他的皇兄天启帝,能否也做做天启帝做的那个"官",皇兄当时也开玩笑地说这个"官"可以和他轮着做。不过这毕竟是戏言。据说信王也曾有过诸如梦见乌龙蟠绕殿柱、在宫中花园的两口井中同时打到两尾金光闪耀的金鱼之类的吉兆。但这些毕竟只是可信可不信的附会而已。懂事以后的信王,熟诵《皇明祖训》,对其中那些严禁诸王非分之想的训词,当然不会陌生。本朝为防止诸王乱政夺位,早已作了种种防范,真有点甚于防贼的味道。对这些,信王自然也懂。尽管皇兄天启帝一直没有子嗣,但皇兄才过二十,年纪轻轻,想来也不至于绝后,而要弟弟接位。因此,信王也一直是安于现状,没有什么非分之想。

不过,命运往往就是这样造化人,由不得你自己!天启帝的突然驾崩,竟然使信王由检在毫无思想准备的情形下匆匆登上了皇帝宝座。

天启七年(1627)八月中旬,宫中突然传出天启帝病重的消息。

天启帝当时只有二十四虚岁,按理不应如此。据说在天启六年(一说是天启五年)八月,天启帝祭祀方泽,在回宫途中,曾去西苑荡舟游耍,不幸落入水中。冷水浸袭,加上惊吓,从此落下病根。不过,一般人是不会知道这些事的,因为万岁爷的身体状况,尤其是生病之类的机密,只能是少数的圈内人知道。试想,被臣民口口声声颂作万寿无疆的万岁爷,突然得病,岂不尴尬?又有谁能保证天下臣民能不由此恐慌而致天下不安,甚至一小撮居心叵测的大逆不道之人乘机捣乱？因此生病之类的话是说不得的、传不得的。越是有病，越要把万寿无疆喊得响。一来算是祝福，二来也是为了掩人耳目，做些此地无银三百两的事情。

不过，臣民们还是能从一些迹象中猜测到一二。魏忠贤的从子魏良卿不久前曾代天启帝享南郊、祭太庙这一反常举动，多少证实了这种猜测。果然，到了八月十八日，天启帝的病情恶化，看来是不行了。于是魏忠贤便与群臣商议，能否用"垂帘居摄"的办法应对。阁臣施凤来认为此举不妥，便说：

"居摄远不可考，且学他不得！"

意思很明白，就是此举行不通，而且群臣也一致要求信王入宫视疾。

据说魏忠贤也为此找过天启帝的皇后张氏商量对策。按魏忠贤的设想，是令宫妃中的某一位假称有孕，而将魏良卿之子领入宫中，接替皇位，由魏忠贤摄政，就像"新莽之于孺子婴"那样。此计关键是要有皇后张氏的通力合作。然而皇后张氏与客氏、魏忠贤宿有怨恨，而且张氏为人正直，在这种大是大非问题上绝不会含糊。因此当魏忠贤派来的人刚刚把话含蓄婉转地说完，张氏便严正拒绝，而且把话说得没有任何余地。她说：

"从命亦死，不从命亦死，等死耳。不从命而死，可以见列祖列宗在天之灵！"

话说到这种份儿上，魏忠贤也就不能再做下去了。

八月二十二日，信王由检被召入宫。

在此以前，信王只能待在信王府中，心里虽然着急，但面上之事则不敢轻举妄动。按理,皇兄病重,信王作为至亲,自然应早早入宫,尝药视膳,嘘寒问暖,方显兄弟亲情!但事实上,信王绝对不敢造次,除非有皇兄明确的旨意。因为这时的信王,已深知政事的复杂、人心的险恶。如信王入视,当然可以被说成是出于兄弟亲情,但如果有人反过来讲,说信王在皇兄尚未驾崩之时,就上蹿下跳,也未尝不可。这种做法,轻则可以说成是信王沉不住气,急于接班,重则可以说成是信王早有异心,妄窥大位,只不过是此时才显出本色。不过,此时已有皇兄天启帝明确要他进宫的御旨,情形就不一样了。

信王由检进宫见到皇兄后,自然是亲情尽露,同时也有点诚惶诚恐。此时的天启帝回光返照。他侧身靠在床上,看着弟弟信王,眼光中包含着无限的哀怜、惜别之情。他对弟弟说:

"到我跟前来,你当为尧舜之君!"

此言一出,信王直吓得瞠目结舌,根本说不出话来。过了好一会儿,信王才结结巴巴地说:

"臣死罪,死罪!陛下说这样的话,臣应万死!"

信王深知皇兄话中的含义,但又不敢确定真假,谁敢保证这些话不是皇兄乘病之机对信王的考验呢?不过,此时的天启帝自知将不久于世,倒是诚心诚意地说这番话的。他对信王再三劝慰,并明确告诉信王说:

"善视中宫。魏忠贤可任!"

信王听毕,更是万般恐惧。他转而与身边的魏忠贤搭话,诚恳地称赞魏忠贤,说他侍候皇兄,劳苦功高。魏忠贤当然是语气温和地谦虚一番。随后,信王立即出宫,像逃窜一般离开了这个是非之地。

就在信王入宫之前,天启帝还撑着病体,召见阁臣和五军府、六部、都察院等部院大臣,以及科道官员,已把身后由信王接位的意思告谕诸臣,并说:

"魏忠贤、王体乾皆恪守忠贞,可计大事。"

此言大有他们办事、朕即放心之意!魏忠贤的死党、内阁首辅黄立极立即回答:

"陛下任贤勿贰,诸臣无不仰体!"

话说得很明白,意思就是陛下您放心去吧,群臣会照办的。

至此,天启帝大概已放心了。就在召见信王后没多久,即天启七年(1627)八月二十二日申时,天启帝在懋德殿驾崩了。

据说,魏忠贤至此仍未死心。他没有立即公布天启帝的死讯。但朝臣们已纷纷听到消息,在第二天天亮时都不约而同地赶到宫门,要求入宫行哭临之礼。守卫宫门的宦官却不准他们入内,说是要换丧服;百官回家换成丧服赶来,宦官却又说先帝尚未成服,百官仍不能进宫哭灵。如此来回折腾了三四回,气喘吁吁的百官在百般哀求之后,才得以进宫,行哭临之礼。

百官们进宫之后,只见魏忠贤、王体乾等少数几人守护着归天的天启帝。魏忠贤两眼红肿,侍立灵侧,不发一言。而王体乾则来回往复,忙着安排礼部官员准备治丧礼仪及器物用品。群臣礼毕退出后,突见内使十余人急出,传呼崔尚书(兵部尚书崔呈秀)。崔呈秀一人复进宫内,与魏忠贤密谈,具体内容无人知晓。

第三章 中兴之梦的破灭

有人推测，可能是魏忠贤与他重谈篡位自立之事。因为在此以前，魏忠贤曾召崔呈秀、田尔耕密谈过篡位之事，当时田尔耕诺诺连声，崔呈秀则是不肯表态，魏忠贤再三追问，崔呈秀才说："恐外有义兵。"魏忠贤于是作罢。此次密谈，是否仍是旧话重提，而崔呈秀是否仍是力阻此举，就不得而知了。

不过话又要说回来。后来有关此时的材料，都是不利于魏忠贤的。魏忠贤既是十恶不赦之徒，给他多加几条罪状也无碍大事。人们更愿意相信，像魏忠贤这样的人，在此时肯定是有过篡位之举措的，久而久之便成了定论。不过细究起来，便不难发现，这种说法也并无多少确凿的证据来支持，不乏推测臆想的成分。好在魏忠贤已死，不会争辩，当然即使不死，也不会给他这样的机会。几年前，魏忠贤在整东林党人时，也没给过东林党人争辩的机会，就干脆利落地将他们置于死地。当时朝廷上下也都认为没有什么不妥（至少没有几个人敢公开提出抗争），甚至称魏忠贤是英明果断，翦除奸党，可以与孔子诛少正卯相提并论。因此几年之后，当魏忠贤倒台，人们自然也就用相同的办法，来对付魏忠贤之流，而且更没有人会认为这不是顺应民心。说穿了，就是被打倒的一方没有发言权，奸臣迫害忠臣是如此，忠臣打击奸臣也是如此，在这一点上，似乎没有多少差别，手段也几乎完全相同。至于谁是忠臣、谁又是奸臣，时间一长当然会弄清楚，但在当时，似乎仍跳不出胜者为王败者为寇的逻辑。

平心而论，魏忠贤当时确实没有走出篡位这一关键之步。如果一切是魏忠贤说了算，而魏忠贤又是如此奸恶，那么魏忠贤篡位应当是顺理成章的事了。当然,魏忠贤没有这样做,并不是就可以说魏忠贤从来没有起过此心,也不是说魏忠贤也不一定就像原先说的那样坏,而是要强调,魏忠贤所以能作恶无忌,不仅仅是由于其自身的因素,更重要的是由于当时朝廷体制方面存在着不足,可供魏忠贤之流利用。魏忠贤尽管能把这种不足最大限度地为其所用,但他的所作所为,仍只是这种体制的产物,即在内依靠皇帝的信任,在外建立自己的亲信集团,打击异己,达到目的。他的做法,与六十年前权臣张居正的做法,本质上本无二致,只不过张居正是出于公心,而魏忠贤是循着私心。也正因为如此,一旦先前的条件不再存在时,魏忠贤便不能再继续作恶。崇祯帝即位后几个月,魏忠贤便乖乖地去了他该去的地方,而不是像当时不少人所设想的那样要如何如何。原因只有一个,魏忠贤只是依靠了皇权这一至高无上的权威。一旦失去,便无所作为。至于魏忠贤是否想过让自己成为这个权威,后人不得而知,但后来的事实证明,魏忠贤并没有敢走出这一步,原因大概也不是他胆子小,而是体制的制约。

既然魏忠贤不敢或不想自己取而代之,那么他就得让合法的继承人信王由检即位。

八月二十三日,魏忠贤宣布了皇后懿旨,将天启帝的死讯布告天下。内阁大学士施凤来、黄立极,英国公张惟贤等纷纷具笺往信王府劝进。原在信王府做过事的太监徐文元,则向魏忠贤自请去信王府迎接信王入宫。这时的信王,大概是悲喜忧惧齐上心头。皇兄英年早逝,作为兄弟至亲的信王,自然是悲痛;皇兄之

第三章 中兴之梦的破灭

死,竟把他推向了皇帝的宝座,心中自有欣喜之感;魏忠贤当时是势倾朝野,内宫外廷,都由他控制,能否顺利即位,信王也是心中无数,难免忧心;再想到魏忠贤的为人处世,信王又担心此番进宫,魏忠贤会乘机加害自己,则万般恐惧,一起涌来。此番心境,真是一般人难以体会的!

从信王当时的举措,不难看出他心中的恐惧。

他在入宫前,就预先准备好一些炒熟的米麦之类的干粮,带入宫中。进宫之后,他就在乾清宫西向而坐,绝不轻易开口。宦官、朝臣们不时地在为一些琐事争吵,如天启帝的灵柩应放在哪里,皇后是否应该移宫等等,信王也只是在旁冷眼观看,不发表任何意见,一切任其自然。当时朝臣们的举止言行,尽入信王眼中,却没有人能捉摸透信王的心思。信王既不喝宫中一口水,也不吃宫中一粒米。到了晚上,信王独自在乾清宫秉烛而坐,不敢合眼片刻。他见一太监持剑而过,便佯装好奇的样子,要留下剑来细看,随后就顺手把它放在身前的桌上,并答应日后付钱给那位小太监。当听到宫中巡逻之声,信王随即起身慰劳巡夜太监,连道辛苦,甚至还要左右侍从通知光禄寺赐予酒食,一时宫内欢声雷动。

这就是即位前的信王!

当时朝廷上下对信王的继位意见已经一致,遗诏也已公布。遗诏称:

"皇五弟信王朱由检聪明夙著,仁孝性成。爰奉祖训兄终弟及之文,命诏伦序,即皇帝位。勉修令德,亲贤纳规,讲学勤政,宽恤民生，严修边备，勿过毁伤。内外文武诸臣，协心辅佐，恪守典则，保皇固本。"

八月二十三日，公、侯、伯、驸马、文武百官及军民耆老等呈劝进表文。

依例，劝进表文要先后进呈三次。前两次总是要被退回，直到第三次新皇帝才会"勉强"同意。饱览诗书的信王，对这套繁文缛节，自然熟知，绝不会出错。

第一次劝进表文呈上后，信王不受。他是这样回答的：

"览所进笺，具见卿等忧国至意，顾予哀痛方切，继统之事，岂忍遽闻，所请不允。"

话说得很明白，意思是你们的为国之心我很明白，但现在皇兄新逝，我悲痛还来不及，哪里还有什么心思来听你们谈那些继统接位的事。大臣们当然也知道这是信王按照常例做出的客套，于是便再次呈上劝进表文，内容依旧，不过是多了几句劝信王要以国为重、节哀即位之类的话。信王览后，便又答道：

"卿等为祖宗至意，言益谆切，披览之余，愈增哀痛，岂忍遂即大位！所请不允。"

这次话说得白了一点。信王尽管在"披览之余，愈增哀痛"，但已从"岂忍遽闻"改成了"岂忍遂即大位"，即从原先的听都不想听，到了现在的不想立即即位，事情已大有转机！群臣们便一鼓作气，三呈劝进表文，痛陈利害关系，动之以情，晓之以理。信王果然被感动了，于是他明确表示：

"卿等合词陈请，至再而三，已悉忠恳。天位至重，诚难久虚。

第三章　中兴之梦的破灭

遗命在躬,不敢固逊,勉以所请。"

一天之中,信王对继位的态度,从不想听到群臣提起,到终于同意立即登基,变化不可谓不大。大家都知道这是在演戏,却越演越真。这当然不能怪信王,也不能归咎于群臣,因为这是列祖列宗传下来的规矩,每位新天子即位时都要上演一番,尽管还从来没有一位新天子真把此事当真,而不做皇帝的。

本朝以礼仪立国,道德治世。假如道德礼仪真能化解功利,抑制私欲,理顺人心,则也不失为一种治国救世之道。否则,就必然要走向反面,成为功利的外衣,私欲的借口,甚至是人心动乱的根源。这种遮羞布式的假道德、假礼仪,讲还不如不讲!崇祯即位时的道德,大概就是属于后者。但可悲的是,人人都不敢不讲,包括贵为天子的崇祯帝!

既然信王已经勉为其难,同意即位,礼部便把早已准备好的礼仪程式呈进。

八月二十四日清早,朱由检身穿孝服,在大行皇帝灵前那放满祭品的几案前,亲自祭奠受命。接着,朱由检改穿衮冕,在皇极殿前设香案,备酒果,行告天礼。然后便前往奉先殿谒告祖宗,再在皇祖宣懿昭妃(刘昭妃)前行五拜三叩之礼,在皇后(即皇嫂张氏)前行四拜之礼,最后回到中极殿。另外,他还遣宁国公魏良卿、保定侯梁世勋分别祭告南郊、北郊,驸马侯拱辰祭告太庙,宁晋伯刘天锡祭告社稷。

据说信王在午时来到皇极殿行登基大礼时,突然天雷轰鸣,令在场朝见的群臣大惊失色,以为是不祥之兆。朱由检自然也不高兴。不过,即位仪式仍照常进行。君臣俗套之后,新天子拿出早已准备好的《即位诏》,照本宣读。

《即位诏》自然还是那老一套:先颂列祖列宗、皇明基业;再赞大行皇帝,天启帝几乎被吹得就像是当今尧舜;尔后是叙述登基经过,公布新朝"崇祯"年号;最后,《即位诏》以新天子的口吻,说出了新朝的治国方针:

> 朕以冲龄统承鸿业。祖功宗德,惟祗服于典章;吏治民艰,将求宜于变通。毗尔中外文武之贤,赞予股肱耳目之用,光昭旧绪,愈茂新猷。

不过,这个《即位诏》并不是崇祯帝的意思,而是内阁大学士们的杰作。此时的内阁,仍由魏忠贤的人控制,因此在诏书的字里行间,自然也充溢着这位旧朝权贵的旨意。在某种程度上而言,这份诏书也是魏忠贤及其党羽给新朝新天子今后的大政方针所做出的一个基本规定,大有既定方针的味道。然而,胸怀中兴大志的新天子对此能甘心顺从吗?他还能像他的皇兄天启帝那样容忍魏忠贤之流继续权倾朝野、一手遮天吗?

从新天子不动声色的言行举止中,群臣们暂时还找不到答案。以魏忠贤为首的那些旧朝的既得利益者,此时仍心存一丝侥幸;而他们的对手,却已开始看到了朦胧的希望;更多的人则是在观望。

对这位新天子,天下臣民都在拭目以待!此时新天子本人的心中到底在盘算着什么呢？那只有他自己知道！

清算阉党

崇祯即位之后，一改前几朝皇帝荒怠不勤的做法，事必躬亲，认认真真地做起了天子。

即位前的那种喧嚣忙乱已经过去了，宫中又趋平静。魏忠贤仍然做着他的东厂提督。崇祯帝仍像其皇兄一样，厚待着他本人及其党羽。该赏的照样赏，该荫官也照样荫。皇兄原准备赐给魏忠贤的匾额，崇祯帝也照赏不误。所有这些，再联想起不久前魏忠贤的从子宁国公魏良卿曾在新帝即位前受遣代天子祭告南郊的荣耀，臣民们似乎看不出新天子和权阉魏忠贤之间有什么不和的迹象。

人们不免也有些怀疑，他们两人之间果真能如此融洽吗？新天子对待魏忠贤，果真一如其兄吗？即使如此，他们两人也不致在一开始就能如此天衣无缝，不透丝毫隙光吧。新鞍配老马，尚且需要磨合期，何况是两个活生生的人呢？

魏忠贤也感到不对劲！自然想找机会试探一下。天启七年(1627)九月初一日，已沉不住气的魏忠贤便先施一招，以作试探。他给崇祯上书，乞求辞去东厂提督之职，交还印信等等。魏忠贤先出此招，也是有原因的。几天前，崇祯帝见魏忠贤、王体乾侍立在侧，便随口问起魏忠贤立枷毙人之事，大概是崇祯帝想起了魏忠贤以往用事，动辄以立枷示威，前后被毙杀者以千计之类的往事。崇祯帝此语一出，王体乾立即解释道：

"立枷之法，只是对那些大奸大恶、王法不能治服的人才用！"

崇祯帝听后，默不出声，好久才森然说道：

"话虽然是这样说，但仍觉得此举过于残惨，非国家盛事。"

崇祯帝此番言语，虽没有直接批评魏忠贤等人，但其不悦之情也十分明显。于是，魏忠贤不久便提出了辞呈，以试探虚实。

大出魏忠贤意料的是，崇祯帝不但没有批准，反而还好言相劝，极力慰言了一番，让魏忠贤安心任职。魏忠贤这一招如同打在棉花上，没发出力来。

不过，稍后的一件事却让魏忠贤更不安心起来了，即崇祯帝命奉圣夫人客氏搬出皇宫。这位客氏是天启朝宫中一位十分了不得的人物，魏忠贤能有后来这种局面，客氏功不可没。据说客氏在临出宫前，起了一个大早，素衣哀服，到天启帝的梓宫前拜别。她拿出一个用黄龙袱包裹的小盒，内装天启帝的胎发、痘痂，以及累年剃发、落齿、指甲等等，在灵前焚化，放声大哭。

对客氏的出宫，魏忠贤自然不太愿意。倒不是魏忠贤还想依仗于她，事实上此时的客氏也已失去了原有的价值，而是魏忠贤从中嗅出了崇祯帝对自己的态度，所谓一叶落而知秋。不过话又说回来，崇祯帝令客氏出宫，也不算过分。严格来说，以客氏的身份，她早就不能留在宫中，先前只不过是由于天启帝的眷宠，她才得以破例长期留住宫中，享受特遇。现在既然已是崇祯帝当朝，让她出宫也未尝不可。更何况她在京师的住宅，也不比那些王宫豪宅逊色。出宫以后仍是富贵荣华。

崇祯帝的这一招,说起来也真是阴毒。在场面上,客氏出宫,合情合理,似乎也与魏忠贤没有多大关系。而实际上,人人都知客魏两人关系非常,动客氏就是碰魏忠贤,是让魏忠贤觉得难受,却又不好说出来。

魏忠贤也自然明白其中的关系。他必须继续出招,试探崇祯帝。

九月初三日,魏忠贤上书乞请免去户部丧礼香蜡银三万两,崇祯帝立即同意,下旨执行。

九月初四日,司礼监太监王体乾也向崇祯帝提出辞呈,却遭崇祯帝拒绝。崇祯帝对王体乾进行一番劝慰,并令他安心留职。

崇祯帝的应对仍然是如此不温不火。他有条不紊地做他该做的事。他追谥生母刘氏为孝纯皇后,以示尊亲之意。他册立信王妃周氏为皇后。他还追尊皇父的选侍李氏(即前述的东李)为庄妃,以报答她对自己的养育之恩。不过,此时的崇祯帝,虽仍不动声色,但似乎也在寻找机会,敲山震虎。

依崇祯帝当时的处境,他大概不会先去主动出击。皇兄生前的谆谆嘱托使他多少有些顾忌:皇兄尸骨未寒,而生前重臣就遭贬逐甚至杀戮,情理上说不过去,别人也难免会有忘恩负义之类的看法,以至于留下口实。而且,崇祯帝当时孤身一人入主宫中,不仅周围全是魏氏党羽,就连朝廷上下也多是由魏忠贤把持,在这种情况下,崇祯帝连自保都成问题,哪敢贸然出击?他刚入宫时的那种恐惧之感,至此仍未彻底消除。他于不声不响之中,暗暗地把信王府中的太监调到身边，并任命旧侍徐应元入司礼监，委以重任。其防范之心，丝毫不敢放松。在这种情形之下，他敢轻易动手吗？

崇祯帝深知魏忠贤过去的所作所为，也明白魏忠贤一日不除，他就无法大权独揽，更谈不上什么中兴。既然魏忠贤必须除掉，而自己却又不能轻易出击，那么就只能等待机会！崇祯帝自然清楚，新天子即位之后，总会有人跳出来，或是想翻案，或是想投机，而把矛头指向魏忠贤及其党羽。

果然，不久便有人跳了出来。

国子监司业朱三俊，上疏弹劾监生陆万龄、曹代请祠魏忠贤国学罪。在几个月前，监生陆万龄上书天启帝，说魏忠贤的功劳已可以与孔子相提并论，要把魏忠贤移入国子监与孔子并祠。天启帝也同意了。不过因当时有人提出，假如某一天皇帝驾幸国子监，例应拜祭孔子，而魏忠贤的像就在孔子边上，拜孔子也就是拜魏忠贤，似乎不太方便。所以这个提议就没有实行。此时，朱三俊便以此事弹劾陆万龄等人。崇祯帝随即下令把陆、曹两人下了狱。先前还有一位叫李暎日的监生，也上过一疏，把魏忠贤比作是周公。崇祯帝正好翻到了这份奏疏，也随即下令把那位李监生逮问。

崇祯帝的这些做法，是否算是敲山震虎，就不得而知了。不过魏忠贤却坐不住了。

九月二十五日，魏忠贤上疏奏请停止全国各地为他建造生祠。崇祯帝的答复是优礼有加，他说：

"先前已经赐额同意兴建的那些生祠,继续照常修建。其他的就停下来吧。"

崇祯帝还进一步解释说:

"建祠祝釐,自是舆论之功,厂臣有功不居,更见劳谦之美,准辞免,以成雅志。"

意思很明白,是说天下为魏忠贤建生祠,是出于公心,而魏忠贤居然有功不居,要求停建,真是难得!因此让后面的那些生祠停下来,是为了成全魏忠贤的劳谦之美,而并不是为了其他。

几天之后,糊里糊涂的江西巡抚杨邦宪、巡按御史刘述祖,分别上奏崇祯帝,称魏忠贤功德巍巍,请求在江西为他建生祠。他们为建生祠,也在南昌做了些准备,顺手拆掉了三贤祠之类的古迹。据说崇祯帝拿着奏章,边看边笑,最后写下"已有旨了"几个字,算是答复。魏忠贤非常紧张,奏请将这笔造祠钱粮解充辽饷,崇祯帝答应了。那两位江西的官员,真有点不识时务,出错了风头,到这种时候仍做这种蠢事。魏忠贤倒台后,这两位官员很是尴尬,吃了大亏。

到了十月初,崇祯帝还先后几次给魏忠贤、王体乾及其党羽叙功加荫。宁国公魏良卿、安平伯魏鹏的免死铁券做成后,崇祯帝仍命赐给。这些做法,多少打消了魏忠贤等人的疑虑,迷惑了他们。不过魏忠贤等人做梦也没想到,率先攻击弹劾他们的,却是自己阵营中的人。

率先上疏攻击魏忠贤党羽的是新任南京通政使的杨所修。这位杨所修,本是魏忠贤的党羽,因不满自己被外放南京这个清闲之地，加上也预计到魏忠贤集团不会长久，所以反戈一击，突然发难，弹劾"崔呈秀夺情，周应秋贪墨"。崔呈秀当时任兵部尚书兼左都御史，周应秋任吏部尚书，都是魏忠贤集团中身居要职的骨干。杨所修的突然发难，令崔、周措手不及：崔呈秀立即出面应付。崇祯帝大概认为时机未到，便仍不动声色。他说：

"群臣流品，经先帝分别澄汰已精。朕初御极，嘉与士大夫臻平康之理，不许揣摩风影，致生枝蔓。"

意思是群臣都是皇兄澄汰过的，不致有错。不要捕风捉影，无事生非！

话虽是这么说，不过既然已有人出头，自然就会有人跟上来，无人能挡住！

继杨所修之后，另一位原跟魏忠贤不错的云南道御史杨维垣，也突然上疏，公开弹劾崔呈秀，话说得也很难听，而且涉及了厂臣。崔呈秀依例上疏辩白，并请求回家守制，崇祯帝没有批准。杨维垣再次上书，揭发崔呈秀的罪行。工部都水司主事陆澄源也参崔呈秀"夺情为安，忍于无亲"。御史贾继春更是骂崔呈秀道：

"说事卖官，娶娼宣淫，但知有官，不知有母，三纲废弛，人禽不辨。"

话说到这种份儿上，崔呈秀再也无颜面在官位上待下去了。他三次上疏乞归守制，崇祯帝终于同意他回家丁忧。

身为兵部尚书的崔呈秀，几年来一直是魏忠贤在外廷最得力的同盟者。他的离职使魏忠贤仿佛被斩断了一条膀子。不仅如此，崔呈秀的下台，也给了朝廷许多官员一种信号，即魏忠贤失势的日子已不远了。

许多官员闻风而动,攻击的矛头也开始指向魏忠贤。到了十月二十五日,有一位叫钱元悫的主事上了一份措辞激烈的奏疏,公开弹劾魏忠贤,把魏忠贤与历史上的王莽、梁冀、王衍、董卓、赵高、武则天等人物的罪行一一做了对比。这位钱主事还为魏忠贤及其党羽魏良卿等人安排了归宿,要求崇祯帝或贬或诛,尽快处理。崇祯帝阅过奏章后,仅批了一句话:"钱元悫小臣,如何又来多言,姑不究。"这种态度无疑是鼓励。

到了十月二十六日,有一位名叫钱嘉征的嘉兴贡生上疏,公开揭露魏忠贤的"十大罪状",语言更为犀利尖锐,事实更为详尽。"十大罪状"依次是"并帝、蔑后、弄兵、无君、克剥、无圣、滥爵、滥冒武功、建生祠、通关节"。钱嘉征最后称魏忠贤的"种种叛逆,罄竹难书,万剐不尽"!

自杨涟首劾魏忠贤"二十四大罪"惨遭毒手之后,还没有人敢如此公开尖锐地弹劾过魏忠贤。按理,钱嘉征只是一位贡生,本无资格给皇帝直接写奏章,所以这位钱贡生在开始时是把奏章送到通政司,按例通政司应负责封进转呈。可能是担心这份奏章会惹麻烦,通政使吕图南便以奏章的格式称谓有毛病为借口,要求钱贡生重新誊写,实际上就是不想封进。血气方刚的钱贡生一不做、二不休,干脆又弹劾吕图南是"党奸阻抑",吕图南自然不服,上疏争辩,把事情闹到了崇祯帝那里。崇祯帝便乘机下令把钱贡生的奏疏呈了上来。

崇祯帝在那份奏疏上的批语写得很温和,只是说,魏忠贤之事，朕自有独断。钱嘉征区区一位贡生，不懂规矩，姑且饶过这一回。一位贡生，竟敢这样弹劾一人之下、万人之上的魏忠贤，而天子竟以不懂规矩为理由，不予追究，这种做法，明眼人自然不难从中揣摩出崇祯帝的倾向。魏忠贤更是意识到事态的严重。

魏忠贤跑到崇祯帝面前，连呼冤枉，痛哭流涕。虽说男儿有泪不轻弹，但魏忠贤可能已算不上男儿，而且痛哭流涕也是其家常便饭。想当初，杨涟上疏弹劾魏忠贤，魏忠贤就是用痛哭流涕来取得天启帝的支持，从而反败为胜的。不过这一次在崇祯帝面前，他却失算了。崇祯帝似乎不怕他的眼泪，反而让手下当场诵读那位钱贡生的奏疏，而且还要魏忠贤亲耳聆听。魏忠贤当时的心情如何，就不难想象了。

魏忠贤立即上疏，以患病为由要求辞职。病真是一件好东西。说有就有，要无即无。明明有病，却可以说没病，甚至十分健康；而本来无病，也可以立即称病。其目的都一样，就是为了掩人耳目，利于进退。魏忠贤本想以病为托词，躲过风头，以退为进。没想到崇祯帝将计就计，竟成全了他，收回了司礼监和东厂印信，令他到白虎殿守灵。随后，魏忠贤像赌气似的，疏辞公、侯、伯三爵以及诰券田宅，崇祯帝也得理不饶人，竟一一同意。对其党羽之类似要求，崇祯帝也是一一依此照办，并乘机调整人事安排。

魏忠贤这次彻底失算了。他或许是想以退为进，寻机再起；或许是想远离荣华富贵，以哀兵之形求得同情，侥幸过关；或许是过高估计了自身的影响，没有预计到自己会有这么多的敌人。无论如何，他绝对是走错了棋。他大概忘了官场上的原则，即只有锦上添花,绝无雪中送炭。既然魏忠贤已是将倒之墙、落水之狗,那么就绝无不推、不打的道理。

其实,这也不能全怪别人!因为别人也有自己的道理。像东林党人,以前吃尽了苦头,到了这种时候,哪有不跳出来的道理。而当初为了利益而追随魏忠贤的那些人,一见魏忠贤已指望不上了,自然要另寻活路,反戈一击也在所难免。更有不少人则希望在这大是大非的关键时刻,奋起一击,立功树名,挣下点出人头地的资本。这样一来,除了那些与魏忠贤牢牢捆在一起的骨干分子以外,还有谁会不倒魏忠贤呢?当然,也有个别官员例外,如前述的那两位江西官员,到了这种时候,还要奏请在南昌为魏忠贤建生祠,如果不是因为江西闭塞、京师信息不通的话,那么这两位官员真是糊涂到了极点。像这种糊涂虫,也活该倒霉!

魏忠贤的大错就是过早地卸职。如果他能顶住当时的压力,保住其阵营的完整,压住阵脚,不这么急促地卸职,那么,朝廷上下也不至于一下子有这么多人敢跳出来攻击他,他也不至于败得这么快。魏忠贤在短短的两个多月中,败得如此迅速、彻底,总让人在拍手称快之余,不免有这样的疑问:天启朝时的魏忠贤,是否真的像人们常说的那样,拥有如此大的权力?这其中是否存在有意或无意的夸大?这种夸大是为了加重魏忠贤的罪行,还是减轻天启帝的过失?

魏忠贤既然失势,那么天下倒魏的奏章自然就像雪片一样飞进宫中,到达崇祯帝的手中。或许崇祯帝要的也正是这种效果!这位少年老成的崇祯帝明白,只要大局一定,舆论便会迅速取得惊人的一致。这也是本朝政治的特点。几年前诛杀东林党人时，天下也是口诛笔伐，几乎人人喊杀；与此同时，对魏忠贤则是歌功颂德，无以复加。当然，以天下之大，总有那么一小撮人不合潮流，要唱反调。不过这也没多大关系，因为这些人已绝无机会发表他们的谬论，而且迟早要被顺手打倒。

既然魏忠贤的罪行已经被揭发到了这种程度，那么清算的时机就已经成熟。在十月底，崔呈秀已先被交吏部勘处。到十一月初一日，崇祯帝便公开告谕魏忠贤的罪行。他说：

"朕闻去恶务尽，驭世之大权；人臣无将，有位之炯戒。我国家明悬三尺，严惩大憝，典至重也。朕览诸臣屡列逆恶魏忠贤罪状，俱已洞悉。窃思先帝以左右微劳，稍假恩宠，忠贤不报国酬遇，专逞私植党，盗弄国柄，擅作威福，难以枚举，略数其概……"

接着便是魏忠贤的具体罪行。最后，魏忠贤被发配到凤阳祖陵司香，客氏被送到浣衣局监管，两人家产全被籍没入官。

至此，魏忠贤、崔呈秀、客氏等人已被打垮。不过这样的处理绝对不是最终的结果。弹劾他们的奏章仍是络绎不绝，纷纷要求进一步严惩。这也不难理解。一来是魏忠贤已成落水狗，不打也说不过去。二来魏忠贤虽然已成了落水狗，但大家仍心有余悸，担心突然有一天他会爬上岸，再来咬人，所以要痛下杀手，除恶务尽。就连崇祯帝也有点类似的担心。

魏忠贤当时的做法，也确实授人以话柄。据说他离开北京时，用四十辆大车载着珠宝，并有战马千匹、壮士八百随行，依旧是威风八面，那情形，不像是被贬发配，倒像是赴凤阳做什么大官。这还了得！群臣纷纷攻之，崇祯帝大为震怒，下决心彻底铲除。十一月初四日，他告谕兵部道：

"朕御极以来，深思治理，而有逆恶魏忠贤，擅切国柄，蠹盗内帑，诬陷忠直，草菅人命，狠如虎狼。本当肆市以雪众冤，姑从轻降发凤阳。不思自惩，将素畜亡命之徒，身带凶刃，不胜其数，环拥随护，势若叛然。"

崇祯帝下令锦衣卫派员对魏忠贤严加押送，赴凤阳交割，而对跟随的余党，立即擒拿。

魏忠贤的死党李永贞得知崇祯帝的谕旨后，连夜派心腹李朝钦飞骑追赶魏忠贤密报。李朝钦在一个名叫新店的地方赶上了魏忠贤一行。此日晚上，他们一行人到达阜城（今河北阜城，当时属京畿）投宿。魏忠贤住在尤克简家。他与李朝钦两人举杯痛饮。据说两人酒至酣处，忽听窗外有人唱起一首小曲《挂枝儿》。曲云：

听初更，鼓正敲，心儿懊恼。想当初，开夜宴，何等奢豪。进羊羔，斟美酒，笙歌聒噪。如今寂寞荒店里，只好醉村醪。又怕酒淡愁浓也，怎把愁肠扫？

二更时，辗转愁，梦儿难就。想当初，睡牙床，锦绣衾裯。如今芦为帷，土为炕，寒风入牖。壁穿寒月冷，檐浅夜萤愁。可怜满枕凄凉也，重起绕房走。

夜将中，鼓冬冬，更锣三下。梦才成，还惊觉，无限嗟呀。想当初，势倾朝，谁人不敬？九卿称晚辈，宰相谒私衙。如今势去时衰也,零落如飘草。

城楼上,鼓四敲,星移斗转。思量起,当日里,蟒玉朝天。如今别龙楼,辞凤阁,凄凄孤馆。鸡声茅店月,月影草桥烟。真个目断长途也,一望一回远。

闹嚷嚷,人催起,五更天气。正寒冬,风凛冽,霜拂征衣。更何人,效殷勤,寒温彼此。随行的是寒月影,吆喝的是马声嘶。似这般荒凉也,真个不如死!

据说这是京师一位姓白的书生所作。当时魏忠贤、李朝钦在房中喝酒时,这位白书生在外厢房彻夜吟唱,听得魏忠贤是无限感慨,万念俱灰。现在看来,这首小曲似乎更像是在魏忠贤死后而作的。不过,这首小曲确实唱出了魏忠贤临死的心境:"似这般荒凉也,真个不如死!"

魏忠贤选择了死!这天凌晨,魏忠贤在寓所上吊自杀,他的死党李朝钦也追随而去。十七年后,崇祯帝在煤山也以同样的方式走上了绝路,身边也只剩王承恩一人追随而去。这真有惊人的相似之处。不同的是,后人在崇祯帝自杀的煤山,还立了一块写有"思宗殉国处"字样的石碑,供人凭吊;而在魏忠贤上吊自杀之处,恐怕就不会有类似的东西。阜城人或许至今仍在耿耿于怀,嫌魏忠贤玷污了他们的宝地。假如说历史有什么公正的话,这大概就是公正的一部分。

魏忠贤死时,身边虽不乏李朝钦这样的人物随他而去,但更多的人却不是这样,可谓是应了那句古语:树倒猢狲散。当时押送魏忠贤的两位太监刘应选、郑康升,原都是魏的部下,关系都不错。据说刘应选早上起来,看到魏忠贤已死,便把魏氏随身所带珠宝席卷一空,还假装着说:"魏忠贤跑了,我去追!"便带着心腹几人扬长南去。郑康升倒还算上路子,立即报官,申文上司,等候发落。

魏忠贤一死,其党羽人人自危。崇祯帝借此机会,在群臣人人喊打声中,对其党羽进行大规模清算。

十一月初九日,崇祯帝下旨,命削崔呈秀籍,"追夺告身"。当时已归蓟州的崔呈秀,已知魏忠贤自尽之事,明白大势已去。据说他当时把姬妾招呼到身边,把珍宝都放在眼前,呼酒痛饮,然后也上吊自杀。他最宠爱的小妾萧灵犀也伏剑自杀。

十一月十七日,崇祯帝下令在浣衣局掠死客氏,逮捕其子侯国兴。

到了崇祯元年(1628)正月,崇祯帝又下令对这三位罪魁祸首进一步加重处罚,不过三位罪犯本人已死,因此只能由他们的尸体来承担这种严厉的处罚。好在当时正处冬天,尸体尚不致腐烂。结果是魏忠贤之尸被寸磔,即所谓"凌迟"(民间俗称"杀千刀"),斩崔呈秀的尸体于蓟州,又斩客氏之尸,并把客氏之尸发净乐堂焚化。这些做法,后人或许体会不到其中的严厉,不过在当时确实已是赶尽杀绝的了。

受到严厉惩罚的还有魏良卿、侯国兴。魏良卿、侯国兴被立即处斩弃市。其家属也受株连,不分老幼,满门抄斩。据说当时被押赴刑场时,有的孩子还熟睡在母亲的怀抱之中,不知祸之将至。当时的人认为这是魏、客惨毒的报应，感到人心大快。现在看来，这未免有些太过。不过话又说回来，古人这样做大概也有古人的道理。试想：如果一人得势时可以为所欲为，恶事做绝，好处占尽，东窗事发后却只要一人承担，本人一死了之，全家富贵依旧，甚至是痛苦一时，痛快一生，那么敢以身试法、心存侥幸的人大概仍会不少。所以古人便定下了这样严厉的株连之法，以示警诫，也让人有后顾之忧。

清算的范围越来越大。在魏忠贤时代春风得意的那班人所共知的骨干，纷纷落马。内阁首辅黄立极在这年年底被罢免。部院大臣中先后被罢的有周应秋、张续我、孟绍虞、田吉、阎鸣泰、刘绍、苏茂相、杨梦衮、孙杰、孙贞、薛凤翔、刘廷元、吴淳夫、李夔龙等。锦衣卫等一些重要部门也被大换血，田尔耕、孙云鹏、张凌云、陈大同、梁梦寰、白太始、魏抚民、李永贞、李实、涂文辅、王国泰、崔应元、王莅民、魏持衡等等，也先后被罢。其余如巡抚单明翊、朱童蒙，提督刘志选等也先后被革职。其中田尔耕、许显纯先被"论死"，后被处死抄家。李永贞也被斩。崔应元、孙云鹤、杨寰等被充军戍边。客光先、客瑶、杨占奇被判"永戍"等等。随着清算的加剧，其中有些人所受的惩罚又进一步升级。

在大批罢免魏氏党羽的同时，崇祯帝还做了一些其他的事。如他下令召回诸边镇的镇守中官，使宦官不能再拥有兵权。不久，他又下令宦官非奉命不得出宫门，让宦官失去交接外廷的机会。即位之初的崇祯帝，对宦官深具戒心，所以有如此禁令。不过到了后来，这位痛恨宦官的皇帝，竟然又重新倚靠宦官，看来宦官之祸,确实是有体制方面的原因。崇祯帝还下令免去那些在天启朝被逮捕处死官员的"赃款",释放他们的家属,为后面的抚恤埋下伏笔。

还有一件事也值得一提,那就是选拔阁臣。

天启七年(1627)的十二月,崇祯帝为了选拔内阁大学士,竟然用了抽签的办法。他先是把九卿科道诸官员召入乾清宫,并把候选人的名单做成签条放入金瓯,然后焚香肃拜,依次从金瓯中拿出签条,被抽到的就算是入阁。依此法第一批被抽到的依次是钱龙锡、李标、杨景辰、来宗道。后来大家觉得入选者太少,崇祯帝便又从瓶中抽出两签,周道登、刘鸿训两人被抽中。这六人便被任命为礼部尚书兼东阁大学士,参预机务。

选拔内阁大学士这样的最高级官员,崇祯帝竟然要用抽签的办法来决定!这不仅反映了这位年轻皇帝对朝廷大臣结党营私的做法深怀戒心,也反映了他为政方面的特色。这种特色,随着时间的推移,会越来越明显。

不久,崇祯帝迎来了用自己的年号命名的时代,即崇祯元年。这位年轻的皇帝,将在这新的一年中,如何来中兴他那步履艰难的帝国呢?

好一个倪元璐

大明帝国步入崇祯时代,面临着许多严重的困难,真可说是到了百废待兴的关键时候。这里仍先说中央朝廷政治，其他如外敌、内乱等，留在后面再论。

魏忠贤等人虽在肉体上被彻底消灭，他的骨干党羽们也被纷纷削职惩处，但魏忠贤的阴影仍笼罩在朝廷之上。朝廷对魏氏集团的清算，到底要做到什么地步，仍是亟待解决的大问题。

原先与魏忠贤有些瓜葛的人，此时仍有不少位居要职。他们此时的目的很明确，就是让魏忠贤一案到此为止，不要再深挖下去了，表面上说是稳定人心，实际上还是怕牵连自己。为了达到这一目的，他们一方面大造舆论，另一方面也竭力阻止东林党人的复出。他们深知，只要东林党人复出，朝廷局面就会立即改观。因为东林党人吃魏忠贤的亏太大了，复出后肯定还要继续深究，而且肯定要牵连到与魏忠贤有瓜葛的朝中大臣。

那位首先跳出来弹劾崔呈秀的云南道御史杨维垣，此时就力主魏案到此结束，同时竭力阻止东林党人复出。用他的话来说，就是东林党人与魏忠贤、崔呈秀等人也差不多，都是"邪党"。不能因为魏忠贤主持局面、迫害过东林党人，就能证明东林党人不是奸党。东林党这个前朝钦定的案子不能翻！

对魏忠贤之流，此时大概已没人会笨到去帮他们讲话的地步。事情明摆着，谁讲谁沾腥，魏逆爪牙之类的帽子正愁没人去戴！但对东林党人，情形就不同了。被迫害致死的骨干分子前后也只有十几位，而大批被打击的东林党人虽都被削职，但人还在，心也未死。虽然此时他们还没有重大的发言权，但他们的许多同情者自然会为他们出头说话。

第三章 中兴之梦的破灭

崇祯元年(1628),终于有一位叫倪元璐的京官出头为东林党人说话了。

倪元璐,浙江上虞人,天启二年(1622)壬戌科进士,被授翰林院庶吉士。崇祯即位后,升为编修。这位倪编修看不惯杨维垣的这种做法,便给崇祯帝上了一疏,为东林党辩护。他说:

"今世界已清,而方隅未化;邪氛已息,而正气未伸。"

这两句话掷地有声,画龙点睛。然后笔锋一转,指出东林党人与魏忠贤、崔呈秀的本质区别:

现在攻击崔、魏者,都把他们与东林并称为邪党。如果称东林为邪党,那么魏、崔之流又算什么?魏、崔既是邪党,那么抗击魏、崔的东林岂能算作是邪党?东林是天下才薮,错在过于刻薄,但绝不是狂狷邪党。

倪元璐接下来的话,对有些人就不那么中听了。

他说,读书人处世立身,宁可矫激,也不能忘廉耻。如果以"假借""矫激"为大错,那么就会有人公然背叛名义,忘却廉耻,所以会有天启年间那种天下为魏、崔歌功颂德的场面。而大家还自我安慰,说什么"无可奈何,不得不然耳"。正是这种无可奈何、不得不然之心,造成了天启年间无所不为的局面。现在朝廷竟能原谅这些随波逐流之辈,却不肯替那些刚正不阿的东林党说句公道话!

最后,这位倪编修竟敢点出别人不敢说出的关键,把话说白了:

经过天启大狱,幸存下来的东林党人实在难得。皇帝多次说要酌情起用这批人,而"当事者"却不肯为东林党人翻案,不肯让他们复出。这种做法是怕东林党人复出后报复吗?!如果有这样的想法,则我认为是过虑了。那些借东林之案而媚崔、魏的人,近来已纷纷落败,难道还要等到东林党人复出后来报复!?那些原本不附崔、魏,并为击败崔、魏出过力的人,实在是难能可贵。对这些人,即使东林党想要报复,也报复不到!

倪元璐的胆子是够大的!他竟敢第一个跳出来,为东林党这样的钦定逆案公然翻案。让人听了心惊胆战。

崇祯帝当时看了他的奏疏后,就不太高兴。

此时的崇祯帝,正为自己一举粉碎崔、魏集团的英明果断而沾沾自喜,天下臣民也是赞颂不已,而这位倪编修竟说什么现在是"方隅未化""正气未伸",大有藐视明主之意,这还了得。崇祯帝被泼了一头冷水,当然很不高兴。他给倪编修的奏疏下了一个结论,说是"持论未当",并批评倪元璐说:

"朕屡屡下旨,秉公斟酌,起用官员,有什么'方隅未化''正气未伸'?!"

崇祯帝这样的态度,也自有他的道理。皇兄天启帝临终前谆谆叮嘱,要他重用魏忠贤之流。而自己却在皇兄尸骨未寒之际,把魏氏之流一网打尽。在他看来,已是不易,再搞下去,范围不仅越来越大,涉及的人也势必越来越多。更麻烦的是,魏忠贤所做的事,都是借天启帝的名义,现在用魏忠贤等人去充当替罪羊,还勉强过得去,但要再深究下去,天启帝大概也脱不了干系。别人就要说闲话了。况且,在崇祯帝眼里,东林党人也算不上什么好东西。

正因为如此,崇祯帝此时不太愿意再有大举措。对东林党人,他不愿予以彻底平反,仅是免去仍然欠着的"赃款",释放被株连的家属。对那位很有可能是受东林余孽指使而出面攻击首辅黄立极的山阴籍监生胡焕猷,崇祯帝也下令把他除名,以示警诫。在崇祯元年(1628)正月,崇祯帝还下令册封天启帝的皇后为懿安皇后,也多少有点安抚未亡人的意思。

倪元璐的奏疏还令许多人不安。在当时朝廷之中,许多人都与魏忠贤集团多少有点瓜葛。"九千岁",大家都跟着喊过,"生祠",大家也都去拜过,不少人甚至还走过魏忠贤等人的路子,这叫作"无可奈何,不得不然"。现在事情过去了,一切往前看,不要再纠缠这些说起来令人难堪的往事了,大家相安无事算了。这是当时许多人的共同想法。而倪元璐竟又重提旧事,这不是挑起事端,破坏朝廷安定团结、同舟共济的局面吗?所以很多人开始感到不安。大学士施凤来给皇帝拟旨时,第一条就称倪元璐"持论未当"。杨维垣更是上疏指责倪元璐说:

"词臣(指倪氏)持论甚谬,生心害政可虞!"

这位杨维垣也是犟脾气,后人对他的评价不高,就是因为他在这方面的表现。魏忠贤时代,是他力主修《三朝要典》,把东林党人彻底打倒。崇祯上台后,他又首劾崔呈秀,高举倒魏旗帜。现在他又跳出来,要维持旧局。当时朝中,与魏忠贤有瓜葛的大有人在,而他却偏偏要跳出来出头,招来一身是非。他的所作所为,固然考虑到他自身的利益,但也与他的性格有关。大概正因为如此，当后来清军攻破南京时，这位当时已是被人不屑一顾的魏氏余孽，竟也自杀为朝廷尽忠！他的表现并不比那些正人君子差，甚至还比其中的一些好。你说他是忠臣还是奸臣？说不清！

偏偏倪元璐也是犟脾气。他不服！他竟再次上疏抗争。在他的第二疏中，倪元璐笔锋犀利，用词刻薄，把历史老账全给抖了出来，弄得许多人下不了台，真有点骂人揭短、打人上脸的味道。

倪元璐的第二疏内容过多，不能一一列出。这里只能择其要者，录出一二。

倪元璐很聪明，他首先声明上次的奏疏是针对杨维垣而发，言下之意就是说并不是针对皇帝的，他也不敢。然后他开始逐条反驳：

圣上说"分别门户，已非治征""化异为同""天下为公"。而第一个提出孙党、赵党、熊党、邹党之说的正是杨维垣。因此，"陛下于方隅无不化，而维垣实未化；陛下于正气无不伸，而维垣不肯伸。"

杨维垣指责我盛赞东林，理由是东林曾推选过李三才，也拥护过熊廷弼。殊不知东林中也有力击魏忠贤的杨涟、首劾崔呈秀的高攀龙之类的人物！魏氏穷凶极恶，杨维垣竟口口声声称"厂臣公""厂臣不爱钱""厂臣为国为民"，那么东林人推选李三才，则何罪之有？至于熊廷弼行贿之说，实是魏忠贤用来诬陷清流，迫害杨涟、左光斗的借口，天下无人不知，而杨维垣犹因循旧说！

杨维垣指责我盛赞文震孟。文震孟忤珰（指魏忠贤）削夺，"破帽策蹇，傲蟒玉驰驿"，确实令人敬佩。试观数年来，"破帽策蹇"的气节之士,与那些孜孜求利之徒,孰荣孰辱,不辩自明。正是那些不愿"破帽策蹇"之辈,竞相歌功颂德,倡建生祠;也正是那些希望"蟒玉驰驿"之徒,口呼"九千岁"而能恬不知耻。

杨维垣指责我盛称邹元标。如果说他在京城讲学之举有错则可,如果说他讲学是别有用心则不可。当时魏忠贤驱逐诸人,毁废书院,目的正是钳制学士、士大夫之口,恣行不义。正是从邹元标被以"伪学"之名驱赶出京以后,魏忠贤才以真儒自命。国子监内,魏忠贤俨然与孔子平起平坐。如果邹元标等人仍在,能如此吗?

杨维垣驳斥我"假借""矫激"。当初魏、崔得道时,个个任真率性,颂德建祠,如果有一人敢"假借""矫激",而能不颂不建,局面或许会有所改观。

杨维垣竟然说什么,真小人到其恶贯满盈时,自然就可攻而去之。我认为这不是长久之计。如果要等到恶贯满盈,那坏事已做绝,即使翦除,不也太晚了吗?即使像崔、魏之流,恶贯满盈已非一日,如果不遇圣明之主,谁能翦除!

杨维垣还始终以"无可奈何"为那些替魏忠贤颂德建祠者开脱,我认为这也说不过去!如果只有崔呈秀一人献媚称臣于魏忠贤,魏忠贤能成这样的气候吗!?如果魏忠贤以武力挟持诸臣叛逆造反,诸臣亦能以"无可奈何"而靡然从之吗!?

杨维垣还说什么,今日之忠臣,不应当以反不反崔、魏作为标准,我认为就应该以此为标准。只有通过崔、魏之案,才能确定人品。因此东林之人,反对崔、魏而遭迫害者,当然是正人君子。即使是那些攻击过东林,但因不附崔、魏而遭贬被逐之人,也可算是正人君子!杨维垣不以崔、魏定邪正,是因为他不敢这样做!

最后,倪元璐提纲挈领地说,东林得罪魏逆最深,受到的迫害最酷。时至今日,应当体谅他们被杀被压之苦,而不应当抓住他们的小节不放。魏忠贤之流曾以贬杀东林为首功,而东林党人今天竟然与魏忠贤之流一样,同为邪党恶逆,这算什么逻辑?倪元璐大声疾呼:

"人才不可不惜,我见不可不除,众郁不可不宣,群议不可不集。"

倪元璐之疏,撕开了脸面,把该说的都说了出来。崇祯帝当时尚不想依倪元璐的办法去扩大打击范围。如果依倪编修的严格标准,那么在魏忠贤当权时在台上的官员,大部分都脱不了干系,要是个个严查,打击面自然很大,人事变动就相当剧烈。因此,崇祯帝也就遵从那些稳健派官员(大多是与魏氏有些瓜葛的人)的意见,表达了他不想进一步扩大打击面的想法。他做出批示,说:

朕总揽人才,公正清明,你们这些大臣,同舟共济吧,不要再互相攻击,纠缠于门户之见了。

但既然开了口子,想压下去就不太容易了。继倪元璐之后,又有一位叫瞿式耜的官员,上了一疏,为东林党鸣不平。瞿式耜,常熟人,万历四十四年(1616)进士,当时官居户科给事中。他在此疏中,大言他有"六不平",对往事大发议论,要求把清算运动推动下去。这在当时代表着一种政治呼声。

第三章 中兴之梦的破灭

政治运动一经开始,便会层层深入,刹不住车,想挡也挡不住。既然崇祯帝倒掉了魏忠贤集团,那么许多与魏忠贤有关的人和事,就得重新评价。既然魏忠贤是十恶不赦之徒,那么反对魏忠贤而遭贬杀的那批人就要平反复出。只要案子一有松动,而有人能为他们讲话,或有人复出,自然又要牵动一片,继续造成人事上的变动。原先遭打击的人越来越多地复出,原先在台上的人则自然要被贬被罢,而这种人事变动又会推动运动的继续深入。因此,在魏忠贤刚倒台时,像杨维垣之类还是倒魏的功臣,但随着运动的深入,杨维垣之流最终成了运动的对象,沦为魏氏的党羽或倒魏运动的绊脚石,从而被清除出局。

不知崇祯帝是否清楚这一点。不过他的态度不久便有了改变。至崇祯元年(1628)三月,崇祯帝下令追恤天启时遭冤屈陷害而被迫害至死的诸臣,像杨涟、左光斗、魏大中、周顺昌等被魏忠贤直接逮捕迫害而死的,都被平反昭雪。而像冯从吾、邹元标、高攀龙等被魏忠贤贬削的旧臣,也都有赠恤。那位敢说敢讲的编修倪元璐出了大名,崇祯帝也没有过分追究。在当时的氛围中,这无疑是一个鼓励。

当时力主调和并阻止给东林党人平反的内阁大学士施凤来、张瑞图,至此也被罢免。出头攻击他们的是御史罗元宾。这位罗御史措辞激烈地说,施、张两位,身为大学士,却在魏忠贤擅权之时,贪图高位,一味迁就迎合,让魏氏为所欲为:赏公封爵,颂德建祠,诛杀削夺,无恶不作。这实在是误国徇私!施、张两位坐不住了,要求辞职,崇祯帝立即同意。这两位阁臣的去职,更有利于运动的深入。

到了四月下旬,那位出了大名的倪元璐,再次出头,上疏要求崇祯帝焚毁那部给东林集团定性的《三朝要典》。这又是一个惊人之举!

《三朝要典》的内容包括万历后期的梃击案、泰昌时期的红丸案及天启即位之际的移宫案。魏忠贤通过《三朝要典》的编修和刊印,不仅给东林党人定了性,为其贬杀东林党人提供了历史和现实依据,而且还把自己大大美化一番。当时为了奉承魏忠贤,有人竟把魏忠贤抬高到与孔子一样,同是圣贤,列举的理由就是魏忠贤杀东林、修《三朝要典》,与孔子诛少正卯、编《春秋》可以相提并论。此说虽荒唐,但也足见《三朝要典》的分量。现在魏忠贤既败,东林人要彻底翻案,就必须搬掉这块绊脚石。倪元璐是聪明人,所以提出毁掉《要典》。

问题在于要毁《要典》,谈何容易?天启皇帝曾为这部书御制了序言,给定了性。《实录》中有关三案问题的记述上,全都参照了《要典》。更重要的是,主张修《要典》、参与修《要典》的当事人,不少仍在位,当时的内阁大学士来宗道、杨景辰就是天启朝编修《要典》的副总裁。

因此,当倪元璐提出毁《三典》时,大学士来宗道赶忙票拟圣旨道:

"所奏关系重大,着礼部史馆诸臣详议具奏。"

崇祯帝看了不太满意,便笔一挥,添了一句:

"听朕独断行。"

这句话已有明显的倾向性，所以礼部与史馆诸臣商量的结论也就不难预料。就像来宗道这样的当事者，见风向已变，也竟然要求毁掉此书。当时只有两人公开站出来反对。一位是翰林院的侍读孙之獬，一位是协理京营戎政兵部尚书霍维华。

孙之獬当时跑到东阁，力主不能毁《要典》。话说得相当难听：

"皇上同枝继立，非有胜国之扫除，何必如此心狠手辣？于祖考则失孝，于熹庙则失友。"

孙之獬的话分量很重，意思也很明白：崇祯皇帝你是以兄终弟及的身份继位的，即位前你也是天启帝的臣民，即位后更应心存感念，你何必如此心狠手辣，在皇兄尸骨未寒之际，竟要毁掉《要典》这部由天启帝钦定的传世之作，叫天启帝颜面何存？

当时孙之獬情绪很激动，说完之后失声痛哭，响彻殿廷内外。而且他立即要求辞职，不干了！这位孙之獬或许是通过此事看穿了世事的多变。清军入关后，他降了大清，最后入了《明史·贰臣传》。

霍维华也力主不可毁《要典》，不过不像孙侍读那样激动。其实，当时与《要典》有染的在朝官员，大有人在。像前述的两位大学士，像这位霍维华，都是《要典》修撰的"功臣"，因此也实在用不着像孙之獬这位侍读一般大出风头，痛哭流涕，弄得贻笑后世。不过，在那种大气候下，孙之獬竟敢如此出头，且不论其动机如何，单凭其勇气而言，也是难能可贵的。

崇祯帝倒没有深究孙之獬，只是让他解职回乡，尽管请求严惩孙之獬的不乏其人。当时崇祯帝面临的最大难题,就是如何做到既要把运动向前推,又不要太伤了皇兄天启帝的面子。孙之獬的话虽然偏激,但也有几分道理。到了五月上旬,崇祯帝终于下定了决心,下令销毁《三朝要典》。不过他出言仍相当谨慎,说天启帝"止慈止孝,炳若日星",不过这些光昭盛美的"功绩",已载于《实录》,不必再用《三朝要典》这样的书来重复,因此《要典》也就没有存在的必要,毁掉算了。这些当然都是废话,但又不得不说。最重要的也并不是这些,而是后面的几句话:

"自今以后,官方不以此事定臧否,人材不以此书定进退,惟是三朝原无遗议,绍明前烈,注意编摩。诸臣各宜捐去成心,勿滋异论,务衷朕清平之治。"

此话一出,套在东林党人头上的紧箍咒便失去了效力,等于给东林党人彻底平了反。东林党人大批复出立即变成可能。至于崇祯帝所说的"诸臣各宜捐去成心,勿滋异论"之类的客气话,则恐怕就是一厢情愿了。复出后的东林党人,能放过那些魏氏旧党吗?

内阁大换血

首辅李国在此年五月致仕。他是魏忠贤的同乡,能入阁多少沾了点魏忠贤的光,别人一般也是这样想的。但李国做事,尚有分寸,每持正论。他继黄立极出任首辅五个月,日子极为难过。

朝廷对魏忠贤集团的清算愈演愈烈,而他却是天启旧臣,靠魏忠贤提携才入了阁,因此有些话也说不出口。到五月初,他见事已不可为,便上疏乞归,返乡不久后就去世。临去职前,他推荐了韩爌、孙承宗这两位带有东林色彩的大臣代替他。

李国去职后,来宗道出任内阁首辅。这位来宗道与魏忠贤的关系也说不清楚。他做事诡秘,为人圆滑。在魏忠贤时代,他与另一位内阁大学士杨景辰出任过《三朝要典》的副总裁,而到崇祯帝要毁该书时,他也举双手赞成。他对东林一案的平反,态度不是很积极。他曾笑着对倪元璐说:

"你这人也真是多事!按照成例,像你这样的翰林编修,只是香茗一杯而已。"

意思是怪倪元璐为东林出头,是过于多事。因此当时朝野给了来宗道一个"雅号",称他是"清客宰相"。当时朝廷的气氛,自然容他不得。东林派的官员,纷纷上疏弹劾。来宗道便与杨景辰一起,在六月被罢免。

也就是在这个月,魏忠贤原先的两位干将魏秉谦、冯铨被削籍。这两位干将在魏忠贤擅权时,便因内部矛盾,卸职不干,至此也被处罚。另一位干将许显纯也在此时被斩首。据说在会审许显纯时,后来成为大思想家的黄宗羲,乘隙上去用铁锥狠狠地刺了一锥,算是为自己惨死在许显纯手里的父亲黄尊素报了一锥之仇。

来宗道下台后,刘鸿训实际上就是内阁的当权派。这位刘鸿训做事刚正果断。他利用当时朝廷的局势,毅然罢斥杨维垣、李恒茂、杨所修、孙之獬、阮大铖等人，据说是人心大快，但也引起了对手的仇恨。到了十月份，刘鸿训竟被赶下了台，落得个充军戍边的惨局。

刘鸿训在开始时深得崇祯帝的欣赏，也多次给崇祯帝出谋划策，所以他的对手一时也奈何他不得。但到了十月份，他最终还是被对手抓住了把柄。

刘鸿训栽在一件可大可小的事情上，说起来也是够冤的。

当时惠安伯张庆臻被命总督京营，但在皇帝给他的诏书中竟有"兼辖捕营"这样的内容。按朝廷成例，总督京营者不得兼辖巡捕军，免得兵权过于集中。因此上述的任命是严重违制行为，有一位名叫郑其心的提督立即向皇帝提出非议，认为这是不恰适的。

崇祯帝很生气，立即要追究责任。当然他不会追究自己的责任。虽然诏书是以他的名义下的，但事实上却由内阁预先起草好的。皇帝总揽天下大事，日理万机，像京营总督不能兼辖巡捕军这样的琐事，他很有可能就不太清楚，这也情有可原。但对内阁及兵部而言，这样的事就是大错误了。官已做到大学士这份儿上，就应该知道这些具体规定，绝不应该出错。现在出了这样的错误，说轻一点是疏忽，说重一点则是难以开口的大问题了，因为这涉及京师的兵权。

处理的结果是一位叫田嘉壁的中书舍人，被逮捕下狱，罪名是妄改敕语。这多少有点冤枉，这位中书舍人纵有天大的胆子，也不敢妄改这样的文件，而且中书舍人也只是负责誊写，即使想改,恐怕也无从改起。这一点明眼人一看即知。

刘鸿训的对手们自然也知道这点。他们立即抓住这一把柄,猛攻刘鸿训。给事中李觉斯上疏说:

"此事由兵部拟稿,再送内阁辅臣审定,中书舍人缮写。因此仅处理中书舍人一人,不合情理。内阁和兵部也应追究责任!"

多疑的崇祯帝仔细一想,此言也有道理,便亲自赶到便殿询问那些内阁大学士,到底是怎么回事。大学士们个个说不知道。崇祯帝不禁大怒,令廷臣劾奏。这样一来,朝廷就像炸开了锅,热闹非凡。

李觉斯立即上书,说刘鸿训接受了惠安伯张庆臻的贿赂。御史吴玉也上疏说妄改敕书一事,是由刘鸿训一手操纵的。细心的崇祯帝则去查阅内阁的有关文书,发现在兵部呈进内阁的揭帖原件上,清清楚楚地写着刘鸿训的批语:"批西司房。"这说明刘鸿训是看过这份文件的,并明确批示把这份揭帖下到西司房(即制敕房)去的。崇祯帝立即下令内阁说:

"事情已十分明白。内阁立即拿出处理的意见来!"

内阁这下子慌了,全体大学士马上合奏申辩,但崇祯帝此时已听不进了。他立即下令,大学士刘鸿训撤职削籍,谪戍代州,最后死在戍所。兵部尚书王在晋削籍,惠安伯张庆臻因是世袭之臣,被停禄三年,以示处罚。

此案多少有点糊涂账的味道。刘鸿训即使有罪,也不至于要被处罚到这种地步。崇祯帝的这种做事风格,也令人不敢恭维。他大概是害怕廷臣结党营私,所以只要稍有迹象,便立即痛下杀手。这种做法,正好被刘鸿训、王在晋的对手所利用。

当时崇祯帝的心境很不好。他本以为像自己这样英明的君主,即位后用不了多久就可以扭转乾坤,实现中兴。可现实中的许多事情,并不像他想象得那样简单。坏消息要比好消息多得多。辽东发生兵变,浙江发生海啸,陕西的饥民闹起了事。到九月份。京师又发生了地震。而去年的十月,南京就发生过地震。即位仅一年,南北二京就都震了一次,这莫非是什么不祥之兆?因此,崇祯帝就更加谨慎从事,尤其对于吏治,更是盯得紧,不想让朝廷再出现以往那种结党营私的局面。

不过,当时朝廷的形势,加上崇祯帝自己的为政作风,党争的局面在所难免。到十一月,朝廷又发生了一件大事。

当时崇祯帝下令廷推阁臣。廷臣推举了吏部侍郎成基命、礼部侍郎钱谦益以及郑以伟、李腾芳、孙慎行、薛三省、盛以宏、罗喻义、王永光等十二人,钱谦益名列第二。钱谦益是常熟人,人称"东林浪子",当时很有些声望,一般都认为他入阁应没有问题。没想到未能入围、心中不满的吏部尚书温体仁、侍郎周延儒,猜测到崇祯帝对这一廷推结果有怀疑,便谋划攻击这些人中最具东林色彩的钱谦益,阻止他入阁。

温体仁突然上疏,揭发钱谦益在天启二年(1622)主持浙江乡试时,曾关节受贿,人品不佳,不应入阁。这一疏,真可以说是毁了钱谦益的前程。

这件事说起来还真有点冤枉了钱谦益。当时他主持的浙江乡试,确曾发生过舞弊行为,舞弊者已被惩处,主持乡试的钱谦益虽不知情,但因失察之过,也被夺俸两年。本来此事已过了七年,世人也已淡忘。而老谋深算的温体仁此时突然重提此事,就是为了迎合崇祯帝肃清吏治、严惩贪官的想法,击中了要害。

这一招果然厉害!崇祯帝在第二天就召集阁部科道大员进文华殿,并令当事人温体仁、钱谦益到场对质。

钱谦益根本就没有思想准备。到了皇帝面前,他虽想竭力与温体仁争辩,说清问题,但似乎言辞颇益,底气也不足。而早已精心准备的温体仁,此时却口若悬河,言如泉涌。他慷慨激昂地说:

"我职非言官,本来不应该在此多说。而且这次会推阁臣,我也没有入选,就更应避嫌,不能说三道四。但是,在这种关系到宗社安定的选官枚卜大典举行之际,朝廷上下竟无一人站出来,揭发钱谦益结党纳贿的丑行!我实在不忍心皇上孤立于上,被人蒙骗,因此不得不说!"

这一番肺腑之言,说得崇祯帝连连称是。崇祯帝环视群臣,要他们表态。大部分大臣都说钱谦益无罪,帮他说话,只有周延儒帮着温体仁。他说:

"田千秋(指科场案中那位作弊的举子)关节是真!"

大学士钱龙锡等人则说:

"关节实与钱谦益无干!"

崇祯帝立即插话道:

"关节既真,他为主考,如何说不是他?"

有一位叫章允儒的史科给事中争辩最力。他指责温体仁说:

"温体仁你是热衷大学士的位置,才会揭发钱谦益的。如果钱谦益应当惩处,你早就应该揭发,怎么要等到今天!"

温体仁马上反驳道:

"在此以前,钱谦益只不过是个闲曹轻职,问题不大,所以就没有揭发,而现在揭发他,正是因为他要入阁,关系重大,目的是要朝廷谨慎用人。如果真要像章允儒说的那样,在此以前就打击他,那才真叫党同伐异呢!"

章允儒不服,又影射温体仁道:

"党同伐异之说,是小人陷害君子的借口,天启朝之事可鉴!"

此时崇祯帝已经不耐烦了,大发脾气,下令把田千秋的那份弊卷拿上来,责问钱谦益作弊是否属实?作弊当然属实,白纸黑字俱在。问题在于钱谦益并未直接参与,而仅仅是失察,两者之间有本质上的区别。但崇祯帝认为,只要你钱谦益承认天启二年(1622)浙江乡试确有科场案就行了,至于上述的本质区别,他就不必深究了。面对皇帝这样的逻辑,钱谦益还有什么话可讲,只好认罪。既然认罪,崇祯帝更觉得他的判断是正确的。

崇祯帝至此连喊侥幸,庆幸自己明察秋毫,英明果断,没让钱谦益这样的人进了内阁。他大发感慨道:

"要不是温体仁,朕几乎就要犯下大错!"

他越想越气,因为对钱谦益这种人,竟还有这么多人为其如此出力。他叱令把那位叫得最凶的章允儒逮捕下狱,并严厉谴责了那班不识大体的群臣。

周延儒不失时机地向皇帝进言:

"会推的做法,表面上看起来公正,实际上做主的只有一二人而已。其他的人都不敢乱讲话，否则就会招来麻烦。况且田千秋之案已有定论，不必再费口舌。"

周延儒的话，犹如火上浇油。崇祯帝在当天就决定罢掉钱谦益的官，回籍听勘，最后的处罚是坐杖论赎。田千秋更是倒霉，原已判充军，才遇大赦，没想到又进班房再审，最后丢了性命。为钱谦益辩护的人，除上述的章允儒外，其他如给事中瞿式耜、御史房可壮等人，都坐了与钱氏结党之罪，被分别处罚。

温体仁、周延儒两人略施小计，就让崇祯帝上了当，从而把当时正得意的东林党人打得大败。

崇祯帝的本性，此时已开始暴露出来。尽管他登基以来，为政勤奋、辛苦，很有责任心，但他的许多致命弱点也越来越明显：他性格多疑、武断，甚至刚愎自用，听不得不同意见，缺乏良好的政治判断力，也不熟谙帝王的驾驭之术，除了罢官杀人之外，也没有什么有效手段控制局面。此时的他还只是听信温体仁罢免了钱谦益，上了一次小当。一年多后，他竟上了敌人的大当，把自己最得力的辽东主将亲手杀掉。

既然这次廷推没有结果，崇祯帝便任命刚刚还朝的韩爌出任了内阁首辅。

韩爌属于东林派的官员，但处事温和老成。在天启年间，他曾出任过首辅，后因与魏忠贤集团不和，便辞职引退。崇祯元年（1628）五月，崇祯决定重新起用韩爌。此时韩爌才到京复职，便被任命为首辅。

韩爌到京时，正逢大学士刘鸿训被重谴，韩爌立即上疏申救，但崇祯帝没有给他面子。当时有御史,如毛九华、任赞化因不满温体仁攻讦钱谦益的做法,上疏攻击温体仁。崇祯便再召内阁及九卿诸大员质询。温体仁竭力攻击毛九华、任赞化是钱谦益的私党,崇祯帝同意这种看法。崇祯帝秉烛召韩爌至内殿,严加训导说:

"进言者不忧国而植党,当重绳以法!"

韩爌在退朝后立即上了一疏,劝诫崇祯皇帝。他说:

"做臣子的不可以植私党以事君主,但做君主的,也不可以随便以私党之类的名目来怀疑大臣。贬黜奖拔,应根据大臣的才品高下、朝事修废而定。如果朝堂官府,戈矛妄起,畛域横分,则不是朝廷宗社的福祉!"

韩爌的意思,就是要皇帝不要动辄疑神疑鬼,不信任大臣,更不要偏听偏信,主观臆断,随便贬黜升迁官员,而应该根据正常的考核原则和手段来定夺。否则,不仅不能消除大臣植党营私的恶习,反而会引起文官的分裂,于朝政不利。

韩爌一向以老成持重而闻名。他对朝廷政治体制及其本质的理解和领悟,自然要比年轻的皇帝精深得多。他深知,只有加强文官之间、文官与皇帝之间的相互理解、合作和信任,同舟共济,方能有希望渡过朝廷面临的重重难关。如果再这样吵闹下去,不仅不会有结果,反而只会于事无补,雪上加霜,使艰难的步履在沼泽中越陷越深。后来的局面,证明韩爌的看法是十分有见地的。

第三章 中兴之梦的破灭

党争：崇祯最忌惮的事

不幸的是，崇祯帝根本听不进此类劝告。在他看来，局面之所以恶化至如此地步，吏治是首要原因。要整顿吏治，大概也只有通过重典，别的办法没有什么用。因此，当这年年底有一位叫吴甡的山东御史提出利用崇祯二年（1629）的京察，进一步对阉党进行清算时，崇祯帝立即采纳了他的主意。

山东御史吴甡上疏说：

"京察就近在眼前了，因此十分担心魏氏余奸利用京察，蒙混过关。这些余奸的所作所为，已超出了考功之法的范围，也不是考功之法所能定夺的。因此有必要先令部院科道，把魏氏党羽的罪名，清理一遍，先行惩处之后，再开始正常的京察。"

吴御史的意思，就是先要把魏氏集团的成员或与之有关的官员的旧账先清一清，该处理的先行处理，不要与正常的京察混在一起。这样一来，许多官员势必要被京察前的清算所打击，连京察的机会也没有，其打击面是相当大的，朝廷的动荡也在所难免。

崇祯帝采纳了他的意见，认为此举不失为改变朝廷政治的一条出路。在崇祯帝看来，帝国的局面，经过他一年多的苦心经营，理应有中兴的迹象，至少也应有所改观，但实际上并非如此，仍多有掣肘，积重难返。原因到底是什么呢？他仍认为是吏治。因此，他便想借京察之机彻底整肃一番，且选定魏、崔集团的成员或有关联的那些人为目标,当时他也只能选此为目标。

崇祯二年(1629)正月二十四日,主意已定的崇祯帝召阁臣韩爌、李标、钱龙锡及吏部尚书王永光到文华殿。崇祯帝给他们交代了任务。他明确表示要追究天启时那些附逆人员的罪行。为了确定证据,他发下当时那些有关给魏忠贤建祠称颂的奏疏,要求上述四人与左都御史曹于汴在内阁秘密评阅,确定名单,分定罪行,并再三叮嘱,不许让中书舍人之类的人员参预。至于具体的范围和依据,崇祯帝说:

"如事本为公而势非得已,或素有才力而随人点缀,须当原其初心,或可责其后效。惟是首开谄附,倾陷拥戴,及频频颂美,津津不置,并虽未祠颂而阴行赞导者,据法依律,无枉无徇。"

崇祯帝的话说得很漂亮,意思是只惩处那些骨干成员,而对那些附和之人,则不予追究。但具体执行起来,不可能如此,而且崇祯的真实想法,也不像说的那样好听。

首辅韩爌、内阁大学士钱龙锡等都不太同意皇帝这种大兴刑狱的做法,因此在开始时仅列了四五十位众所周知的名单,上交皇帝。

当时不少人,甚至包括皇帝本人在内,都认为韩爌、钱龙锡这样做,是怕结怨太多。这当然是一个原因。但更重要的,恐怕还是这两位熟谙朝政的大臣,不想因此再次造成文官集团的动荡。试想:魏氏擅权时,真正能不与魏忠贤发生关系的大概只有两种人,一种就是东林党中的那批人物,另外一种或许就是魏忠贤等人用不着、看不上的人物。真正能像东林君子那样不顾身家性命而去抗争的人毕竟是少数！大部分人还是去迎合、应付,这也是文官集团的一种传统性格。除那些心怀不轨、借机往上爬的人外,大部分迎合魏忠贤的文官,也不见得有多大罪恶。读书人总想功成名就,希望在仕途中混出点名堂来,真正能看破名利的又有几个！更何况魏忠贤当时脸上并没有刻上大奸大恶之类的字样,反而是当时的"圣人",皇帝的宠臣,他所做的事情,也都是以皇帝的名义去做的。若真论起来,最大的附逆者应该是天启皇帝！

崇祯帝早已忘了当初进宫接受皇兄遗命时,口口声声称誉魏忠贤劳苦功高的情景;也忘了他刚即位时对魏忠贤的态度。当然,也有人说崇祯帝是迫于形势,故作姿态,为的是日后翦除魏逆,这足以见其英明之至。那么试问:崇祯位尊天子,尚且迫于形势,故作姿态,而地位低得多的群臣是否也可以如此呢？崇祯帝这样做是英明之至,而群臣们这样做就是附逆,这就是无情的宫廷政治逻辑！

这样说并不是不分是非,一概而论。事实上,天启朝时确实有一帮无耻之徒,通过种种不齿手段,希图侥幸。这些人应该受到惩处,付出代价。但崇祯帝打击的范围,远不止这些人。因此,当他看到韩爌等上交的名单时,大为不满,下令再议。

韩爌等人只得再议。在增加了数十人后,又把名单交给了皇帝。

这次崇祯帝被激怒了。他明令韩爌等人,以"赞导""拥戴""颂美""谄附"为目,分类扩大范围,增加人数。他气呼呼地说:

"魏忠贤小小一位宫内宦竖,如没有外廷助虐,何能到这种地步？另外,那些追随他的内廷党羽,也要列入。"

崇祯帝说这话时,大概没有想到他在几年后竟又重用宦官,最信任宦官。韩爌不服,不软不硬地顶了一句：

"外廷不知内事！"

崇祯帝立即斥责道：

"岂皆不知？特畏任怨耳。"

意思是你韩爌对内廷之事,岂能事事不知？只不过是怕招惹是非怨恨罢了。

到了二月初九日,崇祯帝又把韩爌等人召入便殿。韩爌等见桌上放着一个黄袱包,内装许多奏疏。原来,崇祯帝竟不辞辛苦,把那些红本奏疏亲自翻出,要韩爌等依此红本一一取录入案。韩爌见状,大吃一惊,知道皇上是想借此大兴株连,便立即推托说：

"臣等职在调旨,三尺法非所习。"

意思是我不熟悉刑名,胜任不了这项工作。崇祯帝便又把吏部尚书王永光召进来询问,王永光据实回答说：

"吏部只习考功法,不习刑名。"

王永光讲的是实话,他虽是吏部尚书,但只习考功法,同样不习刑名,意思是他本人也与韩爌一样,不能胜任。王永光的态度之所以也不积极,是因为他自己正被言官弹劾,说他是"阴附阉党"。在这种情况下,他能积极吗？崇祯帝所定下的标准中的那条"虽未祠颂而阴行赞导者",真是可以无限发挥：即使你未参加祠颂,也可以把你归入"阴行赞导"之列,因为"阴行赞导"的范围实在太大了。除了那些公开跳出来反对魏氏的英雄外,其他人大概都属于广义上的"阴行赞导"的范围!王永光就是吃了这个亏!

既然韩爌、王永光都这样异口同声,崇祯帝也不好再深究下去了。于是他又诏令刑部尚书乔允升、左都御史曹于汴两位懂刑名的大员加入,负责定罪。

韩爌等人此时只好遵旨从事,逐一审看奏疏原本、红本,并根据吏部、都察院两位长官开进的官员名单及具体事迹,互相参照对比,再按照皇帝钦定的名目分类抄录,列出名单,酌情拟议,最后由刑部尚书依据律例,各附本款。

到二月二十六日,皇帝再次召见内阁、部院大臣,把原本、红本中未列入的六十五人名单发下,令入案中。皇帝还钦定逆案中各类人等的量刑标准,依次是:谋大逆,判处凌迟;首犯、首逆、同谋、党孽,判处斩首;逆孽,判处充军;颂美,判处罢职为民等等。崇祯帝做事十分仔细,他竟发现漏了来宗道、张瑞图和贾继春。他便责问道:

"张瑞图、来宗道为何不在逆案?"

韩爌立即回答:

"张瑞图、来宗道没有实状。"

意思是这两位没有什么具体证据。但崇祯帝立即反驳道:

"张瑞图擅长书法,为魏忠贤所爱;来宗道为崔呈秀的父亲请恤典时,奏疏中有'在天之灵'之语,难道不是证据吗?"

崇祯帝又问道:

"贾继春为何没入逆案?"

贾继春就是那位在杨涟等人力主移宫后提出要善待李选侍的御史。韩爌回答说：

"贾继春当时请善待李选侍，不失厚道。后虽有所改口，令人稍觉反复，但持论也有可取之处。"

崇祯帝随即说了一句：

"惟反复，故为真小人！"

在崇祯帝的亲自过问下，这三位漏网之鱼也被补进逆案。

就在这个月，崇祯帝的长子慈烺出生。这当然是件大喜事，崇祯帝依例大赦天下。但逆案中的人物似乎没有沾到一丝喜气。定案工作仍在有条不紊地进行。

三月十五日，韩爌等呈上了逆案名单及其事迹、按律拟定的罪名。随后南京确定的逆案材料也报到北京。三月十九日，朝廷正式公布《钦定逆案》。崇祯帝告谕廷臣道：

"竖逆魏忠贤，猖狡下材，备员给使，倾回巧智，党籍保阿，初不过窥颦笑以市阴阳，席宠灵而饕富贵。"

像这样一位原本只是为"市阴阳""饕富贵"的"下材""给使"之类的宫内宦官，何以有后来那种权倾朝野的局面？用崇祯帝的话，就是"使庶位莫假其羽翼，何蠢尔得肆其毒"。

崇祯帝把原因归结到外廷官员的身上。他说：

"乃一时外廷朋奸有徒，实繁有徒。或缔好宗盟；或呈身入幕；或阴谋指授，肆罗织以屠善良；或密策合图，扼利权而管兵柄。甚至广兴祠颂，明效首功，倡和已极于三封，称谓浸拟于亡等。谁成逆节，致长燎原？"

因此便有《钦定逆案》，以示惩处！崇祯帝的话说得一点不错，如果没有外廷这么多人追随魏忠贤，助纣为虐，魏忠贤是不可能权倾朝野的。但他不知想过没有，当时天下的官员又为什么要去追随魏忠贤呢？魏忠贤又是如何能一步步登天的呢？这样一位一手遮天、无所不能的大奸臣，怎么在新皇帝上台后仅凭一纸诏书就可让他命归黄泉呢？魏氏擅权的根本原因，就是朝廷体制方面存在着漏洞，这位大奸臣的最大后台，就是皇权本身！

《钦定逆案》对朝廷官员进行了一场大甄别、大清洗。除魏、客两位依"谋反大逆律"磔死之外，又分六等：

"首逆同谋"六人：崔呈秀、魏良卿、侯国兴，加上太监李永贞、李朝钦、刘若愚，依谋大逆减等论斩。

"结交近侍"十九人：刘志选、梁梦环、倪文焕、田吉、刘诏、孙如洌、曹钦程、许志吉、薛贞、吴淳夫、李夔龙、田尔耕、许显纯等等。其中只有一位级别很低却能跻身此列的，就是那位提议要把魏忠贤与孔子并祀的监生陆万龄。依照诸衙门官吏与内官互相交结、泄露事情、夤缘作弊而扶同奏启者俱为谄附之例律，这些人被判以斩首，秋后处决。

"结交近侍次等"十一人：魏广微、徐大化、周应秋、霍维华、张讷、阎鸣泰、李鲁生、杨维垣、潘汝桢、郭钦、李之才（孝陵太监）。依照交接近侍官员引名之例律，减等充军。

"逆孽军犯"三十五人：其中魏家占了八人。这些人都是武官和担任武官职务的太监。全部充军。

"谄附拥戴军犯"十五人：全是内监，判处充军。

"结交近侍又次等"一百二十九人:像冯铨、顾秉谦、张瑞图、来宗道等等。此等人数最多,都依交接近侍官员引名之例律,减二等,坐徒三年,纳赎为民。

"结交近侍减等"(又称"末等")四十四人:像黄立极、施凤来、杨景辰等。对这些人处罚最轻,仅依照考察不谨例,冠带闲住。人们往往不把此等与前述六等相提并论。

另有魏忠贤亲属及内官党附者五十余人。

对《钦定逆案》到底如何看,历来说法不一。但大部分人都认为这是崇祯帝"除恶务尽"的杀手之着,英明之至。在具体操作上,则有不少分歧。有人说太过了,有人却说还有漏网之鱼。有人说某某不应入案,处罚也太重,有人却说不仅该入,而且等级还应提高,处罚更应加重。如此种种,不一而足。

其实,《钦定逆案》该不该这样去办,以及该不该在这种时候办,本身就成问题。对魏忠贤及其集团的清算无疑是肯定的,换了别人做皇帝也是如此。问题在于,这样大范围的清算是否适宜,朝廷能否承受得起文官集团这样的动荡和分裂。如果崇祯帝换一种做法,在把逆案迅速定下来的同时,不要过分兴刑狱,缩小打击面,以换取朝廷政治的安定团结,集中精力,上下一致,处理大事急事,结局可能会好一些。

现在再来看看这份《钦定逆案》的名单,也确实让人感到有点不伦不类。这么庞大并且长期把持朝政的叛逆集团,其领导人竟一位是大字不识几个、出身底层市井之徒的太监魏忠贤,另一位则是因为奶水充足而凑巧选入宫中做奶娘的农村妇女。一位不男不女的太监、一位乡村老妇，竟能领导这么多的大学士、部院大臣之类社会上层分子，这本身就值得深思。如果把天启帝作为这个集团的主犯，反而会更合适一点。事实上客、魏靠的就是他和他的皇权。那么，天启帝造谁的反、谋谁的逆？难道造他自己的反、谋自己的逆？当然不是！逻辑上也说不通。因此，说到底，还是朝廷的体制方面存在根本问题！

崇祯帝当然不会十分明白这个问题，也不可能从根本上改变这种体制。但有一点他当时就能做到，那就是依靠自己的努力，避免体制方面的不足和后果，最大限度地调整理顺关系，发挥出体制的最大能量，去应对危局。

不过，崇祯帝的做法，似乎并不是如此。这或许有客观条件方面的因素，但也有他本人的主观原因。也正因为如此，弄到后来，连崇祯帝自己都不敢相信、更不能理解这样的局面：即位以来，朕那样辛苦勤政，而局面却无一点起色，反而越弄越糟。

崇祯帝即位之初，对宦官擅权最为痛恨，严惩不贷。没想到不久以后，他又走上了依凭宦官的旧路，其程度虽比不上其皇兄，但在整个明朝中也是数得上一流的。

崇祯帝即位之后，严禁大臣结党，并屡屡痛惩，没想到却是越禁反而党争越烈，而且他本人似乎也在其中起了很大作用。

崇祯帝即位伊始，便口口声声说要重用人才、选拔人才，为什么弄到后来却是朝署之中乌合之众甚多？除了开国皇帝太祖之外，本朝还没有哪位皇帝如此重惩过文武百官。真是贬杀愈多，吏治越坏，局面愈糟。

这种理想与现实的冲突、矛盾,始终贯穿于崇祯帝执政的十七年中。除了客观因素的作用外,崇祯帝自己应该负多大的责任呢?

在钦定逆案之后,朝廷经过了一段大清洗的动荡时期,最终总算初步稳定下来。

当时韩爌任首辅,李标、钱龙锡等任大学士,所以便有"东林内阁"之称。东林内阁执政时期,朝廷诸事尚能勉强维持。尽管崇祯帝是急于事功,举措常有失误,但因有老成持重的韩爌及其群辅们的辅佐,在一些大事的处理上,还算妥当,朝廷仍能相对平稳。

不过,随着外敌内乱的不断加剧,崇祯帝的毛病竟又重犯,而且犯得极不是时候。在后金军队于崇祯二年(1629)十一月突破长城防线,威胁京畿的关键时刻,这位自命不凡的崇祯帝,竟然没有识破满人从《三国演义》中学来的反间计,逮捕了辽东前线的总指挥袁崇焕,并按照他自己的逻辑,判处袁崇焕极刑,导演了一幕千古奇冤。

袁崇焕之事一发,朝廷政局陡然逆转。周延儒于此年十二月以礼部尚书兼东阁大学士的身份参预机务,进入最高决策层。大学士钱龙锡却于此月被罢免。崇祯三年(1630)正月,首辅韩爌被罢免。三月,另一位大学士李标致仕。六月,温体仁入阁。不久,周延儒被任命为首辅,原先接替韩爌出任首辅的成基命被罢免。至此,东林内阁彻底解体。

袁崇焕之事,影响如此之大。那么事情的经过又是怎样的呢?

第四章 后金的挑战

崇祯帝即位之时,明朝面临的最大威胁是后金。

后金自万历后期迅速崛起,蚕食辽东,而明朝军队却节节败退,防线不断收缩。至崇祯帝即位时,明朝在辽东的防线已退到山海关一线,几乎到了不能再退的地步。因此,在即位伊始,崇祯帝就把辽东问题看作是头等大事。能否解决辽东问题,事实上也是崇祯帝能否实现中兴梦想的关键。

为此,他于崇祯元年(1628)起用原辽东名将袁崇焕,总督辽东,全权处理辽东事务。而袁崇焕也是意气风发,夸下五年平辽复土的海口。但实际情形并不像崇祯帝设想得那么顺利。崇祯帝原以为只要有了袁崇焕,辽东问题的解决就指日可待。而事实上,袁崇焕也非万能,仅靠他一人并不能扭转乾坤。战场内外,原先存在的问题并没有彻底解决,甚至反而加剧。困难也依然存在,尤其是蒙古部落的降金,更使本已形同虚设的山海关以西的长城防线失去屏障,直接暴露在后金的攻击之下。更重要的是,此时由皇太极领导的后金,其实力和抱负,也已非昔日可比。

朝廷的力量并没有增强,甚至有所下降,而对手却变得强大了。这样一来,原先相持的局面自然要被打破了。

崇祯二年(1629)十月,皇太极在明朝廷毫无思想准备之际,避过重兵防守的山海关防线,借蒙古之地突袭山海关以西的长城防线,撕开口子,杀入长城之内。

皇太极这一招,既快又狠,打得朝廷猝不及防,一片混乱。后金军队攻入长城之内后,在京畿腹地攻城略地,如入无人之地,并两次围困京师,直到次年五月份才退出长城一线。其间,朝廷根本组织不起有效的反击,连连损兵折将,丢城失地,被弄得精疲力竭。更严重的是,自作聪明的崇祯帝,听信谣言,中了后金设下的反间计,竟在军情危急之时,逮捕了当时辽东的统帅,也是后金最感畏惧的名将袁崇焕,自毁长城,造成了不可估量的损失和严重后果。

袁崇焕被逮捕及最终遭残酷磔杀后,辽东前线由孙承宗统辖,然而这位昔日辽东名帅至此也无回天之力了。

当时朝中大权,已落到周延儒、温体仁等人手中,而原先东林内阁的成员,如韩爌、钱龙锡、李标等纷纷去职,或回籍,或获罪。带有东林色彩的孙承宗不可能得到全力支持,反而处处受到掣肘。

由于战事不断,加派日甚,天下衰竭,民乱已起,朝廷疲于应付,犹如抱薪救火,弄得焦头烂额。对辽东前线的支持,无论是兵马还是粮饷,都是心有余而力不足,只能敷衍了事。在此情形下,孙承宗的防御战略根本无法实施,甚至连现状也难以维持,更谈不上反击、拓展了。

至崇祯四年(1631)八月,一直在与朝廷议和的皇太极,突然出兵围攻朝廷刚刚收复的大凌河城堡,于长山击败了从锦州出动的朝廷援军后,攻克大凌河。

是年十一月,孙承宗辞职。

一月之后即此年的闰十一月,原毛文龙的部将、登州游击孔有德叛乱,在攻陷登州后,投降后金,并率后金兵攻取重镇旅顺。

辽东形势继续恶化,朝廷根本无法控制。

至崇祯七年(1634)五月,皇太极故伎重演,绕开山海关,借道蒙古,于六月抵达长城脚下。然后兵分四路,杀入长城。京师再次告急。皇太极在内地左冲右突近两个月后,从容而退。

崇祯八年(1635),皇太极获得元朝传国玉玺后,宣布撤销女真名号,统称满洲。

崇祯九年(1636)四月,满洲、蒙古诸贝勒,汉军都元帅,总兵官及文武大臣齐集盛京(沈阳),举行盛大典礼。由多尔衮、土谢图济农巴达礼、孔有德分别上满、蒙、汉文表章。皇太极受"宽温仁皇帝"之号,正式称帝建国,国号大清,改元崇德,定都沈阳。努尔哈赤被追谥为承天广运武皇帝,依汉制上庙号太祖。

至此,一个强大的大清帝国已初具规模。皇太极的抱负也不再是辽东,而是与大明朝争夺天下,取而代之。自此以后,皇太极三次率兵攻入长城防线,在京畿、山东地区大显身手,严重消耗了明朝的实力。而且还攻下了山海关外的四座重城,把前锋推到山海关前。此时,已离李自成攻破北京的日子不远了。

因此,在崇祯朝,明朝与后金的对峙,在某种程度上正是以袁崇焕的冤狱为分界线的。

宁锦大捷:立功的人反被弹劾

说到袁崇焕的冤案,就须追述一下天启朝以及崇祯帝即位前后的辽东形势和人事变动。

天启二年(1622)正月，努尔哈赤突然率兵反击明军。当时，辽东经略熊廷弼(天启元年六月复出任此职)和广宁巡抚王化贞(天启元年五月由参议升任)关系不和。王化贞凭着首辅叶向高、兵部尚书张鹤鸣等人的支持，不听熊廷弼调度，力主全线反击，荡平建州，并先后几次组织军事行动，但都劳而无功。努尔哈赤却在精心准备后打了王化贞一个措手不及。

努尔哈赤此次西击，先攻下西平堡，然后击败明军援军，占领了重镇广宁及远近四十余座城镇。熊廷弼、王化贞竟率军全线溃退，弃关外之地而不顾。关西蒙古人喀尔沁诸部乘机占领关外五城七十二堡。

熊廷弼、王化贞被下狱论罪。后来魏忠贤利用熊廷弼，大杀东林党人。最后熊廷弼被枭首九边。直到崇祯初韩爌为相时，熊廷弼的儿子还向朝廷吵着要他父亲的脑袋，以便回老家安葬。

熊廷弼被逮之后，王在晋任辽东经略。当时山海关外之地，尽被蒙古喀尔沁诸部控制，经略王在晋和蓟辽总督王象乾主张利用这些蒙古人守关外之地，作为官军与努尔哈赤之间的缓冲带。为此，他们请朝廷发给蒙古人粮饷，予以正式确认。同时，他们又主张在山海关外的八里铺修筑重城，驻兵四万等等。

这时，有位名叫袁崇焕的宁前兵备佥事提出了不同意见，显示出他独到的军事战略眼光。

袁崇焕，广东东莞人(一说祖籍东莞，至袁崇焕时已迁居广西藤县)，万历四十七年(1619)进士，曾任福建邵武知县。天启二年(1622)，袁崇焕被监察御史侯恂推荐到兵部，破格担任职方主事。

侯恂就是"明末四公子"之一侯方域（朝宗）的父亲，有东林色彩，后在镇压明末农民军的战争中被委以重任，提拔过名将左良玉，兵败后曾被逮捕入狱，后获释。后世对此人争议颇大，说法很多。不过在天启初，侯恂还是一位受人尊敬的东林官员。

袁崇焕能破格入兵部任职方主事，除侯恂的荐举外，可能还有一层关系，那就是他与韩爌的关系。袁崇焕考中进士时，主考官就是韩爌，当时他的官职是礼部右侍郎。因此，韩爌与袁崇焕之间，有"座主""门生"的关系。这种关系，在当时官场上是一种很重要的人情渠道。至天启二年（1622）正月袁崇焕被破格调入兵部时，韩爌正是在内阁阁臣的位置上，而且内阁首辅也是东林党人叶向高。

不过，袁崇焕能入兵部，不仅是因为有这层关系，而且更与他本人的条件有关。袁崇焕虽从小就习举子业，却同时对武略很有兴趣，这在当时是很少见的。本朝的习惯是重文轻武，武人在朝廷中，很难谋得与文官相等的地位，而社会的精英，也很少去走武人这一发展道路。话又说回来，即使想在武略方面有发展，也必须先通过科举谋得文官的资格。在当时，像兵部尚书、经略、巡抚之类率兵带将的高级职位，全由文官担任。就是说，文官做到一定时候，有可能统率武将，而武将却不太可能去统辖文官。当然，这种体制也有问题，因为文官去管军事，虽能约束武将，但能精通兵书同时又武略超群的毕竟是少数，一旦选人不当，像万历末的杨镐那样，就会误大事。因此，像袁崇焕这样既长期熟习兵书韬略，又关注边疆政治的文官，在当时的条件下能脱颖而出，也不算奇怪。

袁崇焕的胆子也够大的。他在王化贞广宁兵溃后，曾一人单骑走遍山海关内外，考察边情。当朝廷上下无不谈辽事而色变时，袁崇焕却在兵部扬言：

"予我军马钱谷，我一人卒守此。"

意思就是只要给我兵马粮草，我一人就能守住山海关。朝廷正愁没有这样的人，于是便再次破格，给他一个监军佥事的官职，把他推上山海关前线。袁崇焕赴山海关后，没过多久便得了个"铁胆"的称号。辽东经略王在晋也较倚重他，奏请任他为宁前兵备佥事，正式负责防守宁远（今辽宁兴城）和前卫屯二地。这在当时就是明军的最前线了。袁崇焕力主在此筑城，作为山海关外的屏障，而王在晋却提出收缩防线，在山海关外不远的八里铺筑城，两人发生了矛盾。

袁崇焕便越级向首辅叶向高禀告，从这一点也可以看出袁崇焕的不简单。叶向高接到报告后，也拿不定主意，便与另一位阁臣孙承宗商量。

孙承宗是万历三十二年（1604）的榜眼，天启帝即位后，以左庶子充日讲官，据说深得天启帝这位少年皇帝的赏识。天启二年（1622）初广宁失守后，辽东形势危急，孙承宗因平素通晓兵法，而被破格由礼部右侍郎提升为兵部尚书兼东阁大学士，参预机务。这在本朝历史上还没有多少先例。孙承宗的入阁，是由东林党魁、御史左光斗提议的，叶向高对此积极支持，所以孙承宗一般被认为是东林中的温和派人物或者是东林党的同情者。

孙承宗看到这种情形,便向朝廷提出自己亲自赴山海关,了解详情后再做定夺。孙承宗到达前线后,明确支持袁崇焕的计划。到了此年八月,孙承宗更是以兵部尚书兼东阁大学士的身份经略蓟辽,这在本朝也是少见的。

孙承宗在辽东筑城、练兵、屯田、造铠甲,并进行了一系列人员调整。天启五年(1625),已被提拔为山东副使、山东右参政的袁崇焕,以宁远为据点,向东开拓疆域二千余里,分遣将领据守锦州、松山、杏山、右屯及大凌河等,筑城设防,一时形势颇为有利。不幸的是,此年十月,孙承宗因遭到多方压力而辞职。魏忠贤乘机以其党羽兵部尚书高第取而代之,出任经略。

这位高第,虽是兵部尚书,但素无胆略。据说高第得知被任命为经略时,吓得直哭。他到前线后,认为山海关的战线太长,不易据守,便悍然下令全线退缩,撤入山海关。袁崇焕坚决反对,他说:

"兵法有进无退。锦州、右屯(原广宁右屯卫)动摇,则宁远、前卫必将动摇,山海关内也就失去了保障。"

袁崇焕的反对是有道理的。他的主张就是山海关外应有纵深防御,避免山海关直接受敌攻击。而这位高第大概是过于害怕,希望把全部力量收缩在山海关一线,孤注一掷。这与前面王在晋的想法是一样的。这样的战略有两大问题:一是山海关要直接承受敌方的攻击,一旦关破,京畿便无险可守,敌军的铁骑片刻就能到北京城下。二是即使山海关守得住,敌方也能绕过山海关,在山海关以西的长城防线上寻找攻击点,切入山海关之内的京畿之地。由于山海关外没有纵深防御，明朝的军队就无法对敌军进行堵截，破坏其战略实施。后来的情况也确实证实了这种推测。

可高第不管这些。他本来就不懂，加上胆子又小，所以要让他理解、接受袁崇焕的计划，真是太难为他了。因此，他不仅要撤掉锦州、右屯防线，而且要把袁崇焕的宁远、前卫一并撤入关中。袁崇焕急得都要跳起来，坚决反对。他说：

"我是宁前道，职守在此，死也要在此。我坚决不会撤退！"

遇到这种犟脾气的"铁胆"人物，高第也没有办法，所以宁远、前卫两城仍由袁崇焕驻守，没有撤退。朝廷为安抚袁崇焕，还提他做了山东按察使。但锦州一带的防守据点，如锦州、右屯、大小凌河、松山、塔山、杏山等，全部撤守，军民尽撤入关，哭声震天，米粟辎重被委弃者不计其数，明军实力大损。

依高第当时的想法，凭袁崇焕驻守的宁远、前卫两座孤城，大概也挡不住努尔哈赤的铁骑。你袁崇焕既然想逞能，不肯撤入关内，那就让你吃点苦头，到时候你就会乖乖听话了。没想到，袁崇焕竟然依靠孤城，立下了大功！

天启六年（1626）正月，努尔哈赤乘明军全线撤退之际，率兵西渡辽河，直逼宁远。袁崇焕得到谍报后，迅速召集将士，誓死守城；书写血书，激励士气；传檄山海关、前屯，凡自宁远城逃出者，全部斩杀，以肃军纪。全城人心始稳，誓死守城。

当时努尔哈赤所率军队，超过十万，而袁崇焕在宁远的守军，仅万人，双方实力悬殊。袁崇焕在努尔哈赤围城之初，故意放弃外城，把敌军放进来。后金军队不知是计，便蜂拥而入，攻打内城。袁崇焕立即下令发射刚刚引进的西洋巨炮，配之以滚石矢木，后金军队吃了大亏，努尔哈赤本人也受了重伤，只得全线撤退。这就是"宁远大捷"。

当时的朝廷上下，谁也没想到袁崇焕能打这样一个大胜仗。袁崇焕一下子名声大震，先被提拔为右佥都御史，不久又被任命为辽东巡抚。而那位经略高第，因拥兵不救、折辱诸将而遭交章弹劾，被赶下了台。朝廷上下最痛恨的是高第在宁远激战时拥兵观望，不予救援。不过，在高第看来，他是不便去救。他本来就不同意袁崇焕守宁远孤城，现在仗打了起来，如果袁崇焕打胜了，不是证明他自己原先的战略是错误的吗？对这种打胜了却只能证明自己是错误的仗，像高第这样的人能去拼命吗？

高第之后，王之臣出任经略。王之臣与袁崇焕意见不合，朝廷为调和关系，干脆把辽东的防务一分为二，山海关内由王之臣负责，山海关外由袁崇焕负责。这种做法不免滑稽，因为辽东防务本是一体，现在却被活生生割裂。对这种划分，袁崇焕很不满意，他认为这是对他的不信任或猜忌；同时王之臣也不会满意，因为他职为辽东经略，本应全线统筹，而现在却只让他负责关内。朝廷的原意是调和两人关系，现在反而弄巧成拙。

在宁远大捷之后，形势一度对明朝有利。此年的八月，努尔哈赤因在宁远被击重伤，久治不愈而亡。努尔哈赤临终前曾对诸贝勒说：

"我自二十五岁以来，战无不胜，攻无不克，为何单单宁远一城却没有攻下?!"

努尔哈赤死后,其第八子皇太极接位。皇太极当时面临许多困难。自己以第八子身份接位,并无多大合法性,只不过是因为自己统辖两旗,实力最强。而且,努尔哈赤临终前曾明确告诫,要八贝勒共同治国。因此,当时皇太极急于巩固自己的地位。另外,宁远惨败,加之辖区内的长期经济衰败,皇太极也不太想在即位之初,就与明朝大动干戈。更重要的是,皇太极想借正面缓和之机,压服朝鲜,以解后顾之忧。

天启七年(1627)初,皇太极与袁崇焕之间互派使者,互换书信,进行商谈。皇太极在信中列述了"七大恨",申诉女真在明朝统治下所受的冤屈,表示愿重修两国之好,互赠礼品。所谓互赠礼品,就是要明朝向后金纳贡。袁崇焕则要皇太极退出开战以来侵占的城池,归还被俘的军民等等,也就是要后金恢复到从前的地位。双方的筹码不一,很难达成一致。

就在和议进行之时,双方都采取了一些举措,各打着自己的算盘。

皇太极乘议和之机,出兵朝鲜,并攻击据守在皮岛(今朝鲜椵岛)的明朝将领毛文龙。朝鲜、皮岛同时告急,请求朝廷支援。

而此时的袁崇焕,正忙着布防筑城。当时经略王之臣已被罢职,经略一职空缺,由袁崇焕以巡抚的身份全面统辖辽东军务。袁崇焕掌权后,与总兵赵率教巡历锦州、大小凌河三城,并重新设防。正在此时,朝鲜告急,袁崇焕急命部将增援,而朝鲜却因敌不住后金军队的猛攻,已正式投降。朝鲜的投降,使皇太极解除了后顾之忧,而使明军失去了从东面夹攻后金的有生力量。

天启七年(1627)五月,已取得朝鲜之战胜利的皇太极,率兵向袁崇焕反扑,说是要报努尔哈赤之仇。在其攻势之下,大小凌河守城之卒溃逃,皇太极乘势围住锦州。锦州守将赵率教、监军太监纪用遣使请和。袁崇焕急派祖大寿率精兵四千人,绕到敌后,又派水军东出,试图从背后发起攻击。援兵才出发,而敌兵已至宁远城下。袁崇焕故伎重演,用重炮打击攻城之敌。与袁崇焕不和的满桂,也率兵来增援,合击敌军。后金军队伤亡惨重,城外壕沟尸积如山,不得已而撤出宁远,集中力量攻打锦州。锦州守城之兵奋力抵抗,外部援军也纷纷赶到,后金军队便全面撤退,临撤时,毁掉了大小凌河两座城池。这就是有名的"宁锦大捷"。

宁锦大捷,对皇太极是一个沉重的打击。而对于明朝来说,似乎是一个转机。不幸的是,朝廷内部的矛盾再次影响到了辽东局势。

宁锦大捷后,袁崇焕被魏忠贤手下的党羽交章弹劾。他们说袁崇焕没有及时救锦州,毛文龙遭后金袭击,也是因为袁崇焕与后金议和引起的,等等。袁崇焕当然受不了,愤然乞请致仕归里。朝廷顺水推舟,同意袁崇焕之请,而让王之臣复出,指挥辽东军事。

不过,尽管袁崇焕存在这样或那样的问题,但宁锦大捷还是要论功行赏的。朝廷文武,因宁锦大捷而被增秩赐荫者不下百人。魏忠贤的从孙魏鹏翼虽尚在襁褓之中,却也因宁锦大捷而被封了安平伯。至于袁崇焕,魏忠贤也格外加恩,给他增了一秩。

对此,就连魏忠贤的心腹尚书霍维华也觉得太少了一点,因为毕竟是袁崇焕辛辛苦苦打了宁锦大捷,但魏忠贤对这种想法断然拒绝。后来梁启超读到这段历史,曾大发感慨说:

"古未有奸臣在内,而名将得立功于外者!"

其实,梁任公只说对了一部分。奸臣在内,大概也希望名将能立功于外。魏忠贤在朝廷大杀东林党人时,东林党的同情者孙承宗、袁崇焕则在拼着命守住辽东。魏忠贤当然希望他们能立功于外,只不过功劳要算在或大部分算在自己这位"九千岁"头上,能为自己所用。一旦超出这个范围,就不行了。另外,名将不能立功于外,并不一定要有奸臣在内。袁崇焕这位名将,后来在崇祯帝这位明君领导下,不仅没有立功,反而丢了性命,而杀他的人,恰恰不是奸臣,而是崇祯帝这位明主。

袁崇焕复出

到了崇祯元年(1628)二月,蓟辽总督王之臣以罪罢免。在朝廷大臣们的纷纷要求下,崇祯帝任命袁崇焕为兵部尚书,督师蓟辽。此年七月份,袁崇焕至北京,崇祯帝在平台(宫城右后门)召见袁崇焕及群臣。在一番君臣寒暄之后,他即问袁崇焕:

"东兵跳梁,十载于兹,封疆沦没,辽民涂炭。卿万里召赴,忠勇可嘉。所有方略,具实奏闻。"

袁崇焕一听皇帝咨以方略,而且态度亲切诚恳,一副礼贤下

士的样子,便头脑一热,说出了后来有点后悔的话:

"臣受陛下特眷,原假便宜,计五年,全辽可复。"

崇祯帝一听,龙心大悦,连连许诺袁崇焕说,只要收复辽东失地,不要说你可封伯封侯,就连你的子孙也可同沐圣恩。边上的群臣一听皇帝这样说,连忙异口同声地夸袁崇焕道:

"袁崇焕肝胆意气,识见方略,种种可嘉,真奇男子也。"

这一夸,直把袁崇焕夸得心花怒放,似乎辽东之复,已是指日可待!

崇祯帝此时已累,便先回便殿休息一会儿。皇帝一走,有位名叫许誉卿的给事中便向袁崇焕请教,问他凭什么只要五年就可复全辽?

袁崇焕被许誉卿这么一问,也只得老实回答:

"圣心焦劳,聊以是相慰也。"

袁崇焕的意思,就是考虑到皇帝为这事日夜操心,我姑且说五年可以复辽,宽宽他的心。许誉卿一听,知道袁崇焕其实也是心中无底,只不过是随便说说而已,因此他立即责怪袁崇焕道:

"上英明,安可漫对!异日按期责效,奈何?"

许誉卿说得也有道理。皇帝英明有为,不是糊涂之辈,你袁崇焕随口说五年可以复辽,到时候皇帝真的按五年之期来考核,你怎么办!许誉卿的话犹如一盆冷水,令袁崇焕冷静下来了。他想起以前治辽的经历,以及朝中的复杂、辽东的艰苦,不由得后悔刚才的失言。因此,当崇祯帝休息后重新踱出来时,袁崇焕的口气就有了很大的改变,他说:

"东事本不易竣,陛下既委臣,臣安敢辞难?但五年内,户部转军饷,工部给器械,吏部用人,兵部调兵迁将,须中外事事相应,方克有济。"

这时袁崇焕把价码抬高了,不像开始时那样轻率。他提的那些要求也是实情,如果没有朝廷上下一致,同心协力,辽东的仗就没有办法打下去。崇祯帝觉得有道理,便对身边的部臣说,要满足袁的要求。袁崇焕接着说:

"以臣之力,制全辽有余,调众口不足。一出国门,便成万里,忌能妒功,夫岂无人。即不以权力掣臣肘,亦能以意见乱臣谋。"

这些话很有分量,听得崇祯帝不知不觉站了起来,当即表示:

"卿勿疑虑,朕自主持!"

刘鸿训等阁部大臣见机,也向崇祯帝请赐尚方宝剑,假之便宜,崇祯帝立即同意。此时的崇祯帝,满怀希望,只要袁崇焕提出来的,他都答应。在他看来,只要辽东一平,中兴也就指日可待。而崇祯帝越是这样,袁崇焕越是担心。因此他在临赴任时,又给皇帝上了一个奏疏,把他心中的想法和担忧,一一写明。他说:

"恢复之计,不外臣昔年以辽人守辽土,辽土养辽人,守为正着,战为奇着,和为旁着之说。法在渐,不在骤;在实,不在虚。此臣与诸臣所能焉。"

说完自己的用兵之策后,袁崇焕话锋一转,点出自己对朝廷在边疆用人方面的担忧。他接着说道:

"至用人之人,与为人用之人,皆至尊司其钥。何以任而勿贰,信而勿疑?盖驭边臣与廷臣异,军中可惊可疑者殊多,但当论成败之大局,不必摘一言一行之微瑕。事任既重,为怨实多。诸有利于封疆者,皆不利于此身者也。况图敌之急,敌亦从而间之,是以为边臣甚难。臣非过虑,但中有所危,不得不告。"

袁崇焕这段话,似乎为他后来的命运埋下了伏笔。他所担忧的,后来几乎都变成了现实,而亲手杀他的,竟也是爱他知他的崇祯帝。

袁崇焕赴辽东遇到的第一件事,就是宁远兵变,十分棘手。

宁远兵变在袁崇焕赴任前就已发生。起先是镇守宁远的川湖兵因连续四个月未领到军饷,起兵闹事,其余十三营也立即响应。叛兵们捉拿了巡抚毕自肃、总兵朱梅、通判张世荣、推官苏涵淳,并把他们拘押在谯楼上,形势十分危急。

刚刚赴任的兵备副使郭广,与士兵们没有多少冲突,所以说话尚有些影响力。他竭力保护毕自肃,并千方百计筹集到抚赏等银两万余两,交给川湖兵。川湖兵仍不满足,郭广只得又向商民借贷,凑足五万两,才稍稍压住叛兵凶狠之势。巡抚毕自肃也得以逃到中左所(即塔山堡)。他大概是自感罪行深重,或许是对朝廷感到寒心,所以在上书自劾后,便上吊自杀,寻求解脱。

宁远兵变,反映出当时官军的脆弱。就体制而言,官军士兵主要是招募而来。明初的那种卫所制度及其兵源征募的办法,此时已名存实亡。既然是招募,则兵员素质首先就得不到保证。在当时,只有没办法的人才会去当兵,而且绝大多数人是冲着兵饷去的。这些兵,管得好就是朝廷的官军,一旦管得不好,那差不多就是盗贼。朝廷四个月不发饷,他们能不闹事吗?这事也怪不得巡抚毕自肃。他虽有治兵不力之罪,但兵士哗变,最直接的原因是欠饷。说到底,是朝廷拖欠了前线的兵饷。毕自肃虽为巡抚,但本身拿不出钱,只有朝廷给钱,毕自肃才有银发饷。

袁崇焕得知宁远兵变后,立即赶赴宁远,与那位能干的郭广密谋对策。袁崇焕的做法,与别人不同。他竟然宽宥了这场兵变的首恶杨正朝、张恩顺,令其充前锋立功自赎,以稳住人心。但像兵变这样的严重谋反事件,总得有人去承担责任。袁崇焕便斩了十五名从犯,又把预先知道川湖兵要发动哗变却没有及时上报的中军吴国琦处斩,并罢免了一批军官,以平群愤。当时只有都司程大乐统辖的一营兵士没有参加哗变,袁崇焕特予以奖励。在这些措施之下,宁远才算平静下来。

事态虽已平息,但军饷总得发下去,总拖着也不是长久之计。袁崇焕平定宁远后,立即上疏朝廷请饷。崇祯帝便召群臣商议。绝大部分大臣都请求崇祯帝发内帑充饷,以解燃眉之急,因为户部已无银可拨。崇祯帝一想到要动用自己的"内帑"之银,心中就不太情愿,但不好明确拒绝。正在崇祯帝为难之际,聪明的吏部侍郎周延儒体察到皇帝的心思,便出语惊人,发表了与众不同的高论:

"关门昔防敌,今且防兵。宁远哗,饷之。锦州哗,复饷之。各边效尤,帑将安给?"

崇祯帝一听,有道理!忙问道:

"卿谓如何?"

周延儒接着说道:

"事迫不得不发,但当求经久之策。"

什么是经久之策呢？周延儒几天后又说：

"饷莫若粟。山海粟不缺也,缺银耳。何故哗？安知非骄弁拘煽,以胁崇焕邪？"

这句话真是说到崇祯帝的心坎上了。当时崇祯帝正疑心边将以兵变要挟朝廷,请发军饷,给周延儒这么一点拨,更是豁然开朗。

周延儒这番话,很得崇祯帝欢心。只要能少出他内库的银子,他都听得顺耳。但周延儒的话,却害苦了带兵的将领们。当时的官军,都是招募来的,帮朝廷打一天仗,朝廷就得给一天银子,因此并不像周延儒所讲的那样,有粮无银也能应付。当时朝廷欠饷普遍,不仅欠辽东的军饷,也欠其他地方如陕西等地的兵饷。因此,袁崇焕在平定宁远后,便立即向朝廷请饷。鉴于当时辽东的形势和袁崇焕的面子,崇祯帝尚能基本满足。

袁崇焕随即着手整饬辽东的防务,调整人事安排。毕自肃自杀后,袁崇焕上书请求不要再设巡抚。后登莱巡抚孙国桢被罢时,袁崇焕又上书请求罢黜不设。同时,袁崇焕把宁远、锦州合为一镇,由祖大寿仍旧驻守锦州,加中军副将何可刚都督佥事,代替总兵朱梅驻守宁远(朱梅已被解任),而将驻守蓟镇的赵率教移至关门。这样一调整,山海关外仅存两员大将,而袁崇焕自己则镇守宁远,基本上做到了事权归一,理顺了人事关系。

到了崇祯二年(1629)闰四月,崇祯帝以春秋两防的功绩,诏令加袁崇焕太子太保,赐蟒衣、银币,荫锦衣千户。袁崇焕意气风发,原先的小心谨慎已被抛之脑后。不久,他就做了一件令朝野大为震惊的大事,那就是诛杀毛文龙。

杀毛文龙埋下杀身之祸

这位毛文龙,也是当时的一位奇人。他的祖籍在山西太平。因其父到浙江杭州做生意,毛文龙生在杭州,便落籍杭州府仁和县。一般人都认为毛文龙是杭州人,而实际上他是个地道的山西人。

毛文龙虽生在杭州,但仍像当时的许多山西人一样,天生不爱读书,也不事生产,而是阅历江湖,空口谈兵,属于无赖不正之徒。到后来,他出走投奔他的叔父毛得春,世袭其职充百户,开始到军队中去发展。到天启元年(1621),他已是巡抚王化贞手下的练兵游击。

也就在这一年,毛文龙策动后金的镇江(九连城)守将陈良策反正,一举占领该城,侥幸成功。这次胜利被广宁巡抚王化贞称为"镇江大捷"。王化贞立即组织兵力,准备一举剿灭辽东,结果是无功而还。不久,镇江城也被后金收复。

毛文龙因有"镇江大捷",而被提升为副总兵,累加左都督。天启二年(1622)春广宁失守、辽东全线崩溃之后,毛文龙及其据守的皮岛就显得重要起来了。此年六月,朝廷在皮岛设东江镇,再升毛文龙为平辽总兵官,挂将军印,赐尚方剑。除皮岛这一基地外,毛文龙当时尚占据着朝鲜境内的铁山,设有营寨。

毛文龙一心一意经营他的东江镇。这皮岛(椵岛)居鸭绿江口之南,离朝鲜本土仅一水之隔,地理位置险要。岛上居民多是从辽东逃出来的汉人。毛文龙便招募一批手下,做他的"海外天子"。

平心而论,毛文龙仍是明朝的将领,因为他确实在打击后金,牵制敌军,而且还常常上书朝廷,慷慨激昂,说些中听的大话。如他在天启三年(1623)曾上书兵部,说"得饷百万,明年可以灭奴"。实际上他根本做不到。两年之后,他又说:"两年之间,有不平辽灭奴,复三韩之旧业,甘治欺君诳上之罪。"这些大话,他说了不少,不仅魏忠贤爱听,一般人也喜欢听。对于一个这样的朝廷来说,能说些大话的人毕竟还是有用的,至少符合气可鼓而不可泄的原则。况且,毛文龙也做了一些实事,为辽东的战局起到了某种牵制作用,尽管他把斩杀六人说成六万之众等等。

话又说回来,明末说假话、大话的人,也并非毛文龙一人,至少是真正说真话的人不多,因为朝廷上下愿听真话的人本来就不多。事实上,就算毛文龙不说大话,他也承担不起收复辽东的重任。朝廷的大军在关外尚且节节败退,何况毛文龙这样的乌合之众。

或许毛文龙本人就十分明白这一点。因此,他一方面不断与朝廷吹些大话,要官要饷,另一方面,也实实在在地为自己做事。他不断地要饷,不免也吃些空额,落入自己腰包。更严重的是,他还利用皮岛的地理优势和军队的特权,做些生意赢利,经营的商品中也有不少是违禁品。他还代朝廷征收过往商贾的商税,但不上缴。总的来说,毛文龙在皮岛,兵练得不怎么样,但钱赚得还可以,很有些经济头脑。

毛文龙赚的钱,除落入自己腰包外,开支也不少。手下的一大帮兵马要靠他养活,指望朝廷有时候也的确不可靠;朝廷那么多官员也得罪不起,需要打点。毛文龙在这方面从不吝啬,朝廷上下拿他钱的人不是一个两个,否则也不会有这么多人帮他说话。毛文龙的最大问题是得意忘形,失了分寸,忘了自己的身份。他总以为朝廷没有了他,辽东局势就会如何。他还以为他上下使了钱,朝廷的官员就都会帮他讲话,奈何他不得。在崇祯帝刚即位的天启七年(1627)九月,毛文龙上了一个措辞激烈的奏疏,说他"七年苦楚,百事勤劳,有不平者五事",具体而言,则是衣服不足、待遇不一、赏罚各异、抹杀战功、传言不断等等,最后甚至以辞职相威胁。崇祯帝拿到这个奏疏后,不明真相,想想毛文龙也真是不易,便下了一个令毛文龙浮想联翩的诏书,称:

> 文龙远戍孤悬,备尝艰苦,屡建捷效,心迹自明。东顾方殷,岂得乞身求代。还宜益奋义勇,多方牵制,以纾朕怀。

崇祯帝的这种态度,无疑更加刺激了毛文龙的狂妄自大,以致发展到了肆无忌惮的地步。

后人在后金的"满文秘档"中还发现了毛文龙与后金往来的密信。毛文龙在密信中曾与皇太极议降,提出所谓"尔(指皇太极)取山海关,我取山东"之类的投降条件。假如这些档案的真实性没有问题的话,那么历史真是开了个大玩笑。因为明末不少人认为,袁崇焕斩杀毛文龙,就是为了投降后金,没想到毛文龙却曾有过降后金的举措。这真是冤杀了袁崇焕!

毛文龙此等狂妄,自认为朝廷缺他不可,不料朝廷新任命的辽东总督袁崇焕也是个敢作敢为的人。这位当时尚深受崇祯帝宠爱的袁崇焕,原本就与毛文龙有矛盾。在任辽东巡抚时,袁崇焕就曾提出撤销东江镇的建议,朝廷没有采纳。在天启七年(1627)皇太极出兵攻击皮岛时,袁崇焕的救援也在有意无意之间慢了半拍,令毛文龙吃了大亏,丢掉了铁山大营。袁崇焕也因此事而被毛文龙在朝廷中的那些代理人猛烈攻击,最终乞请致仕归里。

袁崇焕此次重掌辽东帅印,毛文龙的问题当然是绕不过去的。所以,在袁崇焕赴辽之前,大学士钱龙锡曾问及袁崇焕赴辽后的具体方略,袁崇焕明确表示:

"当自东江始。文龙用则用之,不可用则处之,易易耳。"

此言表明,袁崇焕在赴辽之前,就有除掉毛文龙的打算。

袁崇焕一赴任,果然就以毛文龙开刀。袁崇焕很精明,知道毛文龙的要害所在,因此他上了《策画东江事宜疏》,要求朝廷改变运往东江粮饷的饷道,并派兵部部臣参与皮岛的粮饷管理,以便用粮饷来控制住毛文龙。毛文龙当然不干,立即上疏抗辩,而且话说得很难听。他说:

"臣读毕,愁烦慷慨,计无所出。忽闻哭声四起,合岛鼎沸,诸将拥进臣署,言兵丁嗷嗷以致今日,望粮饷到、客商来,有复辽之日,各还故土。谁知袁督师将登州严禁,不许一舡出海。"

毛文龙的话虽有点夸张,但说的也是实情。袁崇焕把山东半岛一封锁,不仅粮饷之船来不了,而且商船也不能赴皮岛,加上朝鲜已降了后金,所以皮岛就成了海中孤岛,难怪毛文龙要说这是"拦喉切我一刀,必定立死"。

以毛文龙的禀性,话自然不会到此为止,更难听的话还在后头。他接着说:

"督臣策画舍近求远,弃易图难,臣竟不知故。今事实难做矣,臣之热肠冷矣,性命危于旦夕矣。每自譬于林畔一日七战时,今又多活数年,即死亦瞑目矣。只不愿如抚臣故事,又有非议于其后耳。督臣为臣上司,臣辩驳其疏,臣亦自觉非体、非理,听皇上或撤或留,臣随(遂)亲抱敕印,竟进登州候旨,逮臣进京,悉从公议,治臣以罪,完臣一生名节,免误封疆大事矣。"

这些话明显带有要挟的色彩,正在兴头上的袁崇焕自然是恨之入骨,杀心顿起。不过,毛文龙的这番话虽不中听,倒是基本上在后来应验。他本人不久被诛杀,尽管未等到进京而是被袁崇焕立斩于帐外,应了那句"性命危于旦夕矣"。袁崇焕诛杀毛文龙,后来被视作是其降后金的主要步骤和罪证,应了那句"只不愿如抚臣故事,又有非议于其后耳"。

毛文龙在上此疏时,未必料到他自己真会丧命,而袁崇焕却真的在布置诛杀之事。崇祯二年(1629)五月底,袁崇焕乘舟泛海到达皮岛附近的双岛,名义上当然是检阅兵马。毛文龙在六月初一日由皮岛来到双岛,以下属的身份进谒,后又陪袁崇焕上了皮岛。酒足饭饱之余,袁崇焕也曾试探过毛文龙,给毛文龙一些台阶,如整治部队、返乡养老等等,让毛文龙能顺此体面收场。不幸的是,毛文龙仍是懵懂不解,失之交臂。于是,袁崇焕便准备痛下杀手。

六月五日,袁崇焕终于动了杀手。他预先在一座山上设置大帐,并在帐中埋伏了亲兵。接着,他邀毛文龙前来,一起上山。毛文龙赶到山下,袁崇焕与他寒暄道:

"明天早晨我就要离开此地,你一人担负海外守御重任,请受我一拜!"

毛文龙赶紧回拜。互拜之后,袁崇焕请毛文龙上山,却把他的随从兵卒挡在山下,只许一些将官跟随上山。袁崇焕边走边问那些从官的姓名,回答多为毛姓。毛文龙赶紧解释说,他们都是我的子孙。袁崇焕又笑着说:

"你们远处海外,整日辛苦,为国效力,而每月米粮只有一斛,真是令人痛心,请再受我一拜!"

毛文龙的从官吓得赶紧叩头答谢。就这样你一拜我一拜,一行人就进了大帐。一进大帐,袁崇焕把脸一翻,突然责问毛文龙违反朝命之事。毛文龙哪里受得了,立即反驳。袁崇焕喝令随从扒掉毛文龙的冠戴,捆绑起来,并从容不迫,历数其"十二斩罪":

"尔有十二斩罪,知之乎?

祖制:大将在外,必命文臣监。尔专制一方,军马钱粮不受核,一当斩。

人臣之罪，莫大欺君。尔奏报尽欺罔，杀降人难民冒功，二当斩。

人臣无将，将则必诛。尔奏有牧马登州取南京如反掌语，大逆不道，三当斩。

每岁饷银数十万，不以给兵，月止散米三斗有半，侵盗军粮，四当斩。

擅开马市于皮岛，私通外番，五当斩。

部将数千人悉冒已姓，副将以下滥给札付千，走卒、舆夫尽金绯，六当斩。

自宁远还，剽掠商船，自为盗贼，七当斩。

强取民间女子，不知纪极，部下效尤，人不安室，八当斩。

驱难民远窃人参，不从则饿死，岛上白骨如莽，九当斩。

辇金京师，拜魏忠贤为父，塑冕旒像于岛中，十当斩。

铁山之败，丧军无算，掩败为功，十一当斩。

开镇八年，不能寸土，观望养敌，十二当斩。"

这"十二斩罪"中，有的确实是事实，有的则有些牵强。如给魏忠贤行贿、在皮岛给魏忠贤塑像这一条，就算不上可斩之罪。当时给魏氏建祠塑像，是一种风气。袁崇焕自己也曾上书朝廷，要求在宁远给魏忠贤造生祠，不过由于种种原因没有造成而已。再如开镇八年未复寸土那一条，也有些勉强。毛文龙未复寸土是事实，但比起那些连连丢失疆土的大吏而言，也算不得弥天大罪。袁崇焕复出之后，好像也是未复寸土，只是一味防御。所以，要求毛文龙以一孤岛之乌合之众，去收复失地，不免苛求。不过，既然袁崇焕要斩杀毛文龙,那么,不要说是"十二斩罪",就是更多的罪状也能找得到。因此难怪也有人说,袁崇焕捏"十二罪",矫旨杀文龙,与秦桧以"十二金牌",矫旨杀岳武穆,是古今一辙。

毛文龙至此已明白事态的严重性,便不再开口,只是一味叩头求免一死。袁崇焕问毛文龙的从官道:

"文龙罪当斩否?"

众官们吓得连连称该斩。但也有人为他辩护,说其数年劳苦。袁崇焕勃然大怒,斥责道:

"文龙一布衣耳,官极品,满门封荫,足酬劳,何悖逆如是?"

接着,袁崇焕跪下顿首,请旨道:

"臣今诛文龙以肃军。诸将中有若文龙者,悉诛。臣不能成功,皇上也以诛文龙者诛臣!"

此言一出,杀气腾腾,在场诸官谁也不敢出声。袁崇焕便取出尚方剑,在帐前斩杀毛文龙。毛文龙当时也有皇帝所赐的尚方剑,没想到自己却被另一把尚方剑斩杀。据说毛文龙曾祈过梦,在梦中,他的同乡前辈于谦授其一诗:"欲效淮阴,老了一半;好个田横,无人为伴。"当初大家都不解其意。直到毛文龙被斩,大家才恍然大悟,韩信二十七岁任大将,文龙五十二岁作元戎,老了近一半;田横死在荒岛,尚有五百人殉死做伴,而文龙被斩时,却无人做伴。

袁崇焕随即对毛文龙的部队进行了改编,重新任命首领,并采取了一些安抚措施,算是稳住了毛文龙的旧部。

袁崇焕诛杀毛文龙,虽不像后来不少人所误解的那样,是出于降后金的目的，但此举确实有点过分。毛文龙也是一位由皇帝钦命的边塞大将，袁崇焕虽有尚方剑和崇祯帝"便宜行事"的圣旨，但也不能说杀就杀，不通过正常的程序。这一点袁崇焕本人也十分清楚，因此，他在诛杀毛文龙后，立即上疏为自己开脱，并向朝廷请罪。崇祯帝虽然没有追究，甚至还"优旨褒答"，但心中的震惊、疑虑是难免的。袁崇焕后来的命运，或许与此举有很大的关系。

另外，从当时的敌我情形而言，袁崇焕诛杀毛文龙，也是失策。尽管毛文龙有种种不是，但他仍然是明朝的总兵，他驻守的东江镇，在朝鲜降后金之后的崇祯初年，是朝廷唯一能在敌人腹背起牵制作用的重镇。而毛文龙一死，东江镇失去约束，不久便土崩瓦解。毛文龙的许多部下也纷纷投敌。其中尚可喜、耿精忠、孔有德等，成为后来清兵入关的急先锋，立下赫赫战功。不过令人奇怪的是，这些人帮明朝打仗时似乎不怎么样，但到打明朝时却是胜多败少。

诛杀毛文龙之后不久，辽东的战局便急转而下，战火蔓延到了京畿。袁崇焕的末日也就不远了。

崇祯帝中了反间计？

崇祯二年（1629）十月下旬，一直与袁崇焕商谈议和的皇太极，突然率兵绕开宁远、山海关一带的明朝防线，由蒙古境内开

第四章 后金的挑战

拔,抵达老河。然后兵分三路,分别从大安口、龙井关、洪山口突袭长城防线,并迅速得手,至十一月初二日,皇太极的三路兵马已到达了遵化城下,形势告急!

皇太极这次突袭,有内外双重因素。崇祯二年(1629),不仅新附后金的蒙古诸部遭受严重灾荒,后金本身也遭重灾,日子艰难。皇太极为了摆脱经济困难,巩固汗位,急于开战。而当时的形势,也有利于进攻。虽说袁崇焕统辖的宁远、山海关防线不容易攻破,但由于蒙古已经归附后金,后金的军队可以在蒙古军的协助下,选择山海关以西的薄弱之处,作为突破口,攻破长城防线。而且此时朝鲜也已归附后金,皇太极不必像原先那样担心朝鲜人在后面攻击他的大本营,没有了后顾之忧。

当时明朝在山海关以西的长城防线十分薄弱。在蒙古喀尔沁等部尚未依附后金前,这段防线尚有缓冲地区,形势不算严峻。但至蒙古诸部归附后金之后,情形就大不一样了,因为这段长城防线直接面临着后金的威胁。对此,袁崇焕已清醒地意识到了,所以,他一再上书朝廷,要求在这一线增兵,尤其要用重兵把守蓟州镇(今河北迁西)、遵化(今河北遵化)、蓟州(今河北蓟县)等要地。但朝廷未能依此具体实施。究其原因,一是因为朝廷无力布防,二是因为崇祯帝及朝廷上下都认为,对付后金只要袁崇焕就行了,不必再另作筹划。没想到,袁崇焕担心的事,皇太极也想到了,而且迅速实行并一举成功,把明朝打了个措手不及。

山海关总兵赵率教得知长城防线被攻破的军情后,立即率守关兵马飞驰三昼夜,赶到迁西西北的三屯营,却被驻守此镇的总兵官朱国彦阻止,不得入城。赵率教无奈之下,继续西行,遇后金军队伏击,双方激战,结果赵率教战死,其部也全军覆没。

打掉援军的后金军队,乘胜攻打遵化城。巡抚王元雅、保定府推官李献明、永平推官何天球以及现任、前任两位知县和几位武官,或自尽,或战死,遵化沦陷。

遵化一破,三屯营随即军心动摇,一批守将临阵脱逃。总兵官朱国彦愤怒之余,在城中张榜公布逃跑将领的名单,并散尽家财,与妻子张氏双双上吊自杀。形势十分危急。

袁崇焕在十一月初一日赶到山海关后,才得知后金军队已从蒙古攻入长城的有关详情。他立即调兵遣将,进行堵截,自己则亲率祖大寿、何可刚入卫,于十一月十日赶抵蓟州。崇祯帝对袁崇焕"温旨褒勉",并发内帑犒赏将士,令袁崇焕统率各路兵马。袁崇焕立即作了布置:

以原总兵朱梅、副总兵徐敷奏等守山海关;参将杨春守永平,游击满库守迁安,都司刘振华守建昌,参将邵忠武守丰润,游击蔡裕守玉田、昌平;总兵尤世威仍还镇护诸陵;宣府总兵侯世禄守三河,扼其西下;保定总兵曹鸣雷、辽东总兵祖大寿驻蓟州遏敌,保定总兵刘策还驻密云。

同时,袁崇焕命游击钟宇,中军王应忠、李应元为右翼,继副总兵张弘谟而进;中军何可刚,游击靳国臣、赵国忠、孙志远、陈景荣、陈继盛,都司刘抚民组成中权,继朱梅而进;祖大寿为后援,继何可刚而进。袁崇焕自己率军居二线之中策应。

朝廷当时一片混乱。当后金军队突破长城防线的消息报到京师,毫无准备的朝廷上下大为震惊。崇祯帝立即下令京师戒严。遵化沦陷后,京师大震,人心惶惶。崇祯帝任命吏部侍郎成基命为礼部尚书兼东阁大学士,参预机务,又召原先赋闲在家的孙承宗任兵部尚书兼中极殿大学士,督理兵马,负责京师防卫。一时间,只要听说有能用之人,崇祯帝便毫不吝啬,立即给官给钱,予以实权,可见崇祯当时的心态。而原任兵部尚书的王洽,则倒了大霉,被逮捕入狱,不久便死于非命。这位王尚书,本是位不错的文官,没想到却丢了性命。王洽被杀,与周延儒有很大关系。在遵化失陷后,崇祯帝召见群臣,周延儒阴森森地说了一番话,而正是这番话要了王尚书的命。周延儒是这样说的:

"世宗斩一丁汝夔,将士震悚,疆敌宵遁。"

此言就是要崇祯帝杀一儆百。崇祯帝认为言之有理,便把王洽下了狱。这位周延儒,总是出这样的鬼点子,害了不少人,最终也害了自己。崇祯帝实用主义的做事风格和变化无常的性格,由此也暴露无遗。

皇太极攻陷遵化后,并没有像袁崇焕所预计的那样强攻蓟州城,而是与蓟州城稍有接触之后,便绕城而过,迅速向西挺进,连陷玉田、三河、香河、顺义等县,直逼京师。在通州以北二十里处扎营后,又分兵向彰义门、天津、密云、居庸关、良乡、固安推进。形势已是十分严峻。

袁崇焕弄清了皇太极的意图后,立即率兵火速向京师靠拢,于十五日赶到了通州附近的河西务。当时朝廷上下已有谣言说袁崇焕勾结后金,所以朝廷命袁崇焕的驻地不得越过蓟州,而袁崇焕此时已越界到了通州附近。因此,部将中有人提醒他,干脆就把部队停驻在河西务,不要再往京师靠近,视敌情而作攻守进退。但袁崇焕勤王心切,没有采纳,反而亲率九千兵马,于十六日抵达左安门(外城即外罗城的东南门。外城在内城之南,呈长方形,环抱内城东西角楼,共有七个城门)。

除袁崇焕这支军队外,京师附近尚有孙承宗驻屯通州,大同总兵满桂、宣府总兵侯世禄也率援军赶到了德胜门外驻扎。京师的守卫则由新上任的兵部尚书李邦华、右侍郎刘之纶主持。督师袁崇焕赶到后,崇祯帝仍赐彩币和玉带,命其统辖各路兵马。

十九日,皇太极率兵进至京师之北土城关之东。皇太极巡视京城外围之后,进兵关厢二里列营进击。宣府总兵侯世禄避其锋芒,不与之战。大同总兵满桂则独自率领自己带来的五千骑兵迎战。在德胜门城楼上督战的兵部尚书李邦华,急令开炮助战,没想到炮弹无眼,误伤了满桂。满桂被抬下来休息。后来有人误把伤满桂的账算到袁崇焕头上,这的确是冤枉。

袁崇焕急忙令都司戴承恩在广渠门(外城之东门,俗称沙窝门)择地布阵,祖大寿在南,王承胤等在西北,自己在西,严阵以待。此日午时,后金兵马在外城以东发起攻击,先由东南方向进攻,祖大寿等人力战却敌。后金兵转而由西面攻击,袁崇焕亲自上阵督战,战斗十分激烈。在敌往后金军的攻势以后,袁崇焕挥师合击,进行反扑,敌军退却至浑河。皇太极鸣金收兵,移营南海子。攻城之势稍稍缓和。

在京师被攻之际,崇祯帝诏天下镇巡官勤王。崇祯帝此时真

第四章 后金的挑战

是有点急了,担心京师守不住,所以才严令各地率师入卫勤王,一时间天下震动。各地援军纷纷向京师集结,围攻南海子,后金军队开始后撤。

十一月二十三日,崇祯帝在平台召见袁崇焕、满桂等人,对袁崇焕依然是态度和蔼,且有赏赐。当时袁崇焕鉴于局势危急,自感不安,便将传旨的太监留在营中,自己则青衣玄帽独自入城进见。依袁崇焕的初衷,他原准备向皇上提出议和的建议,所以开始时把敌情说得很严重,让崇祯帝等人听得直发慌,但他最终还是没敢提出议和的建议。后来有人说袁崇焕把传旨的太监留在营中,是扣为人质,以防不测,真是妄语。

不过,此时崇祯帝心中已对袁崇焕起了疑心,尽管他不露声色。因此,当袁崇焕提出要率兵入城时,崇祯帝便一口回绝。两天后,当袁崇焕再次提出把自己的部队开进外城休整并请辅臣出援时,崇祯帝仍然拒绝。而大同总兵满桂的部队却可以驻扎在外城休整。袁崇焕至此已觉察到有些不对头了。

崇祯帝之所以不让袁崇焕入城,主要是怀疑他已勾结后金,入城叛乱。有关袁崇焕暗中勾结后金的传言,也已有些时日。袁崇焕斩杀毛文龙后,就有人说他是为了帮后金除掉心腹之患。他与后金之间的谈判,也可以被说成暗降后金的具体步骤。更有人说后金从蒙古犯边,正是袁崇焕的主意,并列出不少证据:身为督师,怎能不预知敌军这么大的动作? 蓟州一战,后金出兵仅二百余骑,而袁崇焕放炮,连敌人的毫毛也没伤着,双方交战如同儿戏,要不是预先勾结,怎会这样? 朝廷明令袁崇焕不要过蓟州,而他却一直移师到京城脚下,来了以后也不认真备战,只是做表面文章,这哪像保卫京师?更有人说,袁崇焕的军队与后金的军队相邻扎营,形同友军,朝廷给袁崇焕的军饷,转眼便到了后金军营。满桂率军对敌激战,袁崇焕不仅无动于衷,反而乘满桂路过营门时,施放暗炮,射伤满桂等等。这些话难免传到崇祯帝耳中。崇祯帝开始尚将信将疑,但当他得到从南海子逃回来的两位太监的密报之后,便坚信不疑了。

这两位太监,一名杨春,一名王成德,职任大堤马房提督。后金兵驻南海子时,他们成了俘虏。皇太极当时正虑除不掉袁崇焕,便想借此二人使用反间计。此时的皇太极,已不像他的父亲努尔哈赤那样,只能从《三国演义》中借用谋略,而是拥有无数汉人谋士为他出谋划策了。像反间计之类,已是小菜一碟,不在话下。于是,皇太极派副将高鸿中、参将鲍承先两位手下,来到羁押两位太监之处,乘他俩似睡未睡之机,故作耳语,却又让他们听到,意思是袁崇焕与皇太极已有密约,大事可成之类。第二天,高、鲍两人故意让出空当,放跑太监杨春、王成德。

杨、王两人回到宫中,急忙把这些重大情报向崇祯帝汇报。崇祯帝果然中计,深信不疑,并着手安排有关事宜。

十二月初一日,崇祯帝在安排妥当之后,便以议饷名义召见袁崇焕、满桂、祖大寿等人。袁崇焕一赶到平台,崇祯帝冷着脸劈头就问:为什么要杀毛文龙?援兵为什么逗留迟缓?崇祯帝好像忘记了他自己几个月来的言行:当初袁崇焕斩杀毛文龙,崇祯帝"优旨褒答",并下令公布毛文龙之罪,收捕其爪牙,距今不过几个月;袁崇焕自山海关率军增援赶到蓟州时,崇祯帝还"温旨褒勉",这也是二十天前的事。就在不到十天之前,崇祯帝还给袁崇焕不少赏赐,以奖其功。

毫无准备的袁崇焕,被崇祯帝这么没来由地一问,连话都说不出来,根本无法辩解。其实崇祯帝也不要袁崇焕辩解,当场下令锦衣卫进来捆人,押赴诏狱。

阁臣成基命当时在场,预先对崇祯帝的计划一无所知。他见此情形,立即跪下叩头,请皇帝慎重。崇祯帝说:

"慎重即因循,何益?"

成基命再次叩头,说:

"兵临城下,非他时比!"

崇祯帝哪里听得进去。在他看来,正是因为兵临城下,才要果断行事,要不是自己英明无比,明察秋毫,岂不是让袁崇焕得了手,坏了大事!

他随即宣布由满桂总理各路兵马,节制诸将,马世龙、祖大寿分理辽东兵马。

这样一来,祖大寿就待不下去了。祖大寿与不久前战死的赵率教,是袁崇焕手下最得力的两员大将。祖大寿与袁崇焕还有一层更深的关系。当初祖大寿曾犯过大事,罪可至死,全亏袁崇焕保全提携,才有今天。袁崇焕入狱,无论于公于私,祖大寿都咽不下这口气。

不仅如此,接替袁崇焕的满桂,原先也在辽东前线,后因与袁崇焕不和,才被调任。现在满桂统辖各军,祖大寿自然担心受其压制。事实上,祖大寿的部下已受到了歧视。他们在城下守城,而城上的人却向他们扔石头,砸死了几人。他的手下兵卒,动不动被作为间谍处死。甚至有人扬言要用大炮轰击他们。在很多人眼里,祖大寿的部队几乎就是叛军。

祖大寿没法,便不辞而别,突然率军离开京城,往辽东开拔,至山海关时,破关而出,直奔宁远。祖大寿这一走,不仅带走了守城的主力,而且还很可能谋反。

这一招令崇祯帝猝不及防。他一面指责袁崇焕的罪状,同时又褒扬祖大寿等人,说是两者有别,不搞株连,一面却又告谕孙承宗说,辽东的兵马,是我竭天下财力培养训成,又是你旧日部曲,要孙承宗赶紧想办法。

孙承宗没法,命游击石柱国飞驰追赶祖大寿,但只追到了其部下,未能见到祖大寿本人。

同时,阁臣成基命给皇帝出主意,建议请狱中的袁崇焕给祖大寿写信,以袁、祖之间的私交和上下级关系,来阻止祖大寿谋反。袁崇焕依令写了信,朝廷立即遣都司贾登科追赶祖大寿,把此信交给了他。有意思的是,崇祯帝以叛逆罪把袁崇焕下了诏狱,却又令袁崇焕写信劝其部下不要谋反,真不知是什么逻辑!

孙承宗还趁热打铁,写密信给祖大寿出主意。他要祖大寿立即上章自列,并且为朝廷立功,帮袁崇焕赎罪,并承诺为祖大寿在皇帝面前开脱。

既有袁崇焕的信函,又有孙承宗的许诺,祖大寿便上疏朝廷,自列请罪。崇祯帝当然不会追究,便下诏把祖大寿安慰一番,让他继续镇守宁远。到后来,崇祯帝还命孙承宗、马世远移镇山海关。孙、马在辽东将士中很有威信,由他们出面,能安定辽东将士的心。

诸招并下,辽东兵马才稍稍安定下来,没有进一步生出事端。

袁崇焕既然被下了狱,入卫的各路兵马就失去了统帅。于是朝廷又设文武经略,分别由尚书梁廷栋、满桂充任,并各赐尚方剑,分驻西直门和安定门,以加强防御,协调各军。

此时的皇太极,仍率兵在长城之内游弋待机,并两次派使者与明朝廷议和。后金兵马,本是长期游牧的部落,很习惯这种且猎且行的生活。当皇太极得知反间计奏效、袁崇焕下狱后,欣喜若狂。他实在没想到崇祯帝会这么轻易地上了他的当,自毁长城。

欣喜之余,皇太极随即挥师攻下京师西南的良乡城,知县党还醇等战死。他的另一支兵马攻下了固安城,然后回兵卢沟桥。当时驻守卢沟桥的是副总兵申甫、监军金声。这位申甫,本是位僧人,平时好谈兵。时局危急后,崇祯帝下令破格选才。庶吉士金声就把这位申甫推荐给朝廷。崇祯帝立即召见申甫,并参观了申甫的战车,觉得申甫是难得的人才,便提拔他做了副总兵,给他钱粮招兵买马,修建战车。庶吉士金声也因推荐有功,被提拔为御史,做了申甫的监军。

申甫招的人马,都是些地痞无赖,根本没经过训练。而他的新式武器战车,能有多大用处,也只有天知道。就是这群乌合之众,竟被派去驻守京师外围的重地卢沟桥。结果是在后金兵马的锐利攻势之下,这支军队被全歼,申甫战死,他的战车当然也没什么用处。

占领卢沟桥后,后金军乘胜推进到京师的永定门(京师外城正南门)。满桂正率兵驻扎在外城之内,他自知兵力薄弱,敌不住后金兵锋,所以想依托城墙工事坚守。但崇祯帝严令满桂出城迎敌。无奈之下,满桂挥泪率五千兵马出城布阵。至十七日黎明,潮水一般的后金兵马向满桂发起猛攻,前后十余战。满桂身先士卒,骁勇无比,终因寡不敌众,节节败退。此役满桂战死,副将孙祖寿及参将周旗等三十余将阵亡,总兵官黑云龙、麻登云等被擒,最后投降。

到此时,原先在辽东前线最能打仗的四员大将,已被折腾得差不多了。袁崇焕被下了狱,赵率教、满桂战死,祖大寿被逼走,差点谋反。若要论起来,崇祯帝就是最大的罪魁祸首。

皇太极打败满桂以后,其手下纷纷要求攻打京师。皇太极却不急,他笑着说:

"城中痴儿,取之若反掌耳。但其疆圉(域)尚强,非旦夕可溃者,得之易,守之难,不若简兵练旅,以待天命可也。"

若是让崇祯帝听到这番话,真要当场昏过去。他自命不凡,以明君自居,没想到在皇太极眼中,仅是一位"痴儿"而已。

皇太极自知后金实力尚不足守住中原之大,于是再次致书崇祯帝,重申议和之意,然后解了京师之围。

崇祯帝此时仍根本不把皇太极放在眼里。在他看来,堂堂天朝,怎么能屈尊与这小小的建州藩属议和呢?因此他绝对不予考

第四章 后金的挑战

虑！他仍要求各路兵马剿灭皇太极。在当时的形势下,这根本不可能。没有一路兵马能挡得住后金的锋芒,更不用说能组织起进攻了。

皇太极从京师撤围后,先挥师攻良乡,击溃山西巡抚耿如杞的援兵,再到京师东南的房山,拜谒后金太祖陵,然后挥师向东趋通州,攻下通州以南的张家湾,再东渡运河,攻下香河、三河、玉田、永平、滦州,最后驻扎在三屯营。明朝官员将领几十人战死,而各路援兵却不敢前往救援。当时只有兵部侍郎刘之纶敢率兵去碰后金军队。

这位刘之纶,原本是翰林院的庶吉士。他看到官军节节败退,心里着急,便给皇帝上疏陈方略、出计谋,而且还借钱制造小炮、战车。崇祯帝认为他是个人才,便破格提拔他做兵部侍郎,协理京营戎政,给他一个空头官做做。刘之纶要钱没钱,要人没人。到满桂战死后,刘之纶向皇帝请兵一万,出城迎战后金,崇祯帝哪里有这么多人给他。因此刘之纶的部队也是些乌合之众。当他带着部队赶到通州时,皇太极开始已过通州,连下香河、永平,势不可挡。这位书呆子率兵急赶遵化,在遵化城外八里的娘娘庙上扎营,为了牵制皇太极,他还联络总兵马世龙、吴自勉,要他们增援。

皇太极派出三万骑兵迎战。马世龙虽在不远的蓟州,但就是拥兵不救。刘之纶只好单独应战,先用自制的小炮轰敌,开始还有点效果。但时间一长,小炮因质量不过关,纷纷自爆,军队大乱。手下人一看大事不妙,请求撤退。刘之纶不肯,大声说道:

"吾受天子厚恩,誓捐躯以报。战不捷,死耳!敢言退者斩!"

此言一出,无人敢退。战斗自辰时打到酉时,异常激烈,刘之纶身先士卒,带领部下殊死力斗,弓箭射尽,则短兵相接,近身肉搏。打到后来,刘之纶自知必死,大呼:

"死!死!负天子恩!"

说完,便解下佩印,交付家人,嘱其交还朝廷。不久,他便中矢身亡,其部下也几乎是全军覆没,十分壮烈。

攻下遵化后,皇太极以遵化、永平、迁安、滦州为据点,分兵把守。当时朝廷的主力有两支:一支由孙承宗、祖大寿率领,在敌军之东,被敌军切断了与京师的联络;一支由马世龙率领,在敌军之西。两支军队之间根本无法联络。孙承宗只知京师危急,急募敢死队绕过敌占区,沿海边直趋京师,到了京师后,才知京城并没有战事。孙承宗分别派兵驻守开平营(在今唐山市西北)、收复建昌营(在迁安城西北),才算打通了与西路军的联络。

到了此年的三月初,在关内已转了近半年的皇太极开始撤退。从冷口(长城关口之一,当时属迁安县)出长城进入蒙古境内回沈阳。他临撤之前,再次遗书明朝廷,表达了议和的意向,把事情做得有条有理。不久,他又派遣大贝勒阿敏、贝勒硕托率五千兵马前去换防,驻守永平、滦州、迁安、遵化。至五月初,孙承宗先后收复四城,把后金兵赶出长城,局势才稍稍平息。阿敏在撤退时,下令对永平、迁安进行了残酷的屠城,给明朝只留下了空城。

活剐袁崇焕，一个民族的痛

与皇太极相比，崇祯帝的表现要差多了。

各路兵马的败报频繁传来，令崇祯帝又急又恨，而更多的是无奈。他一度竟躺倒不干了。他不理朝政，不见群臣，急得大臣们直跺脚，顺天府尹刘宗周上疏劝说道：

"国势强弱，视人心安危。乞陛下出御皇极门，延见百僚，明言宗庙山陵在此，固守外无他计。"

刘宗周说得很对。在这种时候，你做皇帝的一举一动，对人心士气影响很大，只能鼓气，绝不能泄气。这位刘宗周，也是犟脾气，他从清晨把奏疏呈上去后，就跪在官门外，等候崇祯帝的答复，一直跪到太阳落山，崇祯答应召见群臣后才站起来。

战局的每况愈下，又令朝中的党争激烈起来。

袁崇焕被逮捕后，便有人跳出来挖他的后台。有两位御史，一姓高，一姓史，率先跳了出来，攻击阁臣钱龙锡。这两位御史，本是阉党，在被起用时，钱龙锡曾竭力反对。因此他们便用袁崇焕之事来攻击钱龙锡，说袁崇焕斩杀毛文龙，与后金议和诸事，都是钱龙锡幕后指使，要求皇帝治其罪。双方吵得不可开交。最后钱龙锡称病辞职。

由于钱龙锡辞职，崇祯帝便命礼部右侍郎周延儒任礼部尚书兼东阁大学士，入值文渊阁。不久再命何如宠、钱象坤并为礼部尚书兼东阁大学士，入值文渊阁，两人开始不干，崇祯帝严令立即入阁办事。周延儒从此得势。

到崇祯三年（1630）正月，有一位靠捐资升官的中书舍人加尚宝司卿的原抱奇，跳出来攻击首辅韩爌，说韩爌属无能之辈，又是袁崇焕的座主，请求皇帝罢免他。韩爌的门生、左庶子丁进和与工部主事李逢申也反戈一击，攻击韩爌。韩爌感到心寒，再三要求辞职，崇祯帝最终同意。

韩爌素以稳重老成、办事干练著称。由他任首辅，文官系统尚能维持。而崇祯帝放他一走，朝政便急剧恶化，正人君子一个个不安其位了。

二月，都察院左都御史曹于汴，被迫辞职。

三月，首辅李标到任不到两个月，也辞职归里。

与此同时，周延儒逐步把持朝政。此年六月，温体仁与吴宗达一起被任命为礼部尚书兼东阁大学士，参预机务。温体仁因诬陷钱谦益，引起不少人的厌恶，朝臣纷纷上书揭发他的丑事。然而，攻击越多，崇祯帝反而觉得温体仁没有结党营私，值得信任，再加上周延儒帮他敲边鼓，最终得以入阁。温体仁一入阁，事情就更糟糕了。袁崇焕当然也就在劫难逃了。

当后金外患渐渐平息时，陕西的内乱已十分猖獗了。焦头烂额的崇祯帝穷于应付，登基时的那个中兴梦想已完全破灭。这个责任到底要由谁来负？他自己当然不会去承担这个责任。他从来不认为自己有什么失误之处，局面之所以弄到这种地步，还不全是那些大臣的错。他又想到了袁崇焕！一个现成的替罪羊。

第四章 后金的挑战

攻击袁崇焕、钱龙锡的官员,仍不乏其人。那位首先对钱龙锡发难的史御史,此时又有了新的发现。他上疏说袁崇焕与钱龙锡之间还有更可怕的阴谋。除重弹钱龙锡是袁崇焕的幕后主使这一老调外,他还列举出新的罪证,说钱龙锡辞职离京前,曾把袁崇焕赠送给他的数万贿赂,转寄姻家,巧为斡旋等等。据说温体仁、王永光等人,甚至还想借袁崇焕之事,做一个逆案,把钱龙锡等异己一网打尽。只不过因兵部尚书梁廷栋胆小,不敢出头而罢。

这些新的罪证,对崇祯帝无异于火上加油。他下令以最严酷的方式来处死袁崇焕。此年八月十六日,崇祯帝来到暖阁,召见阁臣成基命等人。然后再到平台,召见文武大臣。崇祯帝对大臣们说:

"袁崇焕付托不效,专事欺隐。市粟谋款,纵敌不战,遣散援兵,潜携喇嘛僧入城,卿等已知之。今法案罪案云何?"

这种事情,哪个肯乱说话,文武大臣只是顿首唯命。其实,崇祯帝也用不着大臣们发言,他早已成竹在胸。于是他接着说:

"依律磔之。家属岁十六以上斩,十五岁以下给功臣家为奴。今特流其妻、子、兄、弟,余不问。"

崇祯帝似乎觉得自己很宽容,只磔袁崇焕一人,充军其妻子兄弟,而没有像《大明律》规定的那样,满门抄斩。群臣们一听,连忙叩头感谢皇帝的宽大仁慈。崇祯帝又问诸臣:

"更何言?"

大臣们一听,连忙说:

"其罪不宥。"

意思是说皇帝实在是宽容得不能再宽容了,袁崇焕罪大恶极,绝无饶恕之余地。于是,崇祯帝下达了正式的圣谕,公布袁崇焕之滔天罪行:

"袁崇焕谋叛欺君,结奸蠹国。斩帅以践虏约,市米以资盗粮。既用束酋,阳导入犯,复散援师,明拟长驱,及戎马在效,顿兵观望,暗藏夷使,坚请入城,意欲何为?致庙社震惊,生灵涂炭,神人共忿。"

于是,刑部侍郎涂国鼎被任命为监决官,在西市设刑场磔袁崇焕。

这磔刑是最惨酷的死刑,俗称"杀千刀""活剐"。就是用锋利的刀刃一刀一刀把活人身上的皮肉削下来,多达数千刀,受刑之人要承受长时间的煎熬,才慢慢死去。

袁崇焕就这样被一刀一刀地活剐。当时的京师城内,对袁崇焕已是恨之入骨。试想,当百姓在得知身为辽东最高统帅的袁崇焕,竟是通敌的叛徒后,是何等的心情!因此,在袁崇焕行刑时,城中百姓蜂拥而至,都要亲眼看看这令人解恨的场面。于是,一块块手指大小的血淋淋的皮肉,从袁崇焕身上刚被刽子手削下,转眼就以一文钱一块的价钱,卖到了百姓手中。买到肉的百姓,看着袁崇焕血淋淋的身躯,听着袁崇焕痛苦万分地呻吟、嘶叫,在用最恶毒的言辞诅咒完袁崇焕以后,再吞下那块血淋淋的皮肉。这场面真是大快人心!

百姓的眼睛是雪亮的吗?未必!试想当初袁崇焕赴任辽东

时,京师的百姓是何等感激!感激袁崇焕受命于危难之中,保家卫国。然而在短短的两年之后,他们又以能生吞袁崇焕一块皮肉为快事。两年之隔,竟是天壤之别!

至此,辽东前线最能干的两位统帅,即熊廷弼和袁崇焕,一个被枭首,另一个则被活剐,皮被剥,肉被啖,血被饮。两人的家族,也跟着受罪。熊廷弼为官清廉,却背上个纳贿贪污的恶名,让本不富裕的家族在他死后还要为他退赔那莫须有的赃款,吃足了苦头。袁崇焕的家族更是不幸。在袁崇焕被磔之后,其妻、子、兄、弟都跟着倒霉,被流放三千里之外,却还要感谢崇祯帝的格外开恩。细想起来,在明末这个奇怪的时代,凡是有所作为的臣子,几乎都没有什么好下场。

袁崇焕死后,崇祯帝也没有放过钱龙锡。当时廷臣根据那位史御史提供的罪证,定钱龙锡"大辟,决不待时",意思就是斩立决,并设刑场于西市以待。不过崇祯帝思前想后,总觉得钱龙锡没有逆谋的迹象,所以,最终还是手下留情,没有立斩。正巧有一位名叫黄道周的官员,觉得钱龙锡实在冤枉,便上疏申救。当时没有人敢为袁崇焕喊冤,因为谁帮他说话,谁就有同谋之嫌。而钱龙锡的问题却是可大可小的。所以黄道周上疏之后,尽管崇祯帝以忤旨之罪把黄道周降级外调,但心里还是很受感动,觉得在这种时候黄道周仍敢站出来为钱讲话,不容易!或许正是黄道周一疏,打动了崇祯帝。崇祯帝不久便改变了主意,免钱龙锡死罪,戍定海卫。

钱龙锡能从崇祯帝手中捡回一条命,实在难得!

崇祯帝登基以后的几年中,辽东的局势不仅没有好转,反而越弄越糟。这原本是一场局部边疆战争,至此战火竟烧到了京师城下。朝廷原先对付的,只不过是一个藩属,而正是这个原先低声下气、称臣纳贡的藩属,竟强大到把一向居高临下的天朝打得落花流水。

天朝的颜面何在！小小的后金何以能不把堂堂天朝放在眼里？

这是当时不少人共同思考的问题。崇祯帝自然也思考过这一问题。他把罪责都推到了袁崇焕身上,说是袁崇焕误国,把事情搞糟了,于是,袁崇焕寸磔而死便是不可避免了。

不过,袁崇焕被处死之后,辽东的局势不仅没有好转,反而一步步恶化下去。

长山、大凌河之败

袁崇焕一死,崇祯帝只有依靠孙承宗来统辖辽东战事。

孙承宗是万历三十二年(1604)的进士,高阳人。在天启年间,他曾被重用,以兵部尚书兼大学士的身份,亲赴辽东,主持战局,一度稳住了辽东的局势。后因与朝中不和,辞职赋闲。一般认为,孙承宗具有东林色彩,魏忠贤曾拉拢过他,但被严拒。而魏忠贤大杀东林党人时,他在前线也没有多大的表示。因此在魏忠贤时代,他没有受到迫害。总的来说,孙承宗有才干,能做事,也深谙朝廷上下的利害关系,处世方式较温和中庸,但不失机敏。

孙承宗重新被召时,年龄已过六十,属三朝元老。他在危难之际重挂帅印,尽心尽职,先后收复遵化等四城,为崇祯帝笼络住几乎要叛乱的大将祖大寿,并深得崇祯帝的赏识。

崇祯帝给了孙承宗很多荣誉,希望孙承宗能为他稳住局势。孙承宗在多次辞谢而崇祯帝不许的万般无奈之下,只得硬着头皮干下去,以兵部尚书兼大学士的身份,督理山海关内外军务。

在后金兵退出长城防线后,孙承宗着手布置辽东的防务,加强边备。为了解前线情况,孙承宗不顾体衰年迈,出巡关外。

他从山海关出发,由前屯(广宁前屯卫)、宁远抵达松山、锦州;再由三道关历经石门、燕河等地;最后由石塘路过平谷,途经盘山,进入蓟州而还京师。

巡察全线之后,孙承宗提出了一个全面的战略部署,主要有:先任封疆大臣,精择八部大帅,分别战守;蓟镇备守,辽镇备战;合蓟辽战守,防御插汉,收复城池等。崇祯帝极为赞赏,立即同意,就像袁崇焕当初上任时言听计从一样。

崇祯四年(1631)初,辽东巡抚丘禾嘉,要求收复广宁(今北镇)、义州(今义县)、右屯三城。孙承宗考虑到当时的实际情况,命丘禾嘉先据右屯,修筑大凌河城。这样一来,锦州、大凌河(今锦县)、右屯就形成掎角之势,可以相互依托。守住这三个据点以后,再向东北依次推进,收复较远的广宁城。

总兵官祖大寿、副将何可刚率兵四千,驻守其地。另有班军一万余人,负责修建大凌城。但就在此时,朝廷内部的不同意见再次影响到前线的形势。由于原先支持筑城的兵部尚书梁廷栋的下台,筑城之举引起朝廷的非议。朝廷不少官员认为,大凌河过于荒远,不应重新修筑,浪费人力物力,而应把重点放到蓟州一线来等等。朝廷的意见,明显与边臣不合,严重影响了前线的战略步骤。

到了崇祯四年(1631)八月,皇太极再次突然出兵,攻打朝廷的辽东防线,形势骤然紧张起来。

皇太极在崇祯三年(1630)退兵之后,曾遣使入朝,要求与朝廷议和。当时朝廷上下没有一人敢提此事,因为袁崇焕的下场就摆在眼前。而崇祯帝也对此事讳莫如深。至此,皇太极得知祖大寿、何可刚率兵推进,重筑大凌河城,便以此为借口,重开战火。

皇太极是不会让朝廷的军队在此重新立足的。因为一旦明军建立起锦州、右屯、大凌河三角形防线,并以此向广宁推进的话,那么进可继续东进,向后金腹地纵深发展;退可扼制住后金军队进入蒙古地区,切断后金与蒙古的联系。因此皇太极此举,是想乘明军立足未稳时打个措手不及,纯粹是从军事角度来考虑的。至于他出兵时声称的那些理由,如朝廷进兵辽东、破坏和议之类,只不过是借口罢了。皇太极此举,反过来也证明孙承宗收复大凌河之类的计划是正确的。可惜远在京师的朝廷中能理解的人不多!

此时的皇太极,实力绝对不可低估。后金军队擅长的突然、凶狠的骑兵战术,已令官军闻风丧胆。此时,他又经过千辛万苦,铸成欧式火炮。在崇祯四年(1631)初,首批四十门欧式大炮铸成并投入使用,由佟养性指挥。这样一来,后金就将其固有的那种突然、凶猛的骑兵战术与持续、猛烈的炮兵技术结合起来,实力大增。

崇祯四年(1631)八月初四日,皇太极亲率满汉大军二万余人,在大凌河城下集结。鉴于大凌河城防守坚固,为减少伤亡,皇太极下令对该城进行围困,沿城四周修建栅栏,并挖出一条宽五尺、深七尺的壕沟,以切断城内外的联系。同时他派兵扼守住通往锦州的要道,阻击锦州方向出动的援兵。

当时守城的是辽东名将、总兵官祖大寿和副将何可刚。面对敌兵的包围,祖大寿几次派兵出击,企图撕开缺口,打通城内外通道,杀出一条血路,但都没有成功。皇太极随即下令用新式火炮轰击城外的台堡。在猛烈的轰击之下,大凌河城外围的台堡一一落入敌手,包围圈不断压缩。

当大凌河被围的消息传来后,督师孙承宗、巡抚丘禾嘉立即组织援军,急赴前线增援,以解大凌河之围。孙承宗、丘禾嘉亲自率军,与总兵官吴襄(祖大寿的妹夫)、宋伟合兵,约四万之众,由山海关向锦州进发。

当援军前锋近万名兵马赶到松山(广宁中屯所)附近时,被阿济格率领的千余名满蒙骑兵拦截击败,退回锦州城内。九月初,另一支大队援兵赶到锦州城外,在小凌河对岸扎营时,皇太极亲率精兵偷袭大营,打得明军措手不及。

九月二十四日,援军主力,包括百余名战将和四万步骑,由监军、太仆寺少卿张春率领,渡过小凌河。三天以后的清晨,当这支兵马乘夜色推进到离大凌河只有十五里的长山时,才被敌兵的前哨发觉。皇太极迅速集合满、蒙、汉军两万人迎敌。当时明军的数量是后金军的两倍。

当后金军赶到阵前,见张春已将大军摆成防御阵形,大炮鸟铳四面排列。皇太极先令骑兵分两翼正面冲击,右翼直扑张春的大营,但因炮火猛烈,伤亡惨重,未能破阵。皇太极随即加入右翼,重整队伍,并令佟养性的炮兵移至明军阵地东侧,用火炮和火箭猛轰张春大营,明军伤亡大增,阵脚开始动摇,张春大营开始溃乱。

在这关键时刻,由吴襄、参将桑噶尔寨统率的另一支援军开始溃退。

张春在重创之下,仍收拾残卒,进行抵抗。当时正逢天起大风,张春便下令纵火攻击佟养性的炮兵阵地。没想到大火起后不久,风向逆转,反而扑向自己的阵地,引起阵脚大乱。皇太极乘机率骑兵冲击,张春的大营便一败涂地了。

三路兵马中的宋伟一营,在力战之后,也因势单力孤,只得撤退溃逃。至此,大军全线崩溃。

长山一役,明军四万之众被皇太极的二万人马击溃,损失惨重。包括张春在内的三十余位高级将领被俘,张吉甫等将领战死,兵马损失不计其数。更严重的是,明军再也组织不起像样的援军,去解救大凌河之围。

据说战争结束后,被俘将领一一被带到皇太极面前,依次叩拜,只有张春站而不跪。皇太极怒极,从身边兵士中夺过弓箭,要当场将其射杀。在代善等人纷纷劝说求情之下,皇太极才消了气,并赐其珍馔。但张春仍予以拒绝,绝食三天后,皇太极竟亲自探访,亲手赐其酒食,张春大受感动,终于投降(也有人说张春未降,过数年而卒于辽东)。由此也不难看出皇太极的气度和手段。

皇太极在击败援军之后,加紧对祖大寿的劝降工作。在此以前,皇太极已在军事压力之余,多次劝说过祖大寿。至此,皇太极再次派人带着二十三位降清文武官员的招降书,劝说祖大寿投降。被拒绝后,皇太极再次致书城中,反复阐明自己的用人政策,请祖大寿不必疑心,最后,皇太极言辞诚恳地说:大凌河孤城被困。我并不是由于不能攻取,不能久驻,而要如此苦口婆心。只不过是考虑到山海关外的智勇之士,尽在此城而已。另外,也是因我荷天眷佑,要众将军助我成大业。若杀了你们,于我何益?不如与众将军共图大事。所以才以肝膈之言,屡屡相劝。

祖大寿仍是不肯投降。皇太极便加紧军事攻击,扫清大凌河外围,收缩包围圈。随着冬季的来临,大凌河城内的粮食供应越来越成问题,平民百姓首当其冲,饿死者无数。而兵士不久也无粮可食,先是杀马充饥,后开始有计划地杀人充饥。这些情况被掌握后,皇太极更加紧了劝降攻势。祖大寿走投无路,开始动摇了。

经过反复协商,祖大寿决定投降。十月二十八日,反对投降的副将何可刚被推出城门,在后金兵营前示众以后,被斩首。何可刚临死之前,神色不变,不出一言,含笑而死。其尸体被拖入城门后,饥饿至极的饥民一拥而上,争夺其肉而食。

斩杀何可刚后，祖大寿派出四名副将、二名游击出城，代表他与其他三十七位命官，与皇太极和众贝勒对天盟誓。盟毕，祖大寿正式献城投降。此时的大凌河城，在被围八十余天后，原有的三万余人，只剩下一万人左右了。

祖大寿正式投降后，受到了皇太极超规格的接见。诸贝勒出营一里迎接，到达御营时，皇太极出幄相迎，并免其跪拜，而行抱见礼。在并行进幄后，皇太极让祖大寿坐在自己身边，亲以金杯赐酒，又赐御服黑狐帽、貂裘、白马等物。开宴入席时，祖大寿坐在汗兄代善之下，享受了最高规格的礼遇。

投降后的第二天，祖大寿依照原先的约定，赴锦州进行策反。皇太极对他并不是没有顾虑，但考虑到如果祖大寿守诺且能策反锦州，确实是一本万利之事。而且当时祖大寿的子侄也留在后金营中，实际上近似人质，所以皇太极仍决定冒一次险。

然而，祖大寿回到锦州后，并没有发动策反，他推说人手不够，时机未到。不过在几年之后，当祖大寿完全控制锦州时，他仍没有降金。皇太极这次是看走了眼，祖大寿是诈降！

祖大寿献大凌河城，或许只是金蝉脱壳之计？后人至今也没弄清。

令人奇怪的是，生性多疑、残酷无情的崇祯帝，竟然也能放祖大寿一马。对祖大寿在大凌河献城降金一事，当时驻守在锦州城中的巡抚丘禾嘉，已从逸出大凌河城的兵士口中略知一二，并也上书报告了朝廷。但崇祯帝竟没有追查，放过了祖大寿。崇祯帝在即位的十七年中，不知给其对手送去了多少良将重臣，唯有这一次,却能把已降皇太极的祖大寿重新收服,为朝廷而用,实在是难得!

大凌河之战后,严格意义上的满汉战争发生了性质上的变化。从此以后,后金的对明作战,实际上已有不少是由汉人主持。这些汉人绝大部分是世代为明朝效力的辽阳土著边民,是职业军人。这些人就是袁崇焕所谓"以辽人守辽土"中的辽人。仅在大凌河之役中投降后金的就有:祖大寿之子祖泽润、祖泽溥,义子祖可法,侄子祖泽洪,以及刘良臣、刘武、孙定辽、张存仁等一批最有经验的战将。随着战事的进行,越来越多的类似人员加入了投降后金的行列,成为对明作战、开朝立国的急先锋,立下了赫赫战功。

正是这些汉人,再加上关内李自成、张献忠等农民军,最终打败了崇祯帝,倾覆了大明王朝,为明清鼎革创下了条件。如果只凭满洲军队,大概还不足以撼动大明朝的根基。

叛 降

长山、大凌河之败,使孙承宗的神话破灭。朝廷中的不满和攻击,犹如疾风骤雨般向孙承宗和丘禾嘉压来。

在许多朝廷官员看来,朝廷刚与后金开始接触议和,兵火才息,而孙承宗、丘禾嘉却要惹是生非,去修筑什么大凌河城,惹恼了皇太极,遂造成了长山、大凌河惨败。

作为前线的最高指挥官督师,孙承宗自然应对长山、大凌河的失败负一定责任。但所谓"筑城起衅"之类的逻辑,孙承宗自然难以接受,心里很不是滋味。同时,他更看出了温体仁之辈的险恶,也体会到了在猜忌多疑的崇祯帝手下做事的难处。因此,在长山惨败后,他便以年老为由,多次上疏,要求致仕。

崇祯四年(1631)十一月,崇祯帝批准孙承宗致仕,令驿站车马送其回高阳原籍。不久,因言官追论孙承宗"丧师辱国"之罪,崇祯帝下令夺其官职闲居,并剥夺宁远世荫。到清兵后来进攻高阳时,年近古稀的孙承宗尚率家人拒守。城破后,孙承宗望阙叩头,上吊自杀,为大明朝尽了忠节。

当时已调任南京太仆寺卿的原辽阳巡抚丘禾嘉,也被追论。丘禾嘉以病为由辞职。

在孙承宗辞职后不到一个月,即此年闰十一月,山东便发生了一件大事,那就是登州游击孔有德等将领发动叛乱。

这批将领,原都是毛文龙的部将。袁崇焕诛杀毛文龙后,其旧部由副将陈继盛统辖。但不久,参将刘兴治在皮岛发动叛乱,杀陈继盛等十余人。总兵黄龙随即赴皮岛镇压,皮岛乱兵一哄而散。

孔有德、耿仲明原籍山东,矿徒出身,曾是辽东海盗,后投毛文龙,与尚可喜一起,被称为"山东三矿徒",是毛文龙手下的骨干将领。孔、耿因不服黄龙统辖,便叛离皮岛,率部来投登莱巡抚孙元化。

登州(今山东蓬莱)是当时山东半岛上的重要军事要塞之一。

第四章 后金的挑战

在天启初,为了协调对后金的作战,在山东设登州、莱州(今山东掖县)巡抚,援助辽东前线。当时任登莱巡抚的是孙元化,嘉定人,举人出身,被任命之前曾任宁前道兵备副使。

就是这位孙元化,竟接收了皮岛的叛将孔有德、耿仲明,并委以重任。孔有德被任命为骑兵参将,耿仲明则被派往登州要塞。当时,登州要塞正有一位名叫特谢拉·科雷亚的葡萄牙人率领一些葡籍士兵,帮助明军试铸欧式大炮,并获成功。

大凌河被围后,同属孙承宗指挥的登莱巡抚孙元化,急令游击孔有德赶赴前线增援。孔有德奉命北上,抵达吴桥时,因遇雨雪,部队给养供不上,士兵开始抢劫。在另一位与孔有德有相同经历的毛文龙旧部李九成的煽动之下,孔有德正式叛乱,随即杀回山东半岛。

孔有德还兵大掠,先后攻陷陵县(今陵县)、临邑(今临邑)、商河(今商河),接着又杀入齐东,包围德平,不久又舍德平而去,攻陷青城、新城,向半岛杀去。

山东巡抚余大成、登莱巡抚孙元化闻变,非常紧张,立即派兵来鲁北应变。当时,余、孙两人都不愿把事情闹大,力主安抚孔有德,并令沿途州县,不得出兵邀击,以免激化矛盾。孔有德将计就计,假装投降,迷惑孙元化,而实际上却率兵直趋登州。由于沿途州县不敢出兵拦截,让出通道,孔有德便顺利杀到登州城下。

孙元化急令部将张焘率辽兵守登州城外,总兵官张可大也发南兵抗击。两路成合击之势。张焘进兵稍胜,却下令退兵,张可大失去策应,被孔有德杀得大败。形势陡然紧张起来了。

张焘的兵卒，多是辽东籍，与孔有德部关系不错。他们见此情形，纷纷投入孔有德的叛军行列。孔有德便令这些降卒再混入登州城中，作为内应。而孙元化不察敌情，不听劝告，同意这些早已从叛的散卒进城。与孔有德是旧交的登州中军耿仲明及都司陈光福等，立即策应，举火开门，让叛军从东门攻入登州城，登州便告失陷。此时是崇祯五年（1632）正月。

孙元化是南直隶嘉定人，山东巡抚余大成是南直隶江宁人，总兵官张可大是南京羽林卫军籍。这三位南直隶人，在这场兵变中，根本不是山东、辽东人的对手，被孔有德等骗得团团转。

登州沦陷后，孙元化自杀未成，与同城命官一起被俘。只有总兵张可大在斩杀其妾陈氏后，在其官署上吊自杀。

孔有德令孙元化致书余大成，要求和谈。余大成见事已闹大，便上疏朝廷。崇祯大怒，撤掉了余大成、孙元化两人之职。孔有德见孙元化已无利用价值，念其旧日收留之情，放其出城，放了他一马。可是崇祯帝却不会放过他。他与余大成两人被逮到京师，最后余大成被充军，孙元化竟被斩首弃市。

孙元化是当时朝廷中少数几个接受西方先进技术的高级官员之一，与徐光启关系密切。徐光启、周延儒等曾上书营救，但终未成功。崇祯皇帝这一刀，不仅砍掉了一个巡抚，同时也砍掉了一个很有价值的科学家式的高级官员。本来，登州是一个应用先进西方技术的基地，但随着孙元化的被杀，及其葡萄牙籍炮队的毁灭（孔有德进城后，特谢拉·科雷亚及其炮手仅有三人幸免于难）。这个先进的技术基地也就被轻而易举地毁掉了。更严重的是，许多已学会这些技术的原登州官兵，包括孔有德、耿仲明在内，不久后投到了皇太极手下，反过来攻打大明。

可惜崇祯帝不知道孙元化的价值！在人人知道徐光启是大科学家的今天，又有几人能知道孙元化呢？

孔有德占据登州后，推李九成为首领，自己居第二位，耿仲明居第三。除此之外，尚有一些将领，如李应元（李九成之子）、陈有时、毛承禄、陈光福等。他们有的来自直隶海湾中的岛屿，有的来自旅顺。这批海盗、边民、矿徒出身的职业军人，在登州俨然建立起自己的"王国"。他们刻印建官，招徕海盗流寇，四出焚掠，弄得山东半岛以致辽东前线都人心不定。

崇祯帝重新任命徐从治为山东巡抚、谢琏为登莱巡抚。按照原先的安排，谢琏驻莱州指挥，徐从治则驻青州负责供应粮草。而徐从治却觉得自己驻扎在青州不足镇抚莱州人心，便主动要求移镇莱州。没想到他一去莱州，就被孔有德围在里面达数月之久，最后连命也送在这里。

当时孔有德的部队已先破黄县（今黄县）、平度（今平度）两城，然后增兵攻打莱州。徐从治、谢琏两位巡抚，与总兵杨御蕃分头固守城池，拼死抵抗，形势十分危急。而外围的各路援兵都驻扎在昌邑，由于山东巡抚徐从治被围在莱州城内，援军无人督察，诸将观望，谁也不肯拼死驰援莱州。

开始时，那位胆大的徐从治还敢出城偷袭叛军，且稍有斩获。但兵部尚书熊明遇认为此事尚有招抚的余地，便派主事张国臣去山东处理招抚之事，并要求徐从治不要轻易出兵，破坏抚局。徐从治当然不干,先后三次上疏朝廷,力主抚局无望,应以武力解决。朝廷认为,两抚臣都被困在莱州,应增设总督来山东前线,决定抚战。

侍郎刘宇烈于是被任命为总督,赴山东统辖骑、步兵二万五千人,平定孔有德之乱。但刘总督本无筹略,赴山东后除整天派人去招抚外,不进行任何军事行动,以免动而取咎。孔有德便故伎重演,说是要降,暗中却把孙元化铸造的大炮调到莱州城下,架起猛轰,打死了山东巡抚徐从治。莱州城危在旦夕。

两个月后,孔有德在朝廷的军事压力下,突然又向登莱巡抚谢琏提出投降,并约定降期,请莱州城中的文武官员出城接纳。已被困在城中六个月的登莱巡抚谢琏,在不得已之下,决定冒险,便与知府朱万年出城受降。但当兵出身的总兵杨御蕃坚决不去,大概是因为他深知这些叛兵的品性。叛兵见到谢琏等人,连跪带哭,态度诚恳,并拥之而去。谢琏刚被带走,叛兵随即攻城。他们把知府朱万年押到阵前,要他呼喊劝降。朱万年大声喊道:

"吾死矣。汝等宜固守!"

城上的杨御蕃一看形势危急,下令开炮,杀伤叛军不少。而那位朱知府也在自己人的炮火下丧生。

杨御蕃的几炮,总算保住了莱州暂时不失。

消息传到朝廷,舆论大哗,举朝痛愤。于是总督刘宇烈被下了诏狱,兵部尚书熊明遇被撤职。朝廷上下没有一人再敢提抚议。

此年七月,崇祯帝决定不设总督、登莱巡抚之职,而提拔参政朱大典(浙江金华人)任山东巡抚,督各路兵马数万平叛。并从辽东调劲旅约五千人关参战。后来名闻天下的吴三桂(总兵吴襄之子)当时就在这支队伍中。

朱大典至德州后,派副将牟文绶,驰救平度,斩杀叛将陈有时。大军推至昌邑时,总兵金国奇、参将祖宽为前锋,与孔有德大战于沙河,大败孔有德。援军乘胜追击,直至莱州城下,迫使围困莱州城的叛兵解围而去。

莱州城中的守军,开始坚决不相信援军已打到城下,解了莱州之围。因此,当援军向莱州城靠近时,吃尽了孔有德苦头的守城兵民,还以为这又是孔有德玩的花招,立即开炮轰击,城上城下相持不下。最后还是监饷太监高起,派了几位手下的小太监入城,陈说前因后果后,城中守军才开城迎接。当时大概也只剩下太监还没有假冒,所以太监入城,还能取信于人。

几日之后,总兵金国奇等继续进兵,与叛军再战于黄县,斩杀敌军上万人,俘获近千人,逃散及坠海者无数。此次大胜,扭转了山东半岛上的局势。

朱大典督兵以来,全仗辽东调来的五千精兵,冲锋陷阵。像金国奇、靳国臣、祖宽及吴三桂等辽籍将领,个个能征善战。用这些辽将辽兵,来攻杀孔有德手下的山东、辽东兵将,这步棋算是走对了。

在黄县大胜之后,官兵接着向叛军的堡垒登州城进攻。登州城三面环山,一面临海,大城之北,还有水城与大城相连。只要打开水城门,城中之敌就可以泛海而走辽东。因此,朝廷之兵久攻不下。说起来,登州城筑得如此坚固、科学,还是孙元化的功劳。没想到他的心血,没有在对金作战中被用上,反而为孔有德所利用,给朝廷出了个难题。

好在叛军过分自信,竟敢出城挑战。叛军首领李九成率兵掠阵,没想到被官军斩杀。这样一来,原先的五位叛军首领,已有陈有时、李九成被杀,仅存孔有德、耿仲明、毛承禄(毛文龙之子)三人。叛军气势大受影响。

当祖宽等夺取水城门外的护墙,登州通海之路有被切断的危险时,孔有德感到紧张了。他用海船载着子女财帛,率先撤出登州,泛海而去,耿仲明等也随之而去。主帅一走,剩下守城的兵士便没有斗志了。

游击刘良佐派人潜入永福寺中,挖坑道至城墙之下,放置炸药,炸塌了城墙。官兵从缺口一拥而入,打进登州城中。残敌退守城北丹崖山上的蓬莱阁,负隅抵抗。或许是因为朱大典这位文人出身的统帅,爱惜这座建于北宋英宗治平年间的文物名胜,所以心存善念,没有动武,而是用了劝降之法。千余残敌无奈之下,下山投降,但仍有许多人不愿投降,或跳海,或上吊。

此时,已是崇祯六年(1633)的二月了。孔有德山东之叛,自崇祯四年(1631)闰十一月起,一直打到崇祯六年(1633)的二月,前后达十六个月之久。叛军人数从开始时的千余人,越打越多,最终竟有数万之众。由此可见当时朝廷的应变能力是何等之差!

朝廷的武将士卒,在与外族后金作战时,总是败多胜少;在与陕西、山西的叛民作战时,同样也是败多胜少。但令人不解的是,当这些为朝廷效力时似乎算不上是精兵强将的官军,一旦叛乱或投敌后,却都不差不弱。将还是原来的将,兵还是原来的兵,为什么在为大明朝打仗时这么差,而反过来打大明朝时却又变得那么强呢?!

不知崇祯帝和他的那班朝廷官员们有没有想过这个问题?

山东的胜利,实在是太重要了。崇祯帝即位后,仗是越打越多,越打越大,却也是越打越输,越打越糟。这次费了九牛二虎之力,终于打败了崇祯帝起初可能连名字都没有听说过的,而且原先也是朝廷军官的游击孔有德,在当时也算是大功一件,可庆可贺。

于是,朱大典被提拔为兵部右侍郎,世袭锦衣卫百户。其他参战将领,也是赏赐有差。那位追着孔有德、耿仲明泛海而逃,却因慢了一步而被总兵官黄龙邀击俘获的毛承禄,被押到了北京。朝廷为此还搞了个献俘仪式,最后把他寸磔而死。

其实,崇祯皇帝和他的官员们,大可不必如此兴高采烈。因为就在崇祯帝忙于镇压山东叛乱和陕西、山西之乱时,皇太极却在沈阳休养生息了许久,正准备着新的行动。而孔有德、耿仲明的来投,令他大喜过望。

于是,皇太极开始了新的一轮进攻。

皇太极大举入侵

孔有德、耿仲明率部泛海退往辽东时,驻扎在旅顺一线的明总兵官黄龙率兵邀击。黄龙的水军很能打仗,在海上把这支叛军打得七零八落。李九成的儿子李应元被斩杀,毛承禄、陈光福被俘。耿仲明的弟弟、黄龙的部将耿仲格,试图密谋叛乱,接应其兄,幸亏被黄龙及时发觉而斩杀。

吃了大亏的孔有德、耿仲明,仍凭着勇气和经验,带出了包括一些军人家属在内的万余名部下,突上了辽东的陆地。他们怀着对明朝,尤其是乘危邀击他们的总兵黄龙的刻骨仇恨,直奔后金而去。

皇太极早就命人率军在指定地点迎接他们。后金兵帮助他们击退了明朝的追兵,赐以黄金和酒食,并许诺说,只要归顺后金,就可在辽阳附近居住。走投无路的孔有德、耿仲明等人,正求之不得,自然是一口答应,随即率军向沈阳进发。

对这批大明朝的叛兵乱卒,皇太极给予了相当高的礼遇。皇太极亲自出沈阳迎接他们,并免跪拜之礼,改用女真人的抱见礼。而孔有德等坚决不肯,坚持要行跪拜之礼。最后,双方妥协,先行抱见礼,再由孔有德等行跪拜之礼。接着,孔有德献上从登州搬来的大炮,皇太极十分高兴,允许他们驻扎在辽阳之北的新建城市,并授以要职,予以重用。

皇太极之所以对这批人如此另眼相待,除其一贯的用人风格外,还有现实的考虑。孔有德、耿仲明等人,长期生活在辽东,非常熟悉情况,不仅有相当丰富的战斗经验(包括女真人当时尚不太熟悉的海战),而且还接受过孙元化的系统训练,能操作欧式火炮。另外,这些人都曾在毛文龙手下任过职,既当过官军,也做过强盗,有一套笼络、团结部下的有效手段。他们的军队,都是由他们完全控制的私人式部队,与组织涣散的一般官兵很不一样。尽管最后突围到辽东的军队仅万余人,但骨干仍在,只要稍加充实,便是能征善战的悍兵。孔有德、耿仲明后来的经历,也证明了这点。

崇祯六年(1633)七月,已获补充休整的孔有德、耿仲明,为报数月前被海上邀击之仇,率兵攻打辽东重镇旅顺。

旅顺是当时朝廷在辽东半岛上尚存的最后堡垒,由总兵黄龙镇守。当时,黄龙为支援鸭绿江一线,派出水师增援,导致旅顺空虚。孔有德、耿仲明乘机发兵围攻旅顺。黄龙连战皆败,独守孤城,最后火药矢石俱尽。黄龙拔剑自刎,旅顺被攻陷。黄龙部将李惟贤、项祚临、樊化龙、张大禄、尚可义等战死。

旅顺一失,原与旅顺互为犄角的广鹿岛就成了问题。该岛守将尚可喜,本是毛文龙部下,与孔有德、耿仲明也是老关系,容易联络。于是,尚可喜在不受信任、形势危急之时,加紧与后金联系,并于崇祯七年(1634)初,率其数千属户,携带辎重,乘船离岛登陆,到沈阳降敌。他的部队被安排在辽阳以南的海州(今海城)。皇太极没费什么气力又多了一员战将。

至此,皇太极手下的汉族军队已具有相当的规模。大凌河之战前,由佟养性率领的旧汉兵已以火炮闻名,而大凌河降卒又被补充进这支军队,加强了其实力。崇祯五年(1632)佟养性死后,这支军队由马光远统领。这支队伍后来成为汉八旗的骨干。孔有德、耿仲明的军队,以及尚可喜的军队,即分别被皇太极称为

"天祐兵"和"天助兵"的两支汉军,后来也被并入汉八旗,并为清朝开国立下了赫赫战功。

孔、耿攻陷旅顺及尚可喜的叛变,给明朝在辽东的战局造成了严重后果。从此以后,明朝在辽东半岛及周边海岛已无险可守,残存的军队也很快土崩瓦解。奇怪的是,对这些在军事上有重大意义的险要之地,明朝竟不再认真对待,坐视其失。这是一个极大的败招。

崇祯七年(1634)五月,皇太极再次对明朝发起进攻。这次进攻的目标,先是收服蒙古的察哈尔部,然后入边,进攻明朝的边防重镇即宣府(今山西宣化)、大同(今山西大同),而不与山海关防线正面接触。

战略确定以后,皇太极兵分两路,一路从上榆林出发,一路从沙哈出发,攻入蒙古境内。后金部队这次彻底解决了蒙古察哈尔部的问题。在此以前,皇太极先后几次西征,试图压服察哈尔部落,最大的一次是在崇祯五年(1632)。崇祯五年的这次西征,把察哈尔部的首领林丹汗打得西逃(死于崇祯七年,1634)。本次西征,皇太极最终降服了察哈尔部,使其归顺了后金。皇太极对蒙古察哈尔等部的征服,不仅获得了重要的军事盟友,而且还获得了战马的供应基地,更重要的,是使明朝彻底失去了长城外的屏障。

后金军队于六月先后抵达长城附近。根据原定计划,皇太极将其七万精兵分成四路,于七月初攻入长城之内。宣、大一线全线告急。

宣、大一线的防护，本很虚弱，宣、大总督张宗衡、巡抚胡沾恩、总兵张全昌、曹文诏等人的兵马，在皇太极的凌厉攻势下，根本抵挡不住。朝廷下令京师戒严，同时急遣宁远总兵吴襄、山海关总兵尤世威率数万兵马分道救援，再命保定巡抚丁魁楚移居紫荆关，山西巡抚戴君恩移居雁门关，总兵陈洪范移镇居庸关，阻击后金兵马，保卫京师。

皇太极的几路军队攻势凌厉，势不可挡。七月初七日，攻入大同、张家口。初八日，入保安、怀来。十三日，围宣府，屯天寿山。十四日，驰入永宁（属延庆州）。十六日，围大同左卫（今山西左云），破保安州，杀知州阎生斗。后又攻朔州（今朔县）、围浑源州（今浑源）。至八月，各路军队汇集应州（今应县）。皇太极在攻破代州（今代县）后，分兵出击，西至三垒、崞县，东至繁峙（今繁峙），中至八角（八角是一要塞，在今山西西北）。皇太极则率兵进攻大同。宁远总兵吴襄、山海关总兵尤世威纷纷驰援。由于大同府久攻不下，皇太极便转攻灵邱、保安等县。

闰八月，代王母杨太妃命宣、大总督张宗衡、总兵曹文诏等与后金求和。皇太极布告以申讨之意，然后攻杀保定竹帛口，杀千总张修身，再攻占宣府万全左卫（今河北万全），从拒墙堡出塞回沈阳。

此次入掠宣府、大同，皇太极虽遇一些抵抗，但总的来讲仍是出入自由，无人能敌。皇太极收兵之后，曾自夸说：

"朕入境几两月，蹂躏禾稼，攻克城池，曾无一人出而对垒，敢发一矢者。"

话虽说得有点夸口,但也没有离谱。皇太极这次再试牛刀,得胜而归,充分说明山海关以西长城防线的薄弱,以及后金、明朝之间军队素质的差距。

遗憾的是,崇祯帝似乎没有认识到这些,或者是不愿承认这些。当后金军队攻入宣、大等地时,朝廷仍发布了一纸檄文,说什么"满洲原系我属国,今既叛犯我边境,当此炎天深入,必有大祸"。接着便要归顺后金的满、汉、蒙人,立即投归天朝,并威胁说:

"若不来归,非死吾之刀枪,则死于吾之炮下,又不然,亦被彼诬而杀之矣。"

这种恫吓诈骗之言,如无军事上的实力作保证,则显得毫无意义。而事实上,朝廷的军队在战场上的表现,真是令天下失望。如进攻山西崞县(在今山西代县西南,属太原府)的后金军队仅有两千人。当这支军队带着俘获的千余人回撤路过代州(今代县)时,被俘人员指望代州城的驻军能出兵邀击敌军,解救他们。然而代州城中却不敢发一兵一卒,甚至连箭都不敢发一支,生怕惹怒敌军。被俘人员见此情景,不禁失声痛哭。像这种情形远非一次。当时明朝的军队普遍存在恐敌心理,不敢与后金军队打硬仗。

也正是因为明朝军队如此不济,所以皇太极敢夸下海口。他说:你明朝出兵一万,我只要用一千人应战;你明朝出兵一千,我只要用兵一百就绰绰有余。如果你明朝敢在前迎战,尚且可以说说大话。否则,一味说大话,讲假话,却又不敢硬碰硬地去打仗,可谓是可耻之极!

话说得很难听,却道出了实情。崇祯帝知道前线详情后,也只有"顿足太息",无可奈何!他只有把气出在前线的将领身上。他下令兵部查核边臣之罪,结果宣大总督张宗衡,总兵官张全昌、曹文诏,以及巡抚胡沾恩等都被同时罢官遣戍。由于山西巡抚吴甡的恳请,张全昌、曹文诏两位总兵被保全下来,参加了围剿山西的农民军。这种做法,对崇祯帝而言,真是少见的开恩之举。

到了崇祯八年(1635,天聪九年),当崇祯帝被晋陕的农民军搞得焦头烂额时,皇太极正在沈阳筹备开国事宜,一个与天朝平起平坐的新王朝就要崛起了。

崇祯八年(1635),多尔衮出征凯旋,献上了元朝的传国玉玺。诸贝勒和蒙古各部贝勒合议,为皇太极奉上皇帝尊号。皇太极没有接受劝进,只是撤除女真名号,统称满洲。

皇太极对开朝立国一直有一种矛盾的心理。他想当皇帝,建立一个庞大的帝国,但同时又担心自己的实力能否彻底征服中原,更担心女真民族入主中原后,丧失民族性,而被汉族同化,就像他们的祖先在创建金朝过程中遇到的问题那样。因此,尽管他手下的那些文臣,尤其是汉族文臣如宁完我、范文程、马国柱等,一再劝说皇太极进兵中原,夺取北京,称帝建国,但皇太极却不为所动,多次拒绝。至崇祯八年(1635),羽翼渐丰的皇太极仍只是同意改称满洲,而不建国称帝,坐视中原形势的变化。

至崇祯九年(1636,天聪十年),皇太极终于同意称帝建朝。此年四月,满洲、蒙古诸贝勒,汉军都元帅、总兵官及文武大臣,云集沈阳,举行盛大的登基开国典礼。

皇太极接受"宽温仁皇帝"尊号。由多尔衮、土谢图济农巴达礼、孔有德,分别上满文、蒙文、汉文表章。建国号大清,立年号崇德,以沈阳为国都。追谥努尔哈赤为承天广运武皇帝,依汉制上庙号太祖。

皇太极称帝建国,表明他已有充分的实力和自信逐鹿中原了。不久,皇太极便开始了他更大的步骤。

而此时的崇祯帝和他的文武大臣们,正被黄土高坡上下来的农民军搞得晕头转向。

第五章

步入深渊的内乱

尽管崇祯帝即位伊始,就面临着皇太极的严重挑战,而且最终也是由清朝替代明朝,入主中原,但把崇祯帝逼上煤山的,却是明朝自己的臣民,即从黄土高坡上杀下来的李自成及其同伙。

崇祯帝登基后,一直把注意力集中在辽东,全力对付皇太极及其后金,对帝国内部存在的严重危机没有给予足够的重视。他总认为只要解决了辽东的问题,其他的问题就会迎刃而解,至少不会像辽东问题那样棘手。

其实,崇祯帝是弄错了。

经过长期的折腾,帝国犹如一座即将倾圮的大厦,充满危机。朝廷的财政经济风雨飘摇,入不敷出。各种名目的加征加派,使百姓负担不断加重;天灾人祸的接踵而至,更是雪上加霜。官僚集团的普遍腐败、无能,也进一步激化了矛盾。在这种情形之下,社会虽尚能勉强维持,但已处崩溃之边缘,犹如一个火药桶,随时都有爆炸的可能。

矛盾最激化、危机最严重的是陕西、山西等边远省份。这些地区,自然条件本来就很差,即使是风调雨顺,也只能是勉强维持温饱,更不用说是连年灾荒了。崇祯即位前后,那里正逢大旱,百姓无以为生,纷纷为盗为寇。而此地的民风,一向也是骁勇好斗,加上边兵边寇的推波助澜,很快就演变成了一场人口众多、范围广泛的大起义,局势一发而不可收。

陕西的动乱,早在天启末年就有明显的迹象。新即位的崇祯帝,由于忙于应付辽东战事,无暇顾及。而陕西的地方官,也拿不出有力的手段来应对,甚至隐瞒实情,给人以陕西太平无事的错觉。

崇祯元年(1628)年底,陕西境内动乱已成燎原之势。朝廷惊呼陕西"流贼大起"。

崇祯二年(1629),朝廷对陕西地方大员进行改组,命杨鹤总督三边军务,捕流贼。

杨鹤主张用"抚"的手段来解决流贼问题,但也有人主张用"剿"即用武力压服来解决问题。至崇祯四年(1631),崇祯帝原则上仍同意以"抚"为主、以"剿"辅之的办法解决陕西、山西的问题。他说"寇亦我赤子",并派御史吴甡带帑金十万赴陕西赈济。督师杨鹤也一度成功地招降义军首领神一魁。

但杨鹤的招抚政策并没解决根本问题,陕西等地的局势更加严峻。崇祯帝下令逮捕杨鹤。崇祯五年(1632),杨鹤被谪戍袁州卫。此后,崇祯帝调整策略,改"抚"为"剿",任命主剿派、原延绥巡抚洪承畴升任陕西三边总督,四面围堵,暂时平息了陕西的义军。

崇祯六年(1633)春,鉴于山西局势的恶化,崇祯帝任命原临洮总兵曹文诏节制山西、陕西诸路兵马,讨伐山西境内的"流贼",限三月完成。

经过一番激战以后,农民军于此年年底成功地渡过黄河,突破曹文诏等人的包围圈,进入了以郧阳(今湖北郧县)为中心的陕西、河南、四川、湖广等几省交界之地。崇祯帝所谓"三月平贼"的计划彻底破产。

仗越打越大。崇祯帝于崇祯七年(1634)初任命原延绥巡抚陈奇瑜为兵部右侍郎,总督陕西、山西、河南、湖广、四川诸省军务,赋以全权,围剿从陕晋逸出之敌。

但这位被崇祯帝寄予厚望的陈奇瑜,在围剿即将大功告成之际,竟上了农民军的当,让农民军轻易逸出包围圈,形势陡然紧张。崇祯帝大怒之下,下令撤职查办,并于此年的十二月任命洪承畴为兵部尚书,出任五省总督,同时,从全国各地调拨精兵,试图于半年之内把李自成等人消灭在河南。

面对朝廷的凶猛围剿之势,崇祯八年(1635)正月,农民军"十三家七十二营"将领在河南汇集,其中高迎祥、张献忠率领的一支,直奔明朝中都凤阳杀去,并很快占领了凤阳,放火烧掉了明太祖朱元璋父母的皇陵和龙兴寺,并打出了"古元真龙皇帝"的旗号,彻底与朝廷撕破了脸皮。

凤阳之变,朝野大震。从此以后,没有人再敢轻视这支土头土脑的农民军了。凤阳之变,同时也标志着帝国的内乱已发展到了前所未有的程度。辽东的外患,与中原的内乱,在崇祯帝心目中,已摆到了同等重要的位置了。

凤阳之变后,农民军内部分裂。李自成随高迎祥杀向河南,回陕西。张献忠则下庐州、安庆,经湖广杀回陕西。农民军不仅成功地粉碎了官军的围堵,而且还发展了力量,斩杀了曹文诏等朝廷的著名将领。

为了镇压农民军,朝廷先后任命朱大典为漕运总督,巡抚凤阳;卢象升为兵部右侍郎兼右佥都御史,总理直隶、河南、山东、四川、湖广五省军务等,调集各路精兵,与洪承畴等一起进行围堵。自崇祯八年(1635)底至崇祯九年(1636)初,洪承畴、卢象升等率官兵与农民军在陕西、中原展开大战,并于崇祯九年(1636)七月中旬成功地斩杀了农民军的首领之一高迎祥。

高迎祥战死后,农民军一度处于低潮。但时隔不久,农民军在张献忠、李自成的领导下再次掀起反叛浪潮,农民起义进入了一个新的阶段。

可怜的崇祯帝,至此已是精疲力竭了。关外,皇太极于此年四月在沈阳登基建国,虎视眈眈,已令崇祯帝焦头烂额。而在这紧急关头,后院又偏偏起火,从陕晋开始的农民起义,竟越演越烈,势成燎原。这无疑是给崇祯帝及其朝廷在背上插了一刀。

外患内乱,令一直自视为中兴之主的崇祯帝,终于低下了孤傲的头颅,于崇祯八年(1635)十月下达了"罪己诏",跨出了令人难堪的第一步。

杨鹤抚陕政策的失败

崇祯即位时,天下已呈乱象,不再太平。

早在天启元年(1621)九月,四川永宁土司奢崇明就发动叛乱。次年二月,贵州水西土司安邦彦也反叛,策应奢崇明,西南大震。直到崇祯初年,朝廷在吃尽苦头后才算把叛乱平息下去。

在福建等东南沿海地区,也不安宁。先是荷兰殖民者占据澎湖列岛,骚扰沿海。后经朝廷反击,荷兰人才退出澎湖,但仍盘踞台湾。更严重的是,在万历末期福建沿海已形成了不少海商集团,他们亦盗亦商,拥有武装,势力强大,朝廷奈何不得。至天启年间,郑芝龙等人的海商集团,几乎在沿海地区经营着一个海上王国,根本不受朝廷的约束。直到崇祯初,郑芝龙才名义上接受朝廷的招安,暂时不与朝廷作对。这些海盗虽摇身一变成了官军,但朝廷仍是无法真正节制。

尽管川黔、福建有这样那样的麻烦,但至崇祯初算是基本解决了,至少在名义上算是解决了它们。崇祯帝对此甚至有些洋洋得意。其实,崇祯帝及朝廷的许多官员都忽视了一个严重的问题,即北方地区的不安定因素。

早在天启二年(1622)的五月,山东就爆发过徐鸿儒的叛乱。这场叛乱虽由于组织者的失误很快就被朝廷镇压了下去,但仍是一个大的凶兆。山东与京畿近在咫尺,竟出了这样的大娄子,而且徐鸿儒用的手段也是令朝廷最为头痛的民间宗教,即白莲教,足见民心的不稳定及北方社会问题的严重。

由于徐鸿儒之乱很快被压服,山东的局势也暂时被稳住,朝廷认为北方大概不会再出问题。其实,就在山东被压服的同时,西北的动乱已在酝酿之中,并渐见端倪了。

陕西的民变,实际上从天启五年(1625)就开始了。但那时的民变,规模较小,其行为也只是邀路行劫,打家劫舍,还没有发展到攻城杀官的地步。因此官府往往也只把它视作一般的治安问题,不太注意。但至天启七年(1627),恰恰就是这些小规模的民变,渐成燎原之势,把陕西搅得天翻地覆。

首先动乱的是澄城县,领头的据说是一位名叫王二的人。只要看看此人的名字，就知道他是位底层的穷人。正是这位差不多连名字都没有的底层人，把陕西的反叛之火点了起来。

这年陕西大灾，米贵民饥，而西安府澄城县的县官张斗耀却不顾百姓死活，又严催赋税。此年三月，王二便邀几百名穷苦人，用墨涂面，聚集山上。王二大喝一声道：

"谁敢杀张知县？"

众人一齐喊道：

"我敢杀！"

于是，这群饥民，便在王二的率领下，打下了县城，处死了张斗耀，然后聚集在洛河以北的山上，占山为王。他们飘忽不定，四处出击，先后攻掠到蒲城、韩城、宜君等县。官军奈何他们不得。

在王二之后动手的是绥德州府谷县的王嘉胤。府谷紧贴长城，在陕北东北角，也是最穷最苦的地区。王嘉胤始仅是抢掠富室，后迫于朝廷压力，走投无路，才啸聚为乱。

王嘉胤闯出名声之后，王二便率他的那伙人往北流徙，与王嘉胤会合，聚集在延庆的黄龙山，与官军对抗

除王二、王嘉胤之外，陕西各地的饥民也纷纷动手，形成了几股重要的力量。在崇祯元年（1628），陕西境内主要有这样几股力量：

汉南王大梁，阶州周大旺，宜川王左挂、飞山虎、大红狼、苗美，安塞高迎祥，洛川黑煞神，延川王和尚、混天王，庆阳韩朝宰等等。

到了崇祯二年（1629），情形就更严重了。此时的陕西，不仅

乱民的数量和活动区域大大增加，而且乱民的结构也发生了变化。

用当时的话讲，就是"陕西饥，流贼大起"。据当时地方官员的报告，除上述澄城、府谷、西安、榆林、延安诸地外，洛川、淳化、略阳、清水、成县、韩城、宜君、中部、石泉、宜川、绥德、葭耀、静宁、安化、固原、宁羌、延川、米脂、青涧、安定等地都遭到变民劫掠。像鄜、延、宜、雒等地，更是变民往来聚集的渊薮。甚至已有陕西的"流贼"出境活动。

从乱人员的结构也日趋复杂。原先参加动乱的，绝大多数是当地的饥民，即"土寇"，作战能力不是很强。至此，则有不少新生力量加入进来了。当时有人分析，从乱之人主要为"土贼""边贼""回贼""矿贼"和饥民。也有人认为，"流贼"主要由叛卒、逃卒、驿卒、饥民、难民、响马等类组成。总之，参加民变的人员已不再是纯粹的饥民了。

由于新生力量的加入，这些原本不起眼的"流寇"实力大增。尤其是那些边军，原本是朝廷的官军，都是些职业军人，武器、马匹齐备，战斗力很强。不少"流贼"的首领，都是边兵出身。他们具有战斗经验，熟悉地理形势，性格强悍豪放，很有号召力。

陕西的动乱如火如荼，终于震动了京师。崇祯皇帝也开始关注这个问题了。

在饥民纷纷起事之初，陕西的地方大吏，如陕西巡抚胡廷宴、延绥总兵岳和声等，都是持敷衍应付的态度。像胡廷宴，能力有限，年岁已老，很不愿意听到下属呈报那些打打杀杀的事情。他说，这只不过是饥民闹事，待明年春后粮食续上以后自然就会平息。没想到动乱不仅没有平息，反而是愈演愈烈。

崇祯二年（1629），陕西频频告急，朝廷再也不能无动于衷。于是，崇祯帝命廷推一位总督陕西全省事务的大员，来处理陕西的危急局面。结果左副都御史杨鹤被推举担此重任。

这位杨鹤，是湖南武陵（今常德）人，万历三十二年（1604）的进士，至崇祯元年（1628）才被提拔为左副都御史。他看到时局危急，便上疏说他那一套图治之言，主张休兵养民，培养元气，说得头头是道。他这么一出头，正巧赶上了好时候。当时三边总督武之望已死，陕西民变正炽，朝廷上下视之畏途，没有人肯去揽这档子事。既然杨鹤有图治之策，大家便一致推荐他去陕西。

杨鹤其实是一个"素有清望，然不知兵"的典型文官，哪里懂什么军事！但正是这样一位不懂武略的文臣，却被委以重任。崇祯帝特意召见他，问他此番前往，有何方略。杨鹤只是回答：

"清慎自持，抚恤将卒而已。"

意思是自己做清官，同时抚恤边军，并没有什么新意。崇祯帝命他出任兵部右侍郎总督陕西三边军务，全权处理陕西军务。同时罢免胡廷宴、岳和声的巡抚之职，任命刘广生为陕西巡抚，张梦鲸为延绥巡抚，协助总督杨鹤。

起用杨鹤，说明崇祯帝当时仍对陕西的局势很有信心，认为这群饥民，只要略加抚劝，再予之恩惠，就会平息下来。而且，当时的崇祯帝也别无他法，辽东的战事，已弄得他焦头烂额，他不仅无银无兵去增援陕西，甚至还想从陕西抽调边兵来对付后金。因此，他除了能给杨鹤浩荡皇恩外，实在也拿不出别的什么来。

杨鹤匆匆赶赴陕西，梦想立下奇功。但陕西的局势，实际上已很难扭转了。

杨鹤的具体办法，一是招抚，二是救济。通过抚赈，使这些从乱的流民重新返回家乡，安定下来。用他的话说，就是：朝廷大兵大疫，公私交罄，加派频繁，百姓小民元气大伤。辽东黔蜀的兵事，丧师失律，暴骨成丘，封疆之元气大伤。缙绅结党争权，彼此倾轧，而逆阉乘机诛杀君子善类，士大夫之元气大伤。就像重病初起，百脉尚没有调和，风邪易入，急当培养。

他还对崇祯帝的许多做法提出不同的意见和具体的建议。他说：陛下事事励精，临轩面质。但阁臣大吏，未必事事都知，有问必答；而六部诸臣，也未必能事事皆做，有求必应。这样一来，陛下却又要发怒生气。因此，臣以为这些做法过分了。现今一切民生国计，吏治边防，应该参照祖宗的成法，委任责成。宽严相济，图之以渐，镇之以静，何虑天下能不太平？

杨鹤的意思，就是朝廷经过这么多的折腾，已是元气大伤，犹如一个久病初愈的人，应慢慢恢复元气，不能急于求成，更不能过于折腾。一句话，就是要崇祯帝不能急躁，慢慢理顺关系。

乍听起来，话说得有些道理。但真要做起来，就不会这么轻巧了。

杨鹤赴任陕西后，便想用招抚和救济相结合的手法来对付农民军。在总督陕西三边任内，杨鹤致力于招抚，而不太愿意动武。用他的话说，就是：粮饷用之于剿，就一去不返，况且杀人太多，也伤和气。还不如用之于抚，救活一人就是得一条性命。盗息民安，功德无量。杨鹤及其部下在两年多的时间内，先后用招抚的办法，招降了十余支农民军。具体情况如下：

王子顺、张圣述、姬三儿因战败而在延川向延安知府张辇、都司艾穆投降。

王左挂率二百余人在米脂、清涧向总兵杜文焕投降。

苗登云、苗登雾在铁叶岭向总兵杜文焕投降。

小红狼、一丈青、龙江永、掠地虎、郝小泉等在延绥一带向总督杨鹤、巡抚刘广生投降。

王嘉胤在靖边向洪承畴、杜文焕投降。

田近庵、独行狼、上天龙等投降杨鹤。

拓先龄向榆林道张福臻投降。

金翅鹏、过天星向张福臻投降。

独头虎率数千人向雒川知县刘三顾投降。

刘道海、白柳溪率数千人在庆阳接受朝廷的招抚。

点灯子率五千余人在清涧投降官军。

神一魁、孙继业、茹成名率头目六十余、兵卒四千余人，在宁州接受杨鹤招抚。

施冷庵在庆阳接受招安。

两支义军分别在宜雒、延长向陕西巡抚练国事、御史吴牲求抚。

满天星、不沾泥、云交月、间山虎、陈龙等率万余人分别在西川、榆林等地向洪承畴、张应昌、王承恩、侯拱极投降。

点灯子部卒七百余人在稷山向曹文诏投降。

闯王虎、金翅鹏在宜川向王承恩投降。

草上飞在宜君、同官败降。

赵四儿率万人在鄜州一带投降张全昌。

张献忠率两千余人投降洪承畴。

饥民、边兵近一万五千人在庆阳向杨鹤投降。

混天猴等率千余人在甘泉向洪承畴投降。

上天龙、马老虎、独行狼率两千余人在鄜州向杨鹤、洪承畴投降。

郝临庵、刘六向庆阳道周自强投降。

上天猴、混天猴、曹操、飞虎、李仁友率两千人在宜川向杨鹤投降。

谭雄在安塞乞抚。

张献忠、罗汝才、李自成在延安等地向洪承畴投降。

从杨鹤等人招抚的记录来看,几乎所有的义军首领都曾向朝廷投降过,或接受过招抚。而且被招抚的人数也不算少。那么,陕西的乱民怎么会越抚越多呢?

应该承认,杨鹤在陕西的招抚工作做得相当卖力。平心而论,杨鹤也算得上一个既有责任心又有同情心的不错的官员。他的工作也起到了一定的效果,他本人曾先后两次成功地招降了大批义军。

第一次在崇祯三年(1630)六月前后,杨鹤在承受王嘉胤攻掠延安、庆阳的巨大压力之下,隐匿军情,坚决招抚,成功地让王左挂及其部众小红狼等投降朝廷。杨鹤给他们免死牌，把他们安置在河曲、延绥一带。

第二次是在崇祯四年（1631）四月，杨鹤在取得朝廷同意后，成功招抚了当时打得最凶的义军之一神一魁（其兄神一元此时已战死）。这次行动，不仅化解了庆阳之围，而且还一度扭转了陕西等地的不利局势，招降了一大批义军首领，并斩杀了王嘉胤。

也正是因为如此，崇祯帝及一批朝廷官员也曾支持杨鹤的招抚政策。像新任陕西巡抚练国事、职方郎中李继贞等都曾在崇祯四年（1631）上书朝廷，要求招抚。崇祯帝也于此年的正月，利用在文华殿召对内阁、九卿、科道及入觐两司官的机会，特意面召山西按察使杜乔林和陕西参政刘嘉遇，询问山西、陕西的剿抚详情。杜乔林说：山西河曲王嘉胤部气势凶炽，官军打得很不顺手，现在前线兵力不足，而且严重缺饷，非大量增兵加饷不可。

杜乔林说的是实话，当时王嘉胤部在河曲打得很凶。崇祯帝转而又问刘嘉遇。刘嘉遇说得很悲观。他说：兵饷不足，因此难以剿灭。而且贼寇见官兵实力不足，更是散后复聚，降后复叛。

刘嘉遇的意思，仍是要朝廷增兵加饷，以武力剿灭，言外之意则是不太赞成招抚。崇祯帝听后，有点不以为然，便说：

"寇亦我赤子，宜抚之。"

崇祯帝之意，就是说这些叛贼也是我大明朝的赤子臣民，应该招抚，不要赶尽杀绝。既然皇帝也这么说，刘嘉遇赶紧改口附和道：

现在用的正是招抚之策！

第五章 步入深渊的内乱

崇祯帝接着便派御史吴甡带帑银十万两前往陕西赈济。而且在杨鹤上书请求招抚神一魁时,他也明确答复道:

"剿逆抚顺,谕旨屡颁。"

"杨鹤相机招安,允协朕意。"

不幸的是,崇祯帝后来在严办杨鹤招抚失职之罪时,似乎忘记了他自己曾说过这些话。

就在杨鹤庆幸自己成功招抚神一魁、斩杀王嘉胤之时,形势发生了逆转。崇祯四年(1631)七月,神一魁在其部众的挟持下,降而复叛,重操旧业。王嘉胤的旧部也没有因王嘉胤的战死而溃散,而是在新首领王自用(紫金梁)的领导下,在山西重整旗鼓。至此,山西"三十六营"群哄而起,如闯王高迎祥、老回回(马守应)、曹操(罗汝才)、八大王张献忠、过天星(惠登相)、扫地王、整齐王、闯将李自成、蝎子块(拓养坤)、邢红狼、闯塌天(刘国能)、射塌天(李万庆)、阎正虎、一字王、乱世王、混世王等首领,拥兵二十万,与杨鹤作对。一度好转的晋陕形势此时又是急转直下,一塌糊涂。

杨鹤顶不住了。

他给朝廷上了一份名为《微臣万苦堪怜事》的奏疏,哀叹自己已是"焦头烂额""贼平无日"。

对杨鹤招抚政策早已不满的朝廷官员,揣摩到崇祯帝此时的心理变化,纷纷上书指责杨鹤。有位叫谢三宾的御史,最为刻薄。他上疏朝廷,提出了几个令杨鹤非常难堪的问题。其中之一就是:

既然杨鹤说庆阳抚局(指招抚神一魁部)已成,降贼遣散俱尽,为何李老柴、独行狼攻陷中部?难道他们是从天而降的吗?

谢御史的这番话打动了崇祯帝。他立即命当时在陕西的巡抚御史吴甡汇报前线情形。这位不久前还带着崇祯帝所给的十万白银前往山西赈济,以协助杨鹤招抚的吴甡,此时却一口咬定杨鹤主抚误国,并说:为今之计,只有调兵措饷,南北会剿,歼灭贼首,招抚余众,秦地才有可救的余地。

崇祯帝接到吴甡的奏疏后,便立即下令逮捕杨鹤,翻脸不认旧账。他说:

"杨鹤总制全陕,何等事权,乃听流寇披猖,不行扑灭,涂炭生灵,大负委任,着革了职,锦衣卫着的当官旗,扭解来京究问。员缺推堪任的来用。练国事姑着降三级,戴罪剿贼自赎。如仍玩纵,定行重治不宥。"

可怜的杨鹤,此时竟然还口口声声说,他是奉诏招抚,而且也是剿抚并用,有功无罪。他没想到此时提这些旧账,实在是揭了崇祯帝的短,让当时自我感觉良好的崇祯帝下不了台。第二年,崇祯帝竟下令将杨鹤谪戍袁州。要不是崇祯帝当时要用他的儿子杨嗣昌,杨鹤可能连命都保不住!即使后来杨嗣昌成了朝廷的主要大将之一,并言辞卑恭地恳求崇祯帝宽恕他的父亲时,崇祯帝却仍耿耿于怀,不愿给杨嗣昌这个人情,可见崇祯帝对杨鹤的成见有多深。

有意思的是,这位杨鹤,在魏忠贤掌权时,就因为祸从口出而被削职,此次复出后又因触到了崇祯帝的痛处,被加重了处罚。

足见这位湖南籍的书呆子确是本性难改,在官场上混了多少年后仍不明白这样的简单道理,即无论是魏忠贤,还是崇祯帝,都不愿意听不顺耳的话。

其实,杨鹤真是有点冤枉。从杨鹤的下场及招抚的失败,不难看出当时朝廷存在的种种问题。招抚的失败,并不能完全怪罪杨鹤一人。

招抚的失败,首先是因为杨鹤没有足够的经济实力。

招抚叛民,说穿了就是要有足够的钱。陕西的叛乱,开始时主要是经济原因,老百姓是因为天灾人祸,无以为生,才铤而走险的。朝廷现在要他们放下武器,重做良民,就须解决他们的吃饭问题。

但崇祯帝及其朝廷根本无法提供足够的资金。崇祯二年(1629),崇祯帝开恩,令陕西巡抚刘广生留杂项辽饷银一万四千两,就地赈济。区区万余两银子,自然不足开销,因此刘广生要求增加款项,而崇祯帝却不肯再拿出钱来了。到了崇祯四年(1631),崇祯帝破天荒拿出了他自己的内库银十万两,令吴甡赴陕西延长赈济。当时延长县城正被乱民围困着,不过当同知赵鹤宣布朝廷放赈的消息后,城围立解,乱民们都拿着赈金回家去了。当时米脂县参加造反的人数占全县总人口的百分之七十,但听到朝廷赈济的消息后,也纷纷返乡,等着朝廷来赈济。这样的情形,在邻县也曾出现过。

难堪的是,朝廷不愿意也拿不出更多的钱来救济。吴甡的十万两白银,远远不够。当时陕西的米价是七钱白银一斗,如每人分得一两,则最多可支撑五十天。即使十万两白银全都到了百姓手中,至多也只能支撑十万百姓五十天的生活。而当时陕西的情形,已惨到了十室九空人相食的地步,十万白银只能是杯水车薪。吴牲在延绥十九县间散掉十万白银后,发觉就像在一池水中放了一撮盐,起不到多大作用。

即使是那些已经投降的乱民,朝廷也无足够的资金来安置他们,保证他们不再次叛乱。被招抚的人员,随抚随叛,越抚越多。杨鹤多次请求朝廷增加赈济的力度,安顿好这些灾民乱民,而朝廷却无力做到。就连近在咫尺的秦中地区,甚至也不愿安顿流民,恐引狼入室,更勿论其他地方了。当时真正忧国忧民者,为数不多,没有多少人有长远目光,能通盘考虑陕北的问题。多数人认为,陕北的动乱,只是陕北的事,跟自己关系不大。没想到,陕北的乱民,后来演变成强大的农民武装,杀出秦界,殃及了大半个帝国。

如果在陕北刚开始动乱时,帝国上下能齐心协力、全力以赴的话,事情绝不至于弄到后来的那种地步,付出的代价或牺牲的利益也决不会这么大。遗憾的是,当初能这样想的人又有几个呢?

杨鹤抚秦的失败,另一个原因是没有足够的兵力。要保证招抚政策的顺利实行,必须有足够的军事力量作保证,一来起弹压威慑作用,二来也能在招抚无效时用武力解决那些铁了心造反的骨干分子。可是,杨鹤作为三边总督,手上却没有足够的军队。

尽管杨鹤力主招抚,但也深知军队的重要。面对风起云涌的遍地义军,手中无像样军队的杨鹤深感不便。崇祯三年(1630),当王左挂、苗美率部攻打韩城时,杨鹤竟无将可点,无兵可调,只得命当时任参政的洪承畴率领临时凑起来的部队匆匆上阵,勉强解围。在此以后,杨鹤几次上书崇祯帝,要求把当时调赴京师守卫的延绥、宁夏、甘肃、固原、临洮诸镇边兵重新调回,还镇西北。当时崇祯帝正被后金的入侵搞得焦头烂额,哪里肯把西北的部队放回去。杨鹤无奈之下,只得再请崇祯帝起用前总兵杜文焕,督延绥、固原的三千官兵。这次崇祯帝倒同意了,但仍没有改变陕西粮饷不足、兵力过弱的局面。

抚则缺银少粮,剿则无兵无饷,杨鹤两手空空,能干些什么呢?

杨鹤抚秦的失败,还有一个重要的原因,那就是官僚体系内部的不一致甚至是不团结。在朝廷中,本就存在主剿和主抚两派,难以统一。甚至连崇祯帝本人,也是摇摆不定。在晋陕前线,同样也存在主剿主抚两派,具体操作不能一致,严重影响了整体局势。

如与陕西相邻的山西当局,在对待农民军的手段上,就与主持陕西的杨鹤有很大不同,更多的是采取讨伐政策。

山西与陕西有一千多里的相邻地带,中间仅有一线黄河相隔。两省的许多情况都很相似。陕西的动乱,很快也影响到了山西。山西北部的大同,属"九边"之一,驻扎着部队。因长期缺饷,这些部队就成了不安分的饥兵。崇祯二年(1629),山西巡抚耿如杞率山西兵马赶赴京师勤王,因粮饷不足,驻地频换,部队发生哗变,纷纷逃回山西。这批溃卒后来成为山西动乱的主要成分之一。

但真正把山西搅乱的还是从陕西来的农民军。崇祯三年(1630)春天,陕西的农民军由于种种原因,开始渡过黄河,进入山西。此年的三、四月间,老回回马守应、八金刚、王子顺、上天猴等部渡过黄河,分兵两路进入山西西北部。十月,攻占了山西省西北部的重镇河曲,控制了黄河渡口。除此以外,陕西农民暴动的另外几支主力如王嘉胤、罗汝才、张献忠、李自成等,亦先后率部进入山西。他们与山西的义军会合一处,声势浩大。当时就有人说:

"开始时为寇山西的,多为陕西人。现在作乱山西的,则一半是山西人了。乱起之初的二、三月间,响应的山西人不过十之一,六、七月间,从贼之人十之二三,至今冬,从贼而起者十之五六矣。"

对于山西之乱,地方当局主张以武力压服。当陕西之众杀入山西时,山西巡抚仙克谨立即移镇汾州,指挥阻击。刚从陕西宽松抚局中逸出来的王子顺等,对强硬的仙克谨恨之入骨,并用重贿买通山西人氏,刺杀仙克谨,仙克谨身受重伤。此后接任的巡抚,也都力主剿杀,并与陕西主战派合作除掉了王嘉胤。

不仅山西的做法与杨鹤在陕西的抚局不一致,即使是杨鹤的手下,也有不执行杨鹤政策而暗中主杀的。如杨鹤起用的前宁夏总兵杜文焕,曾在宁夏以凶悍好斗而闻名,心狠手辣,因此他在剿抚问题上,与杨鹤就有很大分歧。他接手后,力主武力解决。他曾以提督身份率兵猛攻河曲的王嘉胤，试图一举歼灭。没想到另一支农民军神一元攻陷宁塞，杀掉了杜文焕一家多口，以报复杜文焕。杜文焕这才解河曲之围，率兵匆匆赶往宁塞。

杨鹤的另一位手下大将洪承畴，在剿抚问题上与杨鹤也不一致。这位原为参政的洪承畴，几次杀降，毒辣之至。崇祯四年（1631）四月，巡抚洪承畴令守备贺人龙等设酒宴犒劳降卒，等降卒入室时伏兵四起，杀掉了三百余人。这种举措，洪承畴后来还重复了几次。

当然，当时杀降的并不是洪承畴一人，还有不少其他的将领也做过这种丑恶之事。如崇祯三年（1630），巡按御史李应期在绥德杀掉了已经投降的义军领袖苗美、左挂子（即王左挂）。崇祯四年（1631），还是这位李应期，又在榆林杀害了已经接受招抚的义军首领王子顺等。

作为朝廷的命官武将，竟干出杀俘这样背信弃义的缺德事，使朝廷的信誉一落千丈。吃了苦头的农民军，生怕再上朝廷的当，不再肯接受招抚了。对于这种做法，不少人曾提出过不同看法。如费密就说过：

"诸路叛贼虽是奸人思乱，但开始时也是为饥荒所迫，势急思逞。其中希望朝廷招抚返乡的也占十之八九。后陕西总督某（指洪承畴）招抚数千人，某日遣降卒樵采，去其弓矢，发兵数千人围杀。降卒见状，纷纷拔木举石，奋起反抗，突围而出。从此以后，民军绝了投降之心。"

费密之言，很有道理，只是把杀降的责任归在洪承畴一人身上了。

顺便讲一句,最终导致杨鹤下台的神一魁的降而复叛,也是因为杀降。神一魁投降后,杨鹤等令神一魁于耀州诱杀另一支义军首领、当时已降的茹成名,从而引起了神一魁部下的猜疑,最终挟持神一魁重新反叛。

由于上述各种各样的因素,杨鹤的主抚政策最终失败。他自己也落得个悲惨下场。朝廷上下几乎没有人为他辩解开脱。倒是他的老部下洪承畴,还不忘旧情,替他上了一疏,说当时主抚,也是"时势不得不然",要皇帝抬手放他一马。不过崇祯帝此时根本听不进了。

山西征剿失败

既然杨鹤的招抚政策已彻底失败,那么崇祯帝便依照其一贯作风,在拿杨鹤作了替罪羊之后,另找出路了。

崇祯帝在崇祯四年(1631)十月正式任命洪承畴为陕西三边总督,以武力剿灭义军。此时,崇祯帝对陕晋的义军已是恨之入骨,希望洪承畴把他们迅速赶尽杀绝,以使朝廷全力对付后金的威胁。洪承畴忠实地执行了崇祯帝的策略。

洪承畴,字亨九,福建泉州府晋江县人,万历丙辰科(万历四十四年,1616)进士。他二十三岁就督学浙江,后被提拔为陕西参政,是一位年少老成、有谋有略的能干之才。

洪承畴在陕西出名是在崇祯三年(1630)。当时,王左挂、苗美等率兵分列五营,南下进攻韩城,总督杨鹤手下无将,情急之下,令当时尚是参政的洪承畴率兵进援,斩杀叛兵三百余人,解了韩城之围,洪承畴一下子出了大名。从此以后,他开始率兵打仗。由于他有谋有略,而且长期在陕西为官,熟悉陕西情形,所以他的部队在陕西打得不错,并赢得了不少声名。

就在此年的六月前后,因原延绥巡抚张梦鲸被义军的凶猛之势惊吓而死,洪承畴一跃而升任延绥巡抚,成为地方大员。从此以后,洪承畴更是卖力,而且心狠手辣,胆大心细,做事利索。到了崇祯四年(1631)十月,已深得崇祯帝信任的洪承畴,在杨鹤被捕以后,便顺理成章地代替杨鹤,升为陕西三边总督。

升任总督后的洪承畴,忠实地执行崇祯帝的政策,加紧了对陕西义军的残酷围剿,发起了前所未有的攻势,几乎是连战皆捷。陕西的形势开始好转。崇祯帝开始尝到剿的甜头,全力支持洪承畴。

崇祯五年(1632)春,洪承畴留饷二十万,遣甘肃总兵杨嘉谟、固原总兵杨麟、临洮总兵曹文诏、延绥总兵王承恩、宁夏总兵贺虎臣等,各率其部,大举进剿陕西义军。洪承畴首选的攻击目标是"宁塞遗贼"。他们本都是神一魁的部众,是当时陕西境内最大的一股义军,首领是红军友、李都司、杜三等。他们与环庆的民变首领郝临庵、刘六合兵,屯驻在镇原(今甘肃镇原),兵势很盛。

在官兵的强大压力下,镇原的义军顶不下去了,便退守东西川、铁角城、芦堡垒等地,利用险要地势拼死抵抗,并威胁庆阳,寻机突围,试图杀入平凉府,借道突入凤翔府。

陕西巡抚练国事,急令固原(今甘肃固原)兵备王镇奇守住各隘口,令平凉府守备徐如翰守住泾州(今甘肃泾州)各关口,防止义军外逸。

同时,总督洪承畴立即从鄜州(今陕西富县)赴庆阳,指挥会战。当时,曹文诏率临洮兵,贺虎臣率宁夏兵也赶赴增援。双方在镇原之北的西澳展开激战,前后数十次。义军吃了大亏,首领杜三、杨老柴被斩杀,兵卒被杀数千人。战役以官军全胜而结束,朝廷称之为"西澳大捷"。

西澳大捷后,洪承畴等率兵乘胜进击。不久,洪承畴设伏斩杀不沾泥。曹文诏则设反间计除掉红军友,后于环庆击败可天飞、李都司,于耀州击败郝临庵等。

在洪承畴的强大攻势下,"宁塞之众"基本上被打下去了。至崇祯六年(1633),延绥巡抚陈奇瑜继续分遣诸将,搜剿余众,至此年底,陕西的局势基本上被稳住了。

但陕西局势的好转,并没有让崇祯帝及其朝廷松一口气,因为山西的问题已越来越严重了。

山西的动乱,虽有本身的原因,但更多的是因为陕西的影响。崇祯三年(1630)春,陕西的义军如老回回马守应、八金刚、王子顺、上天猴等部,分兵两路杀入山西北部。其后,王嘉胤、罗汝才、张献忠、李自成等也纷纷渡河,进入山西。同时,入援京师的陕西五镇兵马,临阵哗变,纷纷逃回山西等地从乱入伙。山西的局势一下子严峻起来了。

第五章 步入深渊的内乱

当时山西境内的义军,主要分成两路。一路以西南部的平阳(今山西临汾)为中心,一路以府谷(今府谷,在陕晋交界处)为中心。尤其是王嘉胤部,以府谷、河曲为据点,分兵转战各地,西南攻至延安、庆阳,并杀入山西焚掠,声势浩大。这股义军人数增至三万余人,将领百人,并设有左丞、右丞等官职,下辖自号闯王的高迎祥等一大批干将。

山西当局对于这些"乱民"的态度很坚决,就是武力剿灭。至崇祯四年(1631)四月,当时尚是副总兵的朝廷悍将曹文诏等,利用杨鹤大肆招降各路义军的有利时机,率重兵围攻驻守在河曲一带的王嘉胤部。

曹文诏用重兵围困河曲,断绝其粮饷供应之道。王嘉胤缺粮之下,突围而出,向南冲杀。曹文诏一路紧追,再败之于阳城(今阳城)。此年六月,王嘉胤被部将王国忠所杀。

当时的形势似乎对朝廷很有利。在陕西方面,杨鹤招抚了神一魁;在山西方面,曹文诏等解决了王嘉胤,因此杨鹤曾很高兴地给朝廷上书,说神一魁、王嘉胤两人已除,其他的小首领不过尔尔,消灭他们指日可待。没想到陕西神一魁降而复叛,山西的义军也没有因王嘉胤之死而彻底垮掉。他们经一度低潮之后,又重新集结起来,大搅山西。

王嘉胤死后,其部众并未溃散,而是重新选举左丞紫金梁(王自用)为首领,重树旗帜。王自用与各路首领深感相互联络的重要性,于是各部众共推王自用为首领,会合闯王高迎祥、扫地王、邢红狼、八大王张献忠、黑煞神、曹操罗汝才、乱世王、闯将李自成、闯塌天刘国能、满天星、老回回马守应、李晋王、党家、八金刚、混天王、蝎子块、点灯子赵胜、不沾泥张存孟、张妙手、白九儿、一阵风、七郎、大天王、九条龙、四天王、上天猴刘九思、丫头子、齐天王、映山红、摧山虎、冲天柱、油里滑、革里眼贺一龙等部，统称"三十六营"，约有二十余万。在陕西之乱被平后，"三十六营"成了反叛朝廷的主力。

山西的战火越打越烈，范围也越来越大。高迎祥、罗汝才（曹操）、张献忠等分道四出，连陷大宁、泽州、寿阳诸州县，全晋震动。朝廷急命宣大总督张宗衡移镇平阳，巡抚许鼎臣驻汾州，分路守扼防御。并派李卑、贺人龙、艾万年等率关中兵赴山西入援。许鼎臣把此三将调至手下，但张宗衡又以总督的身份，传檄三将由他本人指挥，弄得三将无所适从。义军乘机占据临县之东的磨盘山（一名连枝山），并于崇祯五年（1632）九月前后分兵三路：一路据交城（今交城），窥太原，一路据吴甡城（今孝义境内），窥汾州，一路突入沁州（今沁县），陷武乡（今武乡稍东）、辽州（今左权）等，形势相当危急。

崇祯帝急忙采取应急措施，调兵遣将，对付山西的危局。

昌平镇左良玉被急调赴河南堵截。左良玉原系辽东名将，虽大字不识一个，但打仗骁勇。此次因李自成等部从晋城之南突入河南，攻克修武，河南乡绅情急之下，联名上疏朝廷请救。朝廷便急调左良玉率兵两千余人赶赴怀庆堵截。李自成、八金刚、过天星等后来虽重新杀回山西武乡，不久攻克辽州，而左良玉却留在了河南，负责河南的防务。

崇祯六年(1633)春正月,曹文诏被赋予大权。这是一次重要的人事变动。在此以前,山西的围剿,各自为政,总督、巡抚及各将领之间矛盾重重,无重臣节制。至此,曹文诏出任山西方面的前线总指挥,负责节制山西、陕西诸路兵马。

曹文诏绝非等闲人物,他是当时陕、晋前线最能干的将领之一。他是山西大同人,年轻时从军辽东,曾在熊廷弼、孙承宗手下做过军士。后由袁崇焕提拔,在祖大寿手下任游击。袁崇焕被逮后,曹文诏也随祖大寿叛逃,后投总兵马世龙,升参将。辗转回山西围剿农民军后,因功升副总兵、总兵。他在镇压陕西义军的过程中,屡建奇功,所以当时有一民谣说:"军中有一曹,西贼闻之心胆摇。"由此可见他的威望。事实证明,他出镇山西后,山西的情况有了明显的改观。

崇祯帝还特谕山西各地,要求支持曹文诏等部。当得知山西有的地方官不与曹文诏合作时,他严旨责成御史弹劾纠察,重重处罚。此年五月,崇祯帝还命太监陈大全、阎思印、谢文举、孙茂霖等出任曹文诏、张应昌、左良玉、邓玘等四支劲旅的监军,其职掌是记功过、催粮饷。为此,崇祯帝还发内帑四万两,素红蟒缎四千匹,红素千匹,让这四位太监于军前给赏,以示支持。

曹文诏与部将马科、曹变蛟等人一道,率领"逐一挑选、屡经战阵"的马步兵三千五百人,由庆阳出发,经潼关渡黄河,前往山西蒲州、河津,再向山西腹地深入,参加围剿。

曹文诏部,是所有参加围剿的官军中打得最好的一支。

曹文诏在河津经短暂休整后,开赴霍州(今山西霍县)。在霍州与农民军万余人发生了激烈的遭遇战,曹文诏率领的陕西兵骁勇善战,击杀农民军首领钻天鹞、上天龙。农民军溃逸。

曹文诏旋即挥师北上,在太原之北展开攻击。先败农民军于盂县(今盂县),追击途中,在寿阳(今寿阳)之东北的方山,再次大败农民军,斩杀其首领混世王,其余部为游击猛如虎逐走。

至此,太原之北的五台(今五台)、定襄(今定襄)、寿阳等地的农民军基本被曹文诏肃清。

为保卫太原,山西巡抚命曹文诏移兵平定州(今平定),备太原之东。总兵张应昌驻兵汾州(今汾城),备太原之西。贺人龙部为游兵,以备策应。

曹文诏便以平定为据点,不断出击,连败农民军于乐平(今昔阳)、和顺(今和顺)、太谷(今太谷)、范村(太谷之东一重镇)、榆社(今榆社),把在太原附近活动的王自用(紫金梁)、马守应(老回回)部逐走。

曹文诏部继续南下,追击农民军,连败农民军于高平(今高平)、泽州(今晋城)、润城(介于泽州与阳城之间)、沁水(今沁水)、阳城(今阳城),猛击过天星、紫金梁、老回回等部。

四月底,"三十六营"领袖紫金梁王自用在河南济源(今河南济源)病死。原本松散的农民军更陷入各自为战的分散局面,给朝廷的围剿提供了有利时机。

曹文诏为解豫北之困境,率部进入河南境内的涉县(今河南涉县)山区,围剿涌入此地的农民军。然后攻击河南境内的怀庆(今沁阳)、济源(今济源),斩杀农民军首领滚地龙等。此时,诸将李卑、艾万年、汤九州、邓玘及左良玉等,也纷纷率部合击,战场形势一度有利。

但到了此年的八月,却传来了曹文诏调离前线、赴大同任总兵的消息。前线官军一片哗然。

曹文诏这位骁勇善战的良将,没有败给农民军,却中了自己人的暗箭。当前线最需要他的时候,他却被调离了前线。

当时,有位叫刘令誉的巡抚御史,上疏朝廷,以作战不力、不援友军、骄横恣睢、虚报战况等罪名弹劾曹文诏。曹文诏与这位御史结怨,是在山西洪洞。当时曹文诏与乡居的刘令誉没有处好关系。至此,刘令誉巡视河南,曹文诏与他再次相见,仍是话不投机。刘令誉便伺机发难。

按理说,曹文诏在陕西,尤其在山西的表现,是有目共睹的。他率部赴山西作战后,也几乎没有打过败仗。虽说偶尔也有夸大战功的嫌疑,但曹文诏连战连捷也是事实。遗憾的是,朝廷给他的结论却是"怙势而骄",他竟然被调往大同。

导致曹文诏被调离的直接原因,仍是崇祯帝本人。崇祯帝做事,一向小事精明,大事糊涂,而且性格褊狭猜忌。那些言官、御史等,大都善于揣摩崇祯帝的心理,顺着他思路办事,所以这些人提出的弹劾,往往正中崇祯帝的下怀,言无不果。

说起来,曹文诏真是一位难得的将才。他不仅能征善战,而且颇能顾全大局。在陕西打仗时,他屡建战功,却总是被洪承畴压住不报,吃了不少暗亏。御史吴甡很为他抱不平。即使如此,曹文诏仍兢兢业业打仗,没有意气用事。

陕西的平剿告一段落后，曹文诏又被派往山西，参加山西的围剿行动。这也是一块难啃的骨头，但曹文诏还是立即率兵进入山西，打了近八个月的漂亮仗，扭转了山西的局势。没想到刘令誉的一个奏疏，便让崇祯帝立即改变了看法，竟把这员大将调离了战场。

更倒霉的是，曹文诏赴任大同不久，便遇皇太极率兵犯边。曹文诏没有敌住后金兵的锐利攻势，丢失了大同附近的城池，被崇祯帝问罪，要撤职充军。多亏山西巡抚吴甡力保，崇祯帝才勉强同意让他戴罪立功自赎。至崇祯八年（1635），曹文诏战死，落得个悲惨下场。

或许正是曹文诏在山西用兵太狠太猛，造成了农民军纷纷避其锋芒，逸出山西，窜入了豫北、畿南。

早在崇祯五年（1632）底，就有部分农民军在李自成、八金刚、过天星等人率领下，进入河南的怀庆、修武地区，再由此地杀入山西境内的武乡，并攻陷辽州，有力地支援了其他义军。这是义军首次利用山西、河南交界地区流动作战的成功例子。也正是为了对付河南境内的义军，左良玉才被调赴河南。

到了崇祯六年（1633），农民军为了摆脱山西境内的重兵围剿，纷纷开始转移到山西、豫北、京畿南部的交界地带。

有一部分农民军，因受曹文诏兵锋压迫，从山西平定州东北的固关（故关）附近的磨口山，突破京畿井陉道寇从化的防线，进入京畿南部的顺德（今河北邢台）、真定（今河北正定）两府境内，引起朝廷恐慌。给事中孟国祚对此十分担忧：

"畿南为咽喉重地,顺德则是太平原,可以千里直走京师,没有河山之险可作屏障。现在山西有曹文诏、张应昌,河南有左良玉、邓圮,都有重兵,那么贼将去哪里呢?以往是从陕西赶到山西、从山西赶到河南,现在又转而赶到顺德了!"

为防止畿南之农民军威胁京师,朝廷急派通州兵两千、昌平兵两千,会同保定总兵梁甫部八千,配合大名兵备副使卢象升布防,与山西方面会同夹剿。

卢象升率兵力战,农民军受挫后,自邢台(顺德府治所在地)西撤,越过河南武安(今武安)西北的摩天岭(此地也与山西辽州接壤),进入武安境内,与驻扎此地的农民军合兵。

此时的豫北已是连片烽火。

崇祯六年(1633)初,山西东南部的农民军分两路杀入豫北。一路南下突破仰原关,杀入怀庆府(府治河内,今沁阳)境内的济源县、清化镇(属沁阳县,今名博爱)、武安等地,一度围攻怀庆府城。另一路则向东杀入河南的林县(今林县)、涉县(今涉县)境内。河南守将左良玉连忙招架。

在涉县之西,左良玉击退农民军。

林县的农民军,因有饥民响应,声势很大,一度围攻邻县临漳(今临漳)、淇县(今淇县)。但最终也被左良玉击败。

济源的农民军,当时正在围攻怀庆府城之北的水西关,为紫金梁祝寿。左良玉匆匆率兵从彰德府(府治安阳)赶来解围,击退农民军。

出乎意料的是,左良玉不久却在武安境内被农民军杀得大败,手下的七千河南兵几乎被打得一干二净。豫北四府烽火遍地,形势陡然严峻起来。

崇祯帝急令总兵邓玘率川兵二千,加上土司马凤仪之兵,进入豫北参战。曹文诏也一度从山西进入豫北的涉县助战。

由于开始时农民军主要在山西活动,河南当局并没有认真备战。像太行山这样的险地,竟都没有派重兵设防,豫北几乎可以说是门户洞开。曹文诏在山西东南部的锐利攻势,使山西境内的农民军大多转移到豫北。五月份,农民军尽至磁州(今磁县),达十余万之多,兵阵长达数十里。

直到此时,崇祯帝才不得不开始重视起豫北来。他派太监赴曹文诏等部监军,并要求曹文诏等自山西支援豫北。

六月,潞王朱常淓自卫辉府(今汲县)上疏告急,要求朝廷重视豫北局势,"早行翦灭,毋轻视贼",给崇祯帝极大震动。崇祯帝特遣京营总兵倪宠、王朴率卒六千、马五千,昼夜兼程,在八月份终于赶赴豫北。不久,参将汤九州率昌平兵数千也赴豫北参战。

原在山西作战的曹文诏、张应昌等,也率精锐的陕西兵进军豫北参加围剿。卢象升等则在京畿南部设防,攻击逸出之敌。

由于官兵的优势兵力,豫北的农民军开始处于严重的不利境地,被官兵压缩在狭小的豫北地区,连续被动挨打,损失惨重。

至九月份,被围在豫北的一部分农民军,利用险要的山区地形,突围到五台山地区。但不久又杀出五台山,重返豫北。左良玉、汤九州以及倪宠、王朴所率的兵马前后夹击,农民军损失惨重,形势越来越不利,随时有被围歼的危险。

至十一月,随着天气越来越冷,官兵攻势越来越凶,农民军的日子也越来越困难。农民军的首领开始出奇招了。

他们选中了京营总兵王朴。

王朴的家丁有不少是关中人,与农民军算是同乡,其中有些可能还与农民军相识。农民军的领袖便通过重贿拉上了这层关系,并声称愿意接受招安。张妙手、闯塌天、满天飞、邢红狼、闯将李自成等上书王朴,说:

"我们这些人都是良民,因陕西荒旱,致犯大罪。现在誓死归降,押还故土复业。"

王朴刚从京师调赴豫北不久,没有与这些首领打交道的经验,也根本不知道这些人早在陕西就有多次投降的经历,加上拿了他们的钱,于是便与监军太监杨进朝、卢九德商量,最后竟同意受降。

十一月十九日,农民军首领贺双全、张妙手等十二人,亲赴河南彰德府武安县城面见王朴、杨进朝、卢九德以及兵备道常道立,表示接受招安的"诚意"。杨进朝信以为真,立即上报朝廷,并停止了军事行动。

当时在武安开报的首领有数十名:

贺双全、新虎、九条龙、闯王(高迎祥)、领兵山、勇将、满天飞、一条龙、一丈青、哄天星(应是混天星)、三只手、一字王、闯将(李自成)、蝎子块、满天星、七条龙、关锁(关索)、八大王、皂莺、张妙手、西营八大王(张献忠)、老张飞、诈手、邢红狼、闯塌天(刘国能)、马鹞子、南营八大王、胡爪、哄世王(应是混世王)、一块云、乱世王、大将军、过天星(惠登相)、二将、猛虎、独虎、老回回(马守应)、高小溪、扫地王、整齐王、五条龙、五阎王、刑闯王、曹操(罗汝才)、稻黍杆、逼上路、四虎、黄龙、大天王、皮里针、张飞、石塌天(射塌天)、薛仁贵、金翅鹏、八金龙、鞋底光、瓦背儿、刘备、钻天鹞、上天龙。

王朴等人哪里知道,农民军首领们使的是金蝉脱壳之计。当诈降在一本正经地进行的同时,农民军正在为渡河突围做准备。十一月二十四日,天气骤冷,山西垣曲至河南济源之间的黄河结冰封冻。农民军乘官军不备,在一个叫毛家寨的地方开始过河。他们用门板覆盖冰面,再盖上泥土,分三路过河。当时驻屯在这一带的十余万农民军,在高迎祥、罗汝才、张献忠、马守应、惠登相、刘国能等人率领下,迅速渡过黄河,南至河南渑池县(今渑池)境内的马蹄窝、野猪鼻等地。

朝廷的防河中军官袁大权仓促战死。

十一月二十六日,天还未亮,农民军就已攻占了渑池县城。

十二月初一日,破伊阳(今汝阳)。

十二月初二日,再破卢氏(今卢氏)。

至此,从山西逸出的农民军,在进入河南后,犹如水银泻地,不可收拾。

十二月初四日,接到河南火速报告的崇祯帝在震怒之余,严令各地进行围堵。崇祯帝怒气冲冲道:

"贼既渡河,豫境邻壤地方,俱宜严防奔突,秦、郧准各抚通着选调将士扼要截剿,豫晋抚监亟督左良玉等合力追击,仍严饬道府州县等官,鼓励乡兵各图堵御。务刻期荡扫,如再疏泄误事,必不轻贷!"

崇祯帝虽十分惊恐震怒,但也没有办法。因为受农民军之骗并与之议抚的,正是他从北京派去的京营统帅及其监军。当时农民军最看不起的当然也是最喜欢的就是京营。他们仗打得不怎么样,毛病却不少。这次恰恰被农民军所利用!

崇祯帝连自己身边的京营都管不好,还能说些什么呢!

陈奇瑜抚局失败

突破黄河天险而杀入河南的农民军,终于逸出了朝廷军队的重围,进入一个新的发展空间。

当时河南的情形是一团糟,正好给农民军提供了一个难得的发展空间。

河南的灾荒持续了不少时间,百姓的日子也已过不下去。人心思乱,灾民遍地,这为农民军提供了众多兵源。

另外,河南当局当时把主要精力都放在了黄河以北的豫北四府上,对黄河以南地区的防御根本就没有作周密准备,兵力严重不足。

因此,当农民军突破黄河时,河南负责黄河防守的中军官袁大权根本就没有料到。他也无兵可用,只有战死。

当农民军于几天之内连下河南的渑池、伊阳、卢氏三县时,河南巡抚玄默虽勉强应战,但也只是尾追而已。玄默深知河南的实力根本敌不住人多势众的农民军。像伊阳县城,农民军抵达时,城中无主管官员,城墙颓敝,所以农民军不费吹灰之力就杀入城中。再如卢氏县城,也是因为掌印官金如山事先逃跑,不组织抵抗,而让农民军轻易得手。因此,玄默只有火速上报朝廷,要求增援。

好在左良玉迅速过河追击,填补了黄河以南的空虚。到十二月初,汤九州、邓圮、李卑等将领在崇祯帝的严令下,也纷纷过河,参加夹击。

农民军渡河后,真正主动过河迅速追击的将领只有左良玉。左良玉本是为保卫河南而调过来的,农民军进入黄河以南的河南境内,他有责任追击。此时的左良玉还是很卖力的,不像后来那样有些拥兵自保的味道。当然,其他将领所以没有如此反应迅速,也有客观原因,如部分农民军仍留在晋南、豫北而有待收拾等等。

进入河南的义军,分成了几大股。有的留在河南活动,有的则冲出了河南,向邻省挺进。

留在河南境内的农民军,先是向南攻杀,进入南阳、汝州、汝宁三府活动。但不久就被各路官兵各个击破。

汤九州击败了过天星部。过天星部在十二月十九日抵达舞阳县(属南阳府,今舞阳)境内的吴城镇,威逼偃城(今偃城),试图杀入开封府、归德府。被河南巡抚玄默从床上拖起来的总兵汤九州,冒着风雪,连夜率兵偷袭了吴城镇。没有防备的过天星,被汤九州打个措手不及。吃了大亏。过天星乘夜逃窜,汤九州率兵猛追六十里,斩杀四百余人。次日,汤九州又追到汝宁府遂川县(今遂川)境内的横山镇,斩杀六百人。

左良玉则在叶县(属南阳府,今叶县)的保安驿,击败一支义军,擒获头目一条龙、上山虎、展翅飞、小李广等,并乘胜追击,挥兵进入南阳府泌阳(今泌阳)、汝宁府信阳(今信阳)境。

崇祯七年(1634)正月初一日,就连一向不被看重的京营,在刘令誉的督战下,竟然在泌阳的牛蹄村也打了大胜仗,斩首千人。

后来,总兵张应昌部在灵宝、平山打了几仗,把残留在河南的农民军打得大败,其首领张有义(即一盏灯)被俘。

通过这几次大仗,留在河南境内的农民军,除少数逸出外,基本上被朝廷肃清。

与此同时,大量的农民军借道河南,杀入湖广、陕西,甚至四川。

高迎祥等部自卢氏进入山区。卢氏山区,崇山峻岭,天高皇帝远,素来是不法矿徒聚集之地。高迎祥诸部,由矿徒向导,进入内乡(属南阳府,今内乡),并由内乡、邓州(属南阳府,今邓县)、淅川(属南阳府,今淅川)向湖广渗透。

崇祯六年(1633)十二月底,高迎祥等率部扮成香客,杀入湖广郧阳府所属的郧西县城(今郧西),接着又攻破郧西之北的上津。不久,房县(今房县)、保康(今保康)诸县也被攻破。一时间,郧阳府境内,聚集着数万农民军。

郧阳地区,自古以来就是一个让官府头痛的地方。这里是一个开发较晚的大山区,其地形是四望峰峦,大山无边,森林茂密,只有无数庞杂小道、乱流溪水充斥其间,不知尽头。外人进入,如无本地熟悉地形的向导引路,那就根本不分东西南北。对于要躲避官兵的农民军来说,这真是一个玩捉迷藏的好地方。

不仅山区地形有利于农民军,而且郧阳的地理位置也便于四面出击。郧阳之东北,可通河南之淅川、内乡;其西北,则可通陕西之平利、兴安、洵阳、山阳;其西南,则可通四川之大昌等地;其南面,则可通湖广之荆门、远安、夷陵;其东南,也可由汉水直赴襄阳。

明初,朝廷在进行过一次大杀戮后,便把此地变成了禁区。那是在洪武五年(1372),明太祖朱元璋任命邓愈为征南将军,对郧阳及附近地区用兵长达一年,把该地区不服新朝统治的少数民族及汉族流民几乎杀戮殆尽,并下令禁山,不许附近州县的贫民进山垦荒、移居。

但禁山政策并没有能阻止大量流民的移入。至成化前,人数已多达百万。成化元年(1465),河南人刘通(刘千斤)、石龙(石和尚)率流民在房县造反,朝廷派兵围剿,花了相当代价才镇压下去。由于官兵进山狂捕滥杀,据说十一岁以上的男子皆被斩杀,加上连续旱灾,流民大增,至成化六年(1470),刘千斤的部下河南人李胡子(李原)再次造反。朝廷派御史项忠总督河南、湖广、荆、襄军务,发兵围剿,残酷屠戮。项忠还强制遣还山中流民,被迫害致死者多达数十万。

即使是这样的高压,仍无法阻止流民进山。至成化十二年

(1476),在荆襄地区聚集的流民又增到数十万之多。朝廷无奈之下,只得改变策略,把湖广、河南、陕西三省之交的这片山区,单独析出,设置郧阳府,下领七县,归湖广管辖。

至此,农民军深入郧阳山区,真是如鱼得水,如入无人之境。朝廷也深知郧阳山区是麻烦之地。因此,当兵部尚书张凤翼得知农民军已赴南阳境内的内乡、叶县时,就已预感到农民军进入湖广郧阳山区的危险性和可能性了。他于崇祯七年(1634)正月初七日向崇祯帝做了汇报,要求早做准备。

等崇祯帝读到这份报告时,农民军已经进入郧阳等地,搅得天翻地覆,并向四周发展。郧阳抚治蒋允仪手中无兵无饷,只得困守郧阳府城,并火速向兵部奏报,在请罪、请死的同时要求增援。

蒋允仪的奏疏,说得十分悲戚,也很有道理。他说:叛贼之祸害越来越深了!自秦至晋,又自晋至豫、至楚,几乎半至天下了!到一处即焚劫一处,祸害已是不堪。而焚劫一处,也即占有一处,那些亡命之徒,闻风而起。如此一来,天下将为盗贼,哪里还有什么安堵之地?

接着,蒋允仪一再强调郧、襄地区的重要性,不断诉苦,请兵要饷,要求立即支援郧、襄。他最后可怜兮兮地说:

"不然,臣唯有延颈待尽,束身俟捕而已。"

崇祯帝这次却破天荒没有杀掉蒋允仪,而仅仅是把他革职。而蒋允仪对郧、襄形势的预测则不幸而被言中。

农民军还向郧阳府周边地区攻击。

襄阳府的均州、光化、谷城先后被农民军攻占。这支农民军后来又转掠该府的宜城，进入德安府属的随州、孝感，再攻入黄州府的黄陂、麻城。

荆州方向的情况也很吃紧。农民军一度攻到荆州附近五十里处。附近的当阳、远安等都被攻克。

有些农民军还分路杀入了四川地区。

鉴于战事规模和范围的不断扩大，朝廷官员纷纷要求以"重臣开督府，统摄诸道兵讨贼"，统一事权，避免推诿、观望。崇祯七年（1634）正月，崇祯帝终于特进延绥巡抚陈奇瑜为兵部右侍郎，总督陕西、山西、河南、湖广、四川诸省军务，"视贼所向，随方剿抚"，给予了极大的权力。不久，在畿南立下战功的卢象升也代替蒋允仪出任郧阳巡抚。

陈奇瑜，字玉铉，万历四十四年（1616）进士。他早年以进士授官知县，历任礼科、户科给事中，出任陕西副使、右参政，再任陕西布政使。崇祯五年（1632），陈奇瑜被提拔为延绥巡抚后，率部扫荡各路义军，并用奇兵剿灭占据永宁关的钻天啸、开山斧，名著关陕，深得崇祯帝信任。

陈奇瑜总督五省兵马后，积极布兵围剿。当时的形势已相当紧张。不仅湖广郧阳、襄阳地区农民军势不可挡，而且陕南、四川局势也很严重。尤其是进入四川的农民军，在四川西北部连连得手，并攻下夔州府城（今四川奉节）。

农民军自陕西起事以来，虽转战秦、晋、豫、湖广诸省，但攻下的也只是些州县城池。像夔州府城这样号称天险的重要城市，尚无被攻占的先例。夔州被陷后,其附近的大宁(今巫溪)、巫山(今巫山)也被攻占。

后在四川方面的压力之下,进入四川的农民军又回到湖广郧阳地区,一部从均州往河南,一部从郧阳往淅川,一部往陕西的商南。形势万分危急。

陈奇瑜立即率师从南阳赶到湖广襄阳府均州城,檄令陕、郧、豫、楚四抚臣率兵会讨。具体安排为:

陕西巡抚练国事驻防陕西商洛,遏制农民军之西北;

郧阳巡抚卢象升驻郧阳房县、竹溪,遏制农民军之西;

河南巡抚玄默驻河南卢氏,遏制农民军之东北;

湖广巡抚唐晖驻襄阳府南漳县,遏制农民军之东南。

四面包围既定,陈奇瑜率卢象升等开始进击。他们从郧阳府的竹溪开始,连战于平利(属陕西汉中府)、乌林关、沟阳界、乜家沟、蚺溪、狮子山等地,十余战皆传捷报。其副将刘迁则攻击于平利、竹溪之间,游击贺人龙等追击至紫阳,分获大胜。

在陈奇瑜的强大压力之下,农民军大部分被赶压到了陕西的汉中地区。陈奇瑜得势之后,檄令游击唐通在汉中保护藩王;遣参将贺人龙、刘迁、夏镐扼守略阳、沔县(今勉县),防止农民军西遁;副将杨正芳、余世任扼守褒城(在今汉中之北),防止农民军北逃;他自己则督副将杨化麟、柳国镇驻扎洋县(今洋县);另命卢象升、练国事、玄默各守要害。陈奇瑜满怀信心,梦想在汉中一口吃掉农民军。

陈奇瑜的围堵果然很快就有了效果。到此年的六月,张献忠等部主力最终被陈奇瑜围困在一个名叫"车厢峡"的地方,陷入了绝境。

车厢峡的确切地点至今仍没找到。一般认为,车厢峡位于兴安县(今兴安),但从当时的具体情况来看,车厢峡很可能位于汉中附近,是汉中栈道附近的险地。

据说车厢峡长四十里,四面绝壁。农民军一入峡口,即遭到地方武装的袭击,或垒石断路,或投石飞击,或纵火烧林,农民军吃了大亏。当时正是阴雨连绵的雨季,农民军处境困难,弩解刀蚀,衣甲浸,马蹄穿,人饥马乏,死亡过半。如果陈奇瑜能合兵进击,可望全歼。

但农民军首领们此时又祭出他们屡试不爽的两件法宝,即行贿和诈降。

被困在汉中的农民军主力,目前可以确定的只有张献忠部四万多人。至于闯王高迎祥、李自成等部,当时是否也在其中,仍有待于证实。

农民军把平时攻掠所得的金银珠宝聚集起来,用来贿赂陈奇瑜的左右,疏通关系。他们在做好人情后,便向陈奇瑜提出,要求投降朝廷,返回故里,重做良民。

陈奇瑜此时是踌躇满志,不明底里,以为身陷绝境的农民军这次是真的投降。不动干戈,就能大功告成,如此美事,更是让他乐滋滋地昏了头。他竟轻易地点了头。

他立即上报朝廷。在得到批准后,陈奇瑜接受了农民军的投降。陈奇瑜对投降的农民军还是相当不错的。他把收降的三万

第五章 步入深渊的内乱

六千余人，每一百人编成一队，每队派遣安抚官一名，以示督察。不久前还杀得你死我活的官军和"叛贼"，此时竟相互揖让酣饮，易马而乘，一团和气。原本饥疲不堪、衣衫不整的农民军，此时也已换上了衣甲，吃上了饱饭，甚至配上武器，整队出栈，焕然一新。如此戏剧性的场面，不免有些滑稽。

陈奇瑜哪里知道，这些逐渐恢复元气的农民军，一旦脱离险境之后，又会恢复本性，再叛朝廷。

其实，陈奇瑜本应该知道这批人的本性！在此以前，他们曾多次诈降，让朝廷吃足苦头。陈奇瑜也曾在陕西跟这些人打过交道，并不是初来乍到。遗憾的是，陈奇瑜犯下了致命的错误。如果他那些从陕西跟出来的手下人能及时提醒他，大概事情也不至于弄得这么糟，可惜的是他的手下人早拿了别人的重贿，哪里还会提醒他？

陈奇瑜好不容易挣出来的声名和地位，没想到竟毁在他手下人手中！

脱离汉中险境的农民军，立即翻了脸，重操旧业。

事情的起因，据陈奇瑜后来的说法，是因为陕西地方当局杀降激变。

据说，当时有一部受抚的农民军，奉督抚之命，被遣送到凤翔（今凤翔）城下，准备在城内安置。凤翔城中的士民哪里肯信？他们担心这些亡命之徒是设计赚城，便死活不肯开城门接纳。最后双方议定，农民军先派人由城下沿绳缒上城头，商讨有关事宜。结果是被吊上城墙的三十六人惨遭杀害，尸体被摔下了城墙。

城下的农民军傻眼了,退而走宝鸡(今宝鸡)。宝鸡知县李嘉彦自然也不肯接纳,用武力把他们驱逐。结果被招抚的农民军重新反叛,陈奇瑜的抚局也彻底破产。

不过,杀降激变、持异激变,是陈奇瑜的说法。开始时,崇祯帝相信了陈奇瑜,并下令逮捕了李嘉彦等人。而朝廷上下却都说这是陈奇瑜推诿责任,自己犯下大错,却要别人承担责任。

其实,陈奇瑜抚局的失败,在当时有一定的必然性。

对农民军方面而言,诈降仅是一种手段,目的只是为了摆脱困境。在汉中求降时,他们或许是真心投降,因为当时不投降也只有死路一条。但一旦逸出绝境,他们肯定会重操旧业。这些不安分的农民,在起事以前,或许还会逆来顺受,过着非人的生活。起事后,他们已尝到了叛逆的甜头,尽管这种甜头是以生命为代价的,却仍有吸引力。要想再让他们回乡地,重过挨饥受冻的那种不死不活的日子,恐怕是难上加难了。

对陕西地方当局而言,招抚这么一大批降卒,也有实际困难。当时陕西正逢天灾人祸之后,仓储空虚,官军尚且不能保证粮饷的供给,哪里还余力来供养这么一大批人。况且在当时许多人眼里,这些农民军都是些杀人放火、不讲信用的可怕人物。一般州县避之犹恐不及,哪里还敢去招惹?闭城不纳甚至武力驱逐,便也是情理中的事了。

事实上,当时对朝廷危害最大的那几股农民军,一出汉中栈道,便杀掉了监察的安抚官,开始攻掠。这也说明,农民军在汉中投降时,就计划了这一手。

农民军的降而复叛,使陕西的局面顿时严峻起来。整个陕西给搅得翻了天。

高迎祥、李自成等部先后攻掠巩昌府(府治在今陇西)、平凉府(府治在今甘肃固原)、临洮府(府治在今甘肃临洮)、凤翔府(府治在今凤翔)等地几十个州县,先后打败贺人龙、张天礼等部,并斩杀了固原道陆梦龙。在这年的闰八月,李自成还一度把悍将贺人龙包围在陇州(今陕西陇县)。贺人龙与李自成有老乡关系,所以李自成曾派高杰劝降贺人龙,贺人龙不干。后来因洪承畴率兵解围,李自成才率兵退去。

当时活动于庆阳的另一股农民军,也乘势南下,攻到西安附近的三原(今三原)、泾阳(今泾阳)、耀州(今耀州)、富平(今富平)一带,西安震动。

在陕西境内的其他各部,也纷纷攻掠。河南、畿南的农民军则遥相呼应。

农民军之所以能如此气势冲天,还与这年后金的入侵有关。

崇祯七年(1634)五月,皇太极再次率兵,绕过山海关防线,从蒙古地区犯边,攻入宣府、大同等晋北地区,威胁京畿。朝廷除令宣大总督张宗衡,率总兵曹文诏、张全昌抗击外,还先后从陕西、河南调动洪承畴、左良玉、汤九州诸部参加抗击,造成陕西、河南等地兵力空虚,给农民军提供了可乘之机。

直到闰八月后金军队撤出长城一线后,洪承畴等才得以回师陕西,陕西等地的局面也随之有所改观。

洪承畴回师之后,便命总兵左光先率兵赴陇州。当时贺人龙已被李自成的兵马围在陇州四十余日,处境相当困难。左光先率援军赶到后,与贺人龙内外夹击,大破农民军。

此年的九月,朝廷檄令河南、湖广、山西、四川兵分四道入陕会攻:

河南兵进入同州(今陕西大荔)、华州(今陕西华县)地区;

湖广兵进入西安府的商州(今陕西商县)、洛南(今陕西洛南)地区;

四川兵进入汉中府的汉中、平利、兴安(今安康)地区;

山西兵进入西安府的韩城(今韩城)、蒲州(今山西永济)地区。

此外,朝廷还调集防边的二万军队进入陕南参加会战。

由于朝廷的围剿,陕西境内的农民军被迫开始了新的突围。到第二年即崇祯八年(1635)的正月,分成两路的农民军主力,已基本上涌入了河南境内。一路通过湖广郧阳地区,迂回杀入河南。

这股农民军,据说多达二十万人,其前哨已抵达郧阳、上津,后队还没有离开汉南,前后绵亘数百里。而当时郧阳的守军才不过数千人,根本无法抵挡,农民军如入无人之境。这支农民军在郧阳活动不久后,转而北上,进入河南地区。后来又往北杀入河南的南阳府和汝宁府境,向河南中部靠拢。

另一路农民军则直接由陕西杀入河南。这支部队声势浩大,当时有人描写道:

"七年冬,贼骑千余西来,立马西郭麦田中。已而大旗飘飏,遥望崖口以南,旌旗蔽空,甲光耀日,南尽南山,北尽河曲,波压云涌而至。唯闻马嘶之声,自朝至夜,连营数十里。……贼过,人畜践踏,路阔五六里,不知其众之几何也。"

这路农民军进入河南后,便兵分三路:一路从陕州(今陕县)渡黄河北上,到达山西平阳,不久又渡河重回河南怀庆地区,再杀向归德府(今商丘地区)。另一路从武关杀入南阳,进入湖广襄阳等地区,一番攻掠之后,再杀回河南南阳、汝宁等地,向北集结。第三路则从河南卢氏县,直接向东攻杀。

至崇祯八年(1635)正月,农民军主力大多集结在河南境内,形势十分危急。兵科给事中常自裕当时给崇祯帝上了一份紧急奏疏,说明当时河南的局势。他说:中原,自古以来就是天下安危所系。现在农民军一路从陕西东北境的商南、洛南进犯河南汝州,一路从湖广郧西、上津等处进犯南阳。虽有左良玉一旅驻防新安、渑池,陈治邦、乔国柱、张嶷数营扼守汝州,陈永福孤军堵南阳,但农民军人多势众,多路出击,大小七十二营,有二三十万之众,蜂屯伊、嵩、宛、洛之间,急于侵犯汝、宁、郑、宋诸地。上述诸营,除左良玉一军尚可堵拒之外,其余各军都不足以恃,农民军有何所畏而不长驱直入?!现在虽遣张全昌、曹文诏、秦翼明诸将,然各旅都是兵不满千,仅仅只是杯水车薪而已。

常自裕说得十分明白,崇祯七年(1634)底,大批农民军主力聚集在南阳至洛阳一线,向河南东部和南直隶的西北部进发,而河南境内的官兵根本无法堵截。因此,常自裕要求朝廷立即向河南增饷增兵,速解心腹之患。

崇祯帝此时也急了。如果让农民军向东移动,不仅龙兴之地凤阳要遭殃,而且弄不好要殃及长江三角洲地区。这可是大明朝的赋税重地!

崇祯帝于崇祯八年(1635)正月诏令洪承畴东出潼关,进入河南围剿,并从各地抽兵调将予以支持,希望能扼制住农民军在河南的凶狠之势。

不幸的是,此举为时已晚,大祸已不可避免地要降临了。

壮大的农民军

崇祯七年(1634)十一月,崇祯皇帝曾做了一次较大的人事调整,那就是把陈奇瑜撤职查办,代之以洪承畴。

陈奇瑜在汉中因抚局失败而放跑农民军主力以后,崇祯皇帝并没有立即查办陈奇瑜,反而继续支持陈奇瑜,撤办那些被陈奇瑜指责为破坏抚局的陕西方面官员,如李嘉彦(宝鸡知县)、练国事及士民五十余人,并派遣李乔代替练国事出任陕西巡抚。

崇祯帝之所以这样做,一方面是希望陈奇瑜能将功补过,重新扭转战局;另一方面,说实在的,也是因为他根本没有认识到农民军脱离汉中险境后,能如此迅速发展,把局面搅成这种样子。

随着陕西局面的恶化,以及给事中顾国宝和御史傅永淳等不断弹劾陈奇瑜的主抚误事,崇祯帝终于发现陈奇瑜惹下了多大的麻烦。当时,陕西方面的官员对陈奇瑜意见最大,认为陈奇瑜不仅做事不力,贻害陕西地方,而且还反过来指责陕西方面的官员,使不少陕西官员士绅受到处罚。因此,陕西方面的言论大有置陈奇瑜于死地而后快之势。

不知这些陕西方面的人士当时有没有想到,陈奇瑜这个外省人,虽贻误战机,给陕西惹下麻烦,但农民军中的绝大多数,都是陕西人。说到底,还是陕西人给陕西惹下了麻烦。

在各方压力之下,崇祯帝决心临阵易帅,下令逮捕陈奇瑜,同时任命洪承畴出任兵部尚书,持尚方宝剑,总督晋、陕、豫、川、楚诸省军务,全面负责围剿农民军之事。延绥、宁夏、甘肃三边的防务,仍由其负责。

洪承畴当时已是崇祯帝在西北的王牌。在起用陈奇瑜时,朝廷曾考虑过调用洪承畴负责剿"贼"事业,但因西北边防事重,不能轻易换人才作罢。崇祯七年(1634)五月,后金攻入宣大一线,洪承畴匆匆赴边作战,至闰八月才回师陕西,投入对农民军的作战。没想到在这节骨眼上,西宁(今青海西宁)发生兵变,叛军杀州官,逐守道,闹得很凶。洪承畴只得亲赴西宁平乱。他这一走,本已空虚的陕西,更是挡不住农民军的攻势,弄得农民军尽占关陇之地。

平定西宁兵变以后,洪承畴重回围剿农民军的前线,但此时农民军已逸出陕西,涌向河南,中州形势十分危急。

崇祯八年(1635)正月,崇祯帝诏令洪承畴率兵东出潼关,督各路兵马,在河南境内扑灭农民军。

为了支援洪承畴,崇祯帝调集各地兵马近八万人,进入河南地区。除此以外，归洪承畴统一指挥的还有当时已在的左良玉、陈治邦、乔国柱、张崶、陈永福各部。不久，又有张全昌、曹文诏、秦翼明等部，以及从辽东调来的祖宽、邓玘等部进入河南参战。

除调兵遣将之外，朝廷还破例大发粮饷。崇祯帝拿出内帑二十万两，户部备饷七十八万余两，另留湖广新饷十三万两，四川新饷二万两，以供军用。

崇祯帝此次可谓是用尽了全力。他严令洪承畴必须在六个月内肃清农民军于河南。

在这种大兵压境的情况下，农民军是如何应对的呢？

据说，农民军主力在崇祯八年（1635）正月初，就已移至荥阳（今河南荥阳，位于郑州之西），并召开了著名的"荥阳大会"，商讨应对之策。

在荥阳参加会议的是所谓"十三家七十二营"。所谓"十三家"，即老回回、闯王、革里眼、左监王、曹操、改世王、射塌天、八大王、横天王、混十万、过天星、九条龙、顺天王等。"十三家"可以说是当时河南境内的农民军主力。

据说，当时各家首领已侦知朝廷大兵压境，所以坐下来商讨对策。老资格的老回回首先提出：农民军应该进入山西地区，以避锋芒。

张献忠（八大王）一听，立即反驳说，这是胆怯之举，并讥笑老回回。老回回很生气，与张献忠争执起来。这时李自成赶紧出面调解，并说了一段后来很是著名的话。他慷慨激昂地说：匹夫尚可奋臂争先，何况我们有十万之众！？现在我们的兵力是官兵的十倍,即使关宁(山海关、宁远)铁骑开来,对我们也是无能为力。眼下之计,只有分兵出击,各部分头杀掠,能否奏效则听命于天。

众头目一听,齐声赞同。于是各部抓阄,确定进兵路线。依次是:

革里眼(贺一龙)、左监王向南,抵挡湖广之兵;

横天王、混十万(马进忠)向西,迎击陕西之兵;

曹操(罗汝才)、过天星(惠登相)分屯荥阳、汜水之间,防守黄河一线,防御开封、归德、河南、汝州诸府之兵;

闯王高迎祥、张献忠东向出击;

老回回(马守应)、九条龙等作为机动部队,策应各部;

后又担心横天王、混十万敌不住陕西过来的洪承畴诸部,便又以射塌天、改世王作其后盾。

于是,众头目于正月壬子日,杀牛马祭天誓师,约定所获金帛子女均分,然后分头出击。

这一史料的作者,是江南名士吴伟业。吴伟业虽是明末清初人,但始终没有真正接触过农民军。不过,他倒是撰写了一本专记陕西农民军的书,名叫《绥寇纪略》。上述的记载,就是出于此书,并入了《明史》,影响很大。

不过,如果参照一下当时农民军的水准和一贯做法,那么,这样一个有模有样的军事会议,是否真的召开过,就很值得怀疑!

不少人认为,这次会议根本就不存在,上面的记载只是个附会。具体的理由有这样一些:

按理说,像吴伟业这种当时与农民军毫不相干的人,都能把此事了解得清清楚楚，那么，当时在前线的朝廷将领们也应知道此事。但奇怪的是，当时的河南巡抚玄默（后著有《剿贼图记》）、河南巡抚御史金光宸（崇祯七年底至九年春在任，后著有《两河封事》），以及当时的兵部尚书张凤翼（后也把任职期间有关军务的题本编成《枢政录》一书）等，都没有提到此事。既然连吴伟业都能知道，那么他们为什么反而不知道？

从时间上来看，荥阳大会也有问题。据称，荥阳大会结束于"壬子"日，这一天应该是崇祯八年正月初一日（公元1635年2月17日）。由此可知大会应该是在崇祯七年十二月底召开的。但史料表明，农民军入荥阳是崇祯八年正月初的事，攻克荥阳是在正月初六日。正月初一尚没有到达荥阳的农民军，又怎么能开荥阳大会？

从会议背景来看，荥阳大会也不能成立。按照吴伟业的说法，农民军之所以要召开会议，是因为他们已获悉了朝廷即将向河南征调关宁、天津等地精锐之师的消息。但根据当时朝廷的机要来看，崇祯帝接到给事中常自裕奏章的时间，以及兵部（尚书张凤翼）议兵、户部（尚书侯恂）议饷的时间，都是在崇祯八年正月上旬、中旬。而皇帝最终批准的时间，是正月二十三日，那时凤阳城早被农民军攻陷了。既然是八年正月下旬才确定下来的，而且又是当时最为机密的军事方案，农民军又怎么能在崇祯七年十二月底侦知？

另外，后来农民军各部的实际攻击方向，与荥阳大会上议定的分兵安排，也大有出入。如按会议决定，横天王、混十万本应迎击从陕西杀来的洪承畴诸部,但实际上这些部队后来却南下攻到了汝宁府的上蔡等地,然后又向东攻击南直隶颍州府境(今安徽阜阳地区)。又如本应南下抵挡湖广之兵的革里眼,以及本应策应各部的老回回、九条龙等部,后来也攻到了今安徽境内,其中老回回部又于二月间杀向了湖广的麻城。再如曹操、过天龙等部,本应留在荥阳、汜水等黄河一线,拖住河南的官兵,但这支农民军后来并没有留在河南,而是南下杀入南直隶的庐州、安庆府,攻打霍山(属庐州府,今安徽英山)、英山(属庐州府,今安徽霍山)、太湖(属安庆府,今安徽太湖),然后进入湖广境内,攻破罗田(今湖北罗田)。由此可见,除了闯王等部东击之外,农民军各部实际的作战路线,与荥阳大会的所谓定向分兵进击的方案,根本不符。

因此,可以肯定地说,吴伟业所记的荥阳大会,是漏洞百出的。其实,如果仔细分析一下当时河南的情况,就会发现,云集河南的农民军,无论开不开那个大会,都只有一条路可走,那就是向东南方向挺进。

原因很简单,就是其他的去路皆已被重兵堵死。向西推进肯定不行,因为洪承畴诸部足以让他们心惊肉跳。往西南也不行,因为卢象升等人才把湖广郧、襄地区的农民军逼到了河南。那么往北呢?更不行!因为左良玉的部队守在新安、渑池一带,张全昌、曹文诏所带的山西兵,也由北往南进军。农民军最怕的就是左良玉、曹文诏等人。往东北方向,农民军则更是无路可走,因为最精锐的关宁铁骑、天津兵正是从这个方位的畿南、山东开过来。

因此,农民军只有向南、向东南方向挺进,进入河南东部、东南部,以及南直隶的凤阳、庐州、安庆等地。相对而言,朝廷在这一带的防守力量,要薄弱得多,活动的余地也大。正是因为如此,河南地区的各路农民军才要一齐杀向东南。

如果从农民军当时的构成、素质和作战的习惯方法来看,荥阳大会之类的说法,也是不太实际的,说得难听些,是过高地估计了农民军的档次。

说到这里,就有必要再来回顾一下农民军的一些基本情况。

陕西的动乱,虽开始较早,但最早发难的几乎都是些饥民。这些饥民,参加动乱的最基本、最直接的原因,就是因为生活困难,活不下去。因此,农民军在开始时,无论是组织方面,还是战斗力,都很幼稚,遇到战斗力强的正规官兵,还不是对手。

不久,随着边兵、边盗等人员的加入,农民军的性质发生了变化。边兵、边盗本已有之,虽人数不众,但战斗力很强。崇祯二年(1629)十月,由于后金军队大规模入侵,崇祯帝急令各地勤王。山西巡抚耿如杞和总兵张鸿功,率五千人入卫勤王,陕西三边总督杨鹤、陕西巡抚刘广生和甘肃巡抚梅之焕也遣五镇总兵吴自勉、尤世禄、杨麒、王承恩和杨嘉谟等率兵一万八千人赴援京畿。耿如杞的部队在北京附近哗变,一哄而散,逃回山西。延绥总兵吴自勉率领的榆林兵,也在中途逃归。甘肃入援部队在金县也发生哗变。这些士兵,不少都加入了农民军。这些边兵的入伙,加上先前已经加入农民军的逃兵等人员,大大加强了农民军的战斗力。

尽管如此,农民军还是处于劣势。陕西境内的农民军虽一时风起云涌,人数众多,但相互之间并没有统一的组织。民间流传着的《水浒》故事和戏曲,当时也是农民军汲取知识的主要来源。因此,此时的农民军,还处于低水平的层次上。

农民军在崇祯三年(1630)春进入山西,尤其是在崇祯六年(1633)冬渡过黄河、杀入河南后,情况开始有了很大变化。如果用一句话来加以概括,那就是"流寇主义"迅速发展。

户部主事张缙彦,曾在崇祯十一年(1638)上疏谈到了他对农民军的看法。他认为:

"贼之得势在流,而贼之失势在止;贼之长技在分,而贼之穷技在合;贼之乘时在夏秋,而贼之失时在冬春;贼之得计在以塘马战而老营避,在以火光近而真营远,贼之失计在行营不知备,截杀不相救。"

张缙彦依据其亲身经历,精辟地论述了他对兵情贼势的看法。

具体而言,渡河后的农民军的"流寇主义",主要表现在这样几个方面:

不建立根据地或政权,到处流动作战,流动不居。农民军的一切人员都随营流动,归附的饥民也入农民军,妇女也是乘马以从。因此,号称有数千或上万人的一营农民军,能打仗的实际上只占一小部分,而大部分则是老弱妇女之类的人。在战斗不顺利时,被官军冲散、俘杀的,也往往是后者。真正的战斗人员却往往能伺机逃逸,不太容易被俘杀。这也是官军屡报大捷,而农民军精锐仍在的主要原因。

农民军通常是以一大股一大股的形式活动的。一大股往往被称作一营或数营,每营有一头目,其名称不一。有的称掌盘子,意思是管营子,下面设总管、掌家或管队等职。有的营称总头目,下面设头目。随着农民军人数的增多,不少营达到几万人,其组织形式也随之改变。有的营被分成若干哨,分设大领哨、领哨、大哨头和哨总等职。有的营则将管队分成老管队、小管队、管队三级。也有的营则分成老掌家、大掌家和小掌家。

农民军还设置老营,来安顿家属,管理粮食、器械、旗帜等军需品。每逢战事,农民军往往让老营远远避开,以免受到敌军的冲击,损失家属和辎重。有些农民军还把依附的饥民分成若干专业队。一般而言,农民军对愿从者一律不杀,有手艺者分别被编入各类专业队。

由于流动作战的需要,农民军很注重骑兵即塘马。作战时,骑兵担任主要的攻击任务。每一骑兵都有二三匹战马,轮流换乘,终日疾驰,犹如疾风骤雨。撤退时,骑兵的速度也很快。塘马强大的机动性和灵活性,往往令马少步多的官军措手不及,处于被动。

农民军各营之间,时分时合,各自为战。早期在陕西时,农民军尚处于一伙一伙的自发形式,数目众多,相互之间的关系也很松散。因此,朝廷也很难弄清楚其具体的情况。进入山西后,一度有王自用(紫金梁)等所谓的首领,但这些首领实际上也名不副实,绝不像有些人理解的那样,拥有很大的权威。

农民军从山西突围后,这种分散性进一步加强了。有些营是单独行动,有些营则采取临时的合营关系,但很不稳定。渡河后的农民军,甚至连一个名义上的领袖都没有。高迎祥虽有相当大的号召力,但各营并没有正式推选他做首领。他之所以有号召力,是因为实力较强、人缘不错。

不过,到了崇祯八年(1635)春,农民军已出现了比"营"更大的一种组织形式,即"家"。据说在河南荥阳开会时,就有"十三家七十二营"的称谓。自此以后,"十三家"就成为流寇的通称。"家"的出现,表明农民军开始出现合股之势,并最终形成了李自成、张献忠两支农民军主力。

正是由于这些特点,后人甚至是当时的人,包括与他们作战的朝廷将帅,都无法真正掌握农民军的详情。其中最令朝廷头痛的,就是那些农民军的头目。

那些头目们,本是社会最底层的人员,在平时实在是上不了台面,要不是造反,根本没人会提起他们。但偏偏是这些本不起眼的小人物,还要学《水浒》中的英雄,起那些让人弄不清的名号。况且这些名号,也不是某一人的专利,因为一旦原用某一名号的人死了,还会有新人顶用。再加上那些头目的人数本就很多,几达百人,情形就更复杂了。

当然,现在能勉强弄清楚的,还是不少。自崇祯六年(1633)至崇祯九年(1636)秋的主要农民军首领,大概有这样一些:

高迎祥:号闯王,崇祯八年(1635)七月拥有部众七万,十一月增至十二万。

高应登:号闯天王(撞天王),崇祯八年(1635)十一月拥有部众约十七万。

拓先龄：号一字王，崇祯八年（1635）十一月与张献忠等部一起，拥有部众二十万。

拓养坤：号蝎子块（或称刘哲，亦号蝎子块），崇祯八年（1635）十月拥有部众三万，崇祯九年（1636）发展最速，部众最多，人数在高迎祥之上。

张胖子：号整齐王，崇祯八年（1635）一月，拥有四股部众，大约数万人。

马守应：号老回回（或云老回回是马守玉），崇祯七年（1634）拥有万余人，崇祯八年三月增至数万。

张献忠：号八大王，崇祯八年（1635）三月拥有部众数万。

摇天动：姓名不详，崇祯八年（1635）五月拥有部众数万。

罗汝才：号曹操，崇祯八年（1635）后拥有部众数万。

马进忠：号混十万，崇祯九年（1636）拥有部众数万。

李养纯：号四天王，或张四天王，崇祯九年（1636）拥有部众数万。

李自成：号闯将。高迎祥死后数载才承袭闯王名号，崇祯八年（1635）七月拥有部众七万。

混天王：姓名不详，崇祯七年（1634）七月拥有部众数万，崇祯九年（1636）一月诛死。

惠登相：号过天星，后降官军。

刘国能：号闯塌天，后降官军。

张大受：号满天星。

张一川：号扫地王（或云李靖也称扫地王）。

蔺养成：号乱世王。

贺一龙：号革里眼。

许可变：号改世王。

李万庆：号射塌天，后降官军。

贺锦：号左金王。

王国宁：号兴世王。

薛仁贵：原名不详。以旗帜俱用白色，故名，军中称"白袍将军"。崇祯九年秋诛死。

此外，主要首领尚有混世王、整世王、九条、顺天王、太平王、靖天下、瓦背王、爬天王、紫微星、蛤蜊圆诸人，姓名不详。还有张妙手、贺双全，无名号。

次要首领大约有：

草上飞、抓山虎、双翼虎。以上诸人被擒，姓名不详。

镇山虎、一只虎、满天飞、克天虎、钻天鹞、五条龙、小天王、乌凤鬼、黑旋风、黑杀虎、飞山虎、鬼见愁。以上诸人被戮，姓名不详。

闯虎、黄虎、白虎、头神、紫金梁（不是前面提到的王自用）、黑蝎子，姓名不详。

许文衡、王九仁、王成龙、祁总管，无名号。

留在山西没有南渡黄河的，则有王刚、王之臣、通天柱、掌世王、翻山动、领兵王、姬关锁等。另有高加计号"显道神（或险道神）"，刘浩然号"乡里人"，贺宗汉号"活地草"，三人声势很大。

上述六十余人，肯定不是全部。除了这些"巨首"之外，肯定还有更多的小头目。即使是"巨首"之间，实力悬殊也很大。多的达十万以上，而少的只有数千人。

到崇祯九年（1637）秋，农民军的情况发生了很大变化。有些首领走向了没落，如张妙手、贺双全等人。有些则能始终保住地位，如惠登相、张大受、马进忠、贺锦、贺一龙、李万庆、横天王等。有些则能继续发展，如高迎祥、张献忠、拓养坤、马守应等。有些则倏兴倏衰，如高应登、拓先龄等。当然，也有在此期间才开始发展壮大而独称劲旅的，那就是李自成。关于李自成和张献忠的情况，留在后面专门介绍。

回顾了农民军的基本情况后，就不难发现，荥阳大会有虚构、夸大的成分。事实上，崇祯八年（1635）春，农民军正是在官军的强大压力下，才依据当时的具体情形，利用流动作战的故伎，一齐杀向了官军防守薄弱的东南方向。

不过，农民军这次的攻击方向，算是选对了。

凤阳之变，帝乡一夜成火海

农民军攻击的目标，是南直隶西北部的凤阳等府，即今皖北地区。

凤阳是明王朝的"龙兴"之地，即明太祖朱元璋的老家。朱元璋得天下后，曾在这里大兴土木，先后为自己的父母修建了陵墓即皇陵,扩建了自己少年时代当过和尚的龙兴寺,并按南京的规格修建凤阳城,定其为中都。因此,凤阳对明王朝有特定的意义。

同时,凤阳府也是南京的北方门户,如果凤阳一失,则南京门户洞开,必受兵锋威胁。如果南京出了问题,那东南赋税重地、半壁江山就很难保住,大明朝的气数也就差不多了。因此,凤阳一带,无论从哪方面而言,都不应该出任何差错。

令人费解的是,朝廷并没有十分重视凤阳的防守。本来,朝廷在凤阳设有留守司,以及班军、高墙军、操军和护陵军六千余人。凤阳巡抚督漕驻淮安,兼护泗陵(皇祖陵),太监驻凤阳。但由于承平日久,已无多少战斗力。

早在崇祯六年(1633)冬,当农民军突破黄河南渡河南以后,南京兵部尚书吕维祺就上书朝廷,要求派兵防守凤阳祖陵。崇祯七年(1634),兵部尚书张凤翼也请饬凤阳抚按加强防守。崇祯帝曾召谕兵户两部,令淮安巡抚朱大典和杨御蕃扼守南畿和凤阳祖陵。但总的来说,凤阳的防守仍很薄弱,尤其是负责防护的巡抚杨一鹏、太监杨泽都不得力。许多人甚至还认为,农民军大概不会杀向凤阳一线。

不幸的是,农民军恰恰选中了朝廷防守比较薄弱的凤阳地区作为主攻方向。

在闯王高迎祥、张献忠等率领下,农民军经河南汝宁,先南下攻破固始,再攻占凤阳府霍丘县。与此同时,另一支农民军在扫地王的率领下,也攻占了凤阳府的颍州城。

霍丘、颍州的朝廷官员,在农民军面前倒还很有骨气。霍丘城破时,县丞张有俊、教谕倪可大、训导何炳若以及大豪绅田既庭等,都不屈而死。颍州被破时,知州尹梦鳌亲持大刀搏杀,后寡不敌众,投城下乌龙潭自杀,其弟、侄七人随之自杀。通判赵士宽,也率家人参与巷战,后投水自杀。其妻则带着三个女儿登楼自焚。

当时的颍州城中,还住着一位任过兵部尚书的张鹤鸣。天启年间,当时担任兵部尚书的张鹤鸣,曾全力支持巡抚王化贞进攻后金而不服从经略熊廷弼的指挥,导致辽东全线败退,张鹤鸣因此丢官返乡。这次正好被农民军逮个正着。据说张鹤鸣和他的弟弟张鹤腾被抓到后,态度十分强硬。农民军便把张尚书倒悬在树上,张尚书仍骂不绝口,最后被杀。其弟张鹤腾、子张大同也同时被杀。

颍州张鹤鸣大概是农民军在崇祯八年以前处死的最高级别的官员。说也奇怪,颍州城对农民军的反抗,也十分刚烈。城破之后,遇难的官绅士庶多达一百五十人,妇女殉节者二十七人,烈女八人,其"忠烈"之称,一时独盛。

不过,几天后发生在凤阳城中的情形,就与颍州城很不一样了。

农民军破颍州、霍县后,一部分南下攻入庐州府境,另一部分即杀向寿州(今寿县)、凤阳。

凤阳当时的情形已是很糟糕。不过这倒帮了农民军的大忙。

本来,凤阳作为龙兴之地,享有特殊的政治地位。明太祖朱元璋曾予以特殊照顾,在赋役方面给了不少优惠。但至明末,这种优惠已不复见。相反,凤阳作为中都,百姓承担的差役、造作多如牛毛,日子几乎到了过不下去的地步。

崇祯四年(1631)十一月,当时任南京礼部右侍郎的钱士升(后于崇祯七年入内阁),在奉命祭告凤阳皇陵之后,曾向朝廷上疏汇报了凤阳地区衰败的景象:凤阳号称帝乡,但一入其境,只见土地多荒,庐舍寥落,一望萧然。究其原因,是因为凤阳土地本就贫瘠,在江北属下下之郡。一遇灾荒,百姓往往向外逃荒。而走掉的那部分户口本应承担的赋役,就须让留在本地的人承担。如此恶性循环,结果自然是户口越来越少,荒地越来越多。

所以,钱士升最后要求朝廷对凤阳予以特殊照顾,蠲免凤阳的赋税。

崇祯帝在看过奏疏后,也未有多大反应,只是轻描淡写地批了一句。他是怕开了先例,各地起而效尤。当时他正想方设法增加收入,自然不愿接受钱士升的建议。

既然如此,凤阳的局势便不可避免地要恶化下去了。崇祯七年(1634),凤阳守军曾发生兵变,皇陵卫指挥侯定国被乱兵杀死。

到了崇祯八年(1635)正月,凤阳守备太监杨泽得知农民军已围寿州后,急令留守朱国相准备迎敌,令凤阳知府颜容瑄领乡兵防守。这位杨泽,声名不佳,唯财是贪。凤阳商民对他很是不满,便诉告于巡按御史吴振缨。吴振缨哪敢得罪杨泽,当然不接受诉告。群情激奋之下,百姓一拥而至太监署,点火焚烧。吴振缨则伺机逃脱。

于是,一些极端的百姓便偷偷地赴颍州去接纳农民军。

正月十五日夜，适逢元宵节，凤阳城中依然是仕女如云，笙歌彻耳。农民军的先头部队约三百人，化装成商贾、车夫，悄悄潜入凤阳城中。突然，城中火光四起，喊声冲天，百姓狂奔，一片混乱。农民军乘乱占城，大军随后而至。

当时的凤阳本无城墙，无险可守。城中虽有数千兵马，但根本无法组织抵抗。留守朱国相、指挥袁瑞征仓促应战而死。

据说农民军首领扫地王、太平王杀入府署，抓到了身穿囚衣混迹于囚犯中的知府颜容暄，用棍子把他活活打杀堂下。推官戴文英等六位文官及四十一位武官，也被处死。据说士民被杀者多达数万人。

或许是农民军这么多年来一直被追杀，吃足苦头，因此把怒气都发泄到了凤阳，以报复崇祯帝和朝廷。

他们把太祖朱元璋父母的陵墓即皇陵糟蹋得面目全非。他们放火烧掉了皇陵、享殿以及陵区内的三十万棵蟠松，杀掉了守陵太监六十余人，把关押在陵区高墙内的罪宗（即犯罪的宗室人员）百余人放跑。他们放火焚烧城中的公私邸舍二万余间。龙兴寺也被点着了大火。一时间，凤阳城内外火光冲天，光照百里之外。

农民军公开打出"古元真龙皇帝"的旗号，在凤阳地区恣掠三日，大口吃肉，大碗喝酒，过了几天舒心日子，庆祝他们前所未有的胜利。

据说农民军曾在凤阳神祠中占枚问神，得了个下签。一怒之下，剖神像，拔营而去。在分兵撤退时，还有一个小插曲。据说李自成曾向张献忠索要皇陵中那些善拉会吹的小太监,张献忠舍不得给。李自成一怒之下,便与张献忠分开。当然,这些记载是否属实,就不得而知了。

不过,从农民军流动作战的一贯手法而言,农民军撤出凤阳地区也是意料中的事。他们根本不会久留此地。另外,凤阳沦陷后,周边的官兵纷纷向凤阳进发。太监卢九德等率川兵三千急驰救援,山东巡抚朱大典也调徐州总兵马、睢州总兵骆举率兵进援。南京方面也有进兵动作。农民军绝不会留在凤阳等着官军来进攻。

具体而言,农民军撤离凤阳地区后的主要攻击路线,有这样几路:

一路由高迎祥、李自成等人率领,从凤阳府太和县进入河南。经河南鹿邑、杞县,进入密县山中。

一路由扫地王等率领,攻亳州(今安徽亳县),走河南夏邑,围归德。这两支部队后在河南归德地区会师,图谋西入潼关。

一路由张献忠等人率领,杀入庐州府境内,先后攻陷庐江(今庐江),屠戮巢县(今巢县)、无为(今无为)及安庆府的潜山(今潜山)、太湖(今太湖)、宿松(今宿松),后遇应天巡抚张国维的抵抗,又杀入湖北麻城,进入河南境内。

张献忠一支,攻掠最凶,南下庐州、安庆两府后,除庐江一城未下外,其余各城无不攻陷,令朝廷无法抵挡。

凤阳失陷的消息传到北京,朝廷上下一片惊慌。

兵部尚书张凤翼接到败报后,大惊失色,几乎要站立不住,晕倒在地！

崇祯帝接到中都沦陷、皇陵被焚的消息后，悲痛欲绝。此日本当开讲经筵，崇祯帝特传旨免行。他自己素服避殿，亲自赴太庙祭告祖宗之灵，并命百官修省。

凤阳之变在崇祯帝心中留下了难以抚平的创伤。他在默默承受着朝廷上下各种有形或无形的压力之际，不得不面对列祖列宗，反省自己即位以来的种种举措。不过，他更希望他的军队能在短期内剿灭农民军，为他报仇雪恨。

为此，他进行了新的部署。

他首先作了人事上的调动。

凤阳被焚，总要有人顶罪。漕运御史兼凤阳巡抚杨一鹏在劫难逃，后被斩首弃市。其实，杨一鹏也有点冤。作为巡抚，杨一鹏因年老多病，是不太称职。但斩他的罪名，却是他没及时救援，或没有及时从淮安移镇凤阳。而在这一点上，杨一鹏却没有死罪。镇守淮安，本是朝廷的规定。而且杨一鹏事先也征求过朝廷的意见，崇祯帝则明确表示不必移镇。当然，话虽是崇祯帝以圣旨的名义说的，实际上却是内阁首辅温体仁的意见。就此而言，朝廷有不可推卸的责任。

与杨一鹏一起被追究的，还有凤阳巡按吴振缨。他也被逮下狱，最后充军戍边。守陵太监杨泽则自知罪孽深重，先畏罪自杀了。

杨一鹏被逮后，由朱大典总督漕运，巡抚凤阳，协同洪承畴围剿农民军。再发精锐的辽兵三千，由总兵祖宽率领，开赴前线。

同时急令洪承畴加紧围剿工作。

但前线的战事,并没像崇祯帝所迫切希望的那样,有迅速好转的迹象,反而越来越糟糕。

洪承畴依据当时的形势,制定了一个初步的方案,具体布阵如下:

四川镇抚所属各部,移驻夔门、达州一线,进援湖广襄汉;

湖广抚镇,则分驻承天、襄阳,郧阳巡抚驻郧阳;

漕运总督移驻颍州、亳州,进援河南的汝宁、归德;

山东巡抚移镇曹州、濮州,向南支持江北江南;

山西巡抚移驻蒲州,进援河南灵宝、陕州;

陕西巡抚移镇商州,以便策应、调度陕西南部的兴安、汉中诸地;

河南巡抚移镇汝州、南阳间;

保定抚镇移镇邯郸、磁州一带。

洪承畴的如意计划,是想南北策应,形成一个大包围圈,把农民军困在河南,一举歼灭。

然而,农民军并不会如此"听话",留在河南等朝廷来围剿。他们不久又故伎重演,杀向关中。

就在洪承畴出潼关进入河南后,原先留在河南西部的农民军便乘陕西空虚,杀回陕西境内。至此,由安徽进入河南的高迎祥、李自成等部,以及由湖北进入河南的张献忠等部,加上原先留在河南的农民军,纷纷杀向河南之西部,并重回陕西境内。

忙了半天的洪承畴,急忙修改战略,由河南回救陕西。他于

四月二十日前后在河南汝宁召开了会议,进行了布置。基本情况是:

他本人亲率贺人龙、刘成功等部将,杀入陕西,与农民军决战,同时命曹文诏由湖广进入河南,与他共同作战。

总兵左良玉、汤九州率兵五千,扼守陕西商南县境内的瓦屋、吴村两个要隘,切断农民军进入河南内乡、淅川的捷径;

总兵尤世威、徐来朝率兵五千,扼守陕西洛南县境内的兰草川、朱阳关,防止农民军由此进入河南的灵宝、陕州、卢氏等县;

总兵陈永福率官兵近二千名,扼守河南卢氏、永宁境内诸隘口,协助河南巡抚陈必谦堵截农民军南北往来;

总兵邓圮、尤翟文、张应昌、许成名,各以所部防守汉江南北之上津、郧西、平利、竹溪等县,防止农民军从此地进入湖广境内;

同时请敕朱大典防江北。

这是洪承畴针对农民军流动作战的一贯作风而制定的不得已的策略。他想用拙策死守之法,来对付农民军的轻逸飘忽。此招虽笨,但如能彻底贯彻,至少能把农民军困在陕西,并有机会用精锐之师杀入关中,寻机决战。

遗憾的是,洪承畴的计划,得不到保质保量的贯彻。

先是总兵徐来朝的部卒不听调遣,反叛于卢氏县,此部不战自溃。

接着,总兵邓圮之部众因缺饷而叛变于樊城。邓圮越墙逃跑时,不幸落入大火身亡。其部众一哄而散。

网刚张开,却已先破。

洪承畴只有仰天长叹！长叹之余，洪承畴亲率贺人龙、刘成功两总兵进击，于四月底进驻河南灵宝。五月，移驻西安之北的高岭。

曹文诏从河南阌乡赶到陕西商州，并于金岭川大胜农民军，把农民军压向北部，并一路追击。农民军在老回回、张献忠等率领下，在凤翔与高迎祥等部会合。然后往北、往西挺进。散布陕西各地的农民军也纷纷攻城略地。

洪承畴当时实际上没有多少兵力，根本无法与数十万农民军打硬仗。但他慑于"六月廓清"的限期，虽苦于兵寡，仍令进兵，咬住农民军，结果是连遭败绩。

六月十一日，乱马川一役，官军前锋刘宏烈被农民军生俘。

六月十四日，副总兵艾万年、刘成功、柳国镇，游击王锡命奉命引兵三千，前往宁州（今甘肃宁县）增援，以解农民军之围。当时李自成正率兵猛攻宁州城。双方交战于宁州附近的襄乐镇。官军抵挡不住，被迫撤退，至巴家寨时被农民军伏击。艾万年、柳国镇均被击毙，部卒被歼一千多人。而刘成功、王锡命则身负重伤，率残卒突围而逃。

前线的败报接踵而至，洪承畴无兵可调，急得团团转。

此时，恰好曹文诏赶到。曹文诏听到这些消息后，拔剑砍地，发誓要与农民军决一死战，报仇雪恨。

仗打到这种份儿上，还有人主动请战，洪承畴自然大喜。他连忙说：

"非将军不足办此贼！"

但高帽子戴过之后，洪承畴又诉苦道：我手中已无兵可调，不能与你策应。你先行一步，我将从泾阳（今泾阳）趋淳化（今淳化），为将军作后盾！

洪承畴确实无兵可调，只能亲率大营为曹文诏策应。

曹文诏便带着兵卒三千向甘肃进发。在真宁（今正宁）境内的湫头镇与农民军相遇。曹文诏命其子曹变蛟为前锋，自己殿后，进行生死决战。

曹变蛟首先冲杀，斩敌五百，并急追三十里。曹文诏率步卒随后而进。没想到农民军数万骑设伏于此，突然杀出，把曹文诏等团团围住。一时间，箭如蝗飞，杀声震天。

当时农民军并不知道曹文诏的真实身份。不巧的是，有一位被俘的小卒，情急之中，大喊："将军救我！"

这一喊，引起了农民军的注意。原先做过曹文诏部下的降卒，一下认出了曹文诏，便大喊道：

"这位就是曹总兵！"

农民军自然不会放过曹文诏！不惜一切，坚决追杀。势单力竭的曹文诏，边杀边逃，最后自知难以脱身，便举刀自刎。

一代名将就这样战死疆场！

如果站在朝廷的角度来讲，曹文诏的战死甚至可以与中都凤阳的沦陷相提并论。凤阳之变，虽是惨烈，但毁掉的仅是中都，尽管中都凤阳的意义非同小可。而曹文诏之死，使朝廷失去了一位非同一般的良将，对朝廷的围剿产生了不可低估的消极影响。

曹文诏在当时被称为良将第一，忠勇冠世。如果从他的战绩而言,这种说法一点也不为过。他先后在陕西、山西参加对农民军的围剿,几乎每仗必胜,是农民军最头痛、也是最害怕的一位将领。后来曹文诏曾一度被调任大同总兵,其间因后金入侵而被朝廷处罚。经山西巡抚吴甡的力保,曹文诏才得以重新出任助剿总兵,戴罪立功,并先后转战河南、湖广、陕西,敢打肯打,让农民军吃尽了苦头。

农民军得知曹文诏的死讯后,一时人心大快,士气大振。

与此相反,曹文诏战死的消息,却使前线官兵大受震动,严重影响了士气。

洪承畴接到曹文诏败死的消息后,仰天痛哭,泪血沾衣,追悔不已。洪承畴的功绩,多半是由曹文诏为他挣来的。曹文诏在陕西时,打仗屡屡得胜,而作为上司的洪承畴,却经常不给他上报,而贪为己功。此次曹文诏孤军深入,洪承畴明知凶险,却仍同意他冒险。在洪承畴看来,曹文诏大概还没有打不赢的仗!没想到这种轻率决定,终使一代良将丧命。

崇祯帝接到曹文诏的死讯后,深感痛惜,大概也有点后悔。想当初,曹文诏在山西战场连连得手时,崇祯帝却轻信流言,把他调任大同总兵。后又以后金入侵丢失守地为由,惩处曹文诏充军,幸亏吴甡力保。此时曹文诏战死,崇祯帝才痛感良将难得。他下令给曹文诏赐祭葬,世荫指挥佥事,并令有司建祠,春秋致祭。

洪承畴于正月受命出潼关时,崇祯帝曾命他于六个月内肃清农民军。当时,洪承畴就觉得很勉强。他给皇帝上疏说:

"地阔则难固,兵少则弗敌,鞠躬尽瘁,胜负未可知也。"

话虽是这么说,但洪承畴绝没有预计到六个月后竟会败到这种地步。无兵可用的洪承畴,面对凶狠的农民军,使尽了浑身解数,保住西安等城。他于七月份曾上疏诉苦道:

"官兵不能当贼十分之一,合省宁剿仅四万余人,其势不敌明甚。"

洪承畴能保住西安,已是不错,因为陕西境内的农民军,已占绝对优势。但农民军不久发现,陕西因连年战争、灾荒,粮食供应很成问题,于是图谋东出,进入河南。

张献忠等部试图从陕西蓝田突入河南卢氏县,遭总兵尤世威阻击,一度进入商洛山中。参将徐来朝所率部卒三千人,不肯进山追击,发生哗变,被农民军乘机击溃。徐来朝部一溃,尤世威部失去侧翼保护,加上士兵久戍荒山,水土不服,病疫发作,终于被农民军击溃,豫西边界被突破。

农民军遂分营十余路,一齐杀入河南。除高迎祥、李自成等部留陕之外,大部分都进入河南。据说农民军进入河南时,大队东行,尘埃蔽天,队伍宽四十里,长百余里,老弱居中,精骑在外保护,声势十分浩大。面对如此浩荡大队,总兵左良玉、祖宽竟不敢出击,眼睁睁地看着农民军进入河南。河南再次成为中心战场。

身为五省总督的洪承畴,竟然连陕西一省都应付不了。现在农民军主力又东出河南,更让洪承畴力所不及。朝廷见此情形,急忙商讨对策。

崇祯八年(1635)八月,朝廷任命卢象升为兵部右侍郎兼右佥都御史,总理直隶、河南、山东、四川、湖广五省军务,特赐尚方宝剑,可便宜行事。

朝廷还给洪承畴、卢象升的任务做了分工。洪承畴主剿西北,卢象升主剿东南,如遇农民军再入陕西,卢象升则进关合击。同时,朝廷分别任命戴东旻、苗祚土和史可法为河南、湖广、南直隶监军御史。

卢象升被推到了叔师的位置。在明这个悲剧时代,此次任命预示着他后来的悲惨结局。

卢象升,字建斗,号九台,南直隶宜兴人。天启戊科(1622)进士,授户部主事,因得力能干再升大名知府,迁山东副使。崇祯二年(1629),因京师危急,募兵勤王。后金兵退后,再迁天雄兵备。当时正逢农民军由山西进犯河北,卢象升积极备战,虽身负重伤,但仍能多次退敌,立下战功,被农民军称为"卢阎王",博得声名。崇祯七年(1634),卢象升被任命为郧阳巡抚,调赴湖广。任职期间,卢象升如日中天,声名远扬,并于次年五月被提拔为湖广巡抚。至此,卢象升终于升为五省总督,不久又升为七省总督,与洪承畴一起,成为围剿农民军的两大台柱。

当时卢象升手中的兵力,主要是湖广主客兵约二万人。洪承畴在陕西,也是捉襟见肘。崇祯帝为增加兵力,竭尽全力。他先调兵七万,参加围剿,后又增兵二万,而且还从辽东前线抽调精锐之师参战。

为了配合剿灭,崇祯帝还采取了一些其他措施。他甚至在此年的十月,破天荒地下了一份"罪己诏",摆出一些难得的姿态,来收笼民心。

崇祯帝这一切,目的很明确,那就是为了剿灭农民军,腾出精力来对付关外的后金。

擒杀高迎祥

面对朝廷的凶狠之势,农民军又是如何应对呢?

杀入河南的农民军,到处出击。一部自河南府的嵩县(今嵩县)杀到汝宁府的郏县(今郏县),再进入开封府的禹县(今禹县),围攻密县,后又放弃,撤围而去。进入汝宁府的农民军,围攻信阳州城失利后,又退而南下,攻湖广的孝感、应山。蝎子块的农民军数万人围攻颍州,大败官军于瓦店集,俘虏总兵张全昌。然后挥兵南下,一路杀到湖广境内的蕲、黄地区,经宿松进犯南直隶安庆府境,进攻潜山、太湖。另一支部队则杀入庐州府,犯英山、霍山,进扰舒城。

张献忠部似乎留在了河南西部地区。

留在陕西的高迎祥、李自成部也东西出击。高迎祥率部西掠,进攻武功、扶风,围扶风城一个月而未下,待朝廷援兵至,主动撤出。李自成则东击,攻富平、三原以东。十月,李自成与官军总兵左光先、王世钦和副将曹变蛟大战于高陵。

此间,李自成部发生了一点小插曲,给李自成惹下了麻烦。

当官军与李自成部在醴泉相持时,李自成手下的得力干将高

第五章 步入深渊的内乱

杰，竟投降了官军。据说，高杰也是米脂人，深得李自成宠信。而李自成妻邢氏则骄武多智，掌军资，负责分支粮仗。不想日久生情，两人私通。至此，高杰担心事情败露，难逃劫运，便挟持邢氏叛降官军，给李自成带来了不少麻烦。

高杰之叛，使洪承畴大喜过望。洪承畴亲自追剿李自成，大战于渭南、临潼。李自成屡败之后，向东撤逃。

此时高迎祥也受官军压迫，不断东撤，经华阴山中，与李自成会合。然后合力东击，攻破河南卢氏县境内的朱阳关，于十一月份与张献忠等部合营于灵宝。不过，也有人说，李自成根本就没出过陕西。

合营诸部随即猛攻阌乡，击败左良玉、祖宽部，进而攻陷陕州，并东击洛阳。

河南巡抚陈必谦率左良玉立即增援洛阳。攻城受阻的农民军放弃洛阳，分兵进击。

张献忠部南犯汝州府，至嵩山、九皋山，被总兵祖宽击败，死亡千余人。张献忠率部撤走。朝廷称之为"汝西大捷"。

高迎祥等则走偃师、巩县，被从汝宁赶来的祖宽大败于白沙、龙门。这支部队便南下汝宁府，围新蔡，攻遂平、确山、光山，最后被总兵祖宽大败于确山。

卢象升曾于此年底给友人写了一封信，描述了闯王高迎祥部的一些情况。他说：

"二个月来，奔命于汝、宛、河、洛之间，万分忙苦。贼多而且横，前后俘斩虽有数千，但尚不是荡平胜着。必须于崇祯九年正、

二、三月内，先剿灭闯王一股，余贼方可次第歼散。"

他接着介绍了闯王高迎祥一部的情况：

"闯王之贼大约七万余，妇女约一二万，丁壮约一二万，精骑约三四万。此贼不亚安（安禄山）、史（史思明），朝廷或许还没有详细了解。此前曾在陕西与洪亨老（洪承畴）大战三次。近来入豫，我与他也大战过两次，擒斩死伤逃散约两万人，至今尚存五万，依然是劲敌！"

卢象升还点出了他的担忧：

"其余五六股贼众，见剿兵渐集，纷纷与闯王合营，势力更大。现在闯王诸部，合奔东南一带，楚、黄、凤、泗、淮、扬，十分危急。因此，我正星驰而南。"

卢象升的担心，不是多余的。崇祯九年（1636）正月，闯王等部正向凤阳方向杀去。

闯王高迎祥在确山被击败后，有人说他曾一度回到陕西，开年后重新杀出。更有人说李自成根本没有与高迎祥一起杀入河南，而是始终留在陕西。意见很不统一。

现在看来，李自成是否与高迎祥一起杀到过河南，确实还有疑问，但高迎祥在崇祯八年（1635）十二月确山之败后，没有重回陕西，而是直杀东部，这大概可以确定。确山之败后，与高迎祥一度合营的老回回、蝎子块曾杀回陕西，被洪承畴部击败于临潼，南入商洛山间。或许是有人把这部分农民军误认为是高迎祥部了。

崇祯九年（1636）正月，闯王率部从河南汝宁府的固始、光山杀入南直隶境内，攻击庐州城（今合肥），阎雄率边兵急救庐州。

农民军转而攻下巢县（今安徽巢县，属庐州府）、含山（今安徽含山，属和州）。

接着，农民军冒风雪攻占长江之北的和州（今和县），杀知州黎弘业等。一部分农民军沿江东击，攻打南京之北的江浦（今江苏江浦）。南京兵部尚书范景文急派兵防御，农民军退却。闯王、张献忠等七家数十万人则联营攻打滁州。

滁州知州刘大巩拼死固守，城防危在旦夕。卢象升闻警后，立即率总兵祖宽、游击罗岱、副将李明辅等飞驰滁州城下，与农民军展开激战。最后，农民军被击溃，尸伏无数，滁河水赤流数里。

吃了大亏的农民军急速向凤阳、寿州方向撤退。官兵沿路邀击，农民军损失惨重，开始分路向河南境内溃退。

卢象升急速追入河南，布置各军围剿，一时河南境内，杀声震天，血肉横飞。农民军最后逃入南阳府的内乡、淅川山中，卢象升奈何不得。至此年三月，闯王等又纷纷杀回陕西。

围剿的中心一下子又回到了陕西。

朝廷起用孙传庭任陕西巡抚。孙传庭出任巡抚后，锐意进攻。其副将罗尚文击杀整齐王于商洛山中。五月，贺人龙又于安定大败李自成部。

六月，总兵祖宽等率精锐边兵进入陕西作战。

七月，孙传庭、洪承畴率部追击闯王高迎祥于周至，双方展开激战。后因部下叛变，高迎祥被俘，被送往京师，寸磔而死。

高迎祥之死，对陕西的局势产生了很大影响。不久，农民军首领张妙手、蝎子块向朝廷投降。李自成部也在崇祯九年（1636）

九月在汉中失利后，杀入四川，至崇祯十一年（1638）初才重回陕西。但不久李自成部连遭败绩，于此年八月重新躲入川、陕、湖广三省交界的山区，直到崇祯十三年（1640）冬才突然杀出，进入河南。

活跃于河南、湖广、安徽地区的张献忠等部，至崇祯十年（1637）底也遇到了困难。

崇祯十二年（1639）初，张献忠在湖北谷城接受朝廷的招抚。射塌天、罗汝才、混十万、整十万、十反王、托天王、小秦王、过天星、紫微星、一字王等纷纷投降。

此年五月，张献忠、罗汝才又重新反叛。李自成也于崇祯十三年（1640）冬钻出山区，重新发展，直到最后掀翻明朝。

有关李自成、张献忠的详情，将留在后面叙述。这里先说说崇祯帝即位近十年来，大明朝为何弄成这种局面。

第六章

明朝崩盘的根源

崇祯八年(1635)十月初,崇祯帝走出了他十分难堪的一步,即颁布"罪己诏",向天下臣民承认局势的糟糕及本朝的失策。

初三日，崇祯帝移居武英殿，并令文武百官一律于各自官署、内阁大臣一律于朝房住宿，日夜值班。同时下达"罪己诏"。诏云：

朕以凉德，缵承大统，意与天下更新，用还祖宗之旧。不期倚任非人，遂致虏猖寇起。夫建州本属我夷，流氛原吾赤子。若使抚御得宜，何敢逆我颜行。以全盛之天下，文武之多人，无奈夸诈得人，实功罕觏，虏乃三入，寇则七年。师徒暴露，黎庶颠连。国帑匮绌而征调不已，闾阎凋敝而加派难停。中夜思惟，业已不胜愧愤。今年正月，复致上干皇陵。祖恫民仇，责实在朕。于是张兵措饷，勒限责成，伫望执讯歼渠，庶几上慰下对。又不期诸臣失算，再令溃决猖狂。甚至大军辱于小丑，兵民敢于无上。地方复遭蹂躏，生灵又罹汤火。痛心切齿，其何以堪！若不大加剿除，宇内何时休息！已再留多饷，今再调劲兵，立救元元，务在此举……

对一向自信刚愎的崇祯帝来说，能下这样一个"罪己诏"，真是难上加难之举。假如联想到他即位之初的那种抱负和自负，更可体会到崇祯帝此时的心境。

那么,一向被认为是中兴之君的崇祯帝,登基八年后,何以把帝国弄成这种样子呢?

这确实是个说不清、道不明的难题。三百年多年来,有关的说法实在是太多,可谓是智者见智、仁者见仁。但有一点似乎可以确定,那就是大明帝国至此已是积重难返,没有不亡的道理。

前面的叙述,多是刀光剑影,讲的是朝廷与外夷内寇的征战,及被动挨打、屡战屡败的过程。至此,让我们看看崇祯帝统治的大明朝,到底出了哪些问题,这些症结又是如何把大明朝推向深渊的。

空空荡荡的国库

朝廷的财政状况,是一个晴雨表,能直接反映出政局的好坏。

崇祯帝接位时,朝廷的财政已呈崩溃之势。这当然不是崇祯帝的错。其实,早在万历初年张居正当政时,朝廷的财政已很难支撑。幸亏张居正这位理财能手,竭尽全力,才初步扭转了急剧恶化的财政局势。到张居正逝世时,中央与地方的财政尚有不少盈余。也正是有这些盈余,朝廷才经得起万历帝这么多年的折腾。而张居正之后,朝廷的财政局势又重新呈每况愈下之势,至万历后期已很难扭转。

至天启年间,朝廷的财政更加恶化。崇祯帝即位时,无论是中央还是地方的财政,都已到了崩溃的地步。上上下下都嚷缺钱。

那么,大明朝到底有没有穷到这种地步呢?如果确实穷到了这种地步,到底是什么原因造成的呢?

按理说,明朝从中叶开始,商品经济发展,农业、手工业的生产力水平提高,人口增多,无论从哪个方面而言,帝国的经济实力和规模,都要超过以前。在这种情况下,朝廷的财政不仅没有改善,反而每况愈下,弄到崩溃的地步,真令人百思而不得其解。

要说清这个问题,就必须了解明朝赋税体制的前后变化。

明代前期,朝廷的财政收入,基本上是以本色(如米、布等实物)为主,再辅之以劳役征发。这与朱元璋的立国思想是分不开的。依朱元璋的初衷,大明朝应该是一个大家庭。以农为本当然是大前提。天下的臣民,都立足于土地,男耕女织。朝廷则对天下的土地和户口进行直接而又严密的控制,保证财政行为的连续性。财政的基本原则和内容,可以说既简单又稳定,那就是土地所有者按税则交纳实物,成年男丁承担大量的徭役。在货币经济不发达的明代前期,这种以小农经济为基础的财政体系,虽有这样或那样的问题,但基本上还能维持。

但至明中期开始,这种体制随着社会经济结构的变化也发生了很大的变化。正统元年(1436)开征的金花银,把南方诸省四百万石米麦改折成白银征收,开了实物赋税向货币赋税过渡的先河。从此以后,货币赋税的比重越来越重。至万历初张居正全面推行一条鞭法,更使赋税征收全面货币化,劳役征发的比例也大大降低。明后期的财政体制已逐步转化为货币财政体制。简而言之,朝廷从前所征的实物、所役的劳力,现在大部分改成征收货币。

这种财政体制上的转化,本身并没有什么问题。如果转变得好,也不应出什么问题。但问题恰恰是,在当时的历史条件下,这种转变没有能够取得成功。说得白一点,就是旧体制下原有的优势在转变中失去了,而新体制却没有解决好旧体制下原本存在的问题,更没有发挥出应该具有的优势及其效用。

朝廷的财政要不发生危机,至少要能做到两点:一是要把该收的钱如数收缴上来,二是要做到收支基本平衡。而明后期的财政恰恰在这两个关键问题上都出了问题。

要能把朝廷该收缴的钱都如数收上来,环节当然很多,但最基本的就是要有稳定的纳税人,就是说,该交纳赋税的人要愿意交纳而且要交纳得起才行,同时还要保证交上来的钱能如数流入国库,不被贪污挪用。

在当时的那种条件下,土地是最大的一宗财产,自然也是朝廷征税的主要对象。而从明中叶开始,土地占有关系发生了很大的变化,那就是土地兼并的趋势越演越烈。土地越来越集中到社会中的少数人手中,广大的自耕农甚至中小地主纷纷丧失土地,沦为无地的佃户。顾炎武曾说过,明末江南之民,有田者仅十分之一,其余的都只能靠租佃为生。

且不论破产的农民对社会造成的种种严重后果,单就赋税征收而言,土地兼并就给朝廷造成了毁灭性的危害。道理很简单,因为那些占有大量土地的人,多为缙绅地主,他们本来就享有优

第六章 明朝崩盘的根源

免的特权,更何况还要通过种种不法手段来无限扩大这种特权,逃避赋役。

本来,明初朝廷为体恤官绅文人,规定对那些现任或退休的官员,以及取得各种科举资格的如举人、监生或府州县学生,即有可能或即将步入仕途的那些准官员,给予徭役方面的一些优惠,视等级不同而各有减免。但这种照顾是有范围的。后来虽有所扩大,但仍有限制,并非无限。没想到这一特权在明中后期却被无限滥用,以致成为顽疾而无法根治。

这些人物,都是有身份的豪户,他们占有大量土地,却通过优免特权和种种不法手段,逃避赋役。而地方官员一般也不敢在太岁头上动土,更何况这些地方官吏与这些特权人物有着千丝万缕的关系呢!像海瑞敢动徐阶这样的例子,可以说是很少见的。

特权阶层逃税,那么没有特权的小户就必须承担原本不应该由他们承担的那部分税粮,而事实上他们又承担不起。他们要么远走他乡,要么聪明一点,把自己的田产投献给那些特权户,向他们交租,因为租额毕竟要比那些赋税稍稍轻一点。这样一来,更是恶性循环。

吏治的腐败也是朝廷财政败坏的另一重要原因。明末官场的贪污之风十分猖獗。朝廷上下,普遍腐败。京官压榨地方官,地方官则又压榨百姓,羊毛出在羊身上,倒霉的是百姓和朝廷。若论法定的年俸,明末的官员个个应该清贫,至少不会富裕,但实际上,明末的官员,绝大多数人的日子过得相当不错。钱从哪里来?当然是通过贪污等不法手段,把本应流入国库的钱放到自己袋中。以致崇祯帝多次哀叹,要是武臣不怕死、文官不爱钱,事情就好办了。

其实,崇祯帝还该加上一句,那就是皇帝也应该不爱钱。事实上,从其祖、其兄,再到他自己,似乎没有皇帝不爱钱。皇室的经济欲求依凭特权地位而日益恶性膨胀,也是败坏朝廷财政的重要原因。

从表面来看,皇帝及其亲属似乎没有必要去参与这些掠夺行为,因为皇帝从理论上讲拥有王朝的一切。而实际上,当时的财政体制,还是对皇室和朝廷有所区别的。一般来说,供朝廷开支的赋税,归户部、工部、太仆寺、光禄寺分别掌管,其中主要是户部的太仓银库;而供皇室开支的收入,如矿冶关榷之税及前述的金花银,则流入内承运库。两者之间虽有联系,但在习惯上还是有所区别的,即皇室收支和朝廷收支都具有相对的独立性。

到明中后期,皇室首先在分配领域极度扩大自己的直接利益,大规模分割和侵吞财富,而且往往是以公然掠夺的方式实现的。如万历皇帝,为了扩大皇室财源,公然派遣以宦官为首的矿税监使,赴全国各地掠夺财富,最终激起民愤,引起了不少地方的动荡。

皇帝把钱拿去后,也绝不肯轻易拿出来。按照惯例,皇室收入(内帑)与朝廷收入(主要是太仓银)虽各有用途,但在特殊情况下,二者之间还是可以互相支持、流动的。而从万历帝开始,皇室绝不肯拿出钱来支持朝廷。像在万历年间,先后用兵朝鲜、宁夏、播州,军费开支巨大,而万历帝却始终无动于衷,不肯拿内帑出来

第六章 明朝崩盘的根源

应急。至万历帝临死前,辽东的仗打得节节败退,急需军费支撑,而太仓却无银可支。即使在这种情况下,万历帝仍不理睬大臣们的哀求,就是不出内帑中的一丝银子。有位胆大的户部官员,一度截流了一笔金花钱急充军费,万历帝知道后龙颜大怒,严令户部立即补足。至于军费短缺,似乎与他无关,反正他的钱是不能动的。

不仅皇室的钱不能动之分毫用于朝廷,更严重的是,皇室反过来还要朝廷为其支付巨额开支。像万历皇帝,似乎在赌着气用钱。太子成婚、诸王册封、乾清宫修建等,万历帝用掉了朝廷上千万两银子,把国库中的银子几乎用得干干净净。到了天启帝时,皇室还进一步掠夺地方库存,把各地原先的小家底掏得干干净净。到崇祯帝时,这种局面仍没有丝毫改变。自诩是一心为国为民的崇祯帝,在钱的问题上,竟跟其祖万历帝一模一样,死守着他那份内帑,不肯轻易拿出来。

除上述人为原因外,明末的灾荒似乎也特别多,许多地方几乎是无年不灾,而朝廷根本无法组织有效的救济,承担应该承担的责任。灾民们连生计都无法维持,更谈不上恢复生产,交粮纳税了。

顺便说一句,这些灾荒虽有自然界的原因,但最根本的还是人为因素。例如,在当时这样的农业社会中,水利是命脉。政府最重要的职能之一也是维持和组织水利事业。在明初以实物和徭役征发的财政体制之下,各地的水利事业尚能维持。在费用方面,基本上由中央财政、地方财政分摊,而百姓则出劳力。明中期以后，这一套水利原则就无法维持了。如黄河，原先规定三年一小挑，五年一大挑，定期疏浚。但至万历以后，黄河水利就无法维持了，导致河床淤积越来越厚，河堤经常决口，造成了严重损失。又如江南地区，水利更为重要。只要稍有懈怠，立即就有水旱之虞，重则江河决堤，轻则农业生产受到影响。但在明末，江南水利也处于失修状态，水旱灾不断。

水利重要与否，应该是每个官员都能明白的简单问题，但水利仍连年失修。原因很简单，那就是经费不足。朝廷不肯出钱，地方无钱可出，豪绅大户更不肯破财，而广大的百姓，也不会像以前那样白白出力。况且，百姓即使肯出力，也无处出力，因为政府不进行有效的组织。

当时也不是没有人提出过这些问题，但一谈到钱字，就没有人肯出头了，连崇祯帝也是如此。如在崇祯初年，给事中黄承昊就当面向崇祯帝指出：

"东南水患不断，都是因为水利失修。"

崇祯帝立即问道：

"水利为何不修？"

大学士周道登、钱龙锡回答说：

"水利是东南第一大事。但修理需要钱粮。"

崇祯帝一听要钱，立即沉默不语，过了好久才转弯抹角地说：

"要修水利，可否扰民？"

意思很明白，要出钱，只有向百姓要，取之于百姓却又会扰民，那就干脆不修。对朝廷最重要的财源之地东南地区的命脉之事,连崇祯帝都是这种态度,其他的人就可想而知了。

朝廷的财政收入日益恶化,而开支却日见增多,收支就很难平衡了。

自万历朝以来,朝廷的开支越来越多,本已不足的财政收入根本无法应付。

军费开支是最大的一项。万历朝打的朝鲜战争,先后用掉上千万两白银,其他如宁夏、川贵等平乱,虽是小敲小打,也动辄百万两。至万历后期,辽东之战越打越大,从此以后,变成了一个无底洞,越填越深,至崇祯朝时,已不知填进去了多少。而雪上加霜的是,天启末年西北战火燃起,朝廷又要于东北之外,再往西北扔钱,而且随着战争规模的不断扩大,军费开支也越来越大。

皇室开支则是另一大项。自万历、天启以来,皇室大事不断,万历帝、天启帝用掉的钱,可以说是天文数字。其他一些开支,也很可观。如八年中接连死了三个皇帝,丧葬费就是一笔大数字。不过,最经常的巨额开支还是宗室。到了明末,宗室人数已达六十万,其所需宗禄就超过两税的收入,朝廷财政根本无法承担。

能赖就赖、能欠就欠的财政

朝廷上下都需要用钱,而朝廷财政又拿不出足够的钱。拖到后来,办法只有两个:一是加征,一是拖欠。

当时已普遍用银,且辅之以钱,初看起来似乎已有货币制度,但实际上并非如此。现代政府,如财政出现了巨额亏空,尚可以通过货币贬值的手段来转嫁负担,即通过多发行货币,贬值货币,来解决或缓和财政压力,也就是通常所说的通货膨胀。但这种手段在明代却不行。因为明代的主要货币虽是白银,却并非银币。流通中的白银价值,基本上是其本身作为贵金属所拥有的价值,而不是朝廷通过银币发行所规定的价值,朝廷对货币价值的干预力很小,更无法使用通货膨胀的手段来达到上述的目的。朝廷虽也发行制钱,但一来是数量太少,不是主要货币,二来制钱用铜制作,加上手工,价也不菲,因此其作用不大。这说起来也十分奇怪,因为当时在中国流通的白银,无论是其数量还是地位,都已不同一般,却始终没有形成以银为本位的货币制度。而在同时代的其他国家,如欧洲诸国,却相继出现了。

这样的货币制度,使当时朝廷的亏空变得十分棘手。因为朝廷的亏空,就如一个家庭一样,亏一分即是一分,是实实在在的亏,除非拿实实在在的银子来补足,否则别无他法。在这一点上,这种亏空与后来的赤字很不一样。

朝廷财政在这种亏空状态下,根本无钱正常支出,那只有拖欠。说难听一点,就是能赖就赖,能欠即欠。堂堂天朝,做到这种份上,实在让人难堪。

明末朝廷的拖欠,实际上到了惊人的地步。像前述的水利兴修之类的开支,根本无人顾及,并且还算不上拖欠。而有些说起来实在是不能拖欠的款项,朝廷竟也能照样拖欠。

宗室的宗禄,说起来根本就不能拖欠,因为这不仅涉及朝廷的面子，而且那些领宗禄的人，都是皇帝的至亲，在从前，事实上也不太敢欠。但到明末，朝廷也照欠不误。到后来，经常出现宗禄无法正常兑现的现象。如庆王府，据说到了崇祯六年（1633）才领到万历二十六年（1598）的宗禄。代王脉下的一些子孙，竟也八年未领禄米，而灵邱王的部分禄米，竟有缺五十年而没有支到的。这种情形到后来已相当普遍。当然，这与宗室人口急剧膨胀也有关系，但财政困难却是最根本的原因。

朝廷还大欠军饷。明末，各镇士兵、军官都依靠月饷生活，一个月不发饷，则其生活来源就会发生困难。当时朝廷的边饷，主要有民运银和京运银两项。边军各镇主要依此为生。但到明季，这些边饷无法如额到位，拖欠十分严重。如从万历三十八年（1610）至天启七年（1627）十八年中，仅京运银一项，朝廷累计拖欠各镇多达九百多万两白银。尤其从万历四十六年（1618）起，拖欠日益严重，至天启末，拖欠数到了惊人的地步。

由于朝廷拖欠，士兵根本无法如期关饷。天启年间，像固原、延绥、宁夏三镇，经常是数月无饷，经年无饷。像边远诸堡，甚至有三年领不到饷的。至崇祯元年（1628），陕西镇的兵饷竟积欠多达三十个月。至崇祯二年（1629），延绥、宁夏、固原欠饷竟达三十六个月。士兵生活无法维持，导致了大规模的哗变从乱。

上述两项，仅是典型的例子，其他类似的情形更是比比皆是。这样的拖欠，不仅使朝廷许多功能实际丧失，误事坏事，更重要的是，朝廷的形象、威信也由此扫地，颜面无存，严重影响了人心，朝廷的凝聚力也逐步丧失。试想，连这种基本费用都无法开支的朝廷，又会有多少人真心实意地为它卖命，而能不懈怠应付，甚至不起异心，另谋活路？

话又说回来，朝廷虽能用拖欠暂时应对困难，但有些费用却如燃眉之急，无法不予支出。像在辽东前线的用兵，如不筹军饷，那么部队就无法上前线，士兵也不会去拼命，皇太极的铁骑也会长驱直入，那当然不行。朝廷官员为了筹饷，也就只能在加征上动脑筋，即提高税率。

加派的手段虽不常用，事实上也确实不能常用，但在明朝的历史上还是有先例的。如在嘉靖二十九年（1550），俺答犯京师，朝廷兴兵防御，京师和各边的军饷，骤增至近六百万两，一时国库支绌，于是有加派田赋一百二十万两之议。但这次加派，仅限于南畿和浙江等富裕之区，而且也是临时性质，事过即罢。在此以后，虽有地方官吏私自加派之举，但朝廷却没有在全国境内加派。

至万历末年，辽东边患兴起后，仗越打越大，时间越拖越长，朝廷财政入不敷出，而万历帝也不肯支出内帑充军费。无奈之下，朝臣只能议增田赋。从万历四十六年（1618）起，朝廷连续三年加派田赋，累计每亩增加了白银九厘，全国增加田赋收入约五百二十万两。由于地方截留他用或拖欠等缘故，朝廷实际每年可增收入三百五十万两左右。由于这笔钱用于辽东战事，因此被称为辽饷。

因辽饷仍不足军用，天启年间又提高关税、监课及杂项的征收率，约能每年增加收入二百四十万两。与辽饷相加，朝廷能增加收入七百六十万两。除拖欠、蠲免、截留之外，实际能收到五百万两左右。

这种加派，真是空前绝后。当时朝廷的正常收入，应在一千五百万两左右。而在短短的几年中，朝廷竟加派至七百五十万两左右，增加了近一半。从万历末年至天启七年(1627)的前后九年中，朝廷通过加派，实征了近四千万两白银。而且，这种加派，在方法上也很成问题。如杂项，本身就是正赋之外的搜刮，具有加派性质，至此竟在加派上再加派，实在说不过去。又如，加派依全国统一标准进行，根本无视地区之间的贫富区别，对原本贫穷的地区实在是雪上加霜，西北弄成后来的局面，就与此有很大关系。

按理说，万历、天启年间的加派，已是到了不能复加的地步。但至崇祯年间，朝廷竟又连加了四次。崇祯三年(1630)，兵部尚书梁廷栋请增田赋，朝廷便于原先的九厘之外，每亩复增了三厘，称为"新饷"，全国共增田赋银一百六十五万两。到了崇祯八年(1635)，总督卢象升又请增饷，朝廷便决定加征"助饷"。到了崇祯十年(1637)，兵部尚书杨嗣昌又要求加征"剿饷"，每条银一两加银三分。到崇祯十二年(1639)，杨嗣昌又提议加征"练饷"，每亩一分，总额达七百余万两。这种加派，无论是数量还是频率，都是令人瞠目结舌的。

这些加派中的绝大部分，最终还是要落在一般的纳税户头上。具有优免特权的那些缙绅大户，仍会像逃避正税那样，逃避这种加派。这样一来，本已十分不稳定的纳税阶层，更是陷入了绝境。明朝廷的这种做法，无异于饮鸩止渴。

对这种急功近利的做法，早在崇祯二年(1629)就有人提出了

严厉的批评。当时仍在顺天府尹任上的刘宗周,就对朝廷的做法很不满。他在给崇祯的奏疏中指出:

"陛下励精求治,宵旰非宁,朝令夕考,或许会太平立致!"

接着,刘宗周笔锋一转,毫不客气地批评道:

"然而,程效太急,不免见小利而慕近功。"

刘宗周依次列出崇祯帝为政太急、急功近利的两个方面:

"一是辽事。当时天下正是三空四尽之时,而朝廷却竭天下之力以养饥军,而军愈骄;聚天下之军,以冀一战解决问题,然而战期遥遥。这是汲汲于近功的表现。""二是理财。一味掊克搜刮者为循吏,而抚字之政绝;上级仅以催征为考课,而原先的黜陟之法亡,赤子百姓无宁岁!而又严赃吏之诛,自执政之下,坐重典者十余人,然而贪风依然如故。这些都是规于小利的表现。"

刘宗周的看法可谓是一针见血。当时朝廷的做法,只顾眼前,而丝毫不计后果,不要说治本,就是连标也弃而不顾。

既然最高当政者如此,那么下面的官员就更是肆无忌惮了。既然朝廷要的只是钱,为了钱,大明朝的基本原则都可以弃之一边,那么地方官当然就是无所不用其极了,更何况他们还要捞足自己的那一份呢。到最后,有些地方官竟用带征、预征之类的极端手段来榨取搜刮。

所谓带征,就是把历年的欠赋积附于当年的正赋和加派之上。一起征收。所谓预征,就是预先征收来年甚至几年的赋税。每年的正赋带加派,已是极重的负担,至此竟又要在此基础上,再加重压,再加上诸如赋税不均、灾荒不断、贪污私饱等等因素,底层的民众哪能堪此重负?!

早在崇祯元年,户科给事中瞿式耜就上言直指其弊。他说:

"计海内用兵已达十年了,其间无事不取之于民间,而郡县催科苛政,也无一事不入考成。在地方任职的官员,只求征输无误,以保全自己的功名,又有谁为皇帝体恤那些黎民百姓呢?"

瞿式耜接着又描述了百姓在重赋之下的惨景。他痛心疾首地写道:

"每当催征之期一到,征新比旧的差役四驰,而那些不能按期交纳的百姓,被枷系枷锁,不绝于道;复又被鞭笞拶打,叫彻堂皇。至于那些滨水荒坡、不毛山地,其正供赋税本来就难以完成,现今又一概增征新饷,倍之又倍。不堪重负的百姓,只能卖子鬻妻,逃亡他乡。而遗留下来的逋欠,又被加之于其宗族、亲戚头上……"

瞿式耜进而又指出,由于加派过重,逋欠日久,所以每当催征之期,新征旧欠,层累而上,弄得百姓耳目乱,手足忙,心计也惶惶不定:如果补交旧欠吧,却担心负责新征的差役敲比;如果交纳新征吧,则又担心负责催旧的差役来敲比。

瞿式耜这份奏疏所描述的情形,尚是崇祯元年的情形。到了崇祯后期,随着加派的不断,底层百姓的处境更是惨烈。不堪重负的农民,大批逃亡,其负担却被转嫁到未逃者的头上,又引起更大规模的逃亡。这样越逃越多,最终导致了农村经济的凋敝,而朝廷也由此而失去了赖以生存的纳税源。

在天启七年(1627),浙江文人吴应箕曾在信中详细描述了河南农村地区的这种情形。当时他途经河南真阳(今正阳),出城四

十里,举目远望,都是黄茅白草,一片荒凉,弃耕抛荒已非短期。吴应箕十分惊奇,并问轿夫道:

"此县东南西北,田地荒芜都是如此吗?"

轿夫答道:

"像这样的十有八九。息县(今息县)较好,然也有十之四五的田地像这种样子。"

吴应箕到了驿站后,见有老人、差役,便又问道:

"刚才所见一路荒芜之田,难道没有差粮吗?"

数人同声回答道:

"这些田地原本膏腴之业,怎么会没有差粮呢?"

再问:

"何以不耕?"

对道:

"无牛!"

又问:

"何以无牛?"

则又答道:

"多被盗卖出境,无牛所以无佃。此是原因之一。另外,本县马户差役苛急,被报之人,不堪苦役,因此先卖牛弃其地,时间一长连人也逃走了。人户逃跑,则田无主人,所以弃耕。但人虽去而税粮仍在,则坐赔于本户,如户不堪赔,则又坐赔于本里,或坐赔于亲戚。这些被坐赔牵连之家,家境稍富者尚能代之补交,而贫穷者无力赔偿,则也只能弃户而逃。这就是村落为墟、田亩尽

第六章 明朝崩盘的根源

废的缘故。"

吴应箕又问道：

"像这样有田而弃逃之家，为什么不在走时把田地卖掉，却宁愿抛荒呢？"

当地人回答说：

"正是因为有了田地，才为差役所苦，现在这些坐赔者正苦于弃之而不得。何况受此抛荒之田，则这些田地的赋役也随之而来，哪能受得了？！正由于此，才会相率而逃，相率而荒，日甚一日，弄到今天这样的地步！"

更有意思的是下面的这些对话。吴应箕觉得这种情况地方官员应该设法解决，并又问道：

"难道没有人把这种情况禀告县官吗？"

当地人则回答说：

"此县县令多属贡举出身，日暮途穷，难有晋升的机会，因此多以贪得为念。而且衙门弊多，这些官员也自知无力去其积弊，因此日操鞭扑，设法扳坐，只求粮完，哪有工夫去顾及人户之逃、田亩之荒呢？甚而至于有告理者反遭毒打，所以百姓虽怨声载道，但都不敢出声。"

吴应箕这位书生竟又天真地问这些当地人：此处为通衢，经常有布道巡抚之类的高级官员经过，难道他们就没有问起过这些情况吗？当得到否定的回答后，吴应箕尚觉得甚为遗憾。

吴应箕真是书生之见。当时的朝廷上下，又有谁不知底层的这种真实情形。就连崇祯皇帝本人也清清楚楚。他在即位时，就曾说过这样的话：

"加派之征，势非得已，近来有司复敲骨吸髓以实其橐！"

其实，地方官员这种利用加派中饱私囊的事，固然应该指责，但口口声声爱民恤民的崇祯帝自己，不也是明知底层之苦，而照样屡屡加派，同时却又惜财如命，不肯轻出其内帑吗？其手下臣僚们，又能好到哪里去呢？

当然，这并不是为那些百官开脱罪责，事实上，明末的文官阶层确实也应为明末的剧变承担责任的。

颓靡的士风

之所以讲明末的文官阶层要对明朝的灭亡负责，是因为他们作为当时实际统治全国的精英阶层，不仅没有有效地应对明末的局面，扭转其崩溃之势，反而起了反作用，加快了明朝的灭亡。

大明帝国，虽说由皇帝一人独统，但实际上，即使是能力最强的皇帝，也无法做到事无巨细，样样过问。真正统治大明帝国的，还是那一班文官。因此，作为帝国实际统治者的文官集团，其能力、效率、责任心等方面的好坏，直接影响到帝国统治的局面。

遗憾的是，明末文官集团的表现，实在是令人失望。

自张居正之后，文官集团已无法与皇帝进行有效合作（这当然也有皇帝方面的原因），双方关系屡屡发生危机，直接影响到了朝廷的统治能力。同时，其自身内部也无法精诚团结，通力合作，反而陷入长期分裂，门户森然，党争不断，争权夺利，到天启年间竟发展到互相残杀、血肉横飞的惨痛地步。崇祯帝即位后，诛杀魏忠贤等权阉，清洗阉党，虽大快人心，但本质上也是文官内部斗争的另一形式。经过几十年的激烈斗争，文官集团已是元气大伤。更严重的是，崇祯帝清除了所谓阉党之后，文官集团原已形成的这种风气仍未有丝毫改变，相互倾轧、争权夺利的内部斗争并没有停止，仍是相当激烈。朝廷的高级官员，能超然于外而洁身自好的，可以说是寥若晨星。

依崇祯帝的本意，是要严禁植党，根除党争的，但奇怪的是，党禁越严，党争却反而越演越烈。

本来，崇祯帝在清洗阉党之后，曾任命了以韩爌为首的东林内阁。但至崇祯三年(1630)春，韩爌被罢，李标、成命基等也先后被罢归，钱龙锡竟被逮问。东林内阁解体后，内阁遂被周延儒、温体仁掌握。

崇祯朝的党争，导火线是崇祯元年(1628)底的廷推内阁。当时身为礼部右侍郎的东林党人钱谦益，入阁呼声很高，并被会推人选。这引起了同样想急于入阁的吏部尚书温体仁、吏部侍郎周延儒的不满，他们先是放风说钱谦益操纵了会推，继而又翻出天启元年(1621)浙江乡试的科场旧案，成功地使崇祯帝轻信钱谦益的人品有问题，而且有植党嫌疑，最终导致钱谦益丢官，并同时取得了崇祯帝对自己的信任。事实上，真正植党的倒是周、温等人。

由于在钱谦益入阁问题上占了上风，取得了皇帝的信任，周延儒于崇祯元年十二月、温体仁于次年六月先后入阁，前者还担任了内阁首辅之要职。

周、温两人入阁以后,自然也不会免俗,纷纷培植自己的圈子,巩固地位。不久,这两位刚刚还进退一致的同党,竟发生了矛盾,再次掀起了党争高潮。

原来,温体仁虽经周延儒之助而得以入阁,但入阁之后,位居周延儒之下,总觉得不能满足,于是便想取而代之。当然,温体仁在表面上是不会露出丝毫声色来的。

周延儒也不是没有把柄。如他的姻亲陈于泰(宜兴人,与周为同乡)被点为殿试第一;他引用的人,如登莱巡抚孙元化,恰恰在这时出了大事;他的家人被破例提升,且在原籍有种种不法行为而激起民变等等;甚至还有传言说他受了陕西义军首领神一魁的巨贿。一时舆论大哗,纷纷上书攻击周延儒,倒周的呼声越来越高。这些行为,或多或少地得到了温体仁的暗中支持。

温体仁支持倒周,除了想取而代之外,也有其他的矛盾。如在用人方面,周延儒还不像温体仁那样,毫无原则。如温体仁与吏部尚书王永光,想重新起用逆案中的王之臣,周延儒明确反对,并对崇祯帝说:如王之臣能用,则崔呈秀也可平反了。于是崇祯帝打消了这一念头。而温体仁当然要对周延儒产生不满。由此也可看出两人之间的一些差别。

不过,在攻击周延儒的浪潮中,也有人上疏为周延儒辩护并攻击温体仁。如兵部员外郎华允诚就是如此。华允诚之疏首先指出:

"庙堂不以人心为忧,政府不以人才为重;四海渐成土崩瓦解之形,诸臣有角户分门之念。"

华允诚的意思是,局势已至如此,朝廷仍是这种样子,怎么得了!然后他笔锋一转,指责温体仁干预吏部之权,提拔同乡闵洪学接替王永光担任吏部尚书、党同伐异等罪状,给了温体仁一点颜色。

但温体仁并未就此罢休。当时与温体仁关系密切的宣府监视太监王坤,以陈于泰之事狠狠参了周延儒一本。像太监参劾内阁首辅,本来就不成体统,也史无前例。因此,朝廷上下多为周延儒辩护。周延儒身处困境,便求助于温体仁,希望他能出面说句公道话。温体仁当然不会援手,反而唆使其党羽陈赞化弹劾周延儒,罗织其罪名。吃了暗亏的周延儒,最终于崇祯六年(1633)六月被赶下了台。温体仁也就当仁不让地做了首辅,并一做就是四年。当时朝廷上下都讨厌温体仁,纷纷上书要求重新召回卸职的阁员何如宠,可惜何如宠坚决不肯应召,从而让温体仁顺利得手。

温体仁此人,工于心计,不露声色,精通权术,十分了得。自以为英明无比的崇祯帝,被他玩于股掌而不知,竟说他"纯忠亮节"。正是在崇祯帝的宠信之下,温体仁把他的权术发挥得炉火纯青,于不动声色中,把他不喜欢的那些大臣们,一一予以打击。

最典型的例子是打击文震孟。文震孟以正直、才卓而闻名。在他以少詹事的身份担任皇帝的日讲官时,就以敢讲、能讲而深得好感。崇祯八年(1635),文震孟以礼部左侍郎兼东阁大学士入阁,参预机务。作为首辅的温体仁,对这一任命并不欢迎,但他表面上却装模作样,极力与文震孟搞好关系。每次拟旨,温体仁都要找文震孟商量，有所改动也一概听从。因此此文震孟竟觉得温体仁相当不错，连说：

"温公相当谦虚，怎么都说他奸呢？"

深知温体仁本性的大学士何吾驺好意提醒说：

"此人机深，不可轻信！"

果然，时间稍长，温体仁就故意设下圈套让正直的文震孟钻。温体仁先唆使吏部尚书谢升弹劾御史许誉卿营求高官，因为这位许御史曾以中都凤阳失守而重参过温体仁，温体仁自然要还以颜色，然后便在谢升的奏疏上故意降低处罚程度，拟旨贬谪。深知皇帝性格的温体仁当然知道皇帝不会如此轻易放过，必定要加重处罚，发回重拟，而耿直的文震孟也肯定要帮许誉卿说话、辩护。这样一来，文震孟就会与皇帝发生对立，撞到枪口上。

不出温体仁所料，崇祯帝果然认为原定处罚太轻，退回票拟要求内阁重议。温体仁随即提高了处罚程度，将许誉卿削职为民。耿直的文震孟自然不会同意，当即与温体仁发生了顶撞。温体仁则以帝意之名坚持己见。几天后，圣旨传下，许誉卿果然被削籍为民，文震孟则愤愤不平。

温体仁接着走了第二步。他向皇帝密报说，文震孟到处讲，言官（指许誉卿）被罢是光荣之事，这分明是讽刺皇上您赏罚不公等等。崇祯帝哪里能受得了这种气，一怒之下，罢了文震孟的官。文震孟入阁仅三个月，就被赶下台，创了崇祯朝的记录。大学士何吾驺也受到牵连，被罢了官。温体仁一箭双雕，一下赶走了两个政敌。

温体仁心机很深,手段老辣。当时曾有人这样描述温体仁的伎俩:如果他要推荐某人,一定嘱咐他人先出来提名,自己则跟附其后,暗处使劲,显得其正大无私。如果他要排挤某人,则故意予以宽假,但一定设下圈套,让皇帝发怒生气,从而改重处罚,他自己还落得人情。此法屡试不爽。从文震孟被罢免之事,可知此言不诬。

当时也不是没有人奋起弹劾温体仁的。朝臣如刘宗周、许誉卿,宗藩如唐王朱聿键,勋臣如抚宁侯朱国弼,布衣何儒显等等,都先后弹劾过温体仁,但都受到了处罚。更有一位名叫杨光先的千户,先准备好棺材,然后上书弹劾温体仁,结果被崇祯帝下令打了八十大板,遣戍辽西。

自恃英明的崇祯帝,之所以如此倚信温体仁,一方面固然是因为崇祯帝自己的性格及用人方式,另一方面也确实是与温体仁权术手段的高超有关。

不过,温体仁虽如此工于心计,精通权术,但最终还是露出马脚。他忘了别人也会以其人之道还治其身。

崇祯十年(1637),温体仁接到常熟奸民张汉儒状告其死敌钱谦益、瞿式耜乡居不法的状子后,如获至宝,便想借机置之于死地,拟旨逮钱、瞿两人下诏狱严刑追查。没想到一向清高的钱谦益情急之下竟求助于太监曹化淳,请其援手。获悉这一情节后,温体仁立即上书崇祯帝,要求追治曹化淳之罪,却忘记了崇祯帝当时与太监的关系。崇祯帝接到其疏后,竟示之于曹化淳。曹化淳惶恐之极,竭力辩白,并最终弄清了原委,禀报了崇祯帝。深受蒙蔽的崇祯帝，一气之下，下令枷死了张汉儒，罢免了温体仁。圣旨传出，据说北京城中欢声雷动。回到老家浙江乌程县的温体仁，气急攻心，很快就病死了。

温体仁之后，朝廷党争也一直没有停止过。这种文官内部的斗争，到后来几乎就变成了争权夺利的代名词。在这种情形之下，统治帝国的这些大臣们又有多少精力去处理朝政、应对时局呢？更何况他们本身的能力原本就平庸不堪。

明季文官的普遍无能，可以说是到了令人难以理解的地步。三言两语也说不清，这里仅以内阁为例。

内阁是当时最高决策机构，朝廷大事，基本上先由此决策，再由皇帝定夺认可后即付诸实行。按理说，进入内阁的大臣应该个个是精明能干之人，才不枉担此重任。然而，纵观崇祯朝阁臣，真正具有干练之才的并不多见。

阁臣的选拔，虽需一定的程序和条件，但真正的决定权还是掌握在皇帝手中。崇祯帝选拔阁臣，一度曾以抓阄之法来决定人选，把这种大事视作儿戏。后虽弃之不用，但崇祯帝的个人倾向仍是决定性的。现在看起来，被崇祯帝看中而选入内阁的，似乎也没有几个真才实学之人。

如在崇祯帝即位之初，通过抓阄被选入阁的阁臣周道登，就是一个令人哭笑不得的人物。某日，崇祯帝御经筵，问他道：

"'宰相须用读书人'当作何解？"

周道登竟回答说：

"容臣等到阁中查明回奏。"

对这种迂腐之言,崇祯帝开始十分不悦,到后来也只好一笑了之。他接着又问:

"近来诸臣奏疏中,总有'情面'两字。何谓情面?"

周道登竟又答道:

"情面者,面情之谓也。"

这种回答,竟然出自堂堂阁臣之口,令崇祯帝哭笑不得,就连边上的太监都忍不住笑出声来。

再如稍后的另一位阁臣郑以伟,据说是过目不忘,学问很好,但就是不会票拟。对此,他自己也很着急,曾自叹道:

"我记诵万卷,却窘于数行(指票拟),竟要被后进所看不起!"

他有一次甚至把奏疏中的"何况"两字,误以为是人名,竟在票拟中随手写道:

"何况着按、抚提问。"

直到崇祯帝改正发回后,他才恍然醒悟。

这种成为一时笑谈的书呆子行为,当然只是少数。但当时阁臣之选,多重翰林、进士,却也是实情。这些人虽有文学之才,但不谙政务,不熟吏事,很难有经世作为,更枉谈因时应变以济时艰了。这确实是当时阁臣普遍存在的问题。

像周延儒,状元出身,出道很早,在当时也算得上一个才子。他在入阁前入阁后也都拿不出什么有效的办法来应对时局,除了揣摩帝意迎合讨好外,好像也没有特别之处。再如在阁长达八年而且做了四年首辅的温体仁,更是个无能之辈,而恰恰是这种庸才,却能长居高位。

温体仁不仅无能，而且还在皇帝面前以无能为荣。当崇祯帝召他询问兵饷诸事时，他竟然说：

"臣原先以文章待罪禁林，皇上不知臣笨而把臣拔到这个位置上。盗贼越来越多，真是万死不能塞责。然而臣虽愚笨无知，但票拟时却不说假话。兵饷之事，只有靠圣明裁决。"

温体仁身居如此要职，竟然以愚笨为借口，把军政职责推得干干净净，而崇祯帝竟然不治其罪，不去其位，反而觉得温体仁笨得可爱，笨得忠诚。说穿了，就是因为温体仁在说自己笨的同时，衬托出了崇祯帝的英明，崇祯帝听了十分舒心。在舒心之余，崇祯帝大概也觉得有自己这么英明的皇帝，大臣稍微笨一点，也无妨大局。

温体仁所引用的同类，也大都是平庸之辈。对内阁中的温体仁、王应熊、吴宗达三人，当时有一段民谣，专门予以讽刺，民谣称：

> 内阁翻成妓馆，乌归、王巴、篦片，总是遭瘟。

温体仁是乌程人，王应熊是巴县人，所以取其籍贯谐音，分别被名之为乌归、王巴，而吴宗达也因无所作为，被人讥之为篦片。事实上，这种说法也没有冤枉他们。温体仁等人在阁之时，内乱外患加剧，尤其是农民起义军越演越烈，而他们不仅未曾有什么大的建树，反而误事坏事不断。

如在崇祯七年（1634），当时农民军已遍布各地，形势相当危

急,而身居相位的温体仁竟对山西巡抚吴甡说:

"流贼,癣疥疾,不足忧也!"

但是,就在一个多月后的崇祯八年(1635)正月,农民军竟火烧了中都凤阳和皇陵,天下震动。温体仁对形势判断的水平,由此可见!

又如崇祯九年(1636)九月对卢象升的调动,也可以充分说明温体仁的为官之道。当时中原战场的形势,一度曾十分有利于朝廷。但就在此时,镇压农民军最得力的前线大将卢象升,竟被召入援京师,从而给农民军以极好的喘息机会。更不可思议的是,卢象升旋即又被改调为宣(府)大(同)、山西总督,负责他很不熟悉的边事。卢象升的调离,使农民军摆脱了一个强劲的对手,而朝廷的剿灭局面也因此而日陷困境。卢象升的调动,名义上虽是由崇祯帝主持,实际上却是由温体仁操纵。温体仁不满卢象升不为己所用,又忌其功高,于是明知其不习边事,却仍力推卢象升出任边塞,使之身置重地,只要稍有闪失,便可任意治罪。最后卢象升战死边关,朝廷也失去了一位不可多得的将帅。

像这种内耗,在崇祯朝可以说是比比皆是。大明朝步步溃退以致后来灭亡的原因,与其说是外患与内乱,还不如说是朝廷本身。而文官集团对此是要负相当的责任的。像上述的这些内耗,严重地影响了文官集团的精诚团结和统治能力,使其根本无法来应对时局,挽救危机。

文官集团之所以会出现这样的局面,原因自然很多,但最主要的一条就是原先约束该集团的伦理道德——在某种程度上而言这也是该集团用以立身处世、统治天下的根本武器——在新的形势下沦丧了。道德沦丧,导致文官私欲横流,普遍腐化;而文官不顾一切追求私利,反过来又在更大程度上瓦解道德,造成更普遍的腐败。如此之恶性循环,最终使局面发展到不可收拾的地步。所以顾炎武说:"士大夫之无耻,谓之国耻。"

明末文官集团的腐败,真是触目惊心!真难想象这些自幼诵读圣贤书的精英们,怎么会沦落到这种地步。对这种情况,崇祯帝在登基伊始就十分清楚。他曾明确提出"文官不爱钱"之语,要求文官自律戒贪。对此,户科给事中韩一良一针见血地发表了自己的看法。他说:

"皇上要求文官不爱钱,但现在的世局,何处不是用钱之地?何官不是爱钱之人?皇人亦知文官不得不爱钱,原因很简单,因为这些文官本来就是以钱晋官,做官之后自然要把本钱捞回来!"

韩一良接着就毫不客气地揭露当时的官场风气。他说:

"据臣所闻见,要谋得一督抚之位,至少须用银五六千两;而道府之美缺,也非用两三千两白银不可。以至于州县及佐贰之缺,也各有定价;举监及吏承之优选,俱以贿成,而吏部之始进可知矣。像科道之官、馆选之进,半数也是靠钱通关节而获得的。"

韩一良还以自己为例,来说明当时官场贿赂公行的情形。他毫不掩饰地说:

"臣是从做县官起步的,现居言路做给事中。对官而言,县官是行贿之首,而给事则是受贿之魁。现在只要一提蠹民搜刮,则全归罪于州县官之不廉。然而州县官又如何能廉?!他们俸薪才多少？而开支却不少！上司票取、书仪、岁送、荐谢之费等等，无不要钱。近来则发展至每遇考满朝觐，动辄三四千两白银。这些银子不会从天而降、自地而出，州县官能清廉吗？科道上的官员称之为开市。臣于二月之内就辞谢书仪五百余两。像臣这样交结不广的人尚且如此，其他人就可想而知了！"

韩一良敢于直陈其事，自然难得，崇祯帝不久便提拔他做右佥都御史。不过，文官集团的腐败，却丝毫没有改观，反而是愈演愈烈。到崇祯六年（1633），崇祯帝在文华殿召见群臣时，又提到了官场的腐败行为。他说：

"吏、兵二部，用人根本，近来弊窦最多。未用一官，先行贿赂，文武俱是一般。近来听说被选官员动辄要借京债若干，一旦赴任，便要还债。这债出在何人身上？还不是要靠盘剥小民。这样怎么能选到好官？选拔的官员又怎么会爱吾百姓？"

崇祯帝心里十分清楚官场积弊，但对这种普遍腐败却无能为力。所以有人在长安门贴上一首诗谣，来讽刺当时的腐败风气。诗云：

> 督抚连车载，京堂上斗量。
> 好官昏夜考，美缺袖中商。

官员选拔在这样的氛围中进行，则整个文官集团难免要散发出呛人的铜臭味。靠钱谋得职位的平庸之辈们，最关心的自然是如何捞钱。他们不仅要捞回本钱，而且还要为进一步的升迁准备更多的资金。相比之下,像报效朝廷社稷之类的"琐事",则显得无足轻重了。

据说崇祯帝后来自缢身亡而被陈尸禁门之外时,农民军的军师宋献策与李岩偕行散步,见两位僧人在为崇祯帝诵经礼忏,而明朝降臣却绣衣怒马,叱道而过,唯恐避之不及,毫无故臣惨戚之意。李岩对此大惑不解,便问宋献策道:

"何以纱帽(指官员)反不如和尚?"

宋献策不屑一顾道:

"此等纱帽原是陋品!"

李岩仍是不解,又问道:"明朝科举取士,制度周备,为什么到了国家多事之秋,却不见多少报效之人?"对此,宋献策作了一段精辟的回答:"明朝国政,误在重制科,循资格,所以到了国破君亡的时候,鲜见忠义之臣。

"满朝公卿,哪一个不享朝廷的高爵厚禄?以致一旦君父有难,各思自保。那些做官不久的人就会说,我这功名实非容易,二十年寒窗辛苦,才博得一顶乌纱帽上头,一事未成,哪有即死之理?这说明科举之不得人也。那些旧任老臣则又说,我官居极品亦非容易,二十年仕途小心翼翼,才熬到这一地位。大臣又非我一人,我即独死无益!这说明资格之不得人也。这两种人都认为功名是自己苦熬而得,所以全无感戴朝廷之意,也难怪他们弃旧事新而漫不相关了。可见如此用人,本来就不显朝廷待士之恩。而朝廷却责其报效,不是痴人说梦吗?

"而那些依仗权势、通过情面而被提拔的官员,骄慢贪婪,孝悌尚且不能,怎能指望忠义?那些夤缘而进的富豪子弟,既然花了本钱,自然要捞钱赢利,哪里还能顾得上忠义?

"这就是近来朝廷取士之大弊也。"

宋献策与李岩的对话,是否真有其事,不得而知。但上述分析,真可以说是一针见血!作为当时朝廷的中坚、社会的精英,文官集团要对晚明的悲剧负绝对的责任!

凋敝的陕北

明末的内乱,虽遍布全境,但最终酿成大祸的,却是陕西杀出来的农民军。陕北的局势,之所以会弄到那种地步,则既有陕北的特殊原因,也有朝廷方面的原因,即边政的败坏。

中国历代的农民起义,虽风起云涌,代代不绝,但细究起来,则有明显的地域性。就是说,在一般情况下,动乱总是在某几个区域首先开始,然后才席卷各地。陕北就是其中之一。

陕西北部的地理位置十分重要。它处于汉民族农耕文明圈与少数民族游牧文明圈的交汇处。在明代,它的涉及范围要远远大于今天。它北控整个河套地区,西、北则是宁夏、甘肃以及青海,明朝西北的防卫全系于此。如果陕北出了问题,外族可东渡黄河,进入山西,威胁京畿、中原,也可南进关中平原,再东击河南,动摇中原。

也正是因为陕北地处战略要冲,关系重大,所以明廷也十分重视这里的防卫。明长城自晋陕交界的河曲附近,一直西延至嘉峪关,全都在明代陕北的境内。沿长城一线,朝廷广设边镇、卫所,驻扎重兵,以北镇蒙古,西控河西、关陇。因此,兵多可以说是明代陕北的一大特点。

民悍则是陕北的另一大特点。这里地处西北,历来是民族交汇、融合之地。长期的民族融合,加之其他种种因素,养成了此地居民独特的民风。陕北人性格刚毅、凶悍、争强好斗,与中原汉民大不相同。他们往往会铤而走险,甚至揭竿而起。

除兵多、民悍之外,贫穷大概也是陕北的又一特点。且不说明代陕北的那些边缘地区,单就其中心地区黄土高原而言,其自然条件之差,经济水平之落后,也是到了令人吃惊的地步。黄土高原高低不平,坡陡沟深。更严重的是,这里属半干旱地区,严重缺水。降水量本就不足,而黄土又蓄不住水。由于地形等方面的因素限制,凿井取水也十分不易。因此,即使是正常年份,这一地区的用水也十分吃紧,更不用说到了灾荒之年了。一旦老天几个月不下雨,则干旱必至,而饥荒也就接踵而来了。

除缺水外,这里的气候也很恶劣,其中最严重的是农作物生长期短。像怀远地区,阴历三月尚未解冻,到九月却已落雪。像米脂等地,也是"春当种而冻弗解,秋未收而霜已降"。这种气候是很不适合农业的。

深山巨壑、地瘠天寒、亢旱少雨等恶劣的自然条件,使这一地区的农业生产水平严重滞后。像延安地区,农民不知施肥、灌溉,甚至不壅不耕,因此生产效率很低,即使在丰收年份,亩产也不过数斗。农民极其贫困。

相对于农业而言,此地的工业和商业更是落后。此地民众,受传统影响,绝不轻易从事商业。而本地的手工业水平又极其落后,农作物不能制成货品,如有丝无绸,有棉无布,有毛皮而不能制成毯毡,即便像斧斤炉钟之类极简单之手工业,也要依靠外省人。因此,此地商业贸易全由外地人操纵,本地人只能低价销售原料,甘受外人的商业剥削,十分贫困。

像这样的地区,社会经济本已十分脆弱,只要稍有天灾人祸,便会不可收拾,历来就属于难治之地。如果朝廷能派遣得力官员前去抚治,做到政治清明、地方有序的话,则局面尚可勉强维持。但是,明末陕北的吏治却根本做不到这点。

陕北一带,地瘠民穷,交通不便,许多官员都把此地视作畏途,不肯赴任就职。那些在任的官员,也纷纷托关系、找路子,想方设法要调离。因此,明末陕北的许多州县,都不同程度存在着缺官难补的问题。到了农民起义爆发后,这种情形则更加严重。崇祯二年(1629),延安、庆阳、平凉三府的州县官竟已缺额半数以上,却又迟迟补不上去。

从素质而言,陕北地方官也是每况愈下。在正德、嘉靖朝,陕北的地方官尚有不少是进士出身,但至万历朝时,这样的情形就不再存在了。此时的地方官,绝大多数是年老的岁贡或升任的教官,副榜的举人已不多见,进士出身的则更是凤毛麟角。即使偶尔有进士出身的官员赴任,也往往如蜻蜓点水,速调他处。有人曾对万历、天启、崇祯三朝陕北宁州、安塞、延川、安定、安化、真宁等六州县官的出身做过统计，结果是该六州县一百三十位州县官，只有五人是进士出身，而举人、贡生出身的却占百分之九十五以上。

这样的官员结构，是不利于吏治的。在明代，科举的身份是被十分看重的。像这些举人、贡生们都是多年场屋失意，没有进一步晋升的机会，才不得已而去补缺的。这些人年老力衰，日暮途穷，已没有什么进取的志向，因此多持得过且过的态度。事实上，朝廷对这些人也不甚重视，甚至会因他们的出身低微而歧视、排挤他们。而地方上的那些豪贾富室，也根本不把这些出身不高、威望不够的地方官放在眼里，照样我行我素，武断乡曲，违法犯禁。"官轻俗悍"的局面也就在所难免了。

既然没有晋升的机会，又不能得到应有的重视，那么，这些被放逐到陕北的地方官们自然也就自暴自弃起来，贪污腐化，不问政事，也就是明末陕北地方官的普遍行为了。这对于本已地瘠民穷的陕北，自然是一种灾难。

不过，这仅仅是明末陕北多灾多难中的一面而已！明季的陕北，灾难不断，尤其以旱灾为最重。在万历朝四十八年间，陕北有记载的旱灾年份达二十五年。在天启朝，更是旱灾、蝗灾不断。到了崇祯年间，更是年年旱灾。如崇祯元年（1628）春夏，陕北滴雨未下，庄稼全被枯死。到了崇祯二年（1629），旱情更加严重，延安、庆阳一带，便是灾情最重的地方。此年四月，有一位叫马懋才的陕北人给崇祯帝上了一疏，描述了陕北的惨状。

马懋才是陕北安塞县人，天启五年（1625）进士，备员行人。

他先后到过关外、贵州、湖广等地执行过公务,对各地惨状比较了解。但他认为,各地情形,"未有极苦极惨如所见臣乡之灾异者!"即最惨烈的是陕北。其实际情形远远超出有些大臣所描述的那种"父弃子,夫鬻其妻","掘草根以为食、采白石以充饥"之程度。他说:

"臣之家乡延安府自去年以来,一年无雨,草木枯焦。八、九月份,百姓争采山间蓬草而食,其粒像糠皮,味苦而涩,食之仅可勉强延以不死。到十月以后,蓬草已无,只得剥树皮充饥。榆树皮的味道稍好,所以百姓以此与其他树皮相杂而食,可稍缓其死。到年终树皮啃尽,百姓只得掘山中石块而食。石头性冷而且味腥,稍稍吃点便觉饱胀,几天后便腹胀下坠而死。那些不甘饿死的饥民,便开始相聚为盗,抢掠财物。政府也不能禁止。偶尔有被捉捕的饥民,也毫不在乎。他们称:饥饿而死与为盗而死都是死,与其坐而饿死,还不如为盗而死,因为做强盗而死,犹能做饱鬼!"

马懋才接着说:最可怜者,是在延安府安塞城西某处。此地每日必有弃婴数人,啼哭号泣,呼喊父母,甚至吃食粪土。到次日凌晨,这些弃婴已无一活者。而新弃者又至也。

更可怕的是,孩子以及孤身独行之人,只要一出城门,便无踪影。后来发现,城外之人以人骨为薪,煮人肉为食,才知原先失踪之孩童,都已被吃掉了。那些吃人的人,也于数日之后变得面目赤肿,燥热而死。因此,遍地死者枕藉,臭气熏天。在县城之外,挖了几个大坑,每坑可埋数百人,被用来收拾骸骨。我到之时,已葬满三坑,而数里之外来不及掩葬者,又不知有多少了。小县尚且如此,大县则可想而知了。

最后,马懋才一针见血地指出:在这种情况下,黎民百姓只能逃亡,成为饥民、流民,最终沦为盗贼。这就是秦中遍地是盗的原因!

据后来方志的叙述,崇祯朝初期,陕西几乎年年有大旱:

> 崇祯元年,全陕旱灾、霜灾,陕北尤重,人食蓬蒿。
> 二年,陕北又大旱,人相食。
> 三年,全陕旱灾,米脂县夏、秋颗粒无收。
> 四年,北起榆林,南至延安,大旱。
> 五年,陕北大饥,人相食,僵尸遍野。
> 六年,全陕旱蝗,耀州、澄城县一带,百姓死亡过半。
> ……

饥荒之年,粮价飞涨。如崇祯二年陕北粮价每石四两银子,至三年米脂每石四两银子,府谷已涨至每石六两银子。崇祯四年,延安等地涨到每石六至七两银子,安定等地竟涨至每石十二两银子。粮价居高不下,其危害十分严重,而拿饷银购粮的兵卒更是首当其冲了。

由于陕北驻有重兵,而本地却没有多少余粮可供军用,所以边军供应历来就是件头痛的事情。在早期,明政府通过屯田、民运等办法,尚能勉强维持。但至明中期以后,税制改革,屯田崩溃，朝廷改用饷银之制，即由政府拨银给边军，边军关饷后在当地购买粮食，这种供应制度很不稳定，受粮价波动的影响很大。

士卒每月拿到的饷银就那么多，如果粮价上涨，就购买不到足够的糕食充饥。陕北长期大旱，根本无粮供应军队，外地如无粮调运进去，军队即使有钱，也无处购粮。更何况自万历末年以来，朝廷把注意力放在东北，对西北军队无暇顾及，陕西诸镇长期欠饷，士卒根本得不到足额饷银，人不敷出。到天启年间，西北士卒已普遍陷入困境，衣不蔽体，食不果腹，甚至到了卖妻鬻子、变卖兵器的地步。

既然连最起码的生活都不能维持，军纪自然就要败坏，加上将吏的克扣、虐待，积怨日深，士兵们便开始思变了。聚众闹事、结伙溃逃便不可避免了。这些士兵，原本就是职业军人，家无私产，也没有什么谋生本领，除了做强盗外，别无他法。在天启年间，这种情形已很严重，到了崇祯初年，更是发生了大规模的临阵溃逃、哗变。这些边军最终都汇入了农民军的行列，成了朝廷的掘墓人。

崇祯帝上台后，还做了一件蠢事，那就是裁驿。裁驿之举，对本已恶化的陕北局势，无疑是雪上加霜。

陕西、山西之间千里有余，崇山峻岭，交通不便，因此公私都须依赖驿站、驿道。明廷也依照一定的标准予以补贴。在晋陕一带，有相当多的民众依赖驿站生存，他们虽度日艰辛，但也还算有一个固定的饭碗。

不过，至崇祯帝上台后，突然有一个裁驿之举。有一位名叫刘懋的兵科给事中向崇祯帝提出建议，要求裁撤驿站，节省费用。崇祯帝本就对驿传系统中的腐化深有不满，计划痛革，刘氏之举，正合己意，便于崇祯二年（1629）五月正式议裁，变革万历以前的旧章，重新规定驿传章程，并裁撤了一大批驿站，每年大概能省下六十余万两白银。

裁驿之举是针对全国的，但受影响最大的是陕晋之地。许多借此生存的民众，从此失去了谋生的来源，最终投到了农民军的行列。如明末农民军首领李自成，就是其中的一员。

也正是因为裁驿之举影响面很大，所以当时有很多官员对此坚决反对。被裁之人都把仇恨集中到刘懋身上，呼其名而诅咒之，图其形而丛射之。刘懋受此刺激，不久便郁郁而死。他的棺木运到山东后，再也没有人肯运，以至于只能寄存旅舍，经年不得归葬家乡。

后来也有不少人认为，崇祯帝此举，得不偿失。更有人认为，崇祯帝没有能理解祖宗设立驿站之意。他们说，祖宗设立驿站，就是为了控制年轻力强之人，使他们肩挑背负，耗其精力，销其岁月，糊其口腹，而不能惹是生非。崇祯帝却未能知其妙用，而刻意裁削，真是驱民为盗。

平心而论，崇祯帝改革驿递、节省国用，原本也无大错，事实上明末驿递，也到了非改不可的地步。问题在于，崇祯帝此举，过多地考虑了朝廷的利益，而置百姓利益于不顾。说到底，像驿递之类的衰败，其根本原因在于权势者，百姓并不是获利者，甚至往往是直接受害者。他们没有义务也没有能力来承担这一责任。

然而,在现实中,百姓却几乎没有例外地总是为那些并不是由他们造成的过错而付出惨重的代价。

明末朝廷的举措,基本上都是如此。百姓们被逼到了无路可走的地步,也只有走官逼民反的绝路,做最后的一搏!

因此,明末的大动荡爆发于陕西,并最终导致了王朝鼎革、外族入侵,这固然有陕北方面的特殊因素,但最根本的症结正是在中央王朝。即使陕北不乱,其他地方同样会乱,并最终也会酿成大动荡。因为像明末这样的政局,已没有不乱的理由!也只有通过一次大动荡的洗涤,举国才会重新出现由乱至治的局面。

第七章

历史没有奇迹

崇祯八年(1635)十月崇祯帝第一次下"罪己诏",可以说是局势严重恶化的标志。于内乱而言,农民军成功逸出山西,杀入中原,打破了朝廷企图把农民军团于黄河以北陕晋地区的计划。农民军求得了更大的发展空间,使内战规模大大升级。而于外患而言,皇太极已取得了相当的优势,并于崇祯九年(1636)四月正式建国,表明他将与明朝争夺天下的决心及实力。

"罪己诏"的下达,也说明以崇祯帝为首的最高统治层,已清醒认识到了危局的严重程度。因为统治者对臣民的态度,历来是报喜不报忧,甚至是不到最后关头决不肯轻易说出真话!只有到了万不得已的时候,他们才肯说些真话,作些交代。而他们所以会这么做,更多的倒不是出于对臣民的负责,而是希望臣民们能为他们的江山做最后的牺牲。

"罪己诏"的基本目的就是如此。在此后的数年中,崇祯帝竭尽全力,试图阻止局势的进一步恶化,挽救败局。不过,奇迹却没有出现。整个局势在稍有缓和后,便继续恶化,一步步地滑向深渊。

神秘消失的李自成

崇祯七年(1634)底,山西的农民军成功地突破了黄河,进入河南地区,局面开始不可收拾。

崇祯八年(1635)正月,农民军攻破中都凤阳,大震天下。崇祯帝震怒之下，调兵遣将，严令于六个月内歼灭农民军。总督五省军务的洪承畴移兵东出潼关，坐镇河南，指挥各路兵马围剿。

农民军迫于官军压力，又纷纷回师陕西。洪承畴又只得退镇陕西，与义军激战。六月，洪承畴连损艾万年、柳国镇、曹文诏等骁将，损失惨重。此年秋天，农民军又纷纷涌向河南，官兵根本不敢阻挡。李自成等部则继续留在陕西作战。

鉴于义军声势浩大，到处出击，洪承畴又力不从心，崇祯帝便于此年八月任命湖广巡抚卢象升总理直隶、河南、山东、四川、湖广等处军务，率总兵祖宽、祖大乐，副将李重镇所统关辽兵和当地驻军夹剿，并赐其尚方宝剑。这样一来，西北便由洪承畴督剿，东南则有卢象升督剿。内战规模大大升级。

在崇祯八年底至次年上半年，以闯王高迎祥为主力的农民军在河南、安徽、湖广等地与卢象升部厮杀。崇祯九年（1636）正月，闯王高迎祥、八大王张献忠等部东出河南、安徽，一度曾围攻滁州，威胁南京。卢象升等拼死救援，才把他们又压回河南。在河南大战后，农民军又杀回到陕西。

与此同时，李自成等部在陕西与洪承畴对杀，互有胜负。

崇祯帝为了扭转局势，先于三月再次严令卢象升等限期剿灭农民军，加强军事攻势。至五月，崇祯帝又发布"大赦山西陕西胁从群盗"诏书，招抚"胁从"，瓦解义军。崇祯帝希望通过剿抚并取、双管齐下的办法，尽快扑灭战火。

在前线，朝廷将领也调整策略，集中力量围剿高迎祥。卢象升率官兵驻扎在豫西洛阳一带，扼住农民军东回中原之路。陕西

第七章 历史没有奇迹

巡抚孙传庭、总督洪承畴则在陕西率兵围剿,充当主力。

七月中旬,洪承畴、孙传庭率军紧迫高迎祥部于周至,双方大战,结果高迎祥被俘,不久于北京被凌迟处死。

高迎祥遇难,陕西农民军呈群龙无首之态。不少首领纷纷投降朝廷。实力最强的李自成,被推为"闯王",成为陕西境内的农民军主力。至此,后来名震天下的闯王李自成终于脱颖而出。

李自成,陕西米脂继迁寨人,万历三十四年(1606)八月出生。

继迁寨所处的地理位置十分特别。它在行政区划上属于米脂县,但距米脂县城却有二百里之遥,而距横山县城怀远堡却只有数十里。因此,继迁寨反而与怀远堡关系密切,许多人甚至误以为它是横山县的属地。怀远堡是明代"九边"之一的延绥镇所属的二十八营堡中的一座,紧贴长城,是延绥镇的重要军事据点之一。据说李自成的母亲就是怀远堡上的居民,因此有人推测李自成早年或许时常往来于此地,耳闻目睹边塞风情,性格甚受影响。

李自成的祖先,已不可考,但据他自己说,他是西夏国主李继迁的后代。西夏为党项族所建。党项族属于羌族中的一支,早年迁徙至陕甘。至唐末黄巢起义时,拓思恭因助唐室平乱有功,被赐李姓,治夏州,即后来的横山县。北宋初,李继迁大举扩充势力,与宋室对抗。后元昊建国,宋称西夏。直到成吉思汗兴起后,西夏才被蒙古铁骑灭亡。李自成是否为李继迁之后,已无法考证。不过,从地域而言,李自成的家乡倒确实是西夏之地。另外,李自成的相貌也不同一般。他身材虽不是很高,但宽大粗壮,而且是高颧深颊,鸱目鹰鼻,不可能是纯粹的汉人血统。

李自成的世系可上推三代:曾祖李世甫,祖父李海,父亲李守忠。对于其父李守忠的情况,说法很多。有人说他家境贫寒,是贫困的农户。但也有人说李守忠家境富裕,性情忠厚,慷慨好义。不过,在崇祯十五年(1642)正月,米脂知县在奉命掘掉李自成祖坟及其父母坟后,曾给陕西总督汪乔年写了一个报告。他在报告中说,其坟葬在荒山野冈之中,没有墓碑,坟中除一个黑碗外,也无任何随葬品,由此可见李自成的家境是十分贫寒的。

李守忠共生二子,长子李鸿名,次子李鸿基。李鸿基就是李自成。李自成与其兄相差二十岁,比其侄子李过也只大几个月。由于李鸿名早逝,李过与李自成一起,从小就由李守忠扶养。

李自成的幼年是如何度过的,至今仍有不同说法。有人说他幼年很苦,曾被舍入寺庙,后来又到地主家放羊。也有人说他曾读过私塾,但天性却是厌文喜武。据说他曾对一位叫刘国龙的幼时朋友说:

"我辈应习武艺,成大事,读书何用?"

他与李过、刘国龙比试力气,两人不如他力大,他因此十分高兴,说:

"大丈夫应该横行天下,自成自立,若株守父业,岂男子乎?"

从此以后,他便改名李自成。

这些传说是否属实,现在已无法深究。这其实也不奇怪。因为像李自成之流,本是社会底层末流,在成名之前,也不会太引人注目。李自成后虽名震天下,也做了几天的皇帝,可惜的是时间太短，还没有来得及编造自己早年的那些辉煌历史。按惯例，如果他能坐稳江山的话，那么，他就必定会有也应该有许多与他辉煌成就相符合的神话般的早期历史，就像许多成功的开国皇帝那样。既然他原先本不受人注目，后来也没来得及编造，那么，诸种传说纷纷而起，令后人不知真假的局面也就难免了。

大概是在天启六年（1626），当时约二十一岁的李自成去银川做了驿卒。驿卒生活十分困苦，李自成自然吃了不少苦头，其反心便渐渐形成。至崇祯二年（1629）朝廷裁驿，李自成被迫离开驿站，生活更无着落。次年，随着灾荒的加重和动荡的加剧，李自成终于加入了造反的大潮。

李自成的从乱，是官逼民反的典型例子。其最初的目的，只是为了摆脱死亡的威胁，绝无什么救民于水火之中的伟大名目。在死亡面前，良民与盗贼仅是一念之差，不是坐着等死，就是铤而走险，用性命去赌一下，或许还能博得苟延残喘的机会。当然，李自成后来能脱颖而出，也并非全是侥幸，而与其性格、能力等大有关系。纵观明末，无论是流芳百世者，还是遗臭万年者，总是有些不同常人之处。

李自成先是投在王左挂手下。崇祯三年（1630）王左挂败降官军，其手下部将或降或死，李自成便投了不沾泥（张存孟）。崇祯四年（1631），不沾泥在关山岭一役被官军重创后，竟投降了朝廷，其余部便各奔东西。李自成又率部投了闯王高迎祥。

有不少人认为，李自成是高迎祥严格意义上的部下，绝对接受高迎祥的指挥。甚至还有李自成是高迎祥的外甥之类的传说。

这些说法未必确当。李自成虽是闯王高迎祥的部下，但并非绝对服从高迎祥的指挥，双方的关系是松散的，有时甚至就是名义上的。对农民军的首领来说，最重要的是手中掌握的实力。只要有实力，便能立住脚，否则便没有活路。李自成手中有一定的实力，所以虽不断改换门庭，但始终不倒。到崇祯四年（1631）夏，王自用在山西大聚群雄时，李自成虽名义上仍是高迎祥部属，但已属"三十六营"之一了。至于高迎祥是否为李自成的舅舅，则至今仍很难下定论。有人认为李自成的名号"闯将"与高迎祥的"闯王"之间一定有某种联系，其实，这种推断也是没有足够的依据的。

至崇祯九年（1636）高迎祥被擒杀后，李自成接过了"闯王"名号，成为西北农民军的首领，当然也就成为洪承畴追杀的主要对象。

高迎祥被杀后不久，农民军的两位著名首领张妙手（即张文耀）、蝎子块（即拓养坤）分别从徽州和秦州（今甘肃徽县和天水市）赴凤翔投降。陕西巡抚孙传庭待之有礼。感召之下，张妙手当场率部投降，蝎子块则在次年三月也遣散部众，亲率头目十二人至会城乞降。李自成等人的压力明显增大。

崇祯九年（1636）春，李自成主要在陕西北部自己的家乡米脂、绥德一带活动。他曾一度打算东渡黄河，杀入山西，但明军已严阵以待，无机可乘，只得向西突击，避入巩昌府徽州（今甘肃徽县）、成县（今甘肃成县）、阶州（今甘肃武都）等地。

此年九月，李自成等部向汉中进军，声势浩大。朝廷急调总兵曹变蛟赴汉中，并悄悄进驻府城。毫不知情的李自成等部，误

第七章 历史没有奇迹

以为汉中府城中无多少兵力,竟贸然发动进攻。城中的曹总兵不动声色,等其接近城时,突然猛击,大开杀戒。

吃了大亏的李自成等部,只得南下四川。此年十月,李自成等先破川陕咽喉宁羌州(今陕西宁强),再破四川七盘关和朝天关,占领广元县。此后,李自成如入无人之境,势如破竹,在一个月内连破昭化等三十八座州县,并击杀了四川总兵侯良柱。十一月初,李自成等部竟开到了成都郊外,耀武扬威,吓得四川巡抚王维章等面无人色,拼命向朝廷求救。

崇祯帝急令洪承畴火速入川协剿。洪承畴得令后立即率固原总兵左光先、临洮总兵曹变蛟及副将马科、贺人龙、赵光远等部官兵一万余人进川,又檄调延绥总兵王洪、宁夏总兵祖大弼等部屯驻汉中、略阳、徽州、秦州,准备在李自成等部出川时加以堵击。

崇祯帝还对四川的人事做了调整。四川巡抚王维章被撤职查办,由傅宗龙接任其职。陈廷谟则被降三级戴罪杀贼。调整之后的四川当局,也立即调集各处川兵约七万人,布置在成都至阆中一线,以防农民军向川东、川南发展。

这样一来,李自成等部基本上被压缩在嘉陵江以西地区,无法向川东、川南进军,而川西地区则又是少数民族地区,不利发展。僵持到崇祯十一年(1638)正月,李自成等部只得分路突围,出川北上,重返陕西。李自成等率部杀向临洮、河州,争世王等率部则取道阳平关、略阳,北经平凉、固原,直抵庆阳,不久又回陕北。

洪承畴入川扑空,急忙率兵追击。其手下悍将总兵曹变蛟、左光先、祖大弼,副将贺人龙等部紧紧咬住李自成,连战连胜,逼得李自成带着败兵残卒向西进入了少数民族地区,以避锋芒。官兵乘胜追击,不让李自成有喘息的机会。四月,李自成只得又折而东返,从巩昌府属的羊撒寨渡过洮河,逸向西和、礼县(今甘肃西和、礼县)。为了避免让官兵发觉,李自成只得与部下分路而走。李自成所率一股数百人,一度几乎被总兵左光先追俘,处境十分险恶。

五月间,李自成汇集残部三千余人再入四川境内。痛失战机的洪承畴,此时急令陕西监军道樊一蘅,促副将马科、贺人龙率部进川追击。他本人则带总兵曹变蛟、王洪赶到汉中府的西乡县(今陕西西乡),并檄调总兵左光先率部进驻汉中府,同时在阶州、徽州、文县(今甘肃武都、徽县、文县)及略阳(今陕西略阳)一带布置兵力,严防李自成等部再度北逸或西进。四川巡抚傅宗龙也调集军队,严防农民军窜入成都平原。

李自成在各路官兵夹击之下,十分被动。八月初,双方激战于南江县(今四川南江县),李自成大败之下,夺路北逃,至八月中旬突至陕西城固县(今陕西城固县)境内,准备渡过汉水,取道石泉、兴安(今陕西石泉、安康),杀向湖广或河南境内。没想到在渡河之时,却被左光先部痛击,仅剩下千余人随李自成侥幸逃逸,退入附近山区。

更令李自成伤心的是,他当时最得力的部将之一、六队头目祁总管,竟率六百余人下山,向左光先投降。

如此一来,李自成几乎已完全丧失了实力,只得带着数百名

第七章 历史没有奇迹

心腹逃入深山密林。洪承畴大喜过望,认为很快就能彻底解决李自成残部。

不过,洪承畴并没有如愿。尽管李自成只剩下残部数百人,而且终日东躲西窜,不成气候,但他并没有像洪承畴所指望的那样,或被擒于官军,或饿死于山林,而是成功地摆脱了追捕,逃入了陕西、四川、湖广三省交界的大山密林中,一直到崇祯十三年(1640)秋天才重新出世,再震天下。

至于这两年中李自成到底躲在哪里,又干了些什么,目前还没有什么确论。有人为了弥补李自成在这两年中留下的空白,编造了许多动听的故事。其实,在当时的官私文献中,并没有留下什么相关的记载。这也并不奇怪,因为此时的李自成,已基本被击溃。朝廷也认为他已难成气候。不久,负责追杀他的洪承畴和孙传庭,就被调往京畿勤王,对付清军的入侵。更重要的是,张献忠、罗汝才在这一时期搞得声势浩大,成为内战的主力,几乎吸引了朝廷的所有注意力。当然,也正是这些因素,才使李自成侥幸熬过难关,并最终能东山再起。

不过,可以肯定的是,在这两年多时间内,李自成的活动是以活命为主,求生是其第一目标。他大概不会像有些人所描述的那样从容,甚至会在活一天算一天的窘迫处境下,仍躺在深山老林的草棚中习武修文,运筹帷幄。因此,有关李自成几次想自杀或投降的传闻,或许也有符合情理之处。好在李自成最终没有走到这一步,而是挺了过来。

张献忠兴盛

与这一时期的李自成相比,张献忠占有绝对优势。在闯王高迎祥死后的几年中,张献忠独执牛耳,成了群雄中的第一号人物。

张献忠,字秉吾,又号敬轩,陕西延安人(一说延安卫柳树涧人,属军籍),出生于万历三十四年(1606)九月,与李自成同岁。

关于张献忠的家庭出身,可谓是众说纷纭,大相径庭。

有人说,他的父亲是做鞋的,母亲是织席的。张献忠幼时读书不成,便随逃兵为盗。

也有人说,张献忠的父亲是做小生意的。有一次,他随其父贩枣至四川内江县。他父亲顺手把驴系在一乡绅的石牌坊上,没想到驴粪弄脏了石柱。乡绅家的恶奴跑出来痛骂、鞭打其父,并逼其父用手把驴粪捧走。年幼的张献忠目睹了这一情景,怒火中烧却又不敢争,便暗暗发誓:今后必来此地,赶尽杀绝此辈。后来张献忠入蜀至内江,果真大开杀戒。

又有记载说,张献忠是肤施人,阴险狡猾。其父名快,是一位屠夫,其母姓沈,早亡。张献忠依乞丐徐大过活。他有一次偷吃邻居家的鸡,不巧被撞见遭骂。他愤愤不平地说:我一旦得志,也要让此地人像鸡一样。其残忍之心,少年时代已萌。长大后,张献忠更加无赖。正逢王嘉胤作乱,张献忠便投其帐下,号称八大王,又号黄虎。

第七章 历史没有奇迹

甚至还有人称，张献忠本是铁匠之子，从小刚狠。他一度以承造军器为生。当时虽有种种陋规，但煤铁等原料却有余，尚能维持生计。到后来不仅煤铁越来越少，而且工食也遭克扣，生产期限更是越来越急，工匠不堪重负，纷纷破产，而官府追逼却更是变本加厉。张献忠活不下去，便追随王嘉胤造反。

还有一种说法称，张献忠为肤施人，隶延安卫籍，将门之后。年轻时从军犯法，因总兵陈洪范救助而幸免于难，等等。这种说法至今广泛流传，为人采用。

总之，张献忠的家庭背景和早年经历，至今仍如谜一般令人难解。现在看来，张献忠早年大概是读过一点书的，并能粗通文字。据说，在崇祯十五年（1642）五月十三日，张献忠率部攻下河南宝丰县后，曾把读书人都集中到城东河仄龙王庙，一一问过姓名，并劝慰大家不要惊慌。之后，张献忠竟用陕北方言说了一句："咱是斯文一气，老子学而未成。"说完之后，不语良久，最后把这些文人放回城中，拔营而去。这件轶事说明张献忠是有一定的文化水平的，不完全是一个大字不识几个的莽夫。

按通常的说法，张献忠在造反之前，先是做过延安府的捕快。张献忠之所以去做捕快，是因为他与同学斗殴，一拳打死了同学，家里为他消灾，几乎是倾家荡产。他父亲一气之下，把他赶出了家门，于是他便去做了公差。

在延安府做公差时，张献忠常受同事的欺负。据说张献忠曾叹道：

"大丈夫安能久居人下耶？"

依其性格，张献忠大概是会讲出这种话来的。据称，张献忠身材高大，状貌魁伟，脸上有些许麻子，其性情也是不同一般，常常以豪杰自居。像他这样既有抱负，一心想出人头地，又极具逆反心理的不安分之人，往往是乱世魔王，不会安于现状，久居人下的。

既然捕快做得不舒心，又不见得能出人头地，于是张献忠便去投军。在军中，张献忠勇敢善战，立功受赏，获得了不少财物。邻居们见财眼红，常向他借贷。只要他稍有不肯，邻居便以告官来威胁，由此也可见他的财物来得也有些不明不白。县衙的吏胥，也经常向他敲诈勒索。不巧张献忠的族人去做了强盗，县官便把他拿去拷问。张献忠大怒，说道：

"我的资财得之于战阵，是以身家性命去搏来的，不曾做过有负于人的事情。族人被胁迫去从乱，我怎么能知道？你们逼迫如此，是驱虎入山耳！"

张献忠竟然敢采取这种态度，结果自然是被重处，坐淫掠罪而被判死罪。幸而他命不该绝，据说正要行刑之时，主将陈洪范至，见其奇伟状貌，便替他向总兵王咸求救，最后张献忠被鞭打一百后释放，捡了性命。

崇祯三年(1630)，王嘉胤占据府谷，攻下河曲，张献忠在米脂以十八寨应之，从此开始了他的造反生涯。因他身材高大，面长而黄瘦，加上作战勇敢，便得了个"黄虎"的名号，又称"八大王"。与他一起造反的，还有罗汝才。罗汝才足智多谋，人称"曹操"，其军队也被命名为曹营。

至崇祯四年(1631)王嘉胤战死，王自用起而代之，率部攻掠山西时，张献忠已是"三十六营"中之一营的首领，已能算作一位人物。此年冬天，洪承畴督三边军务，张献忠、罗汝才曾率两千人投降了朝廷，不久又重新叛逃，进入山西。

此次投降，是张献忠多次投降中的第一次。在后来的造反生涯中，张献忠又多次向朝廷投降，并在渡过难关后，又无一例外地重新叛乱，让其对手吃尽了苦头。由此也不难看出张献忠的性格。相比较而言，李自成投降朝廷的次数则要少得多了。

崇祯六年(1633)十一月，张献忠追随高迎祥，用行贿、诈降之法，偷渡黄河天险，逸出山西进入河南，窜入卢氏山区，然后突至内乡，经邓州(今河南邓县)等进入湖广的郧阳(今湖北郧县)、襄阳(今湖北襄樊)两府，把湖广西北部搅得天翻地覆。

崇祯七年(1634)春，五省军务总督陈奇瑜，一度曾把张献忠等部围在汉中栈道(也有人称之为兴安境内车厢峡)，几乎可不费吹灰之力而全歼之。在万分危急之下，张献忠又用行贿、投降之法，骗过陈奇瑜，死里逃生。

崇祯七年(1634)底八年初，在新任兵部尚书、总督七省军务的洪承畴的追杀之下，张献忠随高迎祥再次杀入河南，并于正月中旬攻下了明中都凤阳，大震天下。

据说，张献忠与李自成在凤阳还闹下了点不愉快。两人为争中都的那些唱曲阉人，伤了和气。据说后来李自成落难时，曾两次去投张献忠，张献忠都没有接纳，不知是否与此有关？

攻下凤阳后，张献忠率部南攻，围庐州、掠舒城、安庆，陷庐江。屠戮巢县、无为、潜山、太湖、宿松诸城，然后从皖西英山等地进入湖广境内，弄得罗田、麻城、黄安等地，处处报警，最后又借道河南，转回陕西。

在崇祯八年（1635）底至九年（1636）上半年，张献忠追随高迎祥，转战于河南、安徽、湖广，主要对手是刚刚由湖北巡抚升任总督五省军务的卢象升。

崇祯九年（1636）正月，张献忠随闯王高迎祥东下安徽，一度曾围攻滁州，大震留都南京，逼得卢象升火速来救。农民军转而攻打凤阳，未果，便又进入河南。至七月，高迎祥在陕西被俘，张献忠成为势力最大的首领，活跃在河南、湖广一带。

至秋天，张献忠曾与其他各部合攻过襄阳城，没有成功。于是，张献忠便与罗汝才等向东移动。至崇祯十年（1637）正月，诸部顺江而下，与久踞在皖西英山、霍山一带的贺一龙、贺锦合营，烽火直达淮扬，搅得江北一片惊慌。

张献忠等部先攻安庆，未果。三月，农民军复攻蕲州、黄州等地，并在安庆附近重创官兵后，连下数城。

不久，张献忠重回湖广，杀向郧阳地区。六月，滇将龙在田、楚将许名世援郧，击败张献忠。张献忠被迫北撤，进入河南的南阳地区。在南阳，张献忠吃了大亏。

此年八月，张献忠部伪装成官军，想骗开南阳城的大门，不战而取之。没想到正遇上悍将左良玉率部前来，识破了张献忠之计。张献忠被左良玉部将一箭射中了肩膀，幸部将孙可望力救，才幸免于难。

吃了亏的张献忠,把部队拉到了湖北麻城、蕲州一带,与射塌天刘国能等合营。此时朝廷在军事攻势的同时,也展开了强大的招抚攻势。而张献忠、刘国能等,最终未能抵得住诱惑,于崇祯十一年(1638)纷纷投降。

熊文灿的抚局

在叙述张献忠谷城受抚之前,有必要追述一下朝廷方面的有关情况。

崇祯七年(1634)正月,因农民军势力越来越大,范围越来越广,朝廷特进延绥总督陈奇瑜为兵部右侍郎,总督陕西、山西、河南、湖广、四川诸省军务,以重臣开督府,统摄讨伐之事。没想到陈奇瑜这位书呆子,在汉中上了张献忠等的诈降之当,失去了全歼农民军主力的绝好机会。崇祯帝大怒之下,查办了陈奇瑜,并重用了洪承畴。

十二月,洪承畴被任命为兵部尚书,兼督晋、陕、豫、川、楚诸省军务。洪承畴依靠镇压农民军,由一位小小的道员接连破格升迁,至此而极。崇祯帝全力支持洪承畴,并令他于六个月内必须彻底解决问题。

没想到农民军竟于崇祯八年(1635)正月由河南奇袭凤阳,一举得手,令天下大震。至同年八月,崇祯帝见洪承畴一人难当重任,便又任命湖广巡抚卢象升升任兵部右侍郎兼右佥都御史,总理直隶、河南、山东、四川、湖广五省军务,并规定卢象升负责东南,洪承畴负责西北,联手合剿。

卢象升接手东南战事后,敢打敢拼,竭尽全力,其局面虽不能说占尽优势,却至少尚能维持。到崇祯九年(1636)春夏,正当卢象升与洪承畴对农民军展开东西夹击,形势极为有利时,朝廷却因清兵入侵,不断抽调中原战场上的边兵精锐入卫北京。到九月份,崇祯帝竟下令当时正在郧西追杀农民军的卢象升,总督各镇兵马对抗清军。不久,卢象升又被任命为总督,主持宣大、山西军务,正式离开了中原前线。

卢象升的调离,是朝廷的重大损失,直接导致了中原战场的恶化。这一重大人事变动,虽说是首辅温体仁暗中操纵,但崇祯帝也难辞其咎。

接替卢象升的是王家桢。

王家桢,直隶长垣人,天启年间进士,素喜谈兵,官至兵部侍郎。至此,因卢象升调赴边关,王家桢才又被召复出,总督五省军务,不久又兼河南巡抚。此人少有将才,既无才能,又无魄力,上任后除在河南南阳进剿当地农民军首领杨四处外,竟然举兵不知所进,更不敢出中州半步。他认为自己的处境比卢象升更难,注定难有起色,于是从一上任开始,便以身体有病为由连上辞呈。崇祯帝先是准他辞去总督之职,专任河南巡抚。不久,他的家兵竟发生了哗变。一方大将,竟连自己的家兵也约束不住,哪里还谈得上剿匪灭贼!崇祯帝一气之下,将他革职。

当时的西北,因有洪承畴及陕西巡抚孙传庭的力战,尚可维持。而原由卢象升主持的东南,自从卢象升调离后,则因将帅无能而显得困难重重,十分被动。除王家桢外,其余如郧阳抚治苗胙土、继任者陈良训、总兵秦翼明等,都只能龟缩在郧阳、襄阳城中,不敢出战。他们当时写的报告,内容大多是匪情。不过偶尔也有妙语,说什么"大小数十战,我既未败,贼势也未衰"云云。

在这种局势下,崇祯帝急于任用新人,以求局面改观。崇祯九年(1636)十月,兵部尚书张凤翼因清兵入侵损失惨重,不能安于其位,便自请赴边带兵御敌。此举正合崇祯帝之意,他立即同意了张凤翼之请,同时准备起用新的兵部尚书,即杨嗣昌。

杨嗣昌,字文弱,万历年间进士,湖广武陵人。崇祯二年(1629),其父杨鹤曾因力主招抚而被任命为兵部右侍郎总督陕西三边军务,赴陕北招抚农民军,结果大败而归,被崇祯帝逮捕严办,差点丢了性命。当时杨嗣昌为救父亲,先后三次上疏要求子代父罪,不仅使其父终免一死,而且还多少感动了崇祯帝,对他留下了不错的印象。

崇祯五年(1632),杨嗣昌被任命为永平、山海关巡抚。崇祯七年(1634),又升任兵部右侍郎兼右佥都御史,总督宣大、山西军务。不久,因其父杨鹤去世,杨嗣昌卸职回家守制,又再居母丧,一直赋闲在家。

崇祯帝选中杨嗣昌,也不是偶然的。杨嗣昌博涉文史,多识先朝故事,口才很好,酬对敏捷。更重要的是,他不肯浮沉宦海,而是想有所建树,具有强烈的责任心。早在陈奇瑜主持剿局时,他就曾屡次上书,献计献策,颇得名誉。兵部尚书张凤翼自请外放后（不久即自杀），兵枢要职空缺，而朝中诸臣中也无合适之人，崇祯帝便想到了杨嗣昌。此时正好田贵妃之父田弘也上疏称赞杨嗣昌之才，于是崇祯帝便正式下诏，任命杨嗣昌为兵部尚书。

崇祯十年（1637）三月，杨嗣昌抵达京城，崇祯帝立即召见，君臣相见甚欢。崇祯帝认为自己终于找到了一位能敢作敢为、能以宏大的气魄彻底解决多年祸患的能干之臣，因此他屡屡召见杨嗣昌，商讨军国大计，并予以绝对的支持。如此知遇之恩，也使得杨嗣昌决心一倾其才，竭尽全力为崇祯帝出谋划策，排忧解难。

不久，杨嗣昌便向皇帝和盘托出了自己的宏大计划，即"四正六隅、十面张网"之战略。"四正"，即陕西、河南、湖广、江北四个地区，此四区被作为正面战场，由当地巡抚主剿。"六隅"，即延绥、山西、山东、江南、江西、四川，此六地被作为辅助战场，由该六地巡抚分防协剿。以此"四正六隅"，形成"十面之网"，由总督、总理协调。这一计划，是朝廷主动出击的攻势计划。杨嗣昌企图步步围逼攻剿，把农民军一网打尽。

杨嗣昌与洪承畴有明显不同。洪承畴老于世故，对农民军能剿则剿，不过分强求，有时甚至是抱着"知其可为而不为之"的态度。杨嗣昌则不然，他具有盲目的自信心理，不讲条件，不看主客观形势，总以为只手也可力挽狂澜。不过，他的这种态度，崇祯帝当时实在是太需要了。

为了贯彻这一计划，杨嗣昌一方面议兵议饷，一方面物色人选。

杨嗣昌建议增兵十二万。其中：凤阳和泗州祖陵官兵五千，承天祖陵官兵五千;陕西三边总督官兵三万,总理军门官兵三万,作为追剿之用;凤阳、陕西二巡抚官兵各一万,湖广、河南二巡抚官兵各一万五千。

为了应付新增官兵的军饷开支,杨嗣昌要求增饷二百六十余万两。户部尚书程国祥则认为至少需要二百八十余万两。这笔饷银,崇祯帝当然是拿不出来的,因此杨嗣昌建议按田亩加派。但其具体办法,却与卢象升不同。卢象升主张让地主、富户承担重头,而杨嗣昌却主张依田亩一体均输,不计贫富。崇祯帝接受了这一主张,并于崇祯十年(1637)四月正式下诏加征剿饷。剿饷之征,可谓是饮鸩止渴,给本已艰难的穷苦小民加上了重压,朝廷因此也大失人心。北京城里的百姓甚至称崇祯为"重征"。

杨嗣昌还竭力推荐两广总督熊文灿接替王家桢为总理。他上疏说:

"臣思总理一官,与总督专任剿杀,须得饶有胆识,临机应变之才,非现任两广总督熊文灿不可!"

熊文灿何许人也?与他素无交往的杨嗣昌,为什么却要如此力荐呢?

熊文灿,贵州永宁卫籍,万历三十五年(1607)进士。崇祯元年(1628)被任命为福建布政使,不久升任福建巡抚。在巡抚任内,他成功地招抚了海盗郑芝龙,得以升任两广总督。后又借郑氏之力,平定了海盗刘香,一时声誉鹊起。崇祯四年(1631),徐光启曾向崇祯帝推荐过熊文灿。后来,崇祯帝为了了解熊文灿其人,曾以赴广西采办药材的名义派出一位亲信太监,赴广东密访。

熊文灿不明真相，自然不敢怠慢，不免馈送宴请。没想到他酒后一时失言，竟把自己从两广总督这个肥缺位置上推到了中原火山口。事情经过是这样的：

一日熊文灿宴请太监。席间太监谈到了日益严重的中原形势，连称无人能为朝廷出力。

已有几杯酒下肚的熊文灿，听到此言，故作姿态，竟拍案而起，大声骂道：

"诸臣误国！要是我去，怎么也不会弄成这样！"

太监见到熊文灿义形于色，正中下怀，便推心置腹地告诉他实情：

"我此行目的，并不是赴广西采办，而是奉旨来专门考察你的。此事非你不可！我这就回去覆命，圣旨很快就会下来，你赶快早作准备。"

熊文灿没想到竟有此等巧事，深悔失言，连忙补救，举出"五难四不可"等客观原因，希望能推辞掉此职。太监听后笑道，这些事等我见了皇帝后立即帮你请求解决，如果皇帝能不吝答应，你也就不能推托了。

太监回京后，果然如实汇报，崇祯帝便有了重用熊文灿的念头。杨嗣昌见此，也就投其所好，力荐熊文灿出任总理。

崇祯十年（1637）十月，杨嗣昌准备就绪后，便正式上疏，提出了"下三月苦死功夫，了十年不结之局"的所谓"三月平贼"的狂妄计划，经崇祯帝批准后正式下达。

杨嗣昌的计划，十分详细。其主要内容是，以河南、陕西作为主战场,并彻底切断陕、豫之间的联系,防止两地义军合流。具体分工是,陕西巡抚扼守商、洛,郧阳巡抚扼守郧阳、襄阳,湖广巡抚扼守德安(今湖北安陆)、黄安(今湖北红安),安徽巡抚扼守英山、六安,凤阳巡抚扼守住颍州、亳州(今安徽阜阳、亳县)。同时,应天巡抚应堵住太湖、潜山一带,江西巡抚应堵住湖广之黄梅、广济一线,山东巡抚南下堵住徐州、宿州等地,山西巡抚应截住河南陕州(今陕安)、灵宝一线,保定巡抚应前推至河南延津一带。

各地守住之后,由总理提督边兵,监臣率京兵禁旅,河南巡抚率左良垂、陈永福等部,合剿中原。如果陕西的闯王、过天星诸部杀出潼关,则洪承畴应率左光先、曹变蛟、祖大弼等部进入河南作战。

杨嗣昌的计划,首先遭到了陕西巡抚孙传庭的反对。他认为,各边精锐已经调空,各地民膏也已刮尽,增兵加饷只能是句空话,而且农民军的主力集中在陕西,因此应先集中力量解决陕西的问题,只要陕西一定,各地的农民军自然就会平定。

孙传庭的看法,代表了陕西将领的立场。洪承畴、孙传庭等秦将,与杨嗣昌是有矛盾的。不过,他们也明显感到了杨嗣昌的压力。尤其是李自成等部突入四川,朝野纷纷指责洪承畴有意纵寇入川后,洪承畴更是日子难熬,唯有竭尽全力,加紧拼杀。至崇祯十一年(1638),洪承畴、孙传庭基本击溃了李自成部,总算是保住了面子。

就在洪承畴在川、陕拼杀时,熊文灿也想竭力做出点成绩。不过,熊文灿本钱不足,无法像洪、孙那样风光,无奈之下,他又施出了旧法,最终酿成了大祸。

熊文灿走马上任后,请求以左良玉部六千为亲兵,另外招募了两千粤人和精通火器的"乌蛮"作为自卫。十月,熊文灿到安庆。左良玉不大看得起他,更不愿受其节制,便纵兵与熊文灿的卫兵发生冲突。熊文灿只得把那些粤兵和乌蛮兵遣开,而左良玉也不受其节制。无兵可调的熊文灿,只得再请调边兵。朝廷便把冯举、苗有才部约五千人拨给熊文灿。

熊文灿自江北进击湖广后,便在通衢大道上张贴招降告示,劝张献忠、刘国能投降。十一月,熊文灿到达了广济(今湖北蕲春东南、黄梅之西)后,便正式上疏,一方面提出冯举、苗有才的五千之兵,人少势弱,请求增调边兵,另一方面又说什么蕲春、黄梅一带,农民军在此活动已近一年,原因就是此地野有鸡鹜,食有稻粱,沿江一带物产丰富,所以招来了农民军。他竟然建议,如果把百姓移入城中,坚壁清野,使农民军得不到给养,则肯定不战而退。

崇祯帝阅后大怒,连斥熊文灿是在"玩寇"。杨嗣昌也是哭笑不得,但仍为熊文灿辩解,并增调了真、保、山西之兵三千人给他。

熊文灿此举,虽遭否决,但从中已能看出他想用非军事手段解决问题的企图。

熊文灿确实想用招降的办法来不战而胜。在他看来,武力解决困难重重,不如走偏锋,用招安之法瓦解农民军,说不定事半功倍。他也有这方面的经验。早在崇祯元年(1628),他就成功地招降了海盗郑芝龙,立了大功。崇祯七年(1634),熊文灿曾试图招抚海盗刘香,没有成功,还受了处分。不过,熊文灿并未因此而放弃此道。到了湖广,他便又想再试此法。

据说熊文灿赴任时,曾专程上了趟庐山,去拜谒熟识的僧人空隐。空隐见他就说:"公误矣!"熊文灿急忙令人退避,询问原因。空隐说:"公自度所将兵足制贼死命乎?"意思是说你自己估估你自己的兵力能否剿灭农民军。熊文灿连说不能。空隐又问他:"诸将有可属大事,当一面,不烦指挥而定者乎?"意思是问手下是否有独当一面的大将。熊文灿对此也无把握。空隐一针见血地指出,兵将既不足以剿灭农民军,而皇帝却仅以空名把你推到这样的位置,一旦失败,则必诛无疑。熊文灿听后,呆立良久,然后冒出一句:"抚之如何?"空隐答道:

"吾料公必抚。然流寇非海寇比,公其慎之!"

空隐似乎早已算定熊文灿的命运,并警告他流寇不同于海寇,要慎之又慎。然而,面对重重困难,熊文灿仍决意以抚代剿。

崇祯十年(1637)年底,熊文灿即派生员卢鼎进入张献忠、刘国能营内招降。张献忠一面表示愿意接受招安,一面却犹豫不决,把队伍经安陆移到承天(今湖北钟祥)、襄阳地区。

春节前后,太监刘元斌在十天之内,连续两次向朝廷上疏,报告张献忠愿意接受招安的信息。

正月初九日,张献忠部移驻湖北谷城(今湖北谷城),将闯塌天的部队赶走,并发布告示,说什么"本营志在匡乱,已逐闯兵远遁。今欲释甲归朝,并不伤害百姓"。同时,拘集当地绅士为他具结担保,要求朝廷同意招抚。

就在张献忠积极准备接受招抚时,闯塌天刘国能却先行了一步。崇祯十一年(1638)正月,刘国能在湖广随州(今湖北随县)正式向朝廷投降。

刘国能是与张献忠、李自成同时造反的,而且此时的实力已与张献忠不相上下。但他的情况与其他首领又多少有点不同。他本是位庠生,家庭也较富裕,当初卷入造反浪潮,多少带有点偶然性。数年来,虽转战南北,稍具势力,但毕竟仍是流寇,且前途渺茫,既谈不上建功立业,也不能回乡安居,与张献忠等更是矛盾重重,因此便产生了改悔之意。朝廷招安,无疑是一条生路,加上他母亲也力主投降朝廷,于是便决意立即归附朝廷。

刘国能的归附,令熊文灿喜出望外。熊文灿立即为他向朝廷乞请赦罪,授予守备职衔,隶属左良玉指挥。刘国能也是知恩图报,竭尽全力为朝廷服务,终于在崇祯十二年(1639)被破格提升为副总兵。

刘国能的投降,对湖广的局势产生了很大影响。刘国能当时有部众五六万人,是农民军的主力。刘国能一降,朝廷顿失重负,官军不仅信心大增,而且更能集中力量攻击其他的农民军,局势因此大变。

四月,张献忠在谷城接收了朝廷的招抚。

刘国能一降,张献忠明显感到了压力,加紧了投降的步伐。他得知熊文灿贪财这一信息后,便派孙可望拿着两块一尺多长的碧玉和两枚直径逾寸的珍珠献给熊文灿。这一招果然有效!熊文灿立即上书朝廷,建议招抚张献忠,并派张大经为其监军。

第七章 历史没有奇迹

张献忠是位老谋深算之人,深知受抚仅是权宜之计,不论是真降还是假降,保存实力最为紧要。于是,他利用熊文灿等人急于招抚的心理,辅之以行贿等手段,与朝廷讨价还价。

他坚决不遣散部众,更不愿交出兵权。在乞抚之时,他不说"解散归农",而是称带兵万名"剿贼自赎"。当熊文灿要调他四千兵马时,他却又以"安集未定"为借口,不肯奉命。

当时并不是没有人看出其中的问题。兵部尚书杨嗣昌就很担心张献忠可能是假降,弄不好要养虎遗患,所以他主张要张献忠先袭杀李自成或老回回(马守应)后,方许招抚,否则就应借此机会"厉兵剿杀"。不过崇祯帝却在太监刘元斌和总理熊文灿的影响下,唯恐剿之不胜,错过了招抚的机会。于是崇祯帝便当面驳斥杨嗣昌道:

"岂有他来投降,便说一味剿杀之理?"

皇帝的话自然是一锤定音,没有人敢再啰唆。

三月二十五日,郧阳巡抚戴东旻造报了招献忠部的花名册,其中解散归农的约一万八千人,精兵约一万一千人。

张献忠就抚后,把大营安扎在谷城外十余里的白沙洲,造屋买地,定居下来,并派兵监视谷城。

对这种情形,朝廷中不少官员表示担心。有人主张把张献忠部调至前线作战,也有人主张予以彻底遣散,以免后患。最后还是崇祯帝发了话,说张献忠在谷城"造房种田,正是招抚的好处,又要遣散往哪里去"。

有了这句话,张献忠便能在谷城立住脚了。张献忠派人去北京，遍行贿赂，以求支持。对熊文灿等地方大员，更是大献媚心。他向巡抚林铭球行跪见礼，求封总兵职务，但又不到驻地襄阳驻防。兵饷不足，他就自立关梁征税，并抄没豪绅大户家产。张献忠显然想通过招抚成为一方霸主，并不是像刘国能那样死心塌地地投降。

朝廷竟然能容忍这种局面，真不知是自身无能、腐败，还是张献忠神通广大！

对张献忠的所谓成功招抚，大大鼓励了熊文灿等主抚官员。熊文灿积极派人去招抚曹操（罗汝才）、老回回（马守应）、射塌天（李万庆）、革里眼（贺一龙）等，其手法也相当妥协、软弱，以至于当时不少人讥笑他的做法是在"求贼"。

至崇祯十一年（1638）五月，一度战火又起，双方互有胜负。

但是，随着李自成在陕西战败的消息不断传来，湖北、河南的农民军首领开始动摇。

十一月，罗汝才率一丈青、小秦王、一条龙、过天星、王国宁、常国安、杨友贤、王光恩等首领，从均州（今湖北均县）上了武当山太和宫，向太监李继政投降。李继政移文熊文灿，熊文灿立刻派人招罗汝才等至襄阳，大宴于官署，并奏授罗汝才为游击，分驻其众于上津、房县、竹山、保康、南漳等地。但罗汝才不肯受官领粮，愿为山农耕稼过活，并暗中与张献忠来往。

早在此年的七月，顺义王就已在河南信阳投降。不久，射塌天李万庆也在河南投降。

一时之间，农民军投降之风盛行。即使没有投降的，像马守应、革里眼(贺一龙)、左金王(贺锦)、刘希尧、蔺养成等(即革左五营),也由于势单力孤而进入低潮。陕西方面的李自成等部,也被彻底击败,不成气候。十年以来一直困扰朝廷的内乱,至此似乎已得到初步平息。

其实,这仅仅是表面现象。内乱并没有彻底解决,只不过是暂处低潮。只要一有风吹草动,时机成熟,那些暂时归顺朝廷的首领必将卷土重来,再树大旗。后来的事实,也充分证明了这一点。

为了照顾到整体性,这里必须先叙述一下清军方面的情况。

卢象升战死疆场

崇祯九年(天聪十年,1636)四月,皇太极在盛京(今沈阳)正式登基即位,建国号大清,定年号为崇德,仍以盛京为国都。

皇太极建元立国,充分显示出他将与大明朝争夺天下的决心。自此以后,他展开了一系列攻势,与明朝进行决战。

崇祯九年六月底,勇敢善战的阿济格率领十万八旗兵,自喜峰口攻入长城,于延庆集结。然后,阿济格率部深入京畿,攻城略地。

七月初八,清兵攻下昌平,再攻西山受挫后,转而南下良乡。十六日,攻下宝坻,二十二日,又下定兴,既而攻入房山。

面对危急形势,崇祯帝及其大臣们几乎是没有招架之力。清兵犯边的消息传来时,崇祯帝首先任命太监分守各关隘。至于为什么不用大臣而用太监拒敌的原因,崇祯帝的解释是太监动作利索,赴任速度要比大臣快得多!随着战局的发展,崇祯帝除了急命各地边兵火速入卫外,似乎拿不出什么办法来。

清兵攻到房山后,京师戒严,斗米三百钱,人心大乱。崇祯帝在平台召见大臣,希望能议出个办法来。大臣们仍然是陈词滥调,老生常谈,到最后还是崇祯帝想出了个主意,却仍然是"蠲助"两字。兵部尚书张凤翼无奈之下,只得自请总督各处援兵出师,勉强做出个姿态来。

阿济格一路势如破竹,连破房山、安肃(今河北徐水),攻大城。至八月,攻入文安、永清,分攻诸县,先后进攻漷县、遂安、雄县,然后攻香河,进河西务,还涿州,克顺义。再绕到京城东北,至怀柔、大安,西陷西和,分兵屯密云、平谷,再返回雄县,向北侵扰。直至九月初一日,才从冷口出塞。有意思的是,他在出塞前还在塞上树了一块柏木,上面写道:"各官免送!"

此次清兵入关,连陷十二城,大小五十余战,京畿损失惨重。除少数将领外,明朝各处战将几乎没有组织起像样的反击。仗打成了这种样子,也实在没有什么好叙功论赏的,但崇祯帝却仍要奖赏,不过受赏的主要是太监,依次是:太监曹化淳因进马赐彩币;太监曹化淳、张国元因守卫京师有功荫指挥佥事,各世袭;太监高起潜弟荫锦衣卫中所百户世袭,等等。仗打到这种份儿上,不知还有何功可叙?!

倒是兵部尚书张凤翼、宣大总督梁廷栋,深感罪孽深重,先后服毒自杀。而依此两位的人品和原先的表现,应不至于会有此举的。不过,他们幸好及时自杀,否则也难逃重罚,因为不久后,崇祯帝又改变了主意,追论其罪,张凤翼被免职,梁廷栋被处大辟,因其已死,免于实施。张、梁两位,对此似乎已有先见之明!

兵部尚书、宣大总督自然不能久缺,崇祯帝便破例把在家守制的杨嗣昌调来任兵部尚书,又任命刚从湖广前线赶来勤王的卢象升为宣大总督,负责守边。

这一人事变动,对边防并无多大积极作用。新任兵部尚书的杨嗣昌,始终认为朝廷的主要威胁是来自于农民军,而不是皇太极。他上任后的工作重心,也一直是放在镇压农民军一事上。而出任宣大总督的卢象升,虽在镇压农民军上做出了成绩,但对于边事,则毫无经验。据说卢象升的这一调动,本是首辅温体仁对他的算计,因为两人之间颇有积怨。后来的事实也表明,卢象升在任职期间,确实受到了温体仁的压制。即使在温体仁下台后,卢象升也没有得到杨嗣昌等人的有力支持,反而处处受制。

更严重的是,崇祯帝等人对皇太极的勃勃雄心一无所知。对清兵的入侵,崇祯帝仍认为只是一般侵扰,没有意识到这已是到了两朝争天下的关键时刻。因此,朝廷尚存侥幸之心,在战略和行动上自然不会得力、有效。如此次清兵入侵后,崇祯帝也觉得边关需要加强,否则还要吃亏。但他为此做出的决定,则令人哭笑不得:他竟下令兵部向武清侯李诚铭等借款,以用来练兵买马,制器修边,到日后加上利息再归还。

就在崇祯帝举债借贷之时,皇太极却又瞄准了朝鲜。

早在即位之初，皇太极就出兵朝鲜，以剪除来自东方左翼的后顾之忧，破坏毛文龙从海上进袭辽南的陆上基地。这次出兵虽没有达到消灭毛文龙的目的，但却严重打击了朝鲜，逼迫其缔结了城下之盟，双方约为兄弟之国，朝鲜对后金春秋输岁币，互市中江。

朝鲜虽与后金订约，但并非真心结盟，相反却力图保持和明朝的友好关系，维护明朝的利益。崇祯四年（天聪五年，1631），朝鲜国王李倧拒绝后金要求征调兵船的命令，不肯助后金抢占原由毛文龙占据的海岛。李对后金使者明确表示："明国犹吾父也，助人攻吾父之国可乎？"同时，朝鲜还减少每年向后金交纳的岁币，收容后金逃人，并议罢遣使、互市等。崇祯五年（天聪六年，1632），朝鲜又拒绝向明朝叛将孔有德等提供军粮。此后，双方关系一直十分紧张。

崇祯八年（天聪九年，1635），皇太极打算登基，建元开国，希望能得到朝鲜的支持。朝鲜国王坚决予以拒绝。在崇祯九年（天聪十年，1636）四月举行的开国典礼上，朝鲜使者开始不肯参加典礼，后来虽被迫参加，但也坚决不肯行跪叩大礼。最后，两位使者在遭受百般凌辱后，被迫依皇太极等人的意志行事，并接受了大清有辱朝鲜的国书。两人回国后，朝鲜上下纷纷怒斥他们是"奉使辱命"，要求予以处罚。朝鲜国王也以檄文形式回击皇太极，不甘屈服。两国关系已发展到了剑拔弩张的地步。

平心而论，当时的朝鲜对明王朝是相当忠诚。而正是这种忠诚，使得皇太极下决心征服朝鲜，解决后顾之忧。遗憾的是，明朝当时已自顾不暇,无法给朝鲜这个属国提供任何保护,只能眼睁睁地看着朝鲜罹难。

崇祯九年(崇德元年,1636)十一月,皇太极决定亲征朝鲜。十二月初,皇太极率领和硕礼亲王代善、和硕睿亲王多尔衮、和硕豫亲王多铎、多罗贝勒岳托、多罗贝勒豪格、多罗安平贝勒杜度,共大军十万,从沈阳出发,进攻朝鲜。初九日,皇太极渡江进入朝鲜。岳托部于十三日到达了平壤,多铎部则于十四日进逼王京汉城,朝鲜国王李倧逃离国都,避入南汉山城,凭险死守待援。双方僵持不下。

崇祯十年(崇德二年,1637)正月,多尔衮出骑兵袭击江华岛(汉城东北汉江入海处),俘获朝鲜国王及重臣的家属二百余名,并以此胁迫朝鲜国王李倧。

李倧被迫于正月三十日出城投降,献出明朝所颁给的敕印,向清臣服。皇太极也释放了被俘家属,只留下了李的长子和次子作为人质。

二月初二日,皇太极班师回国。又命硕托和孔有德、耿仲明、尚可喜进攻当时仍由明朝控制的皮岛(今朝鲜椵岛),后又派阿济格前去助战。四月十二日,阿济格奏报攻克皮岛,杀守岛总兵沈世奎,消灭守岛驻兵一万七千余人。

至此,一直制约清政权发展的东部威胁,已被彻底解除。

至崇祯十一年(崇德三年,1638)八月,皇太极再次决定奔袭明朝,发动了清朝入主中原前最大的一次入关奔袭战。

八月二十三日,皇太极命多尔衮为奉命大将军,以豪格、阿巴泰副之,统率八旗左翼军;以岳托为扬武大将军,以杜度副之,率八旗右翼军,分两路攻明。八月二十七日,岳托自率右路军自沈阳出发;九月初四日,多尔衮率左路军从沈阳出发,浩浩荡荡,杀向大明。

为配合多尔衮和岳托,皇太极亲率大军于十月初十日离开沈阳,向山海关进发,以牵制住辽西的明将祖大寿等人援关内。皇太极率部先后骚扰义州、锦州,一直至中后所,遍扰辽河以西地区,牢牢地牵制住了辽西的明军。

多尔衮、岳托率部分别从墙子岭、青山口等关隘攻入长城。正在密云为监视太监邓希诏祝寿的总兵吴国俊急忙率兵至墙子岭与清兵激战,溃败退至密云。蓟辽总督吴阿衡率兵救援,兵败而死。太监邓希诏不战而逃。两路清军会合后,乘胜挺进,越过迁安、丰润,至通州以西地区,绕过北京,南下涿州,然后分兵八路,在京师南部地区往来扫荡。

面对清军的凌厉攻势,崇祯帝急令各地兵马勤王,并赐卢象升尚方宝剑,总督天下援兵。

十月初二日,京师戒严。

十月初四日,崇祯帝在武英殿召见文武大臣及卢象升,商议御敌之计。卢象升向崇祯帝明确提出主战的基本方针。卢象升列举了消极防守的诸般困难,认为与其处处被动防守,还不如主动出击。崇祯帝认为言之有理,便命他与兵部尚书杨嗣昌、总督中官高起潜商议具体之策。当时杨嗣昌、高起潜并不同意卢象升的看法,于是双方意见不一,不欢而散。卢象升返回昌平前线。

第七章 历史没有奇迹

当时卢象升正遭父丧,本应卸职丁忧,但崇祯帝令他夺情留任,所以他是穿着麻衣草履做督师的,心中不免会有些悲壮。

初五日,卢象升以三万兵马扼守昌平。当时,清兵正在南下,势不可阻。卢象升偏不信邪,想迎其锋芒,与其碰一碰。他下令手下诸将,挑选精兵锐卒,约定于十五日夜里分四路袭击清军营地,并下死令:"刀必见血,人必带伤,马必喘汗,违者斩!"这在当时确实是个大胆的计划,大概也只有卢象升才会有这样的胆子。

总督中官高起潜得知后,很不以为然。他说:"只听说过雪夜下蔡州,未曾听说月夜突袭。"意思是你卢象升搞夜袭,也不应该把日子挑在月半。于是,高起潜便以骑师应该少而精为借口,不肯出兵助战。

卢象升哪里能受得了这种气,便要求分兵。杨嗣昌便以宣府、大同兵归卢象升,以关宁诸路兵归高起潜。如此一来,卢象升手中只剩下不足两万兵马。不过,决意要战的卢象升,仍如期在巩华城誓师。他慷慨激昂,说到激动处,泪如雨下。

杨嗣昌见卢象升真要拼命,心中不安起来,便令卢象升赴通州与高起潜会合,卢象升根本不听,认为这是有意阻挠他出师。杨嗣昌不得已,便急匆匆赶到卢象升军中,劝说卢象升不得轻举妄动。卢象升哪里能听得进去,反而痛斥他道:

"你们决意要与清军议和,难道不想想城下之盟是春秋大耻吗?况且我身负重任,京城中口舌如锋,如果一开和议,肯定是袁崇焕第二。即使不惧杀身之祸,那么像我这样身服重孝之人,现在不去奋身报国,移孝作忠,则是忠孝两失,我还有什么脸面立于人世呢?!"

杨嗣昌被说得无言以对,过了很久才说道:

"你是用尚方剑架在我脖子上吗?"

卢象升接道:

"尚方剑须先架在我的脖子上!如果自己不能歼敌,尚方剑哪会轻易架到别人脖子上。不战而言抚,我决不同意!"

当时杨嗣昌等人主张与清兵议和。在他们看来,清军势不可挡,打起来大概不是其对手。另外,当时陕西的局势虽趋稳定,但河南、湖广仍在激战,朝廷也实在无力两面开战。如果让卢象升一味恋战,弄不好会把京师丢掉。不过,杨嗣昌也知道,议和毕竟不光彩,危险也很大,袁崇焕就是一例,况且崇祯帝现在也决意要战,所以经卢象升这么一说,也就不便再争下去了。

卢象升如期发动了进攻,可惜没有得手。也就在同一天,高起潜部的刘伯禄也在卢沟桥被清兵击败。形势陡然紧张起来。十九日,崇祯帝下令诸大臣分守京师各门,并火速檄召陕西前线的军队入援,于是,总督洪承畴、巡抚孙传庭等率十五万大军匆匆北上救援。

十一月初,清兵掠良乡、高阳、涿州等地,然后分兵出击,势如破竹。

初八日,崇祯帝再次召集文武大臣等商议战局。工科都给事中范淑泰说:

"现在敌已临城,朝廷却无定议,不知是战?还是款?"

崇祯帝反问谁人言款?范淑泰答道:

第七章 历史没有奇迹

"外面都是如此之说。而且凡有警报,秘而不传,俱讳其事。"

崇祯帝则辩解说,这是因为事涉机密。

不过,范淑泰讲的确是实情。当时形势如此危急,朝廷竟态度不明,或战或和,连许多大臣都弄不清。崇祯帝还以事关机密为由,不向臣民公布实情。如此做法,岂能让天下臣民同仇敌忾,奋勇杀敌。

范淑泰还针对崇祯帝抱怨粮饷匮乏而发表看法。他说:

"戎事在于行法,今法不行而忧饷,即天雨金,地雨粟,何济?"

他这句话大概说得过重了,逼得崇祯帝说出了真话:

"朝廷何尝不欲行法!"

此言足见崇祯帝的无可奈何。连位居九尊的皇帝也讲出了这种话,由此也不难知道当时的朝政了。君臣们讨论了半天,仍是拿不定主意。倒是大学士刘宇亮,一时热血沸腾,站出来自请视师,着实让崇祯帝高兴了一阵。不过,刘宇亮过后又有些后悔自己的一时冲动,便自己把视师改为阅视,令崇祯帝很不高兴。

清兵继续攻掠。十一月初九日,清军围攻高阳城。原大学士、辽东督师、少师孙承宗就住在高阳城中。当时七十六岁的孙承宗,亲率家人上城抗敌,视死如归。初十日,高阳城破,孙承宗被俘。清兵不忍加刃于他,而让他自尽。孙承宗望北叩头,投环而死。全家子侄男妇百余口,及家中用人,除一个六岁的孙子及其母亲二人幸免于难外,全部罹难。在其感召之下,城中数千人,在城陷之时,仅有数十人逃亡。

孙承宗之死,令朝野震惊。崇祯帝令有司优恤。不过,令人奇怪的是，对孙氏的优恤直至第二年才进行，据说是首辅薛国观、兵部尚书杨嗣昌在暗中压制。

攻克高阳后，清兵连下衡水、武邑、枣强、鸡泽、文安、霸州、阜城、平乡、南和、沙河、元氏、赞皇、临城、高邑、献县等地，而明朝却始终无法进行有效反击。督师卢象升处处受制。崇祯帝在薛国观、杨嗣昌的影响下，打算以孙传庭替而代之，并拿掉了卢象升的兵部尚书衔，令其戴罪立功，又令大学士刘宇亮督察各镇援兵。

当时清军兵分三路，分头进击。卢象升在崇祯帝的压力之下，分兵救援真定，自己则率兵赴保定，寻敌决战。当时卢象升只有残卒数千，缺粮少饷，已无多少战斗力。

十二月十一日，卢象升进师至顺德府的巨鹿县贾庄，与清兵发生遭遇战。卢象升居中，杨国柱居右，虎大威居左，列阵迎战。至次日，清兵合围，骑兵数万围之三匝。卢象升率部奋勇冲杀，自辰时激战至未时，炮尽矢穷。最后，卢象升在亲手击杀数十人后，身中四矢三刃，仆地而亡。其亲兵杨陆凯伏在卢象升身上，保护其遗体，身中二十四箭而亡。此役，卢象升所部几乎是全军覆没，仅有杨国柱、虎大威等少许人得以脱身。

卢象升在巨鹿激战时，高起潜正率兵自驻地广平府鸡泽县北上，仅距卢象升五十里之遥。当卢象升战败的消息传来，高起潜急忙避退，没想到中了清军埋伏，大败而逃。当时大学士刘宇亮驻扎在定州（今河北定县），卢象升败报传来时，他竟吓得瘫在地上，不能站立，后来匆匆赶到保定孙传庭的兵营中，以求自保。

高起潜竟把卢象升的死讯隐匿不报。杨嗣昌得到死讯后，先是想诬陷卢象升遇敌退却不战的罪名,没有成功,继而又疑卢象升是否真的战死,派人验视。后来,兵部主事杨廷麟派人在战场上找到了身穿孝服、遍体鳞伤的卢象升遗体。顺德知府于颖,据实上报朝廷,这才弄清了真相。

由于杨嗣昌的阻挠,卢象升的遗体过了两个多月才得以收殓。其应该享有的优恤,也是过了好久才给予。天下的人都为他鸣不平,认为是杨嗣昌在暗中捣鬼。这也是难免的,因为很多人都把卢象升之死归罪于杨嗣昌。如计六奇就认为,卢象升的战死,原因有六:一是与杨嗣昌不和,二是与高起潜不协,三是以弱当强,四是以寡击众,五是无饷,六是无援。后面五条都是因杨嗣昌奸谋所致。所以计六奇说:

"虽然,杀象升之身于一时者,嗣昌也;成象升之名于千载者,亦嗣昌也。"

不过,也亏得有一位像卢象升这样的忠臣,才让后世的宜兴人心里好受些,否则天下还以为明末的宜兴人都像周延儒一样。宜兴自古以来人杰地灵,出了不少人物,却以文人为多,少有带兵征战、搏杀疆场的慷慨之士。卢象升实在是周处以后、千年以来的第一人。不过,做忠臣的代价也实在是大。卢象升战死时才三十九岁,正是壮年。他的弟弟卢象观等,数年后又在宜兴起兵抗清,最后兵败被杀。卢氏一门,从此以后一蹶不振。

卢象升之死,令天下大震。大明朝自与后金开战以来,虽多次损兵折将,但尚未有督师战死的先例。而另一主帅总督高起潜也是兵溃而逃。这真是前所未有的惨败。

清军乘胜横扫畿南几十个州县,然后突然折向山东。杨嗣昌等急调兵布防,山东巡抚颜继祖移师德州。清兵则避开德州,由东昌、临清等渡过运河,然后兵分三路,一路向高唐,一路向济宁,一路围攻济南。

崇祯十二年(崇德四年,1639)正月初二日,清兵攻下了兵力空虚的济南。济南城中的德王朱由枢被俘(后被押解至盛京沈阳),布政使张秉文,副使邓谦济、周之训,运使唐世熊,知府苟好善被杀。济南城被焚掠一空,城内外积尸十三万。明清开战以来,济南是第一个被攻陷的省会。济南的沦陷,不仅使运河沿岸遭受到严重破坏,运河粮道遭到威胁,更重要的是,对交战双方的心理影响巨大。

崇祯帝急令各军驰援济南。大学士刘宇亮,总督孙传庭、祖大寿等率重兵赶赴济南。清兵则撤离济南,南下攻击诸县,最远攻到兖州,因安庆巡抚史可法驻屯徐州,才未继续南下,转而攻击沧州、青县。

由于岳托病死,多尔衮率兵趋天津。三月,在几经冲杀后,清兵最终突破明军的防线,于青山口出关,顺利返回沈阳。

清兵此次入关奔袭,可谓完胜。据多尔衮称,他的左翼军,共克城三十四座,降者六座,败敌十七阵,俘获人口二十五万七千余等等。右翼军副帅杜度则称,他共克城十九座,降者二城,败敌十六阵,杀两总督及守备以上官共一百余员,生擒一亲王,一郡王,一奉国将军,俘获人口二十万四千余,缴获黄金四千余两、白银近一百万两。

战后,崇祯帝对参战将帅也进行了清算。他令杨嗣昌议文武官员失事罪,分以下五等:守边失机、残破城邑、失陷藩封、失亡主帅、纵敌出塞。不久,顺天、保定、山东巡抚,蓟镇总兵,山东总兵等三十二名高级官员,被处死刑。大学士刘宇亮削籍。而作为大学士、兵部尚书的杨嗣昌,竟未受到任何处分。朝野大为不满,一片哗然。后来,崇祯帝为平息不满,才勉强让其落职冠带视事。

更为严重的是,崇祯帝及杨嗣昌等最高决策层,并没有从根本上去反省战争失败的原因。他们总认为失败的主要原因,是文武大臣无能、怕死,他们从来没有想到自己亦应负责任,而且是负主要责任。他们更不会去反省朝廷体制上存在的问题。

不过,崇祯帝似乎也没有时间去反省,因为清兵才退出长城不久,湖广又出了大事,原先归顺朝廷的张献忠,竟又在谷城重举造反大旗了。而那位躲入深山,已销声匿迹了很久的李自成,也乘此机会蠢蠢欲动了。

已被多尔衮折腾了半年多的崇祯帝及其朝廷,才刚喘了口气,不想湖广战火又起。精疲力竭的崇祯帝和他的那班大臣们,只得再打起精神,来全力对付张献忠。

杨嗣昌督师

张献忠再反于谷城,令朝廷措手不及,十分狼狈。

其实,在当时的满朝文武中,也有几位头脑清醒、没拿张献忠钱财的人物。他们对张献忠始终不放心，认为应抓住机会，予以彻底解决，免得养虎遗患。如郧阳巡抚戴东旻、襄阳道王瑞柟、郧阳按察林铭球、总兵左良玉等，都曾提出，甚至已着手准备对张献忠突袭，但熊文灿坚决不肯，认为不能轻举妄动。

熊文灿等人，一来是拿了张献忠不少好处，不便多说；二来是，他们力主抚局，如果张献忠一反，抚局便破，难以向天下交代。因此，熊文灿等便对张献忠事事优容。而张献忠也是利用有利时机，招兵买马，训练士卒，整肃军纪，制造火器。他还请人讲授孙、吴兵法，研究埋伏、连弩、团营、方阵、左右营诸战法等。更可怕的是，他广行贿赂，广交文武官员，自湖广至京城，路路皆通，朝廷的一举一动，他完全掌握。

崇祯十二年（1639）五月初，张献忠终于再反于谷城。其部下毁城、劫库、放囚。谷城知县阮之钿服毒未死，拒不交印，被农民军惨杀。阮之钿对张献忠再叛早有预感，多次上疏朝廷要求预防，却无人理他。他只得早早写好遗书，准备好毒药等死。在谷城的监军张大经投降，陈洪范在谷城协防的部将马廷宝、徐起祚也被胁从。按察林铭球拒绝与张献忠合作而被杀。

接着，张献忠便率部向房县进发，与罗汝才会合。临走之前，张献忠把他曾行过贿的朝廷官员名单和钱物数目张榜公布。他对此举很是得意，并说没拿过他钱的，只有襄阳道王瑞柟一人而已。

五月二十三日，张献忠率部到达房县。罗汝才等部一哄而起，纷纷响应。张、罗诸部于次日联合攻打房县。

第七章 历史没有奇迹

房县知县郝景春是个非常负责的人。他也早就看出了张、罗等人的反心,曾请求朝廷派兵支援,却没有人理会。他只得与主簿朱邦闻、游击杨道选内修守具,外定盟书,苟且旦夕。农民军攻城后,他坚决抵抗,固守待援,坚持了好几天。最后因郧阳卫指挥张三锡打开北门降敌,郝景春才被俘,他拒绝投降,惨遭杀害。其子也同时遇害。

张、罗造反后,均州五营首领王光恩、王国宁、惠登相、常国安、杨友贤聚在一起商议如何应变。王光恩说:"大丈夫各立门户!今献忠反,吾辈亦反,是出裤下,吾不为也。"他还当场咬破手指,写下血书,以示其不反的决心。后来,惠登相等人发生动摇,而王光恩却坚决站在朝廷一边,说话算话,绝不动摇。

张献忠等人的重新反叛,使湖广抚局顷刻瓦解。最紧张的当然是主持抚局的总理熊文灿。熊文灿命各处巡抚严加防守,又急令左良玉进兵速剿,希冀侥幸取胜,能减轻罪责。左良玉只得在炎热暑天,率河南副将罗岱等,自襄阳进攻房县。由于准备不足,孤兵轻进,左、罗两部中了张献忠、罗汝才的埋伏,被杀得大败。罗岱战死,左良玉侥幸突围。左良玉一向以能战著称,没想到这次却吃了大亏,被歼万余人,连总兵官的印信都弄丢了,手下只剩下千余人。

坏消息接连传到京师,崇祯帝大怒。他下令把熊文灿、河南总兵张任学革职,左良玉降三级图功自赎。随后又严令各督抚合力围剿。

熊文灿虽是崇祯帝点的将,但名义上却是杨嗣昌推荐的。湖广抚局失败,熊文灿自然要被治罪,而作为保人的杨嗣昌心中也很不安。杨嗣昌虽于崇祯十一年(1638)六月入了阁,但仍兼兵部尚书。至崇祯十二年(1639)八月,新任兵部尚书傅宗龙抵京,杨嗣昌便向他移交了部务,然后向崇祯帝上疏请罪。崇祯帝让杨嗣昌回内阁佐理。谨慎小心的杨嗣昌便再次上疏请罪,没想到崇祯帝竟降下御旨,要杨嗣昌出京督师,并让杨嗣昌没有一点推托的余地。

于是,杨嗣昌便以礼部兼兵部尚书、东阁大学士的身份出任总督,赐尚方剑,各省兵马自督、抚、镇以下俱听其节制,副、参将以下即可以赐剑从事。

崇祯帝对杨嗣昌是抱有很大希望的。他始终认为杨嗣昌是一位不可多得的人才,也处处予以偏袒。此次任命杨嗣昌出京督师,崇祯帝一是希望他能力挽狂澜,做出点成绩,以塞众人之口;二是因为他觉得朝中实在无人,也只有杨嗣昌能担此重任。杨嗣昌任命之后,崇祯帝又是面谕,又是敕书,但仍觉得不放心,便于九月初四日召对杨嗣昌,两人秘密商议了半天。崇祯帝要杨嗣昌重点盯住张献忠,一剿到底,对其他人则可剿抚并用。

为了表示宠爱,崇祯帝除赏赐外,还于宫中赐宴给杨嗣昌送行,又赐座,并三次向杨嗣昌举觞敬酒。最后,崇祯帝还御制诗一首赐给杨嗣昌。诗云:

盐梅今暂作干将,上将威严细柳营。
一扫寇氛从此靖,还期教养遂民生。

崇祯在位十七年,能获如此殊荣的官员又有几人!杨嗣昌感恩戴德之下,匆匆赴湖广前线。

十月初一日,杨嗣昌到达襄阳,随即同革职总理熊文灿、督理中官刘元斌、巡抚方孔炤、总兵左良玉、陈洪范等会商军务。

十月初五日,杨嗣昌向崇祯帝建议,任命左良玉为"大将"、挂"平贼将军印"。左良玉数年以来为朝廷立下战功不少,也是最能打仗的朝廷将官。此次他由总兵升任将军,实际上是被赋予了节制其他各镇总兵的权力,是杨嗣昌的副帅。崇祯帝还特意从内府中找出一枚已多年不用的"平贼将军印"给左良玉。左良玉不久前才丢失总兵的印信,没想到反而补到了一枚将军印,自然是满心欢喜。

杨嗣昌在笼络住左良玉的同时,却对其他将领严明军纪,不讲情面。失职副将刁明忠被大行鞭挞,监军佥事殷大白被斩首,湖广巡抚方孔炤被逮捕治罪。革职总理熊文灿也被逮解京师。将士们个个心存畏惧,不敢稍有疏忽。

杨嗣昌仍是剿抚并用。他广发舆论,说能捉住张献忠者准抚,能解散胁从难民各回原籍者准抚,能为良民自耕自食者准抚。也就是说,除了张献忠,其他人都可以就抚。杨嗣昌把重点放在张献忠身上。他刊布通缉令,榜上画着张献忠头像,并亲作《西江月》一首:

> 此是谷城叛贼,而今狗命垂亡。兴安、平利走四方,四下天兵赶上。

逃去改名换姓，单衣黑衣逃藏。军民人等绑来降，玉带锦衣升赏。

榜尾大书赏格："能擒张献忠者赏万金，爵通侯。"

据说张献忠看到这张通缉令后，曾轻蔑地说："营中有获嗣昌者，赏银三钱！"

不过，张献忠也是精明之人，深知杨嗣昌必会孤注一掷，便率部西进，到达川、陕交界的山区。罗汝才、过天星等部则仍活动于南漳、房山、兴山、远安一带。

杨嗣昌把主力用于追剿张献忠部。左良玉部在陕西官兵的配合下，终于二月初七日在四川太平（今万源）玛瑙山截住了张献忠的主力，进行了一场恶战。张献忠大败，部卒损失了三千五百多人。他自己用的镌有"天赐飞刀"字样的大刀，刻有"西营八大王承天澄清川岳"字样的虎符、镂金龙棍、令旗、令箭、卜卦用的金钱以及妻妾等七口，全被掳获。其军师潘独鳌被俘。十反王杨友贤投降。

杨嗣昌旗开得胜，自然是趾高气扬。崇祯帝也是十分高兴。官军士气大振，乘胜猛追猛打，连败张献忠部。至三月下旬，连连遭挫的张献忠只得率残部进入荒山野岭，处境十分困难。杨嗣昌也认为张献忠的彻底失败，已是指日可待。

不过，朝廷诸将帅之间的不和及内耗，再次帮助张献忠渡过了难关。

杨嗣昌赴任之初，就重用左良玉，而左良玉在屡立战功后，却骄傲起来,渐渐地不把杨嗣昌放在眼里。于是,杨嗣昌想起用陕西总兵贺人龙,并与新任兵部尚书陈新甲商量,不过后来又认为临阵易将,为兵家所忌,便又改变了主意。杨嗣昌的做法,既得罪了左良玉,又引起了贺人龙的不满。两位大将与总督之间便渐渐失和,追剿之事也就受到了影响。

张献忠正好利用这一有利时机,躲过官兵追捕,于七月份到达巫巴深处的兴山县(今湖北兴山)之北的白羊山,与刚被官兵大败的罗汝才会合。二人一合计,决定避开官兵主力,向四川进发,打杨嗣昌一个措手不及。

张献忠、罗汝才攻入四川,粉碎了杨嗣昌把农民军围剿在湖、川、陕三省交界的企图。杨嗣昌急令各方将领堵截,他本人也于八月移营入川,指挥作战。

由于四川方面十分腐败,川军也毫无战斗力,所以张献忠、罗汝才入川后打得相当顺手。

张、罗先是在观音岩大败邵仲光,撕开缺口,然后进逼到大昌(在巫山之北)。四川巡抚邵捷春率兵在此驻守,张、罗便绕过大昌,向开县、梁山(今梁平)、新宁(今开江)方向挺进。在达县遇阻后,又转攻大昌、大宁(今巫溪),然后再向西冲杀,由达县攻到巴州(今巴中)、广元、昭化,再攻剑州(今剑阁)。稍做停顿后,张献忠、罗汝才放弃入陕的打算,再南攻梓潼,到十月下旬攻至绵州(今绵阳)。

杨嗣昌率部紧追,于十月二十四日左右赶到梁山,然后经大竹、广安、岳池,到达顺庆(今南充),沿途吃尽苦头。剑州、梓潼之败传报来后，杨嗣昌对四川将领及入川参战的客将进行了参劾和惩治。四川巡抚邵捷春被革职，后被处死，其职由监军道廖大亨接任。陕西总督郑崇俭也因增援不力而被革职，由丁启睿接任。其他被参惩处的将官也有不少。

杨嗣昌和监军万元吉见四川的仗打成这样，便又对前线将领进行了人事变动，提拔猛如虎为总统，张应元为副总统，节制、协调各镇官兵，追杀张献忠和罗汝才。

十一月，杨嗣昌移营重庆。

与此同时，农民军则又攻下成都之北的什邡，接着南下，过汉州（今广汉）、金堂，从成都之东直下简州（简阳）、资阳，再东折至安岳。"以走致敌"，避实击虚的张献忠、罗汝才，至此终于找到了绝好的战机。

十二月初，张献忠、罗汝才连破隆昌、泸州，接着沿长江之北西克南溪，转而北上攻克荣县，围井研，克仁寿，于中旬突至成都城下。成都危在旦夕。然而，张、罗却弃城不攻，突然北上，再破德阳，并继续北上，于昭化境内渡过嘉陵江，智取巴州（今巴中）。至此，张献忠、罗汝才已取得了主动权。

此时张、罗二人的意图已十分明显。他们成功地把杨嗣昌及其主力调入川中，然后摆脱官军，乘机重返防守空虚的湖广。张献忠受抚谷城期间，曾研读过孙、吴兵法，此番用于实战，看来效果不错。

杨嗣昌当然也读过兵法，看得出张、罗的意图。所以，当张、罗于崇祯十四年（1641）正月初自巴州起营，攻下通江，进至达州，焚断驿舍七百里时,东进湖广的意图已被杨嗣昌察觉。杨嗣昌深知湖广空虚,张、罗如一入湖广,则不可收拾,因此急令堵截。可是,贺人龙率秦兵留驻广元,拒不出击。而左良玉则在杨嗣昌的九次檄调下,才勉强入川堵截。最出力的仍是猛如虎。

猛如虎于正月十三日在开县黄侯城(一说黄陵域)赶上了张献忠、罗汝才部。当时官军已连追四十日,十分疲劳,诸将请求休整一天后再战。猛如虎和参将刘士杰却生怕张献忠逃脱,立即率部攻击。由于孤军追敌,没有友邻部队协调,猛如虎被张献忠切断退路,围住痛击。结果刘士杰战死,猛如虎的儿子、侄子自杀,部队损失大半。最后猛如虎仅与中军马智率残部千余人逸出重围。

猛如虎经此一击,已是元气大伤,无力再战。而奉檄入川的左良玉,却在此关键时刻,竟率部退入陕西兴安地区。如此一来,四川东出湖广之路,门户洞开。

由于张献忠行兵神速,且沿途焚烧驿站,大杀传报塘卒,杨嗣昌已无法迅速掌握川东的战况,湖广方面更是消息不通。当张献忠、罗汝才自夔门(今奉节)突然东入湖广,并于月底攻克兴山、进逼当阳时,湖广方面尚不知黄侯城之战和张献忠东下的消息。郧阳巡抚袁继咸闻警急忙派兵前来防守。

张献忠此时已侦知襄阳空虚,决定长途奔袭襄阳。他留下罗汝才与湖广兵周旋,自己率精锐轻骑,急行军直奔襄阳而去。

张献忠真是运气绝佳。在途中,他正巧遇上杨嗣昌的信使,缴获兵符。于是,张献忠灵机一动,派部将李定国(一说是刘兴秀）率二十余骑扮作官兵，夜叩襄阳城。郧襄道张克俭验过兵符后，放其入城，安排其住在承天寺。二月初四日夜半，这二十余人放火为号，与预先潜伏在城中的人员一起，趁乱袭击官军，弄得城中一片混乱。至天明，张献忠已率主力赶至城下，不费吹灰之力便杀入城中。襄阳城沦陷。

襄阳城是湖北重镇，兵家必争之地，此次竟被张献忠如此轻易得手，朝廷损失惨重，湖广战局也由此发生了逆变。

张献忠攻下襄阳后，十分高兴。他不仅救出了自己的军师潘独鳌及自己的七个妻妾，而且竟逮住了襄王朱翊铭、贵阳王朱常法，还得了不少银子。郧襄道张克俭、推官邝日广、知县李大觉等也被杀死。美中不足的是竟让襄阳知府王承恩带着福清王逃脱了。

据说张献忠当时端坐在襄王府殿上，对被捆绑在殿下的襄王朱翊铭敬酒道：我打算借用你头，让杨嗣昌以失陷王藩之罪伏法，你努力喝下此酒。随后他下令处死襄王，纵火焚尸。贵阳王接着也被处死。

当时左良玉诸营的家族就住在襄阳对面的樊城。襄阳失守后，樊城便切断汉水上的浮桥，希望能自保。张献忠哪里能轻易放过，便率兵渡江，攻破樊城，报了左良玉俘其妻妾之仇。左良玉在张献忠出川时，避而不战，樊城之破，也算是个报应。

张献忠攻破襄阳，标志着杨嗣昌的死期已到。杨嗣昌获知张、罗出川后，火速赶赴湖广。此时他尚不知襄阳已破，更不知在此以前李自成已攻破洛阳。等他到达夷陵（今湖北宜昌）时，败报传来。杨嗣昌惊恐之下，已不能进食，到荆州沙市时，病情加重，已不能行，便在徐园住下。

此时的杨嗣昌，心如刀绞，已知死期将至。他在给湖广巡抚宋一鹤的信中写道："天降奇祸，突中襄藩。仆呕血伤心，束身俟死，无他说矣。"三月初一日，杨嗣昌死于徐园。也有人说他是服毒自杀的。不过他的儿子事后却极力辩称是病死，而非自杀。想来病死也有可能，因为杨嗣昌一向责任心很重，自负且很重面子，遇此大难，病重猝死并非没有可能。

不过，无论是自杀还是病死，杨嗣昌之死也实在令人感慨。他当时才五十出头，正是壮年，位极人臣，不想顷刻之间却落此下场。再联想其父杨鹤也因剿抚获罪而客死他乡的惨状，更是令人同情。

接替杨嗣昌的是丁启睿。

丁启睿，万历四十七年（1619）进士，本是文职。崇祯十一年（1638），他代孙传庭任陕西巡抚。两年后，因杨嗣昌极力举荐，丁启睿接替郑崇俭出任陕西总督。从其经历来看，丁启睿本没有多大资格接替杨嗣昌。不过，崇祯帝当时也实在找不到合适人选，仓促下便命丁启睿为兵部尚书，改任督师，总督陕西、湖广、河南、四川、山西及大江南北诸军，仍兼陕西三边总督，赐尚方剑和督师印。

丁启睿名为督师，其实并无多少实力。杨嗣昌给他留下约三万兵力，其中左良玉占大部，另有川兵、土司兵若干。他从陕西带出来约一万兵人，包括贺人龙、李国奇所部六千人，宁夏兵两千人,三边兵两千人。靠这点本钱去与河南的李自成拼杀,他也自知不是对手,于是他便去找张献忠。

丁启睿在东出潼关后,便从河南进入湖广,并试图经承天(今湖北钟祥)赴荆州原杨嗣昌军中。湖广巡抚汪承诏认为,贼寇主力在河南,且荆襄一带也已息警,就不必再去了。他还下令把汉水沿岸的舟船藏匿起来,不让丁启睿渡汉水,弄得丁启睿五天不得过汉水,只得转向河南邓州(今邓县)。但邓州城门紧闭,不让进城,丁启睿只得又赴内乡。内乡怕其骚扰地方,竟下令市民不准向城外官军售米卖粮。丁启睿被搞得狼狈之极,其部下也是饥疾交加。当时李自成部正在豫西,军势大盛,丁启睿自然不敢前往。当他得知张献忠在豫东南一带活动时,便灵机一动,率部前往。用他的话说,就是皇帝命我剿豫贼,此亦豫贼也。

张献忠此时也确实是势弱可欺。他攻占襄阳后,因惧左良玉,便急渡汉水而东,攻占河南光川(今潢川),并于四月又回湖广境内,攻占随州(今随县)。五月,张、罗又率部攻打南阳,未下,转而攻打信阳、泌阳。此时丁启睿急令左良玉入豫追剿,张献忠却乘湖广空虚,转而西进,于七月打下了郧西县城。不过,罗汝才却没有跟随前往,据说是与张献忠闹了矛盾,改投李自成了。罗汝才一走,张献忠顿感势单力薄。

八月,当张献忠又回到河南信阳时,正好被左良玉部截住,双方展开一场恶战。当时左良玉心中正憋着一肚子气。因襄阳被张献忠攻陷,左良玉被削职留任,脸上无光,自然耿耿于怀。而左良玉部下诸将,因住在樊城的家族被张献忠屠杀,更是对他恨得咬牙切齿。此番咬往张献忠,真是个个拼命,竟把张献忠杀得大败。此役张献忠失去了悍将沙头目,部下被俘杀者数万,马匹也丢了一万多匹。他自己也受了伤。

遭此重击的张献忠,急忙逃入山中,间道西进至郧阳,各处官兵则是穷追猛打,左良玉也率部赶赴郧阳。张献忠见无法立足,又率残部二千人逃向河南南阳,左良玉则紧追不放,处境相当危险。不过,张献忠仍凭其经验和机智,侥幸走脱,逃过劫难。

据说张献忠曾想投靠李自成,见面后,李自成要他做自己的部将。张献忠却不肯屈居李自成之下,当年李自成落难时,据说也曾试图投靠张献忠,不过没有成功。此时见张献忠如此态度,李自成一怒之下,便起了杀心。幸亏罗汝才出面劝说,李自成才放他一马,赠他五千骑,令他东进与革、左五营会合。

此说之真假已很难断定。不过从后面的情形来看,张献忠确实在信阳大败后,经河南东进安徽,与革、左五营时合时散,共同作战。崇祯十五年(1642),张献忠率部转战安徽一带,利用朝廷与李自成大战中原的有利时机,积极恢复力量,以图东山再起。

崇祯十五年(1642)四月,张献忠攻下了舒城。攻下舒城后,张献忠痛定思痛,做事有了一些新思路,并做了几件破天荒的事情。如他改舒城为得胜州,召集农民回乡割麦子。三河寨的农民杀猪宰羊迎接他,他竟也知道回赠八头牛、五十两白银。更令人吃惊的是,他竟在舒城设起"六部"来。他任命曾做过太仆寺卿的濮中玉做礼部尚书,自己则兼吏、刑尚书,户、兵、工三部也任命了官员。

这些举措,与张献忠先前的做法相比,可以说有天壤之别。在此以前,张献忠绝对是流寇做法,攻一城则弃一城,经常是大肆杀戮。他打仗也主要是靠金帛、良马、美女。每次开战时,必以此来激励士气。他自己在这方面也身体力行,竟拥有九个妻妾。

张献忠的改弦易辙,十分有利于其发展。至五月,他攻克重镇庐州(今合肥)。六月,攻克庐江,并在巢湖操练起水军,扬言要打芜湖。七月,于六安击败黄得功、刘良佐部,令江南大震。凤阳总督高斗光、安庆巡抚邓二阳因此被革职。

不久,革、左五营向河南进发,投靠李自成、罗汝才。张献忠既不愿前往河南,也不能在安徽独撑局面,便想西进湖广,并预先派其军师潘独鳌潜入武昌,了解敌情。九月底,张献忠率部向湖广、安徽交界的安庆府西部进发。十月,在试攻湖广黄梅失败后,张献忠便率部退至潜山天堂寨一带,恃险自保。而在武昌的潘独鳌也被擒杀,张献忠失掉了一位得力干将。

在潜山天堂寨扎营不久,张献忠遭到黄得功、刘良佐所率官兵偷袭,又吃了一次大亏。不过张献忠实力尚存。他先率部退入湖广的蕲水(今浠水)境内,后又突入安徽境内,先攻桐城,再陷无为,转而又杀向两省交界,攻击太湖、黄梅,然后借李自成攻击湖广之势,于崇祯十六年(1643)春向西猛攻,终于在此年五月攻下湖广省会武昌,建立大西政权。

不过这是后话。此处先要叙述李自成部的有关情况。此时的李自成,已是名声大震,并把中原搅得天翻地覆。

李自成：打不倒的必使我强大

李自成在崇祯十一年(1638)八月被洪承畴大败于陕南后，便率残部退入陕西、四川、湖广三省交界的大山之中。

也是李自成命大！当时追剿他的陕西巡抚孙传庭、总督洪承畴，先后被朝廷火速檄调至京师附近，抗击入侵的清兵。而张献忠、罗汝才在湖广、河南等地的冲杀，也吸引了朝廷的主要兵力。李自成居然因此而躲过了大劫。

一时间，李自成似乎消失了。甚至到处盛传着李自成已死的消息。

事实上，李自成并没有消失！他艰难地挺了过来，并且保留了几十名骨干分子，终于等到了东山再起的机会。

躲在山中的李自成到底干了些什么，至今仍是谜。有关的传言也很多。有人说他在走投无路之下，几次想出山投降，甚至还想到过自杀。细想起来，这不是没有可能。不过，他终究还是挺了过来，尽管我们尚不太清楚他是怎样挺过来的。

更有意思的是，我们不仅弄不清李自成躲在深山时干了些什么，而且也不太弄得清李自成是如何从山中复出，复出后又是如何一下子变得如此厉害的。

一般都认为，李自成是在崇祯十二年(1639)五月张献忠谷城再反后走出深山老林的。出山之后的李自成，不断召集旧部，扩充队伍,力量渐渐恢复。

李自成是在崇祯十三年(1640)夏季进入河南后才大出风头的。那么,他在复出后的一年多中到底在哪里活动呢?具体的说法就很多了。

一种说法是,李自成的活动引起了陕西总督郑崇俭的注意。郑崇俭发兵围剿,并予以重创,但最终还是让李自成逃脱,进入湖广郧阳地区。不过到了郧阳地区后,李自成又被杨嗣昌大败过一次,李自成急得差点自杀。最后,李自成才由郧阳走河南。

其他的说法则有所不同。

不过,可基本肯定的是,李自成复出后肯定到达过郧阳地区。潜伏在三省交界大山中的李自成,在复出后由于受陕西方面的压力,开始向郧阳方向移动,与张献忠、罗汝才诸部靠拢。不过,当时郧阳地区已是重兵云集,李自成可能在受到重创后,开始向河南方向挺进。这一方向是有利的,因为入川的张、罗吸引了大部官军主力,李自成逆向而行正好可以避其锋芒。另外,崇祯十三年河南的形势也十分有利于发展。六、七月间,李自成率部从湖广郧阳地区房县出发,取道陕西的平利、洵阳(今旬阳)、商州(今商县),进入了河南的内乡、淅川一带。对李自成的入豫路线,至今还有争论。不过,李自成确实在这年的十月份出现在河南内乡、淅川地区,而且其部众也一下子成了数万,势力大增。

李自成进入河南这步棋,算是走对了。崇祯十三年(1640),全国普遍发生大灾荒,而河南就是灾情最严重的地区。连年的大旱、蝗灾以及战乱,已把河南搞得赤地千里。而朝廷仍不断增加负担,逼得百姓几乎活不下去,纷纷揭竿而起。

崇祯十二、十三年河南的情形,就像天启末、崇祯初的陕北一样,人人思乱,已处于失控的边缘。

而中原乱,天下必乱!

李自成进入河南后,迅速与当地乱民结合,势力急剧膨胀。在当时的河南,依李自成的经历、才能和号召力,是不难形成一呼百应的局面的。

十月,李自成率兵北上,与河南饥民土寇一斗谷、瓦罐子等会合,人数激增到数万人。

十二月,李自成连破汝州府鲁山、郏县、伊阳(今汝阳)三县,然后进入河南府,连下宜阳、永宁(今洛宁)、偃师、灵宝、新安等县,形势十分有利。

李自成这次复出河南后,有许多做法是与原先不同的。首先,他一改先前不分青红皂白,动辄杀戮的流寇习惯,只杀官员权贵,不杀贫苦百姓。如攻破宜阳时,他不杀平民,只杀官员。攻破永宁,他把万安王朱采和地主豪绅一百余人,带到县西关过堂审讯,然后处死。这些做法表明李自成已开始注意收拢人心。其次,李自成开始收罗、重用知识分子,充当自己的谋士。其中最重要的是牛金星和宋献策。

牛金星是河南汝州府宝丰县(一说河南府卢氏县)人,天启年间曾中过举人,后又因故被革去。牛金星虽是文士,但为人慷慨不羁,颇通天文地理,喜读孙、吴兵法,与一般的文人本就不同。据说他素与姻亲王乡绅不合,儿媳死后,被王乡绅唆使知县把他关进监狱，他还不知其因。当他逃出监狱后，无处可去，便投了李自成，很受器用，成了主要谋士。泥腿子出身的李自成，后来能做到有声有色，颇成样子，是与这位谋士很有关系的。

宋献策的情况则比较复杂。他的籍贯至今不清楚，一般说他是河南永城人。他本是一位以算命占卦为生的江湖艺人。当他见到李自成时，便献上"十八子主神器"这一谶语。"十八子"便是"李"字，此语就是李姓能得天下之意。这句话本已流传很广，此次被宋献策巧妙利用而献李自成，李自成听了大喜，竟尊他为军师。不过，这位军师在后来的"神机妙算"，大多仍是用算命占卦之类的办法进行，并不见得有多高超。而李自成却对他十分信任，留其在身边，诸事都要请他算一卦。

除牛金星、宋献策外，盛传李自成身边还有一位传奇式人物李岩。李岩据说是河南杞县原兵部尚书李精白的公子，文武双全。因受人陷害，李岩投靠了李自成，成为重要谋士，为李自成做了许多事。以至于有不少人认为，李自成之兴，是因为用了李岩，而李自成之亡，也是因为杀了李岩。而李岩与红娘子的故事，更是被传扬得家喻户晓。不过，李岩是否真有其人，值得怀疑。李岩很有可能是个虚拟的人物，至少他不是李精白的儿子，因为李精白的两个儿子，一个早亡，另一个则是专以农民军为敌，根本与李岩对不上号。

牛金星、宋献策等知识分子的加入，使李自成的档次大为提高。他原先的部下，绝大多数是文盲或半文盲的农民，经过数年造反的磨炼，也至多是武夫。靠这些人冲锋陷阵尚可，得天下则

第七章 历史没有奇迹

难。牛金星之流的加入,则大大加强了李自成的力量。从此以后,李自成的绝大多数的举措,就颇有争天下的味道,很是上路子了。其中攻打洛阳就是一件大手笔。

李自成在崇祯十三年底扫清洛阳周围的据点后,便盯住了洛阳。

洛阳是豫西乃至中原的重镇,其地位非同小可。以前农民军屡次在河南过境,但从没有哪一路首领动过洛阳的念头,甚至往往是绕开它走。现在李自成终于有了攻打洛阳的实力。

当时洛阳城中,住着一位十分显赫的人物,那就是福王朱常洵。福王是万历帝与其宠妃郑贵妃所生,从小深得万历帝的宠爱。据说万历帝一直有立他做太子的想法,为此曾引起数十年的国本之争,弄得朝廷元气大伤。最后万历帝虽仍立了那位呆拙而又短命的长子朱常洛(即泰昌帝),却在其他方面给予福王以巨大的补偿。福王府是明末最富有、最显赫的藩王府。福王府里的巨额财富,在当时的河南,已成了众矢之的,令人眼红。

李自成决心攻打洛阳城,自然也有这方面的因素。

原南京兵部尚书吕维祺当时正闲居在家乡洛阳。他十分了解局势的严重性,一面急请河南巡抚李仙凤火速增援,一面请求福王拿出些钱来,解决粮饷,激励士气。可是,惜财如命的福王却不肯出钱救急。福王的这种态度,真是令人不可思议。因为事情明摆着,李自成如果进了城,第一个开刀的必然是福王府,到时候别说是钱财保不住,就连性命也得搭上。不久前,宜阳、永宁两城的宗室乡绅,就是因为一钱不舍,最终被李自成破城而遭灭顶之灾。对这些情况，福王应该是十分清楚的。

当时洛阳的防守，十分空虚。原驻人马，根本无法组织防守。城破前，虽有总兵王绍禹率副将罗泰、刘有义进城协防，但这里的士兵长期缺饷，军心很是不稳。福王当时不肯让这些士卒进城，但没有办法阻止，只得出三千两白银犒军。没想到王绍禹独吞此钱，引起不满，罗泰、刘有义竟率部叛投李自成。

十九日，李自成部抵达洛阳北门，开始攻城。叛将罗泰用他带去的火炮轰城，洛阳一片混乱。福王这下子有点慌了，于次日再次出钱募兵守城，但局势已经失控。王绍禹的士兵竟然与城下的农民军谈笑风生，并于半夜发动了兵变。叛乱士兵用刀架住河南分守道王胤昌索饷，王绍禹劝阻无效，根本弹压不住。最后，叛卒杀人放火，打开北门，农民军乘机一拥而入，于二十一日清晨全部占领洛阳。

福王带着他的儿子朱由崧匆匆逃出王府，躲入迎恩寺。体重三百余斤的福王实在是行动不便，最终被农民军抓获。其子朱由崧却伺机逃脱，幸免于难。不过他走得也很狼狈，据说他那华丽的衣服，被那些趁火打劫的人剥得精光，只得裸身而逃。也亏得他走得及时，不仅保住了性命，而且到崇祯帝死后还在南京做了些日子的皇帝（弘光帝）。

在农民军向李自成献俘时，福王遇到了吕维祺。福王像是见到了救命稻草，忙对吕维祺大喊道："吕先生救我！"吕维祺回答说："我自己也是危在顷刻。"不过吕维祺也真是个大忠臣，到了这种时候仍不忘提醒福王：你好歹也是当朝皇帝的亲叔叔，不要忘了身份而过分出丑。

可惜的是,福王却没有做到这点。他自小娇生惯养,哪里见过这种场面,受过此般委屈。当他一见李自成时,便呈恐惧之态,跪下磕头求饶。李自成哪里会饶他?在威风凛凛地把他痛骂一顿后,李自成先令人打他四十大板,然后斩首示众。据说福王最后被砍成碎片,与鹿肉同煮被吃,成了"福禄宴"的原料。

不知万历帝地下有灵否?当初他对福王百般宠爱,无所不至时,是否能想到他本人正在亲手为爱子埋下祸根?真是既有今日,何必当初!

吕维祺倒是铮铮铁骨!李自成问他道:

"吕尚书,你今日请兵,明日请饷,要杀我们这些人,现在该怎么办呢?"

吕维祺答道:"我身为兵部尚书,自恨无兵可杀你们,现在唯有一死!"

李自成倒很坦然。他说道:"兵部尚书是国之大臣,按情理也应当死。"最后,吕维祺被处死。

李自成攻占洛阳,真是见了大世面。从前他虽也打下过不少城镇,但都是些小县城,没法与洛阳比。他没收了福王府中的大量财产,并把其中的一部分转移到山区。留下的那些,则任命一位洛阳书办为副将负责看守,作为募兵防城之用。他还开仓济贫,大造声势,笼络人心,一时名震中原。不久中原便开始流传这样的歌谣:

朝求升，暮求合，
近来贫汉难存活。
早早开门拜闯王，
管教大小都欢悦。
吃他粮，穿他娘，
吃着不尽有闯王。
不当差，不纳粮。
大家快活过一场。

正当李自成为攻占洛阳而兴高采烈时，崇祯帝的日子可就不好过了。洛阳失守、福王被杀的消息传来，崇祯帝大为震惊。在召见阁臣、礼、兵部臣及科臣时，崇祯帝竟失声痛哭："朕不能保一叔父！"但崇祯帝除了重惩失职官员外，还能有什么办法呢？

在河南的李自成，却是越打越顺手。在攻下洛阳后，他竟又打起了开封的主意。不过，开封毕竟不是洛阳，李自成不仅没有得手，反而吃了点亏。

李自成攻占洛阳后，并没有久占的打算。大概是他觉得此时还不具备足够的实力。于是，他儿戏般地任命一些官员，让他们守洛阳，自己却率部退出洛阳。河南巡抚李仙凤侦知洛阳已空，便率兵自开封攻占洛阳。最后，总兵王绍禹被逮捕，送京师凌迟处死。其他失城官员也被惩处。

李自成退出洛阳后，获悉开封空虚，便急率精兵三千、部卒三万，强行军三日，于二月十二日抵达开封，随即展开攻城之役。

第七章 历史没有奇迹

开封是一个古都,其地位甚至超过洛阳。明初朱元璋一度曾把它作为北京,后虽罢京置府,但仍是明代中原重镇,是政治、经济、文化中心。开封城墙也厚达五丈,十分牢固。

李自成的到来,令开封城中一片恐慌。洛阳被攻陷后的惨状,更是令城中达官贵人不寒而栗。不过,与洛阳不同的是,此时的开封城内,却能在大敌当前之际,同仇敌忾,坚决死守。

负责守城的河南巡按御史高名衡等,动员一切可动员的力量,坚决死守待援。

住在开封城中的周王朱恭枵,也出其库银五十万两,立下赏格:民间有能出城斩敌一名者,赏银五十两,射杀一名者赏银三十两,射伤或用砖石击伤一名者赏银十两。官兵战死者或重伤者也赏五十两,轻伤者二十五两。周王还出资购来米麦,支锅做饭,送上城头。这些做法,大大激励了守城者。

同时,河南巡抚李仙凤督游击高谦率兵驰援开封。陈永福则在赴洛阳途中折回,兼程两昼夜赶回开封,入城参战。据说左良玉、保定总督杨文岳也各率所部飞驰援汴。

李自成没想到开封竟是块如此难啃的骨头,猛攻数日却没捞到丝毫便宜。十七日,李自成亲临前沿阵地,察看形势,未料到被城上守军认出,一箭飞来,正中其左眼,大伤元气。于是他下令撤退,第一次进攻开封到此结束。

李自成的左眼,从此失明(也有记载说李自成左眼是在第二次攻开封时受伤的,而且也没有失明)。他对开封城,从此也怀有刻骨仇恨。后来,他卷土重来,二攻、三攻开封城,开封城最终葬身鱼腹。

李自成自开封撤围后,向豫西转移,退入山中。此年七月,罗汝才因与张献忠不和,前来与李自成合营,李自成实力大增。罗汝才比李自成年龄大,资历亦很老,此时却待李自成以兄长之礼,以示尊重。不过,两人关系基本上仍是传统上的联营,李自成并非绝对领导。

李、罗合营,由豫西唐县进入湖广枣阳,准备攻击承天(今湖北钟祥),但不久便放弃原计划,复入河南信阳,进入豫西南一带。至九月初,李、罗又开始反击,首先击败了陕西总督傅宗龙。

傅宗龙是在洛阳、襄阳失守后被重新起用的。杨嗣昌自杀后,崇祯帝任命陕西总督丁启睿出任督师,仍兼陕西总督。但丁启睿兵力不足,不敢与李自成对杀。崇祯帝无奈之下,起用了关在狱中的原兵部尚书傅宗龙,令以兵部右侍郎兼右佥都御史出任陕西总督。

傅宗龙出名很早。他是万历三十八年(1610)的进士,昆阳人。在天启年间,他在极端艰难的条件下成功地平息了贵州安邦彦叛乱,稳住了西南。崇祯三年(1630),傅宗龙以兵部右侍郎兼佥都御史出任蓟辽、保定总督,但不久即被解职,赋闲家中。直至崇祯十年(1637),在杨嗣昌的极力推荐下,傅宗龙才被重新起用为四川巡抚,收拾四川残局。崇祯十二年(1639),傅宗龙被召赴京,出任兵部尚书,但因与崇祯帝不合,几个月后便被解职逮捕。至此,崇祯帝才想起了他,急令起用。与此同时,崇祯帝还命保定总督杨文岳、总兵虎大威率兵两万进入河南。河南巡抚李仙凤不

第七章　历史没有奇迹

久被解职,畏罪自杀,河南巡抚一职由守卫开封而名声大震的高名衡升任。

傅宗龙此次赴任,注定是凶多吉少。他本人几起几落,无辜坐牢,至此已是志气沮丧,部曲离散,已非当年可比。他虽为陕西总督,而实际上陕西已无兵可带。先是洪承畴、孙传庭带走陕兵精锐,赴京畿入卫,后是丁启睿带走了一万人,陕西兵力几乎全部调空,陕西巡抚汪乔年几乎就是光杆司令。另外,陕西经多年的天灾人祸,至此也是赤地千里,一片凋敝。在这种情况下去做陕西总督,傅宗龙的结果也就可想而知了。

傅宗龙入潼关后,朝廷把在河南作战的李国奇、贺人龙交他指挥,同时又遣保定总督杨文岳率总兵虎大威,与他会师。于是傅宗龙领兵二万出潼关,陕西巡抚汪乔年为其送行,两人相泣而行,握手欷歔,犹如诀别。没想到这真成了最后的死别。

傅宗龙领兵出关后,获知李自成、罗汝才图谋湖广承天,便火速赶赴承天布防。李自成得知后,便虚晃一枪,自枣阳取道应山再入河南。傅宗龙认为李、罗胆怯,便率部猛追,并于九月四日抵达河南新蔡,与杨文岳合兵,共有四万兵力。次日,傅、杨两人率兵渡河,北上项城(在今项城境内)。李、罗见状,便出偏师佯攻汝宁府城(今河南汝阳),而主力部队则设伏于树林之中,等待傅宗龙的官军。

傅宗龙、杨文岳果真中计上当。大队官兵行至孟家庄(今平舆境内)时,竟以为农民军主力已西进,便于此安营休息。农民军乘机发动突袭,官军慌忙集结,仓促应战。在此关键时刻,贺人龙、虎大威、李国奇三将竟率部向沈丘(今沈丘境内)退却,撤出了战场。傅宗龙、杨文岳两总督及其直隶标营,至此却已无法脱身,被合入重围。杨文岳于当夜成功突围。最后只剩下傅宗龙一人及其标营被围。

傅宗龙急令部下就地抵抗,同时命贺人龙、李国奇火速救援。贺、李却以种种借口拒绝救援。傅宗龙部于重围之中,粮弹俱尽,最后竟到了吃死尸的地步。十八日,傅宗龙率残部六千突围,农民军则层层堵截。十九日中午,已接近项城的傅宗龙,终于被农民军追上俘获。

农民军押着傅宗龙,来到项城之下,对守城官兵大喊:"我秦督官兵也,请启门纳秦督。"他们试图骗开城门,相机占领项城。没想到傅宗龙突然大喊:"我秦督也,不幸堕贼手,左右皆贼也,毋为贼所绐。"

农民军未料到傅宗龙竟会如此,气急之下,抽刀便砍。傅宗龙被砍倒地,仍破口大骂,最后被割去了耳鼻,悲惨而死。据说崇祯帝获知后,很是愧疚,恢复了他兵部尚书之职,加太子少保,予以厚葬。

城上守兵见状,立即开炮猛轰,农民军只得退却。傅宗龙之死,保住了项城。

李、罗此役大胜,不仅缴获了大量衣甲器械,而且还收降了不少陕西籍兵卒,声势大震。他们接连攻下了开封府的商水、扶沟、洧川(在长葛与尉氏之间)、许州(今许昌)、长葛等县。

十月,李、罗围攻南阳府的叶县。镇守叶县的是原农民军首领闯塌天,现朝廷北舞渡副将刘国能。李、罗恨其叛降,猛攻叶县七天,势在必得。刘国能眼看难以支撑,便一人縋下城墙,去见李、罗。他们原本就是老相识。见面后,刘国能对李、罗说:"叶县之防守都是我一人所为,与百姓无关。现在我也已尽力,不愿看到破城之灾,所以特来请死!"李自成要他投降,他拒绝道:"我奉母命归国,现在母亲虽死,我岂能违背!"他还说,我的官是天子亲授,我当以死相报! 说后,他便拔剑自刎。

刘国能的这种态度,在农民军首领中是少有的。投降朝廷后,能做到言行如一的,也只有刘国能等极少数几位。

十一月初,李自成、罗汝才又率兵攻下南阳府城。南阳守将猛如虎率兵坚决抵抗,战斗异常激烈。城破之后,双方又进行了巷战。最后猛如虎、刘如祚等一大批文武官员被杀。唐王朱聿镆也被处死。

十二月,李自成、罗汝才攻下襄城。襄城守将李万庆,原为陕北农民军著名首领之一,外号射塌天,此次也步刘国能后尘,坚决抵抗,最后城破,不屈不降,被处死。

襄城被攻克前后,李、罗所部又连下镇平、新野、唐县、泌阳(以上属南阳府)、汝州(今临汝)、许州(今许昌)、禹州(今禹县)、新郑、鄢陵、尉氏、通许、陈留等地。十二月二十二日,李、罗再次抵达开封城下,开始了二攻开封之役。

李自成、罗汝才此次攻城,势在必得,其攻势一潮高过一潮,而其攻城手段也是空前之高。没料到河南巡抚高名衡、周王朱恭枵等,也是拼死反击,成功地敌住了李自成的猛攻。双方激战了二十天，损失惨重，却不分胜负。李、罗在无奈之中，审时度势，于崇祯十五年（1642）正月十四日主动撤围，转攻偃城，二攻开封之役到此结束。

李自成、罗汝才虽没打下开封，不久却在襄城打了个大胜仗，处死了陕西总督汪乔年。

汪乔年本是陕西巡抚，傅宗龙死后，他被提升为陕西总督。当汪乔年得知傅宗龙死讯后，大哭不已，长叹道："傅公死，讨贼无人矣。"没想到朝廷竟让他接下傅宗龙之职。汪乔年深知自己凶多吉少。他说："寇势方张，我却兵疲饷乏，我出关剿寇，无疑是以肉喂虎。但又不可不去，以持中原之心！"他是明知不可为而为之。

崇祯十五年（1642）春，汪乔年率领经七拼八凑而得的三万兵卒，东出潼关。当时李自成正在围攻偃城，汪乔年自知难与其争锋，便转而改走郏县赴李自成老营所在地附近的襄城，攻其必救。襄城绅士于二月初领汪乔年进入襄城，汪乔年随即布防。

李自成得知汪乔年进驻襄城，果然领兵自偃城直逼襄城。李自成与汪乔年之间有一笔私仇，因为汪乔年掘了李自成的祖坟。据说汪乔年出关之前，深感李自成气候已成，已非一般草寇，使出奇招，密令米脂知县边大绶掘其祖坟，坏其风水，糟蹋尸骨。他们还于坟中捉到一条小蛇。汪乔年如获至宝，认为此蛇是即将化龙之灵物，一时间此事被大肆铺张渲染。在出关之前，汪乔年在西安设坛誓师，斩蛇以徇，搞得很像回事。只不知李自成后来登基不久即遭败亡，是否果真与此蛇有关？

第七章 历史没有奇迹

李自成此番得知仇人已至襄城,分外眼红。二月十三日,李自成部击杀总兵张国钦于襄城之东。贺人龙等不战而走,逃回陕西。更可气的是,原被李自成困于郾城的左良玉,竟也弃汪乔年不顾,率部东走。汪乔年至此已是瓮中之鳖了。

十七日,李自成攻克襄城。汪乔年等被俘,最后经李自成亲自审判后被杀。其死状十分惨烈,据说先是舌头被割,最后被凌迟活剐。李自成终于报了深仇大恨。

李自成、罗汝才乘胜进军,连克西华、陈州(今淮阳)、太康,并杀入归德府(今商丘),攻克睢州(今睢县)、宁陵、考城、归德、彰德等州县,并与另一支义军即以袁时中为首的小袁营会合。四月中旬,李自成、罗汝才攻占了杞县,并于五月初又回到了开封城下,开始第三次围攻开封。

李自成此次攻城,采取围而不攻之策,试图把开封城困死。

开封城中,高名衡等故伎重演,想尽一切办法死守待援,居然仍能以孤城一座,敌住李自成、罗汝才的猛攻。

朝廷急令督师丁启睿火速增援。保定总督杨文岳,总兵左良玉、虎大威、杨德政、方国安等也奉命前来,一时官兵云集,号称十八万,以期与李自成在中原决一死战。为了使最能打仗的左良玉出死力拼杀,崇祯帝还特地释放了曾有恩于左良玉的前户部尚书侯恂,让他以兵部右侍郎身份督河南、河北、山东、湖广诸路援兵。同时,崇祯帝还严令接替汪乔年出任陕西总督的孙传庭出关东援开封。

李自成、罗汝才则一面施计令开封城中官兵不敢出城,一面集中优势兵力,寻机重创增援官兵。

于是,双方在开封之南的朱仙镇,展开了一场生死决战。

五月十三日,官兵前锋抵达朱仙镇,李自成率部迎敌。没想到官兵主力左良玉部首先撤退,狂奔八十里,却又中埋伏,被农民军杀得大败。左良玉仅以身免,逃至襄阳。左良玉一溃,官兵大乱,丁启睿、杨文岳等随即溃逃,李自成部猛追四百里,大获全胜。

朱仙镇之战,是朝廷的最后一击。自此以后,朝廷再也无法组织起如此强大的力量,来与李自成决战。在李自成的强大攻势下,朝廷几乎已无招架之力了。

李自成、罗汝才在击溃援兵后,再次围攻开封。开封城内的官员,见增援无望,便再次彻底动员城内力量,坚决死守。开封推官黄澍在曹门竖起一面大白旗,上书:"汴梁豪杰,愿从吾游者立此旗下!"没过多久,便组织起一支上万人的队伍,成为守城的主力。为应付粮荒,开封城中除郡王以上府第外,家家搜粮,户户刮银,以供守城之用。到后来,开封城中已是吃尽了一切能吃的东西,惨烈到人吃人的地步。

对开封的被围,崇祯帝十分着急,下死令要各地进援解围。可是,无论是陕西总督孙传庭,还是侯恂,此时都已无力敢与李自成针锋相对了。

孙传庭本是剿杀陕西农民军最得力的将领之一。崇祯十一年(1638)夏,即洪承畴大败李自成前不久,孙传庭奉命赶赴京畿入卫,抗击清兵入侵。卢象升战死后,孙传庭代任其职,不久却因与杨嗣昌不和,竟被逮捕下狱。直到十五年(1642)正月,崇祯帝才放其出狱，以兵部右侍郎之职总督京营赴开封救援。汪乔年死后，他又接任了陕西总督一职。

孙传庭手下并无多少兵力。赴陕前夕，崇祯帝曾召见孙传庭，问其需多少兵力才能击败李自成。孙传庭因久居狱中，不知李自成已非昔比，便提出只需精兵五千。可当他路过河南略知敌情后，自觉失算，于四月又向崇祯提出须练兵两万，请饷二百万。崇祯帝大怒之下，令他领一月饷，出关杀敌。此时孙传庭哪里还有实力去与李自成交锋！更可悲的是，孙传庭在出关之前，还奉密旨斩掉了陕西大将贺人龙，其罪状是多次临阵脱逃。贺人龙与李自成是同乡，长期与农民军交锋，是当时陕西最得力的战将，号称贺疯子。贺人龙被斩，对孙传庭是一大损失。

至于侯恂，更是无兵之帅。朝廷原希望侯恂能调动左良玉部，而左良玉部至此已经溃散，短时难以恢复。其他各部也大致如此。侯恂本人对当时形势已有清醒的估计，因此他曾上书崇祯帝，要求朝廷放弃中原；而于四周扼守险要，防止形势进一步恶化。同时，他还正确估计到了农民军首领之间的矛盾，认为相互火并只是时间问题，朝廷也可伺机利用。

然而，崇祯帝哪里能听得进去呢？此时的崇祯帝，已是红了眼的赌徒，一心想去翻本。他一再下令侯恂、孙传庭、左良玉等反击。

正当崇祯帝与其部臣在讨价还价之际，开封终于出了大事！九月十五日，黄河堤岸于朱家寨决口，滚滚黄河水倒灌开封。开封城于顷刻之间成为泽国。

那么,黄河的堤岸,到底是谁扒开的呢?

绝大多数人认为,堤岸是守城的官兵扒开的。据说因开封城长期被困,外无援兵,内无粮草,危在旦夕,守城官员十分恐慌。此时有人向巡按御史严云京献计决河,淹灌农民军。严云京就与巡抚高名衡、推官黄澍一起去见周王,最后商定决河。九月十五日,黄澍率兵掘开了朱家寨口的堤岸。依他们的计划,黄河水可以顺城墙分流,淹灌城外的农民军,不料因城门新塞,土质不坚,洪水反而冲入城中,酿成大祸。

但也有人认为李自成是祸首。李自成久攻开封不下,便依开封地势低、黄河水高之利,决开堤岸,倒灌开封。还有人认为,是官兵先决朱家寨大堤,李自成见状后,反决马家口。两处决堤之黄河水一齐灌入开封。

不管是谁决了黄河堤,最后的结果是开封遭受了灭顶之灾,一片泽国。城中除一小部分官员簇拥周王乘船逃脱外,满城数十万百姓尽葬鱼腹。李自成方面,据说也有数万人被漂没,但绝大部分人因及时转移到高堤,所以损失不大。

开封这个中原古都,至此已是泽国一片,只有钟鼓二楼、各王府屋脊、相国寺顶、上方寺铁塔、周王城垣尚孤零零地露出水面。双方血战四个月,死争开封城,结果竟是如此!

于朝廷而言,开封被淹,是失去了河南的枢纽腹心、南北咽喉。开封不守则无河南,河南不保则失中原,而中原一失,则河北之咽喉断,天下形势由此逆转。

于李自成而言,开封被淹,不仅三攻开封之心血白费,即将到手的熟果顿失，更严重的是，他想以开封来争夺天下的计划落空了。

李自成撤离开封后，率部向豫西进发。因左、革五营也自安徽来合营，李自成的势力更为壮大，并于十月与陕督孙传庭打了一仗，大获全胜。

孙传庭在崇祯帝严令之下，于九月率兵进援开封。不料才出潼关，开封已被淹灌。孙传庭只得改赴南阳。此次出关，孙传庭以总兵高杰为中军，并调总兵左勷（左良玉之子）、白广恩、郑嘉栋、牛成虎等部参加。

李、罗获知陕兵出关，便率兵迎战。十月初一日，双方发生大战。

孙传庭与李自成等是老对手，熟悉对方手段。他于战前布置周密计划，令牛成虎领兵先战，诱敌深入，其他各部则设下埋伏，乘机掩杀。开战后，牛成虎佯败撤退，李自成部果然中计入伏，被杀得大败溃退。官兵拼命追杀，却见沿途甲仗物资很多，便纷纷争抢，队形大乱。不料罗汝才正在附近，他见李自成溃败，而官兵也乱成一团，便突然出击，打得官兵措手不及，损失惨重。孙传庭受此重击，只得退回关内。

至此，朝廷在黄河之南，只剩下驻守在汝宁（今汝南）的保定总督杨文岳部尚可一战了。不过，他很快就成了李自成的下一个目标。

闰十一月初，李自成、罗汝才会合"左革五营"（左金王贺锦、革里眼贺一龙、老回回马守应、乱世王蔺养成、争世王刘希尧），开始攻打汝宁。

汝宁府城是豫东南重地,东可入南直隶安徽地区,南可入湖广地区。它也是藩王封地,崇王朱由樻就住在这里。当时负责守城的是保定总督杨文岳,监军为佥事孔贞会。

十三日,李自成等部抵达城下,开始攻城。崇王主张献城投降,杨文岳等不肯。双方开始激战,杨文岳、孔贞会亲自登上城头指挥。第二天,农民军展开强攻。他们头顶门板,遮蔽矢石,直逼城下,然后架设云梯、百道登城,终于攻下了汝宁城。

杨文岳、孔贞会等全部被俘。杨文岳是个硬骨头,见了李自成,不但不屈服,反而破口大骂。李自成大怒,令人架起大炮,把杨文岳轰成炮灰。崇王朱由樻及弟河阳王朱由材、世子朱慈辉投降。后来李自成封崇王为襄阳伯,但不久又把他及其家属全部处死于河南泌阳。

李自成攻下汝宁后,已基本上控制了黄河以南的河南地区。此时的李自成,已有争天下的雄心壮志,其举措也与从前大不相同。他每攻下一城,便不再放弃,而是设置政权,派遣官吏,俨然与朝廷一般。他还严禁抢掠,更不滥杀,公然声称:杀一人者如杀我父,淫一女者如淫吾母!他的这些做法,大获民心。

李自成等在攻下汝宁后,便乘胜向湖广进军。在崇祯十五(1642)年十二月,李自成率部连克襄阳、荆门等地。至崇祯十六年(1643)正月,李自成又攻克承天、汉阳等地,并又回到襄阳,建立政权。李自成虽未称帝,但已在为此做准备了。一年之后,李自成果然坐在紫禁城中的龙椅上了。

由于辽东的战事也在同步进行，因此，这里还得叙述一下明朝与清军在辽东的战争情况。

松锦大败：等不到的救援

在崇祯十一年(1638)九月至崇祯十二年(1639)三月，多尔衮率兵横扫京畿五个多月，大获全胜之后，明、清双方又进入了一个相对僵持阶段。明朝为扭转形势，全力布防，而清朝则在积极备战，伺机发动新的进攻。

卢象升死后，朝廷先命从陕西前线赶来的陕西巡抚孙传庭代督诸镇援兵，以应付时局。陕西总督洪承畴赶到后，朝廷进行分工。洪承畴任蓟辽总督，陕西入援兵马由其指挥。孙传庭则总督保定、山东、河北军务。

孙传庭为人直爽，敢说敢干，而且在陕西打得也很不错，于是说话便有些失分寸。当他一赶到京畿前线时，就上书说："近来疆事决裂，由计划差谬。事竣，当请决大计。"此言自然得罪了杨嗣昌。杨嗣昌从此对他不满，并开始罗织罪名进行报复，同时支持洪承畴。可是孙传庭还是敢说敢讲。当杨嗣昌等决定以洪承畴所率陕兵守卫蓟辽的计划时，孙传庭竟又反对道：

"陕西兵不能久留于此！陕西贼未彻底剿灭，陕西兵马留此不归，余贼必会死灰复燃。这是帮了李自成等贼的忙。况且陕籍士卒妻儿俱在陕西，如久留于边，陕兵必定会哗变逃归，甚至从乱。这简直就是驱逼官兵从贼！"

事实上，孙传庭此言很有道理。如果陕西的兵马不被立即抽空，那么，中原、湖广的局势也不至于会恶化到后来的地步。有人甚至说，如果不是熊文灿力主抚局，姑息养奸；如果不把孙传庭、洪承畴在大局初定时匆忙抽调出陕西前线，那么，李自成、张献忠之乱绝不至于弄到后来那种不可收拾的地步！

遗憾的是，杨嗣昌根本不理睬孙传庭的建议。孙传庭则要求入见皇帝，当面向皇帝汇报。杨嗣昌担心孙传庭会在皇帝面前说不利于自己的话，于是坚决反对。孙传庭在愤恨交加之余，便以耳聋为由，上疏乞求致仕。而杨嗣昌则乘机弹劾孙传庭托疾。不明缘由的崇祯帝勃然大怒，先是把孙传庭削籍为民，同时令人查核孙传庭是否真的有病。调查者据实禀报，孙传庭是真聋而非托疾。但先入为主的崇祯帝却认为其中有诈，竟把调查者和孙传庭一起逮捕入狱。孙传庭的被捕，对当时的朝廷来讲，真是一大损失！

孙传庭一去，洪承畴自然就成了主持辽东战事的主帅。崇祯十二年（1639）十月，洪承畴以兵部尚书兼副都御史总督蓟辽军务的身份，奉命出山海关至中前所，主持辽东战局。

在此以前，朝廷鉴于清兵入侵京畿如入无人之地的窘境，认为不仅应兵多，更应兵精。在杨嗣昌的主持下，朝廷决定抽练各镇精兵。按照方案，宣府、大同、山西、延绥、宁夏、甘肃、固原、临洮八镇，以及蓟辽、保定总督所辖之畿辅、山东、河北等共应练兵七十三万多名。同时，朝廷还调整地方政府的官员设置，训练乡兵。为了练兵,朝廷又不得不另征练饷。十二年(1639)六月,朝廷正式下令加派练饷七百三十余万两。

这一庞大的计划,在当时的形势下,犹如痴人说梦,根本无法真正实施。不过,崇祯帝仍希望这一计划能给他带来大批精兵,制虏灭寇,挽回败局。

然而,等到洪承畴出关时,朝廷所练的精兵还不见影子。好在洪承畴久经沙场,筹划有方。他一到中前所,就斩杀总监高起潜的亲信千总刘某,虽得罪了高起潜,但倒也整肃了军纪。他又推荐刘肇基、吴三桂分任都督、都督佥事,其中吴三桂以都督充任辽东总兵,团练宁远兵马。

就在洪承畴调兵布防之际,皇太极也在与群臣商讨下一步的进攻计划。经过详细讨论,皇太极最终确定先取锦州,再取山海关,然后直入京畿的战略。

崇祯十三年(崇德五年,1640)三月,皇太极命和硕郑亲王济尔哈朗为八旗右翼主帅,多罗贝勒多铎为八旗军左翼主帅,前往距锦州九十里处修义州城(今辽宁义县),驻扎屯田,围困锦州。四、五月间,皇太极还两次前往巡察。至六月,皇太极又命和硕睿亲王多尔衮、和硕肃亲王豪格等率兵前往义州换防。多尔衮、豪格等接防后,除严密围困锦州城外,还攻占了锦州城西的敌台九座、小凌河西岸的敌台两座。

锦州城中的驻将是祖大寿。祖大寿是辽东宁远人,他长期戍守辽东,资历深厚。在十年前的大凌河城之战时,祖大寿曾降过皇太极,不过他又用计脱身,回到了锦州,而且也并没有像他自己承诺的那样,为皇大极夺取锦州城,让皇太极上了一次当。但他的子侄、兄弟,却有不少在当时就归顺了皇太极,并得到重用。

锦州城被围,自然非同小可。洪承畴急忙率部将曹变蛟、左光先、马科、吴三桂等以马步兵五万驰援锦州,在黄土台与清兵激战,战败退还。清兵亦返义州。洪承畴返回宁远后,又对将领做了调整;把曹变蛟、马科两部遣回关内休整;让左光先返回原镇,由白广恩代之;由王廷臣代替拙于调度的刘肇基。同时,洪承畴又奏报朝廷,要求调集附近十余万官兵,并请一年粮饷。崇祯帝也深感事态严重,立即令调兵筹饷,支援辽东。

崇祯十四年(崇德六年,1641)春,洪承畴率曹变蛟、白广恩、吴三桂、王廷臣四位总兵赶赴宁远,并巡视到锦州之南的松山。面对清兵的攻势,洪承畴顿感兵力不足,便又急调蓟镇总兵唐通、宣府总兵杨国柱、大同总督王朴,率兵马赴援辽东。三月间,大兵云集宁远。

与此同时,清兵也加强了对锦州的围困。皇太极令济尔哈朗换回多尔衮。济尔哈朗接防后,浚深濠,筑垛口,设哨探,把锦州城围得像铁桶一般,基本上切断了锦州城与外界的联系。为了加强攻坚力量,皇太极还把孔有德、耿仲明、尚可喜的部队及所有的神威大将军炮队,调到了锦州前线。

面对清军的咄咄之势,前线主帅洪承畴与后方指挥、兵部尚书陈新甲,就如何应对发生了很大的分歧,并严重影响了战局。

洪承畴一开始就主张"可用而后可战"之策,即用持久的战略,步步为营,耗其实力,最终拖垮清军,迫其自撤。当时锦州城虽被孤立,但祖大寿尚能支持,而且他还派人对城外援军传语,称城中粮食足支半年,只是缺乏柴薪,表示了其坚守的决心和信心。同时,他要求援军不要轻战,而要用车营逼迫清兵等等。

如果能依洪承畴的决策,辽东的局势或许尚不至于弄到后来的地步。遗憾的是,兵部尚书陈新甲却持相反的态度,他主张速战速决,迅速解围。或许是因为李自成、张献忠在河南、湖广闹得太凶,而此时的朝廷太需要胜利了,崇祯帝最后竟完全同意了陈新甲的计划。

依陈新甲的计划,洪承畴应分兵三路:一出塔山,趋大胜堡,攻敌营之西北;一出杏山,抄锦州攻其北;一出松山,渡小凌河,攻敌营之东。而正兵主力则出松山,攻敌营之南。

洪承畴自然不肯依此进兵。原因很简单:一是手下诸将除白广恩、马科、吴三桂外,其余各路都不能独当一面,分兵必然势弱;二是锦州城内城外尚能且战且守,短期内尚无大虞,而清兵却已有粮草缺乏之困,如长期拖下去,则必不能支持。

崇祯帝开始时觉得陈新甲说得有理,而经洪承畴这么一说,又觉得洪承畴也有道理,于是摇摆不定。不过在陈新甲及兵部职方郎中张若麒的极力游说下,崇祯帝最终同意了速战速决之策,并下密敕令洪承畴依陈新甲之计划如期出兵。陈新甲也逼迫洪承畴迅速开战,并派亲信赴关外监督。

洪承畴被逼到这种份儿上,也只有出兵了。七月底,洪承畴在宁远誓师后,率部向松山集结,总兵力超过十万。抵达松山后,洪承畴随即布阵,令诸将分驻城外各处,自己则坐镇松山城中,摆出一副解锦州之围的态势。

在八月初的交战中,洪承畴部尚略占优势。不过,随着皇太极亲率大军增援,局势便迅速恶化了。

八月初六日,清兵前线统帅多尔衮等人的奏报传到皇太极手中。皇太极不顾自己鼻血不止,于十五日亲率刚刚集结起来的各部兵马,于沈阳起程,火速赶赴松山前线,并于十九日到达。皇太极随即率部插入松山与杏山之间,切断了松山明军的后退之路。对松山展开了包围之攻势。

一时之间,形势陡转。

洪承畴及其十余万大军,一下子陷入了清兵重围,被困在松山这一弹丸之地,进不能依锦州,退不得归宁远。更严重的是,大军的粮草供应也无法获得,因为洪承畴为赶进军速度,冒险把粮草留在宁远、杏山和笔架山岛上。这样一来,洪承畴被逼入了战则力量不足、守则粮草已竭的绝境。

几番冲杀后,明军仍是撕不开清兵的防线,军心自然开始动摇。洪承畴认为,粮草已尽,守是死,不战也是死,还不如决一死战,或许还可侥幸获胜,因此他极力鼓动手下诸将率兵奋战。但诸路总兵至此已是心态各异了。

决战尚未开始,大同总兵王朴首先乘黑夜率部逃跑,并引起其他各路的溃逃。战场顿时大乱,士卒们丢盔弃甲,自相践踏,而清兵乘乱斩杀,死伤累累。最后只有洪承畴、辽东巡抚丘民仰及总兵王廷臣、曹变蛟等撤入松山城中。洪承畴只得收集残卒,令部分守城,其他则出城冲杀突围,但出城之部队不久就几乎全军覆没。

洪承畴、丘民仰、总兵王廷臣、曹变蛟及残部万余人，至此已被彻底困在松山孤城了。

松山之役，明军损失惨重。据清朝方面的记载，此役被斩杀的明朝官兵多达五万余人，被缴战马七千余匹，甲胄近万副。吴三桂、王朴、白广恩、马科、李辅明、唐通等战将虽冲出了重围，但也已是无兵之将了。更严重的是，辽东主帅洪承畴、丘民仰等被围在松山城中，锦州城也是危在旦夕了。

松山之战，是明清交战中的一个根本性转折。自此以后，清朝已完全掌握主动，而明朝已是回天无力了。

皇太极围住松山后，并没有发动总攻，而是围而不攻。对锦州、杏山同样也用此法。洪承畴等被困城中，天天盼望援兵前来解围，却始终没能盼来。

崇祯帝也不是不想救援，而实在是力不从心了。

当崇祯帝得知前线败报后，十分震惊，忙召兵部尚书陈新甲商议对策。此时的陈新甲哪里还有什么对策？九月初，崇祯任命杨绳武为兵部右侍郎兼右佥都御史，总督关蓟辽津通等处军务，暂代洪承畴之职。同时，崇祯帝竟还命洪承畴固守松山，丘民仰伺机突围。他根本就不了解前线的真实情况！

杨绳武既无力量也无胆量出关去救援松山、锦州。至十月，崇祯帝又命叶廷桂为兵部右侍郎兼右佥都御史，巡抚辽东宁锦。叶廷桂更是无力救援。崇祯十五年（1642）正月，杨绳武去世，由范志完代理总督。范志完也不敢出关救援松、锦。在当时这种形势下,也确实没有人敢出关去与清兵交锋!

好在皇太极竟于此时托人来重提议和之举,事情似乎又有些转机。

皇太极虽成功地围住了锦州、松山,但也面临着难处。天气越来越冷,粮饷更是接济不上,围城的清兵也是困难重重。崇祯十四年(1641)十一月,皇太极让降卒入关,表达了要与明朝议和的意向。兵部尚书陈新甲对此做了口头许诺。但陈新甲并没有把此事告诉崇祯帝。他深知崇祯帝对此的一贯态度,更不会忘记袁崇焕的教训。

到了崇祯十五年(1642)正月,形势越来越严重,眼看松山、锦州就要支撑不下去了。陈新甲见军事上毫无进展,便又打起了议和的主意。他暗示了解前方情况的宁前道副使石凤台,把清朝打算议和的有关情况婉转地向崇祯帝汇报,以试探崇祯帝的态度。没想到崇祯帝勃然大怒,把石凤台投进了监狱。但陈新甲仍认为只有议和一途,才能扭转关外局势,于是与大学士谢升相约,再次斗胆向崇祯帝提出。崇祯帝此时的态度已有改变,他只是担心皇太极是否真是打算议和。在谢升的附和下,崇祯帝同意由陈新甲秘密主持议和。

陈新甲随即推荐主事马绍愉,加职方郎中,赐二品服,充任使者。马绍愉等便立即出关驰赴宁远,与清朝前线将领接触。

清廷则明确要求马绍愉等应持有崇祯帝的敕书,以作为信物。马绍愉立即禀报朝廷,兵部随即向皇上奏报。然而,崇祯帝却不肯出此手诏。他的理由表面上是担心泄密,实际上却是放不

第七章 历史没有奇迹

下架子。直到三月中旬,崇祯帝才以"谕兵部陈新甲"一道敕谕,代其手诏,交前方议和人员作为凭信。但此举为时已晚!松山、锦州已经投降了。

被困在松山的洪承畴等人,日子已相当难过,几乎到了非饿死即被杀死的地步。崇祯十五年(崇德七年,1642)二月二十一日,松山副将夏成德秘密派其子夏舒,前往清营与豪格、多铎联系献城投降之事,约定于二十八日夜动手。至此日夜,清兵发动攻城,夏成德如约内应,松山沦陷。洪承畴、丘民仰,总兵王廷臣、曹变蛟、祖大乐,游击祖大名、祖大成,兵备道张斗、姚恭、王之桢,副将江翥、姚勋、朱文德等被俘。最后,丘民仰等一百名军官、三千余名士卒被一齐诛杀。只有祖氏三人因是锦州守将祖大寿的弟兄,被赦活命。而洪承畴最终投降了清廷。

洪承畴被俘之初,清兵令其跪,洪承畴不肯跪,并说道:"吾天朝大臣,岂拜小邦王子乎?"于是清兵把他械送沈阳。在皇太极的感召下,洪承畴最终投降,并受到优厚的待遇。后清兵入关,洪承畴被重用,为清廷开国创制、平定江南立下了大功。

崇祯帝在北京误听到洪承畴已经捐躯,十分痛惜,下令赐祭建祠,并亲自祭奠,直到后来弄清了真相,才予以停止,弄得崇祯帝颇有点下不了台。

松山一失,锦州城便无法再守。已坚守锦州一年之久的祖大寿,至此也出城投降。尽管祖大寿十年前既降复叛,至此又坚守锦州一年,令清廷费尽气力,但皇太极仍对他予以宽容处理。祖大寿本人受到了优厚的待遇,其妻子奴仆及部下官属兵丁共四千余口及他们的财产，也都得到了妥善的安排和保护。从祖大寿的遭遇，不难看出皇太极为争取辽将辽人势力所用的手段，是何等地高明。

在和议未有实质性进展前，皇太极乘胜再次发动攻势。四月初九日，多尔衮和济尔哈朗等用红衣大炮攻克了塔山，并进行了屠城。二十二日，又用红衣大炮轰击杏山城，杏山城投降。松山、塔山、杏山随即被全部拆毁。至此，清廷在整个松锦战役中获得全胜。明朝在山海关外的防线，被迫后退至宁远。

明清之间的议和仍在进行之中。

说实在话，如果崇祯帝能面对现实，放手议和，松山、锦州的局面或许不至于会弄成这样。崇祯帝囿于宋金和议的故事，摆着天朝皇帝的架子，不敢速断速决，最终贻误了战机，葬送了关外的局面。当然，崇祯帝作为天朝皇帝，对议和抱有这样或那样的想法，大概也是可以理解的。但问题在于，如朝廷不想议和，则应在其他方面早做决断，绝不能坐失良机。如果再从河南、湖广的局势来考虑，那么，崇祯帝就更应在议和方面慎重处置。

再说皇太极拿到崇祯帝的敕谕后，对崇祯帝的傲慢口气很不满意，认为崇祯帝以天子自居，鄙视他人，口出狂言，不愿和好。皇太极随即以长篇敕谕交付诸王，令其传示明朝使者。马绍愉接到敕谕后，立即赶回呈报。

崇祯帝得到马绍愉的报告后，经过一番盘算，仍决定派使者议和。他给陈新甲下了一道敕谕，内称因未派使者赴沈阳，不通消息，致使"休兵息民"之事没有下文。因此他授权兵部派使者赴沈。与对方接触,探听消息。至此,他虽同意议和,但仍然不肯直接出面与皇太极进行平等对话。

马绍愉及兵部司务朱济之,随即率官员十余人,从役近百人,拿着崇祯帝的敕谕,前往清国,并于五月中旬到达沈阳。此时塔山、杏山已失,形势又有变化了。

当时清朝有许多官员已提出挟松锦大胜之威,继续进攻明朝,以成一统基业。如张存仁等就上书皇太极,陈述明朝国运已衰之势,要求乘此机会扩大战果,并建议"首广其地,次广其财"。不过,皇太极并没有接受这些建议。他仍十分认真地对待议和。他下令对使团予以隆重接待,并予以丰厚的赏赐。最后,皇太极写了一封长信,令马绍愉等转呈崇祯帝。

此信除把战争责任归咎于明朝外,其内容主要是重申和谈之意愿以及和谈的基本条件。这些条件是:两国平等;遣返对方逃人;明朝每年给清朝金万两、银百万两,清则报之以人参、貂皮;以实际占领区划定两国边界等等。以清兵当时的优势而言,皇太极开出的这些条件,虽说咄咄逼人,但也算是基本合理。

不过,对明朝的许多官员而言,这一条件是相当苛刻的,简直就是宋金和议的翻版。因此,当这一内容被百官知悉后,群情激愤也就在所难免。

在马绍愉等返京之前,朝中已就不很太平。起因是大学士谢升对议和一事说三道四,被言官获悉而上了奏疏,以致传到了外廷。崇祯帝只得将谢升削籍,以塞众口。未料不久风波再起!马绍愉带回的有关议和材料,竟被陈新甲的家童误为塘报而被抄传,群臣百官意外获悉密件内容,一再传闻的议和消息终获证实。一时间群情汹汹,朝野哗然,令崇祯帝、陈新甲措手不及。

陈新甲一下子成了众矢之的!

不过,陈新甲却认为,此事虽是由自己一手操办,但始终是奉旨行事,并未出格。因此,他态度强硬,甚至还有点有恃无恐的样子。他哪里知道,崇祯帝面对群臣的指责,为保全自己的面子和尊严,又要故伎重演,委屈他人了。陈新甲已是在劫难逃了。

七月底,陈新甲被逮入狱。当陈新甲知道崇祯帝要让自己做替罪羊时,急忙遍托人情,希望能起死回生。但崇祯帝决意要杀他以谢天下,谁的人情也没用!九月二十二日,陈新甲被斩于西市。

陈新甲被杀,议和之事便自然停顿下来了。

既然议和无望,皇太极于是决定派兵再次奔袭关内。崇祯十五年(崇德七年,1642)十月,皇太极任命多罗饶余贝勒阿巴泰为奉命大将军,与内大臣图尔格率领满洲、蒙古、汉军各固山额真等军进攻明朝。皇太极此举也可算是对明朝不肯议和的报复。皇太极除要阿巴泰等注意不要妄杀之类的事项外,还另外交代了两点:一是大军无权与明国议和。如明廷要议和则须直接与清国皇帝进行。二是大军如遇农民军,则应善言相待,不能造成冲突,如果他们有使者求见或有书信,则应速转等。

当时明朝的防御情况是这样的:关外、关内分设辽东总督、蓟辽总督,另又设保定、昌平总督;巡抚则有宁远、永平、顺天、保定、密云、天津六个;总兵则有宁远、山海、中协、西协、昌平、通州、天津、保定八个。表面上可谓是星罗棋布、无地不防,而实际上是事权不一,未必有效,更何况松锦大败,九塞之精锐、中国之粮刍,已经尽失,明朝已虚弱得不堪一击了。

战争的进展充分证明了这一点。

清兵自界岭口突入长城后,击败蓟辽总兵白腾蛟、马兰峪总兵白广恩,连破迁安、三河等地,分道一趋通州,一自柳树涧趋天津。

崇祯帝随即宣布京师戒严,令勋臣分守各门,征诸城镇兵入援。

由于朝廷无法组织起有效抵抗,各地官吏或望风溃逃,或献金帛迎降,清兵在畿辅、山东如入无人之境,先后攻陷兖州、顺德、河间三府,以及十八州,六十七县,共八十八城,降一州五县共六城。鲁王及乐陵、阳信、东原、安丘、滋阳诸郡王遇难。府州县官吏死难者数十人。被俘人口三十六万余、牲畜三十二万余,被缴黄金一万余两、白银二百余万两、珍珠四千余两、彩缎五万余匹,清兵可以说大获全胜。

面对清兵的奔袭,崇祯帝及其大臣们却是一筹莫展。直到崇祯十六年(1643)四月初,阁臣周延儒在万般无奈下自请督师,但直到二十日才出京。而到四月二十八日,清兵已沿原路北归。周延儒率诸援兵始终跟随其后,不敢与之交战,犹如列队护送一般。

这是清兵入关前的最后一次奔袭,历时七个月,大获全胜。此次奔袭,严重打击了京畿、山东等地区,使这些地区更加凋敝残破。同时,此次奔袭,更暴露了明王朝的不堪一击,增强了皇太极等人夺取天下的信心。皇太极本人虽于崇祯十六年(1643)八月英年早逝,没有亲眼看到江山一统的盛举,但他的后继者却不负其志,不到一年,便完成了他未竟的大业。

不是亡国之君,偏遇亡国之事

大明朝在崇祯帝手中已掌管了十六年,至此已到了穷途末日的地步了。

至崇祯十六年(1643),天下将崩已成定局,剩下的只是早晚而已。

崇祯帝或许已有预感。早在崇祯十二年(1639),一向迷信的崇祯帝,屡屡梦到有一神人在其手掌中写"有"字。他深感惊异,便询问朝臣是何征兆。群臣纷纷称贺,说此为贼平之兆。只有王承恩一人大哭,群臣一片愕然。崇祯帝也在大惊之余,急问何故。王承恩说:"请皇上赦奴婢不死,奴婢才敢直说。"崇祯帝忙令王承恩直说无妨。没想到王承恩讲出了一番石破天惊的言语来。

王承恩说,依他看来,这是神人托梦告诉皇帝,大明江山将失过半!

崇祯帝大惊失色,忙问其故。王承恩跪下叩首后,接着说道:

"有"字,上半截是"大"字少一捺,下半截是"明"字少一"日"。合起来看,大不成大,明不成明,是大明缺陷之意。神人借此而警示贼寇可虞之至矣,请皇上仔细考虑。

第七章 历史没有奇迹

崇祯帝听后,当然很不高兴,但也没有办法。在那时,崇祯帝虽已知国事艰难,却仍抱有幻想,或许尚不认为江山会真的这么快就失掉。不过,到了崇祯十六年(1643),他大概就已感到了大限即将到来。

大明朝弄到这种地步,当然非崇祯帝一人之过。但他作为大权独揽的最高领导,自然也负有不可推卸的责任。这一点是毋庸讳言的。

平心而论,崇祯帝从登基伊始,就一直兢兢业业,十分操劳,一心想成为中兴之主。与其祖父、皇父、皇兄相比,崇祯帝在这一点上是十分出色的。几乎是所有的史籍都众口一词,充分肯定了崇祯帝为大明王朝的中兴而付出的努力和心血,并不厌其烦地把诸如励精图治、慨然有为、沉机独断、不迩声色、忧勤惕厉、殚心治理等赞语加在他的身上。

而事实上崇祯帝也确实如此。自从正式登基后,他几乎是天天忙忙碌碌,很少有什么享受。崇祯十四年(1641)李自成、张献忠分别攻占洛阳、襄阳后,崇祯帝因劳累过度,筋疲力尽,以至于有一次在谒见刘太妃时,竟然坐着睡着了。一觉醒来,崇祯帝感到有失体统,忙向太妃道歉道:

"神祖时海内少事,而今则多灾多难。连着两昼夜看文书奏章。未尝合一下眼,心里烦闷,不思茶饭。没想到在太妃面前,竟如此不能自持。"

太妃心疼得直流眼泪,崇祯帝也跟着流泪,吓得宫人们都不敢抬头。

不过，对崇祯帝治天下的手法及效果，则有不少人提出批评。如亲身经历过明末战乱的张岱，就有这样一番评价。他说：

"先帝（指崇祯帝）焦于求治，刻于理财，渴于用人，骤于行法，以致十七年之天下，三翻四覆，夕改朝更。耳目之前，觉有一番变革，向后思之，讫无一用，不亦枉却此十七年之精励哉？"

张岱此言，确实是一语中的。崇祯帝的许多做法，在当时的形势下，不仅无济于事，反而直接导致了局势的更加恶化。如在用人方面，可以说崇祯帝是满盘皆输。张岱对他的评价是："用人太骤，杀人太骤，一言合则欲加诸膝，一言不合，则欲堕诸渊。以故侍从之臣，只有唯唯诺诺，如鹦鹉学语，随声附和而已耳。则是先帝立贤无方，天下之人无所不用，及至危急存亡之秋，并无一人为之分忧宣力。从来孤立无助之主，又莫我先帝若矣。"

综观崇祯帝的前后用人之策及最后结局，确是如此。

温体仁是崇祯帝最宠信的重臣之一。他表面上唯唯诺诺，貌似朴实无华，忠心无二，骨子里却是奸猾无比。在他入阁期间，正是朝廷多事之秋，而他未尝建一策、献一言，相反却终日为自己盘算，与善类为敌。温体仁最大的特点，就是能讨崇祯帝的欢心，能利用崇祯帝性格上的短处。也正是因为这点，温体仁才能被崇祯帝长期宠信，在阁达八年之久。直到崇祯十年（1637），温体仁才被罢免。

温体仁之后，内阁进行了改组，张至发做了首辅，刘宇亮、薛国观等人入阁。张至发在才智、机变上根本不及温体仁，谈不上有什么创举，也没有得到崇祯帝宠爱，因此不久就被削职回籍。

张至发之后,依次有孔贞远、刘宇亮、薛国观、范复粹等出任首辅。这些人都是庸劣之辈,滥竽充数,难得崇祯帝信任,因此也被走马灯似的不断更换。

在此期间走红的是杨嗣昌。杨嗣昌于崇祯十年十月出掌兵部尚书,并于崇祯十一年(1638)六月,以礼部尚书兼东阁大学士入阁,仍掌兵部。一年未满,杨嗣昌就位极人臣,这充分显示出崇祯帝用人太骤之特点。

杨嗣昌与温体仁不同,他努力想有一番作为,并提出了一些具体的做法。不过,他对卢象升的战死、熊文灿的失败、孙传庭的被捕等,都负有责任。但是,崇祯帝竟不予追究,刻意宽容,最后竟让杨嗣昌亲赴前线督师。结果是不仅没有挽回败局,反而导致了崇祯十四年(1641)春天形势的急剧恶化,杨嗣昌本人也命丧湖北。虽说杨嗣昌对此不应负全责,但也难辞其咎。崇祯帝也没有通过此事,对自己那种押宝式的用人之道进行反省,从中吸取教训。

崇祯帝的最后一位宠臣,则是周延儒。周延儒早年被温体仁算计,罢归故乡宜兴,至崇祯十四年(1641)十月被召再次入阁,担任首辅。而周延儒之所以能再次被用,是因为有复社首领张溥等人的支持。据说冯铨、侯恂、阮大铖等各出了数万金,交由张溥等人为之活动,交结近侍,打通关节。其条件是周延儒复出后要反过来支持张溥等人。

对周延儒的能力和品行,争议历来很大。他是状元出身,且能位极人臣,不能说他无才。但他最大的毛病,一是贪,二是没有原则，怕负责任。不过，崇祯帝却对周延儒寄予厚望，施之以师礼，并说什么"朕以天下听先生"之类的话。甚至在崇祯十五年（1642）元旦，皇帝还向周延儒等三位阁臣深深作揖，说："宗社安危，惟诸先生是赖！"真可谓是宠信之极，无以复加！崇祯帝对周延儒的态度，又是其用人太骤的一个生动例子。

事实上，周延儒也无回天之术。在赴任之初，他尚能有一些革旧布新之举，颇得声誉。但时间一长，他的问题就暴露出来了，渐渐便有人弹劾周延儒了。但崇祯帝根本听不进去，仍一意姑息。崇祯十六年（1643）四月，周延儒自请督师抗击清兵，却又不敢交战，事后还谎报军情。崇祯帝不问真假，竟要给他加太师衔，荫其子为中书舍人。当得知真实情况后，崇祯帝恼怒之余，要予以严办，不久却又改变主意，让周延儒坐驿站车马回家，还赏路费等。不过，崇祯帝最后又一改初衷，令周延儒自杀。

崇祯帝之所以能如此宠信温体仁、杨嗣昌、周延儒等人，原因固然很多，但有一点是共同的，那就是他们能迎合崇祯帝的心意，讨得崇祯帝的欢心。刚愎自用的崇祯帝，就十分喜欢这般能鹦鹉学舌、随声附和之人。相反，对那些敢于发表意见的忠谏之臣，崇祯帝就不太喜欢了。

崇祯帝口口声声要广开言路，但当他真遇到忠诤之臣时，便是另一副嘴脸了。最典型的事例，就是刘宗周和黄道周两位直臣的遭遇。

刘宗周是浙江山阴人，万历二十九年（1601）进士。他敢怒敢言，好得罪人。早在天启年间，他就得罪了魏忠贤。魏氏对他还算客气,仅斥之为"矫情厌世",便让他辞职回家。崇祯帝登基后,他被召回做了顺天府尹。上任之后,他竟斗胆上疏,指责崇祯帝求治太急,"不免见小利而速近功"。崇祯二年(1629),后金入侵,京畿告急,刘宗周又上疏直言,指责崇祯帝的用人之道,并说用太监典兵,是亡国之兆,弄得崇祯帝很没面子。

到了崇祯八年(1635)七月,吏部奉旨推举孙慎行(不久病卒)、林和刘宗周三人入阁,由皇帝做最后定夺。在崇祯帝召对时,刘宗周竟不分轻重,再次当面指责崇祯帝求治太急,用法太严,布令太烦,进退天下士太轻。他要崇祯帝以收拾人心为本,御外以治内为本,并说如能以尧舜之心行尧舜之政,则天下自平。

平心而论,刘宗周的看法基本上是正确的。更难能可贵的是,刘宗周竟能在大家不敢讲话时直抒其言。对此,崇祯帝即使不舒服,也不应该报复。但崇祯帝最终还是没有让刘宗周入阁,而是改授工部左侍郎。在崇祯帝看来,他这样处理,充其量只是一种警诫,算是很有涵养了。

没想刘宗周并没有到此为止。一个月后,刘宗周竟又上了那篇有名的《痛恨时艰疏》,其措辞之激烈,可以说是前所未有。他竟敢指责崇祯帝不懂圣王求治之道,所作所为不得要领。接着,他又要求崇祯帝不要轻改成法,当以简要出政令,以宽大养人才,以忠厚培国脉,发政施仁,收天下之心等等。言下之意,就是崇祯帝在这方面做得不够。

崇祯帝看到奏疏后,开始是怒不可遏,决意严惩。最后他虽放过了刘宗周,但心中已生厌恶之意。此年十月,当刘宗周再次上疏,指责皇帝重用宦官及内阁无能时,崇祯帝便再也无法忍受了。刘宗周终于被罢免。

到崇祯十五年(1642),被崇祯帝认为是清正敢言却无用的刘宗周,再次被起用为左都御史。没想到上任不久的刘宗周,又与崇祯帝顶撞起来,再次丢了官。

当时,给事中姜埰、行人司副熊开元因得罪了崇祯帝,被下了诏狱,密旨拟处死。刘宗周则认为言官以言语获罪而被下诏狱,本朝尚无先例,也有伤国体,于是便联络群臣奋起救援。在崇祯帝召对群臣时,刘宗周与崇祯帝针锋相对,据理力争。结果是姜、熊二人保住了性命,刘宗周却再次被罢免。

黄道周,福建漳浦人,天启二年(1622)进士,曾以翰林院编修的身份,任皇帝经筵展书官,后因与魏忠贤有矛盾而致仕闲居。崇祯二年(1629),黄道周被重新起用。崇祯五年(1632),黄道周因上疏攻击周延儒、温体仁而被崇祯帝解职。

崇祯九年(1636),黄道周再次被起用。至崇祯十一年(1638)六月,当时已是日讲官、少詹事的黄道周,与杨嗣昌等一起被廷推为阁臣,由崇祯帝做最后定夺。崇祯帝圈定杨嗣昌等人入阁,却把呼声很高的黄道周排除在外,颇出人意料。不久,黄道周便连上三疏,分别攻击杨嗣昌夺情恋位、陈新甲(原为逆案中人,由杨嗣昌重新起用)走邪径、辽东巡抚方一藻主和议等,措辞相当激烈。

崇祯帝则认为,黄道周此举,是与他未能入阁有关。于是,崇祯帝便把他下到吏部,由吏部议其外遣。不过,崇祯帝在不久后召见内阁及部院大臣时,又与黄道周发生了激烈冲突,从中不难看出崇祯帝对清流的心态。

当时崇祯帝责问黄道周说:"凡无所为而为者,谓之天理;有所为而为者,谓之人欲。你的三个奏疏是在你廷推不成(没有入阁)后上的,这能说是无所为吗?"

崇祯帝的意思很明确,就是说你黄道周上此三疏,是有所为而为者,目的就是为了表达你未能入阁之怨气。

没想到黄道周立即反驳道:"天、人止是义、利,臣心为国家,不为功名,自信是无所为!"

崇祯帝反问道:"上个月陈新甲被起用时,你为什么不讲?"

黄道周随口就说:"当时御史林兰友、给事何楷都已上疏弹劾,我与他们是同乡,担心涉结党嫌疑。"

崇祯帝反唇相讥:"难道现在就无嫌疑?"

黄道周接着便说:"天下纲常,边疆大计,今天不讲,后面就无机会,并不是出于私心。"

至此,崇祯帝已不想再与他争下去,便教训道:"清固美德,但也不可过分。"

未料黄道周仍不依不饶,把矛头直指杨嗣昌,说他是不孝不悌。杨嗣昌正在走红,哪里能忍受这种言语,便愤而出奏,称自己是先国后家,并反过来指责黄道周说:你黄道周的道德学问,本人向来钦佩,而你却自称不如郑鄤,还谈什么纲常伦理!

杨嗣昌的原意,也并不是说黄道周不如郑鄤,而是说你黄道周人品学问,都到了为人宗师的分上,却仍说不如郑鄤,那么你那套纲常伦理还有什么谈头?

郑鄤何许人也？郑鄤，武进横林人，其父郑振先、叔父郑振光都是进士，外祖父是大学士吴区闻，岳父是大宗伯孙淇澳。他本人十八岁中举人，二十八岁中进士，选庶常，揭大珰，一时名气峻峭而鸿远。他的后母，是大学士吴宗达的妹妹，性格暴烈，经常虐待奴婢。郑鄤实在看不下去，便求助迷信，整治了她一下。这就是所谓的"郑鄤杖母"事件。此事后由吴宗达向朝廷揭发，没想到却被温体仁利用，并以此来攻击郑鄤的好友、大学士文震孟。崇祯八年（1635）十一月，郑鄤被下了诏狱，至崇祯十二年（1639）被凌迟处死于北京。黄道周曾与郑鄤交游，并说过自己的文章不如郑鄤，以示谦虚。没想到此时被杨嗣昌抓住把柄。

听杨嗣昌这么一说，崇祯帝记起了此事，便责问黄道周："古人之心无所为，今见各有所主，故孟子欲正人心，息邪说。古之邪说，别为一教，今则直附于圣贤经传中，系世道人心更大。你还说自己不如郑鄤，是何道理？"

黄道周反驳道："我说的是文章不如郑鄤！"

崇祯帝穷追不放，黄道周则理直气壮，针锋相对，坚持说杨嗣昌、陈新甲不对。崇祯帝最后竟举出少正卯被诛之事，来影射黄道周。黄道周大声抗辩："少正卯心术不正，臣心正无一毫私。"两人顶到这种份儿上，都有点下不了台。崇祯帝大怒之下，叱之退下，候旨发落，哪里会料到黄道周会大声争辩道：

"臣今日不尽言，臣负陛下；陛下今日杀臣，陛下负臣！"

崇祯帝听罢此话，也盛怒之极，竟挖苦道："尔一生学问，止成佞耳!"

黄道周一听皇帝竟说他奸佞不正,便跪下抗辩道:

"臣敢将忠佞两字给皇上剖析清楚。如果在君父面前,独立敢言算是佞的话,那么在君父面前谗谄而谀岂不是忠?!忠佞不别,邪正混淆,何以致治?"

崇祯帝再次喝令黄道周退下。最后,崇祯帝将黄道周连贬六秩,外放江西。崇祯十三年(1640),余怒未消的崇祯帝,又将黄道周及举荐黄道周的江西巡抚解学龙,以"党邪乱政""徇私"的罪名,一起逮至京师,杖打八十,并下了刑部狱,并重罚了那些试图为黄道周辩解的官员。

刘宗周、黄道周等人,都是当时著名的清流,学问道德,为天下共推。他们的言行,或许过于激烈,有时甚至很是迂腐,但他们的忠直、负责精神,正是当时官场上所缺乏的。如能用好这些人,则不仅为文官集团提供了榜样,更能鼓舞人心,激励正气。更何况他们所提出的许多观点,正切中时弊,如能依此而行,于朝廷当大有裨益。

平心而论,崇祯帝也知道刘宗周、黄道周等是操守、学识俱佳之臣,也希望能重用他们,能帮他力挽狂澜。但君臣之间,最终不仅未能和谐相处,同舟共济,反而弄到这般田地。究其原因,固然有双方性格、观点方面的因素,但最根本的症结仍是崇祯帝的治国之策。

崇祯帝治国,过于急功近利,在用人上,更是如此。他口口声声唯才是举,而受他重用之臣却并没有像他希望的那样,为他力挽狂澜。而真正有德有才的文武大臣，反而得不到重用，更有像卢象升、傅宗龙、孙传庭诸辈，或战死，或下狱，下场惨烈。崇祯帝总是推诿于文武大臣，认为大明朝之所以会弄到这种地步，都是文武大臣不负责任的结果。

崇祯十年（1637）闰四月，天下大旱，崇祯帝祈雨未果，于是便下了第二个"罪己诏"。诏中除稍稍自责外，便大骂百官：

> 如张官设吏，原为治国安民，今出仕专为身谋，居官有同贸易。催钱粮先比火耗，完正额又欲羡余。甚至已经蠲免，悖旨私征。才议缮修，乘机自润。或召买不给价值，或驿递诡名轿抬，或差派则卖富殃贫，或理谳则以直为枉。阿堵违心，则敲扑任意；囊橐既富，则解网念工。巡按之荐劾失真，要津之毁誉倒置。又如勋戚不知餍足，纵贪横于京畿；乡宦灭弃防维，肆侵凌于闾里，纳无赖为爪牙，受奸民之投献，不肖官吏畏势而曲承，积恶衙蠹生端而勾引。嗟此小民，谁能安枕？似此种种，足干天和。积过良深，所以挽回不易。

在此诏中，崇祯帝把能骂的人，都几乎骂遍了。当然，他说的这些，也几乎都是事实。明季吏治之坏，也非崇祯朝开始。问题在于，崇祯帝面对这种局面，应找出应对的有效办法来。而他的用人之策，不仅无济于事，反而是推波助澜。在亡国前的一个月，崇祯帝自己也承认其用人的失败，用他自己的话来讲，就是"任大臣而不法，用小臣而不廉，言官首鼠而议不清，武将骄懦而功不奏"。这虽不能全怪崇祯帝,但崇祯帝也确实应负相当的责任。

面对越来越险恶的局面,崇祯帝愤恨之余,唯一的办法就是严惩,轻则撤职,重则入狱砍头。

崇祯一朝,高层官员的变更十分频繁,如兵部尚书先后撤换十四人,刑部尚书则更多,为十七人,而阁臣竟多达五十多人。最令人吃惊的是,崇祯帝竟在半年之中更换了五任蓟镇总督。这种走马灯式的撤换,哪里还能谈得上什么久任之法。

更严重的是,崇祯帝还推行重典之策,严惩文武百官,其手段之烈、范围之广、人数之多,是明代历朝所罕见的。

崇祯帝在位十七年,共杀首辅二人、总督七人、巡抚十一人,其余各级官员更是多得数不清。

首辅被杀的是薛国观、周延儒。首辅一职,在明代具有崇高的地位,可以说是贵极人臣,很少有被杀的。可是崇祯帝竟连杀了二人。虽说崇祯帝手下留情,皆令自尽,但仍相当惨烈。如薛国观自杀后,因崇祯帝无旨,旁人不敢收尸,致使其尸被吊了两天两夜。

总督被杀者,先后有蓟辽总督袁崇焕、刘策,漕运总督杨一鹏,督师熊文灿,陕西三边总督郑崇俭,蓟州总督范志完、赵光抃。

巡抚被杀者,有蓟镇巡抚王应豸、山西巡抚耿如杞、宣府巡抚李养冲、大同巡抚张翼明、顺天巡抚陈祖苞、保定巡抚张其平、山东巡抚颜继祖、永平巡抚马成名、四川巡抚邵捷春等等。

其他被杀的各级官员,因人数太多,根本就无法详列。

这么多官员被杀,固然与崇祯朝的多事有关,但亦与崇祯帝的做法是分不开的。崇祯帝总想以重典治世，整饬吏治，挽救危局，但他没想到的是用法太严、杀人过多，其结果却是适得其反。如果仔细推敲一下，就不难发现，崇祯帝的杀人，在许多时候是毫无道理而言的，其后果也是相当严重的。

最典型的是袁崇焕！袁崇焕的被杀，纯粹是崇祯帝本人误听谣言所致，而袁之被杀，又直接导致了辽东局势的恶化。除去袁崇焕外，还有些是罪不至死而被杀的，有些是做了替罪羊的，甚至有些是为一点小过而被冤杀的。到后来，崇祯帝似乎杀到了疯狂的地步。崇祯十二年（1639）三月，崇祯帝以失守封疆的罪名，一次竟斩杀了顺天巡抚陈祖苞等三十六位高级官员，可以说是创了纪录。

甚至可以说，崇祯帝到后来已对文官集团失去了信心，并认定天下大乱是文武大臣误国所致，转而产生了狭隘的报复心理。在这种心理的驱使下，崇祯帝的这种做法就不难理解了。

既然文武大臣在他眼里是如此角色，那么宦官被重用就不足为奇了。崇祯帝登基后，曾寸磔魏忠贤，清除阉党，一时人心大快。没想到至崇祯二年（1629）底，崇祯帝竟又派宦官监军、提督京营、九门。至崇祯四年（1631），宦官更被大规模起用，不仅监军、监饷、监茶马，甚至还总理户、工两部钱粮，势力越来越大。

崇祯帝之所以要重用宦官，用他自己的话说，是因为大臣们不实心任事，士大夫有负国家，一句话，就是宦官要比文武大臣管用、可靠。因此，不管大臣们如何反对，他就是照用不误。

不过，到了崇祯七年（1634）八月，崇祯帝大概也感觉到了重用宦官所带来的弊端,而且其效果也并不像原先期望的那么高,加上大臣们一浪高过一浪的反对声,于是便下令撤回了大部分宦官。可是到了崇祯九年(1636)七月,由于清兵入侵,崇祯帝再次大用宦官,不仅分遣宦官监镇和分守,甚至还设了一位总监,直接指挥各路总兵,从此宦官权力大增。

在崇祯十三年(1640)至十五年(1642)间,尽管崇祯帝又几次对宦官权力进行了限制,但至崇祯十五年底,宦官又重新被重用。自此以后,崇祯帝便再也离不开宦官了。

对宦官参政所必然引起的严重后果,崇祯帝无论是在理性上,还是在感性上都应深有体会。但他却最终未能摆脱宦官,而是重蹈了其皇兄的覆辙。崇祯帝总是自欺欺人地认为,像他这样的英明君主,有足够的把握驾驭宦官,使其为己所用而收奇效,就如他的祖宗明成祖那样。而事实上,重用宦官,其结果正适得其反,不仅于事无补,反而成了时局恶化的催化剂。遗憾的是,崇祯帝本人至死也没弄懂这点。

其实,崇祯帝没有弄懂的何止是这些!

他在位十七年,始终处于现实与理想的矛盾和冲突之中:

他反对植党,而党争却愈演愈烈;

他唯才是举,而朝署之中却半染赭衣;

他惩治宦官,而宦官之势却如日中天;

他严禁贪污,而贪污之风却愈演愈烈;

他整饬兵备,其结果却是将不治兵、兵不杀贼;

他口口声声爱民亲民,而百姓却生活于水深火热之中,纷纷为盗；

……

最后的结果是他做了亡国之君。

崇祯帝在魂归煤山前,仍抱着"朕非亡国之君,臣皆亡国之臣"的信念,把亡国的责任都推到文武大臣们身上。他始终没有想到,他自己正是这场悲剧的主要导演者。

第八章

大崩溃

崇祯十五年(1642)底,天下已呈分崩离析之乱象。

此年闰十一月,李自成率部四十万南下湖广,连破襄阳、荆州等地。至十六年(1643)正月,又破承天、汉阳诸地。在军事胜利的同时,李自成改襄阳为襄京,设奉天倡义文武大元帅府,自任大元帅,并于河南、湖广占领区设置地方政权,俨然成了武装割据政权。

张献忠虽在此年的十月被官兵重创于安徽潜山天堂寨山区，吃了大亏，但实力仍在。当李自成正忙着清除异己、建立政权时，张献忠乘机于崇祯十六年(1643)春攻入实力空虚的湖广，并于五月初攻克重镇武昌，建起一个中央政权来。

皇太极则于此年的十月任命阿巴泰为奉命大将军，率满洲、蒙古、汉军各固山额真，进攻明朝。阿巴泰此次奔袭，历时七个月，横扫京畿、山东，攻下八十八城，俘获难以计数，沉重打击了明王朝。

面对越来越险恶的时局，崇祯帝及满朝文武大臣几乎是束手无策，只能眼睁睁地看着大明朝走向崩溃。

大崩溃终于来到了。

李自成占据襄阳

崇祯十五年(1642)十一月，李自成率部攻下了汝宁城(今汝南)。至此，河南黄河以南地区全部被攻陷。朝廷实际上已无法控制这一地区,也不再设官,而百姓们则纷纷结寨自保,或降农民军,或受朝命,并互相吞并。中原祸乱,至此为极!

李自成在横扫河南后,于闰十一月率部众四十万人,由河南南阳进入湖广,向襄阳(今湖北襄樊)进军。

当时据守襄阳的是左良玉部。左良玉在朱仙镇被李自成、罗汝才大败后,逃回襄阳。经一段时间的恢复后,此时又有部众二十万,号称三十万。不过朝廷只给饷二万五千人,其余的粮饷只能靠自筹。说是自筹,实际上就是搜刮甚至抢劫,因此给襄阳地区造成了极大的灾难。军民关系自然是形同水火,十分紧张。

此时的左良玉已非昔比,他再也不敢与李自成打硬仗。当他得知李自成、罗汝才大兵压境时,便于樊城造船,准备随时顺汉水退走东南。不料襄阳百姓对他已恨之入骨,竟放火烧毁了他的船只。左良玉闻讯大怒,下令抢掠民船,载运军资、家眷先走,自己则率部屯兵樊城高地,设阵布防,准备阻击。

李自成部抵达城下,先遭左良玉部火铳阻击,后经当地百姓指点,绕过左良玉部防线,渡过汉水,攻击樊城。左良玉见势不妙,于十二月初三日拔营东遁,樊城随即沦陷,襄阳也于次日被攻占。郧阳巡抚王永祚护送襄、唐二王之子弃城而走。樊城、襄阳之战,充分显示了人心向背对战争所起的巨大作用。当时的百姓,已对朝廷失去信心,甚至是痛恨万分,人心思乱,一见风吹草动,便纷纷闻风而动,反过来支持农民军。

十二月十四日,农民军占领荆门州(今荆门),偏沅巡抚陈睿谟此前已护送惠王朱常润等弃城而走荆州。十六日,农民军占领荆州(今江陵),执杀湘阴王全家。陈睿谟则护送惠王逃往岳州(今湖南岳阳)。荆州被占前,豪绅陆师赟曾主张抵抗,却无人响应,只得自杀。当时荆州城内的士绅百姓都纷纷迎接农民军入城。后人有人感叹道:

"荆州有兵,有炮,有坚城,生齿百万,但无人固守,拱手让贼!"

在荆州得手后,农民军又攻击承天府(今钟祥)。承天府在明代有特殊地位。嘉靖皇帝的父亲兴献王朱祐杬的封地就在这里。当时因武宗无子,兴献王之子朱厚熜得以继大统,做了皇帝。从此,这里就被视作龙潜之地,加上兴献王墓地(即献陵)在此,于是被升格为承天府,并设有二卫防守。当时,湖广巡抚宋一鹤、巡按御史李振声、总兵钱中选等都在此驻防。

左良玉率部从襄、樊撤退后,也曾到过承天。饥兵抢掠,左良玉便向巡抚宋一鹤请饷。巡按御史李振声便说:左兵太多,何以给之?即使有粮,也不如养承天之民自守!宋一鹤于是拒绝供饷,闭门不纳。左良玉大怒,下令抢劫后率部扬长而去。如果左良玉部能待在承天,情况或许会有所不同。

崇祯十六年(1643)正月初一日,农民军攻克承天府。巡抚宋一鹤自杀,巡按李振声被俘,总兵钱中选战死,钦天监博士杨永裕投降。李自成令改承天府为扬武州。

巡按李振声也是米脂人。由于与李自成同姓同乡,被俘后颇受优待。李自成把他留在营中,称其为大哥,百般劝降,并授其为兵政府侍郎。但李振声始终不为所动,甚至还想有所图谋,最终被处死。

承天被占后,农民军想发掘献陵地官,图谋财宝,不想突然雷雨大作,并击死数人,只好作罢。据说罗汝才知道此事后,认为天命依然未改,于是便与李自成起了二心。

农民军攻克承天后,继续东进,连克潜山、京山,并于正月十五日占领汉川县。此地离省会武昌只有一百余里,且可由汉水顺流直达。

武昌大震!

当时左良玉部已在武昌。由于兵饷缺乏,左良玉曾去见过楚王,并说只要给我十万人饷,我就可保武昌无忧。楚王不肯答应。此时见李自成大军逼近,左良玉开始抢掠大量民船,于十八日向九江撤退。从此以后,左良玉部便没有与李自成交过手。

正月十八日,农民军攻占汉阳府城,并随即发动渡江,攻打武昌。由于风急浪大,农民军又多为北方人,不习水性,渡江失败。二十一日,李自成经云梦返回襄阳。当时武昌实力空虚,根本抵挡不住,幸好李自成主动撤兵,否则必陷无疑。

没想到这一撤,倒让张献忠捡了个大便宜。到五月,张献忠未费多大气力便攻占了武昌。

李自成自十五年(1642)闰十一月进兵湖广,至此只用了三个月,便把湖广长江之北的襄阳、荆州、承天、汉阳、德安、黄州等府统统攻陷,仅剩下郧阳一府。郧阳府守将王光恩,原也是陕北的农民军首领,后降朝廷。此时他死心塌地守城,誓不投降,弄得攻城的刘宗敏也没有办法,最后只好不了了之。

第八章 大崩溃

李自成回到襄阳后,便开始组建政权。据说当时有人向李自成劝进,牛金星认为不可,于是,李自成改襄阳为襄京,设奉天倡义文武大元帅府,自任文武大元帅,并分设官职:

设丞相一人,由牛金星担任。下设吏、户、礼、兵、刑、工"六部",分别由喻上猷(进士、原御史)、萧应坤(进士、原江西布政使)、杨永裕(进士、原钦天监博士)、李振声(进士、原巡按御史,李振声实际上未降,其职后由丘之陶接任)、邓岩忠(贡士)、姚锡胤任侍郎。

外官则设防御史、府尹、州牧、县令等职。当时李自成设官的地区,大致有河南的开封府(改称扬平府,治在禹州,今禹县)、南阳府、信阳府、汝宁府,湖广的承天府(改称扬武州)、荆州府、德安府(改称安陆府)、襄阳府等。后来其势力又扩大到长江之南。

李自成同时对军队进行了整顿和改革。他把部队划分成两种:一是攻城略地的"五营",一是镇守之地方军。

"五营"设权将军二人,即田见秀、刘宗敏。田见秀负责提督诸营,刘宗敏则负责中权亲军。刘宗敏所辖的中权亲军设有:

帅标正威武将军张鼐(有人称张鼐就是李双喜的本名),威武将军党守素副之;

帅标左威武将军辛思忠,果毅将军谷可成副之;

帅标右威武将军李友;

帅标前果毅将军任继荣;

帅标后果毅将军吴汝义。

田见秀提督的诸营设置分别为:

左营：制将军刘芳亮，左果毅将军马世耀，右威武将军刘汝魁。

右营：制将军刘希尧，左果毅将军白九鹤（一作白鸠鹤），右果毅将军刘体纯。

前营：制将军袁宗第，左果毅将军谢君友，右果毅将军田虎。

后营：制将军李过，左果毅将军张能，右果毅将军马重僖。

除"五营"以外，李自成还建立一支分镇各地的守卫部队。他依据先守襄阳，次及承天、德安，再渐及汝宁的宗旨，设卫置帅，分驻各地。主要有：

襄阳卫，由左、右威武将军高一功、冯雄驻守襄阳；

通达卫，由制将军任光荣，左、右威严将军蔺养成、牛万才驻守荆州等地；

杨武卫，以果毅将军白旺、威武将军谢应龙等驻守安陆、汉川等地；

汝宁卫，由威武将军韩华美驻守信阳；

均平卫，由果毅将军周凤梧驻守郑禹二州。

在政权建设的同时，李自成用血腥手段清除异己，以独揽大权，建立起自己的绝对权威。

首当其冲的是曹操罗汝才、革里眼贺一龙。

曹操罗汝才是最早的陕北农民领袖之一，实力较强。在李自成陕西大败而躲入山中不敢露面时，罗汝才却与张献忠一起，正闹得红火。后因与张献忠合不来，罗汝才便与李自成合营，横扫河南，又下湖广，其贡献和实力并不比李自成逊色。李自成自封

"奉天倡义营文武大元帅"时,也给罗汝才封了一个"代天抚民德威大将军",但罗汝才无权向全军发布号令。

革里眼贺一龙,则是"革、左五营"的领头人物。他与老回回马守应一起,领导"革、左五营"长期活动在安徽。即使在李自成被击溃、张献忠、罗汝才投降这一最艰苦的时期,他们也从未动摇。"革、左五营"基本上是独立作战的,曾与张献忠联过手,后见李自成在河南打得顺手,便移师河南与他联手,直至湖广。"革、左五营"的实力仅次于当时的李自成、罗汝才。

李自成要独揽大权,必须除掉罗汝才、贺一龙等人,因为罗、贺等人也是实力强劲的竞争者。当时的形势是,要么三支力量散伙,重新各自为战,要么决出胜者,统率全军。于是李自成便先下手为强,抢先动了手。

具体详情,不得而知。据说在此年的三月初,李自成在安排妥当后,邀罗汝才、贺一龙到老营赴宴。罗汝才借故未去。而贺一龙却应邀而至,被乱刀杀死。第二天一早,李自成亲率精骑百人,谎称有事相商,杀罗汝才于其卧室,随即宣布其罪状(自然是通敌),安抚其部众。

罗、贺的部众虽有不少叛逃的,但大部仍在,被收编进李自成营中。老回回马守应当时正在率兵攻打澧州(今湖南澧县),闻讯大惊,不敢再回到李自成的身边。李自成百般拉拢,授其"永辅营英武将军"之号,并送他一颗重四十八两的金印,却都被拒绝。马守应最后病死,其部众大多归了张献忠。革、左五营的其他三位首领,即左金王贺锦、治世王刘希尧、争世王蔺养成,则乖乖地做了李自成的部下。

不久,李自成还纵兵消灭了活动于河南的小袁营,其首领袁时中被杀。

至此,李自成已是大权独揽的农民领袖了。他也拥有了争天下的实力了。

张献忠攻克武昌

就在李自成正忙着在襄阳建立政权、清除异己时,张献忠冷不防地从安徽杀出,直奔武昌,并于崇祯十六年(1643)五月占领武昌,硬是从李自成口中抢走了这块肥肉。

崇祯十五年(1642),张献忠主要活动于安徽。他与"革、左五营"联手,局面虽不像李自成在河南那样轰轰烈烈,但尚能维持。没想到"革、左五营"见李自成声势浩大,便移师河南与其合营。张献忠因与李自成、罗汝才有着说不清的恩恩怨怨,自然就不肯去凑热闹。

由于"革、左五营"的离去,张献忠独木难支,明显感到官兵的重压,于是便准备重回湖广。不料朝廷看出了他的意图,拼命堵截合围,他只得又重返安徽潜山的天堂寨山区,以避其锋芒。此年十月,总兵刘良佐、黄得功率部偷袭潜山,把张献忠打了个措手不及,十分被动。

崇祯十六年(1643)初,张献忠获悉湖广的情况后,便再次决定进兵湖广。当时的湖广,实力已相当空虚,而且当时湖北麻城一带的民变已闹得十分厉害,形势对张献忠非常有利。

张献忠迅速率部西进,一举突入湖北,连克黄梅、广济、蕲州,大杀乡绅,深受百姓欢迎。三月初,张献忠攻下蕲水(今浠水),杀掉了是宿敌也是"恩人"的熊文灿的全部家族。接着,张献忠又克黄州。当时,麻城民变正闹得不可开交,从乱的奴仆已占据了县城。他们派人来邀张献忠。张献忠大喜之下,急率精骑飞赴麻城,并于四月初六日占领了麻城。麻城一下子就有五六万人投奔了张献忠。

当张献忠攻下罗田时,罗田诸生李时荣给张献忠献上了一条绝好的计策,建议张献忠乘势渡江,直取武昌。张献忠随即征调渔船,并于五月初五日遣先头部队于团凤洲渡江,攻下武昌县(今鄂城)。五月二十三日,张献忠率全军于鸭蛋洲过江。五月二十九日,张献忠抵达武昌城下,开始攻城。

武昌是湖广省会,江汉重镇。此城一失,则江汉肯定不保。然而,朝廷和湖广当局却始终没有在武昌认真设防,心存侥幸。至崇祯十六年(1643)春,武昌的形势已危如累卵,不仅西有李自成重兵压境,东有张献忠兼程而来,而且城中缺兵少饷,人心已经大乱,根本谈不上有真正的防守。

眼看张献忠就要到了,城中要员们这才慌了起来,想起要赶紧布阵设防,并寄希望楚王能拿出钱来,充饷养兵。于是,湖广布政司、按察使司、都指挥使司的官员们一齐来到楚王府,跪在楚王朱华奎面前,请他出借银两充饷,被楚王拒绝。家居的大学士贺逢圣，也去晋见楚王，恳求楚王出饷，可楚王竟拿出了洪武年间的一张椅子，说没有别的，只有此椅可佐军充饷。贺逢圣急得当时就哭了起来。直到城陷前没多久，楚王才拿出钱来招募承天、德安的溃兵，号称楚府兵，由楚府长史徐学颜统率。

当张献忠部抵达武昌城下时，道臣王扬基等弃城而走，楚府兵打开保安、文昌二门，纳城投降。参将崔文荣、长史徐学颜战死。大学士贺逢圣则用船载着家人赴墩子湖，沉湖自杀。

楚王朱华奎被俘。当张献忠看到楚府库藏的上百万金银时，叹息道：有这么多钱，竟不肯拿出来守城，朱胡子真是个庸人！最后，楚王被放入笼中，沉江而死。楚王宗室全部被斩杀！据说当时从鹦鹉洲到道士洑之间，浮尸蔽江，一片凄惨景象。

张献忠武昌得手，实力大增，便也学着李自成，在武昌建立起政权来。

他自称"西王"，住进了楚王府，并高树两面大旗，上书"天与人归""招贤纳士"。

他改武昌为天授府，江夏为上江县。铸"西王之宝"铜钱。设"五府六部"，分授周文江为兵部尚书，张其在为总兵前军都督，李时荣为巡抚，谢凤州为守道，萧彦为巡道，陈驭六为学道，周综文为天授府知府，黄元凯为黄州府知府，沈会霖为汉阳县知县等。

大概是张献忠曾读过一点书，所以颇有附庸风雅之意。他在黄鹤楼题诗，令部下附和。他还开科取士，录取状元、进士，并授以官职。在这方面，张献忠确实要比李自成强。

可是他的实力仍比不过李自成。虽然他乘左良玉等东下、李

第八章 大崩溃

自成留驻襄阳的机会,轻取了武昌,占了大便宜,但心里仍不免发怵。据说李自成得知张献忠攻下武昌后,曾派人前往武昌,名为相贺,实则胁迫他归附。张献忠只得笑脸相迎,并赠送金银宝物。李自成受了礼,却没有作书回复。

张献忠担心李自成会前来火并,便于此年七月率大部离开武昌,南下湘赣。未料李自成最后却移兵河南,与孙传庭对垒,并没有前来。这一阴差阳错,倒让左良玉捡了便宜。他在张献忠撤离武昌后,于下游回师西向,一举占了武昌。武昌虽已是空城,但并不影响左帅吹嘘自己的恢复之功。

张献忠率兵南下,连克咸宁、蒲圻,向岳州(今岳阳)方向进发。原驻防城陵矶的偏沅巡抚李乾德、总兵孔希贵率兵进驻岳州。八月初五日,张献忠二十万大军猛攻岳州,李乾德、孔希贵以及监军道许璟溃退长沙。岳州被克。

二十三日,张献忠部进抵长沙城下。

当时长沙城中住着吉王,惠王也从荆州逃到此地。面对张献忠的大军,湖广巡按刘熙祚、偏沅巡抚李乾德、总兵孔希贵等临阵脱逃,护送两藩王退往衡州(今衡阳),投奔桂王。二十五日,因留守长沙的总兵尹先民、副将何以德、进士史可敬等投降献城,张献忠得以兵不血刃,占领长沙。

张献忠再克衡州。惠王、桂王、吉王等先退至永州(今零陵),张献忠部尾随而至。湖广巡按刘熙祚令官兵护送三位藩王退入广西,自己则死守永州,兵败被杀。

此后,张献忠部又连陷宝庆(今邵阳)、常德。

湖南承平日久，不知战事。张献忠至此，如入无人之境。湖南境内，仅有少数几地得以保全。辰州府（今沅陵）因土司兵守辰龙关（在沅陵县境内，是常德入辰州之要津）而未遭兵火。道州（今道县，属永州府）守备沈至绪战死，其女再战，夺回父尸，道州城也得以保全。

在湖南得手后，张献忠还东攻江西，陷吉安、袁州（今宜春）、建昌（今永修）、抚州（今抚州）等府，并分兵南进至广东南雄、韶州（今韶关）两府境内。

至崇祯十六年（1643）冬，张献忠已基本上控制了湖南全境，并占有江西一部分。他本人坐镇长沙，用从衡州桂王府上拆下来的建材造起了宫殿。此时，他已称自己的军队为天兵，而把大明朝称为朱朝。为收买人心，他公开发布三年不征粮的命令，并大量任命降官。他还照例要开科取士，收罗文人。他甚至还礼贤下士，每到一地，则大索名士。如衡阳名士王夫之，就被他多次征聘，最后逼得王夫之只能毁容求避，而他居然也就放过了王夫之。

张献忠在湖南的举措，确实与从前大不相同。

当然，张献忠此番来到湖南，自然不会忘记他的老对手杨嗣昌。十一月二十二日，张献忠攻下常德，于是便以平南先锋的名义发布命令道：

"照得诛贼杨某，昔年曾调天下兵马敢抗天兵。某幸早死于吾刃矣。今过武陵，乃彼房屋、土田、坟墓在此。只不归顺足矣，焉何拴同乡绅士庶，到处立团。合将九族尽诛，坟墓尽掘，房屋尽行烧毁。霸占土田，查还小民。有捉杨姓一人者赏银十两，捉其子孙兄弟者赏千金。为此牌仰该府。"

杨嗣昌及其父杨鹤,不仅自己因剿抚而送命。死后还要连累祖宗、家族,真是惨烈。

此时的张献忠,不仅已稳占三湘,旁掠江西,而且还可以南下广东、广西,东出江西、福建,甚至可以直捣南京,尽占江南。然而,令人吃惊的是,张献忠竟最终放弃了湖南,又杀向了四川。

张献忠此举,令后人百思不得其解,至今仍是一个谜。

最后一张王牌:孙传庭出关

李自成在襄阳大杀异己、巩固地位后,便面临着一个重大问题,即下一步该怎么走?

正当部下众说纷纭,而李自成本人也举棋不定时,却传来了孙传庭率兵出关、主动出击的消息。李自成再三权衡后,便毅然采纳了顾君恩的建议,定下先取关中,建立基业,然后旁略三边,资其兵力,再攻取山西,进克北京的计划,并随即挥师北上,迎击孙传庭。

孙传庭的出关求战,在某种意义上说,倒是帮助李自成下了决心,选用顾君恩之策。后来的进程也表明,李自成此举无疑是正确的,尽管他疏忽了山海关外清朝的存在。

那么,在当时这种情况下,孙传庭为什么要主动出击呢?因为这种做法,在当时无疑是自取灭亡,而且肯定会危及全局。

要回答这个问题,就必须先讲讲当时崇祯帝及朝廷的决策。

崇祯十六年(1643)春,李自成部在湖北大发神威,几乎攻克全境,而驻守此地的左良玉部却一退再退,根本不敢与李自成交战。湖北就这样白白断送!

崇祯帝心急如焚。

他认为局面之所以弄到这般地步,就是因为在杨嗣昌之后,没有一个能干的大臣能代他分劳,总负其责。于是,他又开始物色人选。

崇祯帝这次选中了吴甡。当时已任大学士的吴甡,曾任过陕西巡抚和山西巡抚,曾有长期对付农民军的经历,崇祯帝选中他也不奇怪。在此时的满朝文武中,大概也只有吴甡可堪一用了。

崇祯帝本希望吴甡能自告奋勇,主动站出来请命。三月,崇祯帝召对大臣,说起承天祖陵被毁之事,声泪俱下。接着,他又指责文武大臣调遣失度,暗示要进行人事变动。对当时的形势,文武大臣自然是心中有数,所以没有人肯接话,只是一味跪着叩头。吴甡自然也是如此。

崇祯帝见吴甡不作表示,只得在第二天再次召对大臣,并开门见山地点了吴甡。他对吴甡说:自杨嗣昌死后,督师无人,以致弄到这种地步。你过去曾长期担任过相关职务,可去湖广督师,以图恢复。如此一来,吴甡再也不便推脱,只得以大学士兼兵部尚书的身份出任督师,而大理寺评事万元吉则被任命为职方郎中,赞画军前。

吴甡过去能长期自保,而没有像其他大臣那样丢官丧命,靠的就是精明老练。他虽口口声声说不惜一死,愿赴疆场,但也决不会贸然行事。他自然要向皇帝提提条件。

吴甡于是上疏崇祯帝,请拨精兵三万,而且还要有敢战之将率领。其理由是,湖广左良玉部军纪败坏,不肯用命,如单派他孤身前往,等于就是无兵之帅,难以有所作为。不仅如此,吴甡还提出了一个保守的进兵方案,说自己先赴金陵,用自己的精兵先挟制住左良玉后,再进兵湖广,与陕西孙传庭夹击李自成。

崇祯帝看到此疏,自然很不高兴,便把此疏留中不发。吴甡要求呈见,以便当面解释。第二天,崇祯帝便在文昭阁召见了吴甡。

崇祯帝开门见山,批评吴甡说:"昨天先生之疏,需兵太多,仓猝之间,哪里去调集?南京与湖广相隔太远,似乎也不是退守之地。"

他还为左良玉作了辩护,说左良玉之退,也是因为地方官不为他筹措粮饷。此支劲旅可供先生之用。吴甡则据理力争:

"左良玉的跋扈,人人皆知,昔年杨嗣昌九檄征调左兵,左竟一兵不发!臣不如杨嗣昌,而左良玉更是今非昔比。如不能节制,则损威重。再说自襄阳顺流可直达南京,易如反掌,因此臣是兼顾南京,而不是退守。"

吴甡当时十分清楚,如果自己不带兵南下,将肯定是一事无成,所以他在这一点上绝不让步。而崇祯帝则认为,到了现在这种地步,你叫我哪里去调这么多兵?况且左良玉的二十万大军,如果处置得当,也不是不可用。正当双方僵持不下时,次辅陈演

插进来帮皇帝打圆场,说了一句:

"督师出,则督抚之兵皆其兵也!"

吴甡一听,立即回敬道:

"次辅读书中秘,不熟悉军旅,我之所以要请兵,正是因为督抚手中无兵。"

他于是列举了河南总督只有数十名随员,河南巡抚也仅剩下标营千人,湖广巡抚更是两手空空等例子,来说明督抚已无兵可用。

崇祯帝只得令兵部速议发兵。可是兵部也已无兵可调,最后只得拟拨总兵唐通部、马科部及京营兵共一万人,交吴甡指挥。可是唐通当时正率部与入侵的清兵作战,无法抽身,于是吴甡便不肯赴任,在京坐等。

崇祯帝十分希望吴甡能立即赴任,而吴甡也下定决心,手下无兵,决不督师。崇祯帝对此十分不满。不久,首辅周延儒自请督师,朝受命而夕启行;陕西总督孙传庭上疏主动请战,要统兵东出潼关。两位的做法让崇祯帝大感满意,相比之下,更加深了对吴甡的不满。就在此时,那位被吴甡奚落过的次辅陈演,不失时机,再次向皇帝提出,唐通肩负京师拱卫重任,不能轻调,同时也顺手把孙传庭的奋勇直前和吴甡的畏葸不前作了一些对比。忍耐已到了极限的崇祯帝,终于发作了。

当时,已与崇祯帝抗争了两个月的吴甡,也感到不能再抗,准备赴任。临行前一天,吴甡犒劳随从兵马,崇祯帝还令宦官赐银牌给赏。然而到了第二天,崇祯帝突然下诏,令吴甡速进宫入值。

第八章 大崩溃

吴甡顿感不妙,连上两疏辞职。崇祯帝也就顺水推舟,不予挽留,准其致仕。吴甡自以为脱掉了枷锁,没想到后来还是被重惩。八月,崇祯帝以吴甡延误师期,导致武昌失守的罪名,令锦衣卫把吴甡逮捕入京,论罪遣戍云南金齿卫。

崇祯帝之所以肯准允吴甡致仕,还有另外一个原因,那就是他已决定重用孙传庭了。五月,他令孙传庭兼督河南、四川。不久,又进孙传庭为兵部尚书,改任督师,总制应天、凤阳、河南、湖广、四川、贵州军务,仍兼督三边,赐尚方宝剑。他这次又把宝押到了孙传庭身上。

他一方面要孙传庭迅速出兵,一方面又做出了很多姿态。他再一次下了"罪己诏",并宣布免河南五府三年田租,而事实上那时的河南早就不在朝廷控制之下了。他还下了赏格:"擒李自成者,赏万金,爵通侯;擒张献忠者,官极品,世袭锦衣卫指挥使。"此时的崇祯帝,似乎仍没有认清形势,反而像一个赌红了眼的赌徒,梦想再作最后一搏。

他当时的本钱就是孙传庭。因此,他一再严令孙传庭率兵出关,主动出击。

而在当时朝廷的文武官员中,对孙传庭是否出关是有分歧的。有少数官员抱着与崇祯帝一样的幻想,希望孙传庭出关作战,能与左良玉部形成夹击之势。而左良玉部也在朝廷严令之下,于六月向西挺进。也有一些陕西籍官员希望孙传庭能早日出关,以减轻陕西的负担。不过,绝大部分官员却认为出关是冒险之举,一旦失败,不仅陕西不保,而且会危及全局,所以他们力主孙传庭待在陕西不动,视形势变化再作决断。

兵部尚书冯元飙为阻止冒险,一面在皇帝面前力争不可轻战,一面专门写信给孙传庭,希望他不可轻举妄动,并要求他不要再用白广恩、高杰为将。兵部侍郎张凤翔也极力劝崇祯帝不能速战。他说,孙传庭手下的精兵良将,是皇帝最后的家当,不可轻动。中允刘理顺也写信给孙传庭,说此举系天下安危,不仅仅是河南、湖广的问题。出关之策就像药中的劫剂。

但崇祯帝却根本听不进去。他一再严令孙传庭出关。

孙传庭对出关作战能否取胜也没有把握。但在皇帝的严令下,他也只有一途可选。他说:"我当然也知道出关作战未必能胜,不过仍希望能侥幸而有万一之功。大大夫岂能再对狱吏乎?"他确实是坐牢坐怕了。

此时的孙传庭,也有了点实力。自从十五年(1642)兵败柿园后,他便退回关中,屯田、缮器、积粟,广招兵马,恢复了不少元气。但他当时之所以敢于冒险出关,还有一个重要因素,那就是他收到了丘之陶的秘信。

丘之陶本是大官僚丘瑜之子,投顺李自成后,被任命兵部侍郎。李自成出襄阳后,他留在襄阳留守,便写信给孙传庭,约以内应。孙传庭大喜之余,自然多了一份信心。没想到他的信使已被李自成的手下中途截获,事情已泄,而他与丘之陶却仍蒙在鼓里。

八月初一日,孙传庭在西安关帝庙誓师。他命总兵马、秦翼明,随陕西巡抚冯师孔,取道商洛进驻南阳,作偏师之用。自己则率大军由灵宝入豫。高杰为中军,王定、官抚民领延绥、宁夏兵为后劲,白广恩则率火车营。为配合自己出关,孙传庭檄左良玉统兵西上,进行夹击,同时令河南总兵卜从善、陈永福在洛阳与自己会合。

孙传庭何曾料到,自己此次出关,却正是走向自己的末日。

关中失陷

李自成对孙传庭出关作战,早就做了准备。他先是派兵进入河南,预做准备,接着又亲率大军北上河南,寻机反击、歼灭孙传庭。

孙传庭于八月上旬进驻洛阳。当时有谋士劝孙传庭修缮洛阳城,储粮,屯田,以做进战退守之计。白广恩也请驻兵分据要害,步步为营,依次推进。可是孙传庭却怕贻误战机,不肯采用,而是急于决战,轻率冒进。

这正中了李自成的圈套!

李自成见孙传庭来势凶猛,便故意示弱,诱敌深入。当时他已从邓州移兵至襄城和郏县之间相待。

九月十二日,孙传庭部攻陷宝丰,并于十四日推进到郏县境内。李自成亲率万骑迎战,孙传庭部白广恩、高杰进击,其前锋杨绳祖、王龙等原是罗汝才部下,此时见到李自成,个个心怀仇恨,奋勇向杀,竟擒获了李自成部下、果毅将军谢君友,砍下了李自成的坐纛,攻陷了郏县。

同时，郧阳道高斗枢与惠登相合兵，在湖广配合孙传庭作战，在八月攻占光化，九月攻下谷城，进逼襄阳。游击折曾修，奔袭了李自成部在唐县的老营，掳其辎重，杀其妻子。

这些捷报不断传来，令孙传庭兴奋不已。他急报朝廷邀功，并口出狂言说，"贼闻臣名皆溃！臣誓清洗豫，不以一贼遗君父忧。"

崇祯帝得报后更是欣喜若狂。他拿着奏疏令大臣们传阅，连说贼灭亡在旦夕！他甚至还传谕吏、工、兵三部，速速配合孙传庭以取得最后胜利，并着手安排善后事宜。只有兵部尚书冯元飙看出了问题，深感大祸即将来临。他说，"贼兵故意以羸弱诱我，不可不忧。"这些话着实让崇祯帝扫兴。

但冯元飙之担心，不幸很快就变成了现实。

先是丘之陶被斩，内应顿失。丘之陶谎报军情，说左良玉已率兵攻打襄阳，试图令李自成从河南前线抽调兵力回去救援。未料李自成早已侦知其中奥秘，斩杀了丘之陶。

接着又是粮道被断。孙传庭部孤兵深入，后方供应难以维持。连下了六天的大雨，更是令运输艰难。兵卒们个个饥瘦不堪。李自成获内线密报后，一面令坚壁清野，一面令刘宗敏率轻骑间道飞驰至汝州白沙，抄绝孙传庭的粮道。

官兵军心大动，开始骚乱。

孙传庭急令陈永福率豫兵留守兵营，自己率陕西兵分路撤退，决心打通粮道。豫兵不服，也随之溃退。农民军则乘势猛攻，杀得官军人仰马翻。此役孙传庭部被杀四万余人，损失甲仗马骡

第八章 大崩溃

数十万,最后孙传庭和高杰仅率数千人北渡黄河,绕道山西垣曲县而至潼关,与白广恩会合。

崇祯帝接到败报后,十分震怒,下令削去孙传庭督师、尚书之职,但仍令其以陕西总督的身份收拾余兵固守潼关。不久,又升白广恩为援剿总兵官,挂荡寇将军印,拨给兵员三万,与孙传庭一道守关,以阻李自成部进入陕西。但此时的孙传庭、白广恩,哪里还能守得住潼关呢?

十月初,李自成、刘宗敏统率主力,进攻潼关,同时遣偏师由河南邓县取道商洛地区,进攻陕西,约定在西安会合。

孙传庭当时令高杰、白广恩分驻关外,自己则坐镇关城。

十月初六日,李自成部发动进攻,高杰、白广恩先后溃退,潼关也随即失守。

孙传庭收兵渭南,企图固守。农民军乘势再攻,渭南城破。孙传庭及监军乔元柱被杀(一说两人是死在潼关的)。

李自成于十月初十日再下临潼,并于次日抵达西安城下。

西安是秦王封地。秦王朱存枢富甲天下,是有名的富藩。户部尚书倪元璐曾向崇祯帝建议,让秦王拿出财产来助饷,说与其今后让贼寇拿去,还不如趁早用于享军。崇祯帝没有答应。此时陕西巡抚冯师孔退守西安,城中已无兵可用,便留下了途经西安的五千四川兵守城。官员们劝秦王出点银子,置些棉衣犒军,一来可给士卒防寒,二来也可激励士气。未料秦王竟一口拒绝。

守城副将王根子十分不满,竟约农民军献城。十月十一日,王根子依约大开东门,农民军一拥而入,一举占领西安。巡抚冯师孔、按察使黄、知府简仁瑞、知县吴从义等被杀。

西安被占,不知崇祯帝是否有预感?据说在崇祯十一年(1638)正月,崇祯帝在平台召见群臣时,诏百官起大数问天下事,仙降云:

> 九九气运迁,泾水河边,渭水河边,投秦入楚闹幽燕。
> 兵过数番,抢夺公卿入长安。
> 军苦何堪,民苦何堪,父母妻子相抛闪。
> 家家皇天,人人皇天,大水灌魏失秦川。
> 流寇数载即息,红顶又将发烟。
> 虎兔之间干戈乱,龙蛇之际是荒年。

此中,"大水灌魏"应指开封被灌,"失秦川"当是西安被占,"红顶"则指清兵。至此,前面的两事已经应验,而清兵入关也为时不远了。

崇祯帝这一赌可以说是输得精光。他寄予厚望的孙传庭就这样凄惨而去,也带走了他最后的几许希望。在开始时,崇祯帝坚决不信孙传庭已死,因为孙传庭的尸体始终没有找到。他下令不予赠荫、哀悼。当孙传庭战死的消息最终被证实后,崇祯帝不禁悲痛之极。

秦中二帅,曾是崇祯帝最倚重的大臣,而其结局却是如此不同。当初洪承畴明明已降清朝,崇祯帝却匆匆立祠、赠荫、追恤,弄得好不尴尬。而现在孙传庭确实战死,且尸骨无存,崇祯帝却

第八章 大崩溃

坚信其未死,竟不许赠荫、哀悼。不过,他们俩有一点是共同的,即他们都曾是崇祯帝的救命稻草。

正当崇祯帝在痛惜孙传庭之死时,李自成在陕西却展开了强大的攻势。

李自成亲率后营李过部和左营刘芳亮部,向北追击高杰。高杰曾是李自成部属,当年拐走了李自成的妻子,降了朝廷,反过来与农民军作战。李自成岂能轻易放过他?!

高杰自知罪孽深重,一旦被抓获,肯定没有活路,于是先从潼关退回陕北。当李自成大兵追来时,他又乘黄河结冰而奔山西。后来李自成东征山西时,他又往南狂逃,一直逃到南京附近。到弘光朝时,他居然又成了史可法手下四大将领之一。他真是命大!

李自成于十一月到达延安。虽然他未能捉住高杰,报夺妻之仇,但在军事上却很是顺手,沿途州县纷纷投降,未花什么气力。当他从延安北上榆林时,他还顺路回到米脂,也算是衣锦还乡。一年多前,其祖坟被掘,李自成此次回来,自然要重修祖坟,致祭追悼,还杀了一个参与伐墓的乡绅,算是报了仇。可惜其祖父、父亲的遗骨已被焚烧扬弃,再也找不回来了。他还到处寻找自己的族人,赠金封爵。甚至还改换了家乡的名称,大概是免得今后称帝时再去改动。于是,延安府被改成天保府,米脂县为天保县,清涧县则为天波府。这一改,果然响亮多了!

李自成一路风光,没想到在榆林却遇到了麻烦。榆林是明朝"九边"之一,居民多隶军籍,以当兵为职业。在与农民军对阵的边将边兵中，就有很多来自榆林。双方打了十几年，仇怨也结深了。大概李自成也想到了这点，所以在劝降的同时，又令李过、刘芳亮率七余万大军做好准备，如果一旦劝降失败，就以武力解决。

榆林人自然不肯降。尽管总兵王定临阵脱逃，但榆林人仍在兵备副使都任、督饷员外郎王家禄，以及卸任里居的总兵尤世威等人的率领下，坚守城池，血战七昼夜，甚至连妇女、孩子也纷纷上城参战。城被攻陷后，满城无一人投降。这在明末是少见的。

其他各路兵马也很顺手。汉中、巩昌等府迅速被克。固原（陕西镇所在地）、宁夏镇也相继投降。只有贺锦在收服甘肃、西宁时遇到麻烦。

贺锦于十一月率兵西征，不久便攻克兰州，杀肃王。然后又于十二月攻占甘州（今张掖），杀甘肃巡抚林日瑞、总兵马等。而另一支由鲁文彬率领的军队在进攻西宁时，被当地土司击败，鲁文彬也被杀。贺锦驰援西宁，却被伪降的土司带入伏击圈而被杀。其部众悲愤之下，猛攻西宁城，最后攻克西宁，为贺锦报了仇。不过这已是第二年正月的事了。

至此，李自成已是如日中天了。在长江之北，他已占半壁江山。而在军事上，他更是占有绝对优势。一统天下，似乎也是指日可待。

而大明朝的日子就相当难过了。在长江之北，李自成已成横扫天下之势，打得朝廷根本无力还手，甚至连招架之功都没有。在长江之南，张献忠已占据湖南，并准备向十分空虚的四川进发，四川肯定将成他囊中之物。而在山海关外，蒸蒸日上的清朝正虎视眈眈,伺机收拾残局。

大明朝气数将尽了。

既然旧朝将去,那么新朝就应先立。李自成准备建朝立国了。

京师告急

崇祯十七年(1644)正月初一日,李自成在西安正式登基称帝。国号大顺,改元永昌,改西安为长安,称西京,以秦王殿为宫,增旧殿为九间,以符帝制。同时大修长安城。

既然自己称了帝,自然就应光宗耀祖。于是,李自成追尊其曾祖以下均为皇帝,母吕氏为太后。规定其父、祖以及他自己的名讳,不得使用。他还册封高氏为皇后,陈氏为贵妃。

李自成当然也没忘记手下的那帮弟兄。弟兄们跟他出生入死,还不是为了今天的荣华富贵?于是,他大封功臣。权将军、制将军封侯,果毅将军、威武将军则封伯、子、男。刘宗敏、田见秀、谷英、李锦(李过)、刘芳亮、张鼐(李双喜)、袁宗第、刘国昌等被封侯。刘体纯、吴汝义、马世耀、李友、刘忠等被封伯。降将白广恩、陈永福、王良智(即献西安城的王根子)等也被封侯。其余被封子、男爵的则多达80人左右。

既然武官封了爵,那么文官也该一起荣升。李自成改动了官制,以安排众多文官。内阁被称为天祐殿,设大学士平章军国事。

此职相当于丞相,自然非牛金星莫属。宋献策则被任命为军师。行政机构虽仍为"六部",但长官却升了格,原先只有侍郎各一人,现在则增设尚书。中央其他机构的名称以及地方机构的名称,也都做了改动,以示与旧朝有别。李自成分授各级官员,颁发新印。为了招徕读书人,他还开科取士。另外,他特别关照顾君恩,特意赏了顾君恩一班女乐,以回报其入关之策。

李自成仍然坚持三年免征之政策,以收拢人心。不过,这么多兵马要粮要饷,也不是件容易事,不征钱粮,如何维持?李自成自有办法!他向豪绅污吏追赃。在渭南时,他就责令当地豪绅出饷银一百六十万两。进了西安城后,他又故伎重施。他大宴西安城中缙绅大户,并把秦王府中的金银器皿分给他们,然后对他们说,军中缺饷,你们都是官吏,不会没有银子,应该拿出来助军需。此时站在旁边的部下又恰到好处地故意露出兵器,吓得那些缙绅直发抖。于是李自成规定,当过九卿的出银五万,中丞三万,监司一万,知县之类的也要出五千。这种做法,后来又被李自成用在北京。

此时的李自成,在西安城中是十分风光。他每三日亲赴教场校射一次,身穿蓝布袍,张小黄盖,乘马而行。百姓只要一见他的黄龙纛,便一起伏在地上连喊万岁。

从后来的情况看,李自成在西安匆匆登基,似乎是弊多利少。当时他虽占尽优势,但半壁江山毕竟仍在崇祯帝手中,更何况还有他的劲敌张献忠,此时也是实力大增。更不用说山海关外的八旗兵了。另外,李自成自襄阳挥师河南,从九月大战孙传庭,十月破潼关、占西安,到收三边,占关中,直至次年正月称帝,总共才用了几个月的时间。胜利来得实在太快了,快得令许多人都无法承受!如果此时能稍做调整,全军上下自满骄傲、追求享受的倾向或许会有所收敛,进京后的局面或许也不致失控。

好在李自成本人在此时还算清醒,还记得崇祯帝仍在北京,等着他去收拾。在崇祯十六年(1643)十二月,李自成预先派出李友、白鸠鹤两员大将,率先头部队进攻山西。十二月十八日,这支部队在禹门口渡过黄河,并传牌山西各州县,要求各地官吏认清形势,不做抵抗。

崇祯十七年(1644)正月初八日,李自成统率主力,由西安出发开始东征,直杀北京。权将军田见秀则留守西安。

大军渡过黄河后,便直扑平阳府(今临汾)。正月二十三日,李自成等便到了平阳城下。平阳知府张璘然投降,西河王及宗室三百余人被杀。

另一支部队即刘芳亮所率左营,渡河后即沿黄河北岸向东运动,连克河南怀庆府、卫辉府、彰德府,然后攻入京畿,克大名府、河间府、保定府,最后与李自成会师北京。

李自成、刘宗敏占领平阳后,随即北上,准备攻打太原。而太原几乎没有什么防守。太原这样的省会重镇,竟然到了无兵可守的地步,那么,在潼关失守后两个月中,崇祯帝及山西当局到底在干些什么呢?

这也实在怪不得崇祯帝。他实在是没有办法。

潼关失守后,崇祯帝任命兵部侍郎余应桂接任陕西总督。余应桂吓得脸如土色，不敢前往。最后他虽想再去陕西，但陕西已没有他的地方了。崇祯帝再令宣大总督、山西巡抚和陕西总督协剿，宣大总督、山西巡抚避之尚且不及，哪里还敢去剿？便都推说饷乏马缺，不肯应承。

此时的崇祯帝已无多少自信了。崇祯十七年（1644）正月初一，当李自成正在西安兴高采烈登基时，北京城里却是阴风呼啸，起瓦震屋，飞沙走石。凤阳地震的消息也于此时传进宫来。据说当时占了两卦。一卦称"风从乾起，主暴兵至，城破，臣民无福"。另一卦更糟，竟是"星入月中，国破君亡"。

此日早朝，钟鸣之后却不见人影。过了很久才见文武大臣赶来，个个畏畏缩缩。早朝结束后，崇祯帝留阁臣喝茶。阁臣们乘机向崇祯帝提出用内帑充饷。不料崇祯帝过了半天才说了一句"今日内帑有难以告先生者"，便潸然泪下。君臣议了半天，也没议出个所以然来。

初三日，崇祯帝召见左中允李明睿。李明睿提议崇祯帝亲征，实际是暗示崇祯帝南迁。崇祯帝急忙用手指天，制止道："此事不能乱说。"李明睿要崇祯帝赶紧决断，而崇祯帝却说不行，并要李保密。

崇祯帝还下令撤掉余应桂，其陕西总督一职由陕西巡抚李化熙升任。但李化熙也不敢前往陕西。

不过有件事却着实让崇祯帝高兴了一番。大学士李建泰是山西曲沃人，有家财百万。他见崇祯帝如此忧心忡忡，便站出来说他愿意返回家乡，散财集兵抗敌。崇祯帝喜出望外，于正月二十六日告太庙,并亲至正阳门楼设宴为李建泰饯行,命其以大学士督师,赐尚方剑。

可是当李建泰在赴太原途中听说山西局势危急后,便放慢了速度。在涿州时,兵士已逃亡千余人。而至顺德府广宗县时,他因县中豪绅闭城不纳,竟下令攻城。二十九日,当他得知农民军已占领其家乡后,便再也不肯向前走一步了,而是退回了保定。

而此时的太原已是危急万分了。

二月初六日,李自成兵至太原城下。当时城中长官是革职巡抚蒋懋德。他率部勉强支撑了两天。至初八日凌晨,巡抚标营裨将打开新南门投降,太原被克。晋王被俘,蒋懋德自杀,布政使赵建极等多人被杀。

二月十六日,李自成再次率部进发,直逼北京。途中发布了著名的《永昌诏书》,大骂朝廷,并要崇祯帝度德审己,看清形势,及早投降。

二月二十一日,李自成在宁武遇到了总兵周遇吉的顽强抵抗。双方打得十分激烈。李自成虽最终攻下了宁武城,杀了周遇吉,但也付出了沉重代价。据说李自成当时已萌生退意,想班师返回关中。这种说法或许有些夸大,但也说明宁武之战的惨烈。

李自成东渡黄河后,真正的硬仗只有宁武之战。宁武之战后,李自成再也没有遇到什么抵抗,基本上是兵不血刃,势如破竹,直捣北京。

三月初一日,李自成抵达大同。大同总兵姜瓖投降,代王朱传㸂全家被杀,大同巡抚卫景瑗自杀。

接着,阳和(今阳高)兵备道于重华投降,郊迎十里。

三月初六日,李自成抵达宣府(今宣化),早已约定投降的总兵王承胤开门投降,巡抚朱之冯自杀。

三月十五日,李自成抵达居庸关。守将唐通和监军太监杜之秩投降,京师的"北门锁钥"居然被李自成不费吹灰之力就占领了。

三月十七日,李自成的部队已抵达了北京城下。

三月十九日,北京被攻破。

日落紫禁城

败报接二连三地传来,真可谓兵败如山倒。

三月十五日,居庸关失守,京师门户大开。居庸关是京师北面的天险,素有"北门锁钥"之称,至此却因守将唐通及监军太监杜之秩的投降,竟未起丝毫作用。

三月十六日,昌平被攻破,"十二陵"被焚。京师之北已无险可守了。

昌平失守的消息传来时,崇祯帝正在依次召对考选诸臣,题目当然是关于外虏内寇方面的。到了这种时候,崇祯帝居然还做如此无聊之举,不知是何用意? 其实,他本人亦已方寸大乱。据说他一会儿凭几而听,一会儿东张西望,又是磨墨,又是倒茶,已经坐立不安了。就在此时,内官匆匆递进一封密件,崇祯帝拆开一看,大惊失色,并立即退入后宫。而那班大臣则被晾在那里,一个个不知所措。

崇祯帝拿到的密件,就是昌平失守的败报!昌平一失,崇祯帝深感大限已到,再也无法掩饰内心的恐慌了。

对这一天的到来,崇祯帝应该是有预感的。不过,当预感以如此之快的速度真的要变成现实时,崇祯帝仍是感到突然,甚至有点难以接受。因为他对时局的估计,一直就抱有幻想和侥幸。也正是这些幻想和侥幸,才使他落到了此时进退无路的地步。

当李自成的军队杀过黄河,势如破竹时,崇祯帝及其朝廷就在商讨应对之策。除前述李建泰奉命督师的闹剧外,当时还提出来两个对策:一是调辽东总兵吴三桂部进关守卫京畿,抵挡李自成;一是南迁,退守东南半壁江山。

早在正月十九日,崇祯帝就在召对群臣时提出调吴三桂入关之事。他主张抽调五千精兵随吴三桂入关,并认为关外余兵尚多,调走五千仍可支撑局面。不过,他没有直接下达调兵命令,而是要求大臣们商议后再决定是否实行。说到底,他是怕负责任。

崇祯帝把皮球踢给了大臣们,大臣们则又把皮球踢了回来。首辅陈演坚决反对调吴三桂入关,兵部尚书张缙彦也持此态度。他们的理由很简单,即担心吴三桂率精兵一撤,不仅宁远等地不保,就连山海关能否守住也成了问题。如此重大之事,哪里是大臣们能负得了责的,因此还得请皇帝圣裁。结果最后还是由崇祯帝自己决定放弃宁远,调吴三桂进关。

不过,陈演等人并没有立即去执行此策。他们一议再议,不断扯皮,千方百计地想推卸责任。直到二月二十一日,蓟辽总督王永吉、巡抚杨鹗、吏科给事中吴麟征,再次奏请放弃关外宁远等地,调吴三桂入关屯卫京师。崇祯帝对陈演等人的拖延也已十分不满,便将此疏让陈演及大学士魏藻德阅读,两人不敢应对。即使是到了这时候,陈演等仍因怕负责任而不敢决策。他们先是请崇祯帝召见吴三桂之父吴襄,询问吴襄的意见。在得到吴襄肯定答复后,他们竟又请崇祯帝下令派人赴关外询问吴三桂的意见。这样一来一往,便到了月底。

直到三月初四,崇祯帝才下定决心,于是诏封吴三桂为平西伯,蓟镇总兵唐通为定西伯,挂平贼将军印援剿总兵左良玉为宁南伯,凤庐总兵黄得功为靖南伯。不久又补封山东总兵刘泽清为平东伯。

三月初六日,崇祯帝下令放弃宁远,命蓟辽总督王永吉、宁远总兵吴三桂入卫京师,同时檄调蓟镇总兵唐通、山东总兵刘泽清率部勤王。结果是吴三桂根本没有来得及赶到北京,刘泽清则谎称有伤,在大掠临清后率兵南逃。而唐通虽及时赶到,却把居庸关拱手让给了李自成。

南迁之议,也早在正月初便由左中允李明睿悄悄向崇祯帝提出。崇祯帝也曾与李明睿秘密商议过此事。随着形势的急剧恶化,驸马巩永固、督师李建泰、左都御史李邦华等纷纷提出南迁之议。其中有人主张崇祯帝赴南京,太子留守北京,有人则主张太子先赴南京,崇祯帝本人则留守北京。依崇祯帝的意思,则倾向于自己赴南京,而把太子留在北京。同时为照顾面子,他希望大

第八章 大崩溃

臣们能出面固请,并以亲征之类的名义出京南赴。但以陈演为首的内阁却不肯出面承担责任,更有不少大臣反对此举。到后来,崇祯帝看到不少大臣都倾向于太子南下监军,担心生出事端来,便下决心留在北京。他说:

"祖宗辛苦百战,定鼎此土,贼至而去,何以责乡绅士民之城守者?何以谢失事诸臣之得罪者?且朕一人独去,如宗庙社稷何?如十二陵寝何?如京师百万生灵何?"

他对太子南下监军之主张更是不满。他斥责道:

"朕经营天下十几年,尚且如此不济,孩子家又能做什么?"

崇祯帝最终未能下决心南迁,还有另外一原因,那就是对时局仍抱有幻想和侥幸。他先是寄希望于李建泰的督师,后又幻想吴三桂等部的入卫。他甚至认为即使李自成兵临城下,也未必就能攻破北京城。

不过,事实证明他的这些想法是大错特错了。

三月十七日,李自成部进抵北京城下,开始攻城。当时京城的防守,外则由襄城伯李国桢主持,内则由提督太监王承恩负责。

李国桢的"三大营"驻扎在城外。当李自成的大将刘宗敏率部掩杀而来时,"三大营"基本上未做抵抗,便已瓦解、投降。其火炮等利器转而被用作攻城。

城外"三大营"瓦解后,守城的重任全由太监负责。当时登陴守御的兵卒仅五六万而已,外加数千小太监,根本难挡攻城之势。更严重的是,主持守城的宦官此时已起异心,准备献城。

据说在北京城破前夕,已降于李自成的原宣府监军太监杜勋射书城中,与守城太监曹化淳联系。有人甚至断定,杜勋曾进入城中,转达了李自成要求崇祯帝逊位的意见。

十八日下午,太监曹化淳打开彰仪门,向农民军投降,外城被占领。而城内竟不知此事!

也就在这一天,崇祯帝下了最后一次"罪己诏",痴人说梦般地宣布只追究李自成一人之罪,其余的人都可获赦。

到了此日的晚上,崇祯帝得知外城已失的消息后,几近疯狂。他逼周后自杀,手刃袁妃、乐安公主、昭仁公主等,又令太子、永王、定王设法出逃。他还发了最后一道谕旨,令成国公朱纯臣总督内外诸军,并把太子托付给他。不过,这道谕旨被送到内阁时,内阁已无人在,不久便被农民军缴获。

崇祯帝最后是如何走上煤山的,死前到底做了什么,实际上已无法弄清。因为当时唯一在他身边的提督太监王承恩,也随他一起自杀了。

实际上,在崇祯帝的遗体被发现之前,包括农民军在内,都不知他是死是活。

三月十九日,农民军进占内城。此日中午,李自成在群臣的前呼后拥下,由德胜门进城。至承天门下,李自成挽弓搭箭,射向写着"奉天承运"的门匾。可惜未能射个正着,而略有偏差。

当李自成一行进宫时,跪迎于门左的太子朱慈烺,伏地不起,李自成命人扶起。不久又搜得永王、定王。李自成安慰他们道:今日即同我子,不失富贵!并把他们送到刘宗敏处。

直至二十二日,农民军才于煤山发现了崇祯帝的遗体。其衣袖上写有两行墨书。一行称:"因失江山,无面目见祖宗,不敢终于正寝。"另一行称:"百官俱赴东宫行在。"

李自成等这下才放下心来。

皇帝已死,太子被擒,京师被占,大明朝至此气数全尽!

不过,尽管大明朝已亡,而戏却并未落幕!李自成的大顺朝、福王的弘光朝等,还先后在北京、南京等地作了最后的表演,直到被入关的大清朝依次击溃、收拾。最终的结果是大清朝入主中原,一统江山!

从这"你方唱罢我登场"的短短一年中,或许更能领略到大明朝的悲哀。

尘埃落定,大明已成过去

李自成自三月十九日进入北京,至四月三十日仓促溃退,历时仅四十二天。

在初进城时,李自成最急于做的事就是找到崇祯帝。活要见人,死要见尸!为此,他曾下令,凡能献崇祯帝者,赏黄金千两,而隐匿者则诛其全家。没想到两天后却发现崇祯帝早已自缢于煤山,而太子、永王、定王也于此前被擒获,于是李自成便放下了心。

李自成接下来主要做了两件事:一是处理旧朝留下来的数千文武大臣;一是着手准备登基大事。

当李自成攻入京城时,司礼掌印太监王德化率内员三百人迎至城门外,被令照旧掌印。其他监局掌印太监也都纷纷出降。因此,李自成进城时,最先出迎的倒是这帮太监!

若崇祯帝地下有知,不知有何感想?!

至于那一帮文武大臣们,开始时却不敢出头,个个潜藏,唯恐不深。他们这样做,倒不一定是出于忠义,而实在是担心祸患临头。李自成在陕西、山西拷掠缙绅的残酷,他们早有所闻。

忠臣当然是有的!在李自成攻破京师时,也有不少文武大臣殉国。这也算是大明养士三百年的一点善报吧。

殉国的勋戚有:宣城伯时春、惠安伯张庆臻、新乐侯刘文炳、彰城侯杨崇猷、新城侯王国兴、少保驸马巩永固等等。

殉国的大臣有:大学士范景文、尚书倪元璐、都御史李邦华、副都御史施邦曜、刑部侍郎孟兆祥、兵部侍郎王家彦、大理寺卿凌义渠、太常寺少卿吴麟征、右中允刘理顺、右谕德马世奇、户部给事中吴甘来、监察御史陈良谟、翰林院检讨汪伟等数十人。

这些勋戚大臣,大多是满门赴死,或上吊、或投井、或自焚,十分惨烈。

殉国的太监,除王承恩陪崇祯帝自缢外,尚有李凤翔、张国元、高明等等。

那么,除了上述的这些殉国者外,满朝勋贵文武数千人,在城破之后又都在干什么呢?

李自成进城之后,便下令勋戚文武各官,于二十一日投职名报到见朝,愿为官者量才擢用,不愿者听其回籍。如隐匿收容,则严惩不贷。

第八章 大崩溃

至二十一日,上朝者多人,赴长安门投职名者争先恐后,农民军聚其名帖而焚之。当时承天门不开,诸官都坐在露天等候。至中午时分,太监王德化自内而出,身边跟着十几个随从。当他见到兵部尚书张缙彦时,便挖苦道:"老先生尚在此啊!明朝事都是你与魏阁老(指魏藻德)坏掉的。"张缙彦争辩几句,王德化便命人掌嘴,把张缙彦气得直掉眼泪。

这位王德化,在数月之内,竟连侍三朝。先是任大明司礼监掌印太监,李自成进京后,便率先投降,仍被命做掌印太监。更令人吃惊的是,当李自成溃退、清兵占领北京后,王德化摇身一变,竟又降了大清,仍做他的掌印太监。

此日,文武百官自早上即赴长安门外等候,至日暮才被放出,饿了整整一天。他们一个个缩首低眉,呆若木偶,即使被兵卒百般侮虐,也不敢出声,受尽屈辱。也有刚烈之士,因实在咽不下这口气而自杀身亡。如庶子掌坊周凤翔在此日回家后,便上吊自杀。但像周凤翔这样的毕竟只是少数,绝大部分文武官员都在等着发落,其中有些人甚至希望能被新朝所用。如大学士魏藻德,当时被关押在刘宗敏宅内的小房中。那位大学士,就对李自成很有些怨言,他扒着窗缝对外面的人说:"如要用我,不拘如何用便罢了,锁闭于此算是什么?"

但李自成等似乎并没有立即用这些降官。二十一日见朝,被任命的官员并不多,但也没有开杀戒,甚至还相当宽容。如那位负责城防的襄城伯李国桢,被执后不肯下跪,背面而立。李自成等怒问道:"为何不跪?"

李国桢回答道:"我明朝大臣,没有下跪的道理!"

李自成等便威吓道:"不跪则把你凌迟处死!"

李国桢回嘴:"随你的便!"

李自成等又威胁道:"不跪将把你全家凌迟处死!"

回答仍是随你的便。但当李自成说到不跪将把全城百姓凌迟处死时,李国桢这才跪下,不过仍是反面而跪,而且口中仍说道:

"我是为全城百姓而跪,并不是向你而跪!"

即使如此,李自成也没有处死他,而是把他暂时关押。数天后,他因被追银受刑,实在熬不住,才自杀身亡。

不过,也有人说这位襄城伯是在演戏。当时他年仅二十七岁。原本就是位大言无忌之人,当他总督守城时,虽拥重兵,却不曾有什么调度,而城破之后,竟能不死而被执,此时徒为大言以从贼听,希望能侥幸免死。平心而论,此时能在李自成面前敢如此说话,不管其动机如何,也确实是需要些胆量的。而其夫人也被农民军所掠,据说农民军把她的衣服剥尽,抱放马上,大呼此襄城伯夫人也! 勋臣妇人被辱如此者,实在是少见。

最早被杀的勋戚,倒是成国公朱纯臣。其原因很简单,即崇祯帝临死前曾写下一纸朱谕,要成国公辅助东官(太子)。朱谕被农民军缴获后,因此事关重大,李自成立即收捕了成国公,并于二十二日下令处死,以绝后患。后又复杀其弟等亲属。

二十三日,崇祯帝、王承恩的尸体被收殓。开始时用的是普通棺木,后改用朱漆棺殓崇祯帝,并与周后的棺木一起被移入

第八章 大崩溃

佛寺。

同日,刘宗敏、牛金星在午门前选用了一批旧朝文武官员,约一百人。

二十五日,礼部命随驾各官率耆老上表劝进,开始即位典礼的准备工作。

当时不少文武大臣在谋求新朝官职,如戊辰科进士则以同科的身份走宋企郊的路子,而河南人则与牛金星、宋献策拉老乡关系,希望能为新朝所用。

二十六日,旧朝文武纷纷赴朝投递职名、劝进,希望能被录用。农民军除选用了一百余名四品以下官员外,把其余各官登记上册,并以一百人为一组,由骑兵八人押赴各营。

二十七日,派饷于在京各官,不论是否被新朝录用。被录用者派少,未被录用者派多。标准是中堂十万,部院、京堂、锦衣七到三万,科道、吏部五到三万,翰林三到一万,部属而下,则各以千计。至于勋戚之家,则无定数,人财两尽而后已。

在此以前,刘宗敏早已准备好了五千副夹棍。此类夹棍,十分厉害,夹人无不骨碎。现在终于派上了用场。

襄城伯李国桢由刘宗敏追赃,才被夹了两下,便在回房后自杀。

崇祯帝的岳父嘉定伯周奎,自称无钱。十余日前崇祯帝要他捐饷时,他起初还不肯捐,后勉强捐出一万。此时在农民军的夹棍下,一下子就交出了五十万两银子及价值数十万的珍珠币物。其余的勋戚,也都被一一过堂,敲尽榨干,有的甚至丢掉了性命。

大学士陈演,在北京城破之前就被解职,原本有机会走脱,可惜因资产太多,短时内无法处理而滞留于京。此时他也被刘宗敏追赃。据说陈演还未等到用夹棍,就捐四万两白银,刘宗敏很高兴,本打算不再用刑。不料陈演的僮仆检举说其家财远远不止此数。刘宗敏令人搜查,果是如此,大怒之下仍用了重刑。

大学士魏藻德或许真不富裕。城破之前,崇祯帝令其捐饷时,他只肯出白银四百。此时被刘宗敏追赃,上了夹棍后才承认金银万余计。后虽经一夹再夹,直至脑裂而死,也未再榨出油水。他的儿子也不承认还有余银,结果被杀。

在刘宗敏等人的夹棍下,那帮旧朝大臣几乎没有幸免。

与此同时,农民军对那些太监也是照夹不误。原司礼监掌印太监王之心,在重刑之下,交出白银十五万两及许多金银什器缎匹。不过当时都传说他有白银三十万两,因此农民军认为他仍有隐瞒,于是再夹,直到被夹死。也就是这位王之心,几十天前还以家计消乏为辞,不肯助饷,最后才勉强出了一万两。

太监曹化淳交出了白银五万两。

最后由太监交出的金银数,竟与勋戚们所交出的一样多,而比文武百官吐出的整整多出了一倍。

与此同时,农民军还把矛头直指富商大贾,效果居然也很不错。

李自成在短短十几天内,竟得了七千万两白银!

令人不可思议的是,这一大批满腹经纶、满口仁义道德的既得利益者,在朝廷生死存亡之际,竟然不肯依其财力,支撑大局,

第八章 大崩溃

到头来竟落得了如此的结局。他们似乎弄不清最简单的道理,即他们的特权地位及随之而来的财富,都是由这个朝廷及其制度所赋予的,一旦没有了这一前提,哪里还保得住特权、财富,甚至是自己起码的尊严!皮之不存,毛将焉附?!李自成进城后他们的结局,应该是预先可以估计到的。

在这一点上,身居九尊之位的崇祯帝竟也是如此。

据说李自成入城之后,搜括各库存银竟多达三千多万两,金数千万两。而作为天下财赋之枢的户部,仅有外解银约四十万两、捐助银二十万两而已。两者相较,不啻天壤。尽管有人对各库存银数提出怀疑,认为不会有如此之多,但城破之时各库仍有巨额存银之事,则不容怀疑。而崇祯帝却藏之不出,口口声声说缺粮少饷,今日加派,明日搜括,真不知是何道理?这些银两不仅未被用于战事,挽救危局,反而最终落入了李自成之手。

崇祯帝当然是看不到这幕了。四月初三日,他与周后的遗体被匆匆塞入田贵妃之墓,草草安葬了。

当李自成在北京城中正忙着追赃、登基时,山海关却出了问题。由于吴三桂的降清,天下局势顿时大变!

强大的清兵在山海关击败李自成后,势如破竹,几成摧枯拉朽之势。李自成匆匆退回北京后,于四月二十九日草草登基。仪式刚结束,李自成便下令焚烧宫殿和各门城楼,全线撤退。

清兵获知后,一面追击农民军,一面进占北京。当时北京城中传言吴三桂已夺回太子,纷纷准备迎接。

五月初三日,聚集东郊的官员却突然发现蜂拥而来的并不是吴三桂部，而是满洲八骑。清摄政王多尔衮率部傲然占领了北京。

此年的九月，顺治皇帝由沈阳到达了北京，并于十月初一日举行了即位典礼。

在不到半年之间，北京由大明而易手大顺，最终却成了大清的京师。

大清的军队也在各地取得了巨大的胜利。在西线，清兵猛击李自成部，迫使李自成向陕西节节败退，并于次年（顺治二年，1645）的正月占领了西安。

在占领西安后，多铎移师攻击江南，矛头直指在南京的福王弘光朝。至五月十五日，多铎兵不血刃，占领南京，收编了弘光朝的军队。不久，俘获福王。闰六月，占领杭州，潞王朱常淓降。

另一支清兵在阿济格的率领下，追击李自成部。在顺治二年（1645）的三至四月，清兵与李自成部先后在河南、湖北、江西境内连战八次，李自成部皆败。至五月初，李自成在湖北通山被杀。李自成部大伤元气。

至顺治三年（1646），东线的清军连败浙江的鲁王、福建的隆武、广东的绍武三个残明政权。而西线的清兵也成功地攻入四川，击杀了张献忠。

尽管西南还残存着一个永历朝，东南尚有一位国姓爷，此外还有李自成、张献忠的残部仍在坚持抵抗，但大局已是尘埃落定，明清鼎革之过程也已基本完成。

大明朝从此也就成了历史。

初版后记

1995年,江苏人民出版社的佘江涛先生约我撰写本书,我没有多想便应承了下来。当时心存侥幸,总认为以自己的所学来应付这样一本书,大概不会有太大问题。没想到提笔一写,竟断断续续用了3年,拖到1998年1月才得以付梓,大大出乎意料。

依原来的设想,本书应是一本以史实为基础,以深入浅出的笔法来描绘大明帝国衰亡过程并揭示其原因的史学读物。换句话说,本书应是一本由专业工作者撰写的却又要让一般读者读得下去同时又要喜欢读下去的作品。到具体写作后,方知这对专业工作者而言,也并不是一件轻松事,甚至可以说是一种挑战。道理很简单:一是因为专业人员长期以来已形成了一套所谓专业化的写作风格——其最大的特点似乎就是让非专业的读者既读不懂同时也没兴趣去读,而且这种文风一旦形成就很难改变;二是因为许多历史问题确有较高的专业性和复杂性,要把它们讲析到一看就明白的程度,也有很大的难度。因此,我在撰写本书时,虽力图做到深入浅出、通俗易懂,但多年以来养成的"八股"文风仍在时时作祟,并也肯定会在本书中的不少具体内容上有所体现。正因为这点，我很担心本书的写作手法会受到这样的指责，即专业工作者认为已经走得太远，而读者却仍觉得放得不开。不过，我始终认为在今天这样的大氛围下，历史工作者在这方面作些尝试是必要的，甚至可以说是十分迫切的。史学普及也应该是史学工作者的基本责任之一，如果做得好，不仅不会影响学术研究的水准，反而会赋予学术研究更大的社会价值和现实意义。对史学而言，人人都会讲历史固然是悲剧，但如果人人或绝大部分人都不读历史，则又是另一种甚至是更大的悲剧。

晚明史不仅内容丰富、头绪众多，而且争论也很大，有待于进一步研究的问题更多，因此也很难把握。在学术界，对如何评价晚明社会一直存在着激烈的争论，而且至今仍未有定论。涉及具体问题时，则分歧更多，众说纷纭。因此，本书中的许多观点甚至一些史实，仅是一家之说，绝非定论，但由于本书体例所限，无法在撰写时列出那些不同观点。同时，本书的篇幅虽有洋洋三十万余言，但仍无法做到事无巨细、样样罗列而不遗丝毫，事实上至今也没有人能做到。因此，本书紧扣晚明史中的几个主题，侧重晚明史中的若干主线，力求全面详细地勾勒出晚明历史画卷中的主要内容。具体地说，就是围绕着晚明的两大忧患即外患和内乱来展开叙述。

历史之所以是历史，其首要条件是具有真实性。"是什么"和"为什么"是历史研究追求的永恒目标。要描述"是什么"并在此基础上解释"为什么"，则首先要依据真实的历史材料，而非其他。本书的史料来源，主要是《明史》《崇祯长编》《国榷》等正统史书，以及像《明纪北略》之类的笔记。另外,本书也参考了大量已有的明史研究成果,如李文治《晚明民变》、顾诚《明末农民战争史》、袁良义《明末农民战争》、张德信和谭天星《崇祯皇帝大传》、黄仁宇《万历十五年》等等。限于篇幅和体例,本书无法在正文中一一详细注出,在此特作说明并致谢意。

夏维中

1997年11月于南京